近代史資料
专刊

陆海军大元帅大本营公报选编

LUHAIJUN DAYUANSHUAI DABENYING GONGBAO XUANBIAN

杜永镇 编

陆海军大元帅大本营是孙中山先生于1923年2月亲自在广州主持设立的最高军政机关。作为其机关刊物的《陆海军大元帅大本营公报》于1923年3月9日正式出版发行，是研究孙中山先生后期政治活动的较重要参考资料之一。

中国社会科学院近代史研究所
《近代史资料》编译室 主编

知识产权出版社
全国百佳图书出版单位

内容提要

陆海军大元帅大本营是孙中山先生于1923年2月亲自在广州主持设立的最高军政机关。作为其机关刊物的《陆海军大元帅大本营公报》于1923年3月9日正式出版发行，是研究孙中山先生后期政治活动的较重要参考资料之一。

责任编辑：兰　涛

图书在版编目（CIP）数据

陆海军大元帅大本营公报选编/中国社会科学院近代史研究所《近代史资料》编译室主编．—北京：知识产权出版社，2013.1

（近代史资料专刊）

ISBN 978-7-5130-1699-5

Ⅰ.①陆…　Ⅱ.①中…　Ⅲ.①司令部工作—公报—汇编—中国—1923　Ⅳ.①K25－51②E296.90

中国版本图书馆CIP数据核字（2012）第265620号

近代史资料专刊

中国社会科学院近代史研究所

《近代史资料》编译室　主编

陆海军大元帅大本营公报选编

杜永镇　编

出版发行：知识产权出版社

社　　址：北京市海淀区马甸南村1号	邮　　编：100088
网　　址：http://www.ipph.cn	邮　　箱：bjb@cnipr.com
发行电话：010-82000860转8101/8102	传　　真：010-82000860转8240
责编电话：010-82000860转8325	责编邮箱：lantao@cnipr.com
印　　刷：知识产权出版社电子制印中心	经　　销：新华书店及相关销售网点
开　　本：787mm×1092mm　1/16	印　　张：26.75
版　　次：2013年1月第1版	印　　次：2013年1月第1次印刷
字　　数：398千字	定　　价：80.00元

ISBN 978-7-5130-1699-5/K·163(4542)

再版前言

《近代史资料专刊》是由中国社会科学院近代史研究所《近代史资料》编译室主持编辑的专题性近代史资料的总称。《近代史资料》编译室以整理发表近代历史最新资料为职志，也是国内从事近代史料整理编辑工作最早的机构。自1954年组建以来，经过几代学者不间断地努力，先后编辑出版了120余期的《近代史资料》刊物、数十部《近代史资料专刊》及《北洋军阀》等大型专题史料集，为新中国近代史学的建立和发展、为新中国史学工作者的成长都做出了应有的贡献，在海内外均具有较大影响。

《近代史资料》编译室最初叫《近代史资料》编辑组。近代史研究所成立初期，为推动中国近代史学科的建设与发展，在所长范文澜先生主持下，于1954年成立了以荣孟源先生为主编的《近代史资料》编辑组，负责近代史料的搜集整理，编辑出版《近代史资料》期刊。郭沫若院长亲自为《近代史资料》题写了刊名。除“文革”时期曾一度被迫停刊外，数十年来《近代史资料》编译室坚持为近代史学术研究与教学服务为宗旨的办刊理念，陆续整理刊出1840～1949年间中国政治、经济、文化、军事等各方面的档案文献史料，受到广大读者的肯定和欢迎。因《近代史资料》期刊每期的容纳量仅有20万字左右，针对篇幅较大、期刊无法容纳的专题性史料，从1957年开始又创办《近代史资料专刊》，专门发表专题史料，不定期出版。以

《近代史资料专刊》名义出版这些专题史料，不仅选题精道，而且篇幅容量较大，内容充实丰富。某个专题的新史料一次性大量公布出版，往往会对于相关领域或专题的研究起到极大的推动作用，如《太平天国史料》、《山东义和团案卷》、《辛亥革命先著记》以及《一九一九年南北议和资料》等。可以说，这些《近代史资料专刊》的整理出版，都曾为推动相关领域的研究发挥过重要作用，许多都已成为该领域研究必不可少的基础史料。

因为种种原因，20 世纪 80 年代中期以后，《近代史资料专刊》的编辑出版一度中断。但是实际上编译室的同仁并未曾停止专题性史料的整理工作，也陆续整理出版了《梦蕉亭杂记》、《民国人物碑传集》和《翁文灏日记》等，只是未加以专刊之名。近年来，在所领导的支持和学界朋友的鼓励下，我们在坚持编辑《近代史资料》期刊的同时，尝试着恢复了这项传统工作，先后又以《近代史资料专刊》的名义出版了《抗战时期西北开发档案史料选编》和《倪嗣冲函电集》。然而，对于那些由于出版年代较久，如今已流传较少的专刊史料，精选其中部分重新再版，于学术研究及文化保存也是一件很有意义的事情。此次重新整理再版的《近代史资料专刊》，最早出版的一本是 1957 年由科学出版社出版的《辛亥革命先著记》，距今已超过半个世纪，最晚的是 1984 年由齐鲁书社出版的《太平军北伐资料选编》，距今也近三十年了。因为出版时间较久，特别是早期的版本现在存世很少，随着社会经济的发展和对历史文化的重视、中国近代史研究者的更新换代，以及研究思想与方法的变化等因素的影响，许多旧的历史结论已经成为陈迹，在审读史料中重构历史，解读其中未曾被重视的历史信息，已经越来越为新的研究者们重视。因此重新整理发表这些珍贵史料，也具有重要的学术价值和不可替代的作用。

此次再版《近代史资料专刊》，不是简单的旧籍重印，而是将过去 50 余年中陆续刊出的史料予以重新整理，并按照近代历史发展时序重新编排。各卷目次、初版时间及出版社名称如下：

《鸦片战争时期思想史资料选辑》，中华书局 1963 年版。

《太平天国资料》，科学出版社 1959 年版。

《太平天国文献史料集》，中国社会科学出版社 1982 年版。

《太平军北伐资料选编》，齐鲁书社 1984 年版。

《山东义和团案卷》（上、下），齐鲁书社 1980 年版。

《义和团史料》（上、下），中国社会科学出版社 1982 年版。

《筹笔偶存》，中国社会科学出版社 1983 年版。

《庚子记事》，科学出版社 1958 年版，中华书局 1978 年再版。

《杨儒庚辛存稿》，中国社会科学出版社 1980 年版。

《辛亥革命先著记》，科学出版社 1957 年版。

《鄂州血史》，龙门联合书局 1958 年版。

《云南杂志选辑》，科学出版社 1958 年版。

《云南贵州辛亥革命资料》，科学出版社 1959 年版。

《辛亥革命资料类编》，中国社会科学出版社 1981 年版。

《华侨与辛亥革命》，中国社会科学出版社 1981 年版。

《徐树铮电稿》，中华书局 1963 年版。

《一九一九年南北议和资料》，中华书局 1962 年版。

《秘笈录存》，中国社会科学出版社 1983 年版。

《五四爱国运动》（上、下），中国社会科学出版社 1979 年版。

《五四运动回忆录》，中华书局 1959 年版。

《陆海军大元帅大本营公报选编》，中国社会科学出版社 1981 年版。

《陕甘宁边区参议会文献汇辑》，科学出版社 1958 年版。

以上凡 22 种 25 册，约 1000 余万字。

再版整理工作采取极为审慎的态度，并遵循以下基本原则：

1. 初版之时的序、前言或编者说明之类的文字原则上不再重印，由再版整理者重新撰写编辑说明，对初版整理工作给予必要的介绍和说明。

2. 对于原稿或初版时因印刷等原因存在的明显讹误之处，再版整理者径加改正；对于校勘修订之处，均于舛误文字后加正文，并以〔 〕号标明；脱字或无法辨识者，标以□号；漏字增补者，以【 】号标明；疑问处加（?）标明；原稿文中加注之处，原为双行排印者，均改为单行排印，或加（）标明，或用小字排印；原始资料行文或署名中并列双排者也均改为单行，个别文件除外；疑有脱字或衍文者，于页下脚注标出。

3. 个别史料中，同一人名、地名前后用字不统一的现象，记录史实前后矛盾或表述不一致的现象，均保留原样未予擅改；清朝或北洋政府文献中对革命党、起义民众等污蔑诋毁之词，也都一律保留原样，以存历史之真，均请读者使用中注意。

此次能将几十年间陆续出版的《近代史资料专刊》重新整理出版，要特别感谢知识产权出版社这种嘉惠学林的眼光与勇气。兰涛编辑不辞辛劳，往来联络指导，以及各位编辑的认真工作，都应该得到学界和社会的掌声。

参加此次再版整理编辑工作的有，《近代史资料》编译室的刘萍、卞修跃、孙彩霞和李学通。由于整理者水平有限，其中如有不当之处，尚请读者批评指正。

李学通

中国社会科学院近代史研究所
《近代史资料》编译室　主任
2012 年 9 月

编辑说明

《陆海军大元帅大本营公报》（以下简称《公报》），是孙中山在广州组建革命政府——中华民国陆海军大元帅大本营（以下简称大本营）时期发行的政府公报。《公报》自 1923 年 3 月 9 日正式出版发行，每周一期，共发行了 42 期。1924 年起改为每十天发行一期，现仅见第 1 期 ~ 12 期。

陈炯明被逐出广州后，孙中山于 1923 年 2 月重返广州，再任中华民国陆海军大元帅，并于 3 月 1 日成立陆海军大元帅大本营，作为广州革命政府的最高军政机关。大本营由军政、财政、内政、外交、建设五部，法制、审计二局，参谋、参军、秘书三处，以及会计、庶务二司等机构组成。

自大本营成立至 1924 年 11 月应邀北上商谈国是，并于次年 3 月 12 日在北京病逝，虽然这是孙中山生命的最后两年，却是他 40 年革命生涯最重要的时期之一。不仅先后平定了沈鸿英叛乱和东江叛乱，建立了巩固的广东革命根据地，而且他的思想和政策都又有了重大发展。在共产国际和中国共产党的帮助下，孙中山主持召开了国民党第一次全国代表大会改组国民党，实现了第一次国共合作，开辟了国民革命新时期。《公报》是研究孙中山先生晚年政治活动非常重要的参考资料之一。

各期《公报》分列命令、训令、指令、法规、宣言、公电、布告等栏目，涉及的方面较广，内容也十分丰富，甚至庞杂。整理时，将一些一般性的资料，如各机关财务收支账目、对各级人员请假或辞职的批答、奖叙、优抚，以及内容重复者基本上未予辑录，仅存目备查。原《公报》未加标点，且错讹文字较多，整理时除一律给予标点外，还将前后重见或见诸其他书报的文件，互取校雠。《公报》中的命令部分大多是孙中山对大本营各级人员的任免令，为方便阅读检索，于初版整理时特将分散于公报各期中的任免人员资料集中编制成一览表，附于书后。本次再版编辑中，改正了一些错讹字，重新调整了附录的次序。由于编者水平有限，书中难免出现一些缺点和错误，欢迎读者批评指正。

编　者

2012 年 9 月

目 录

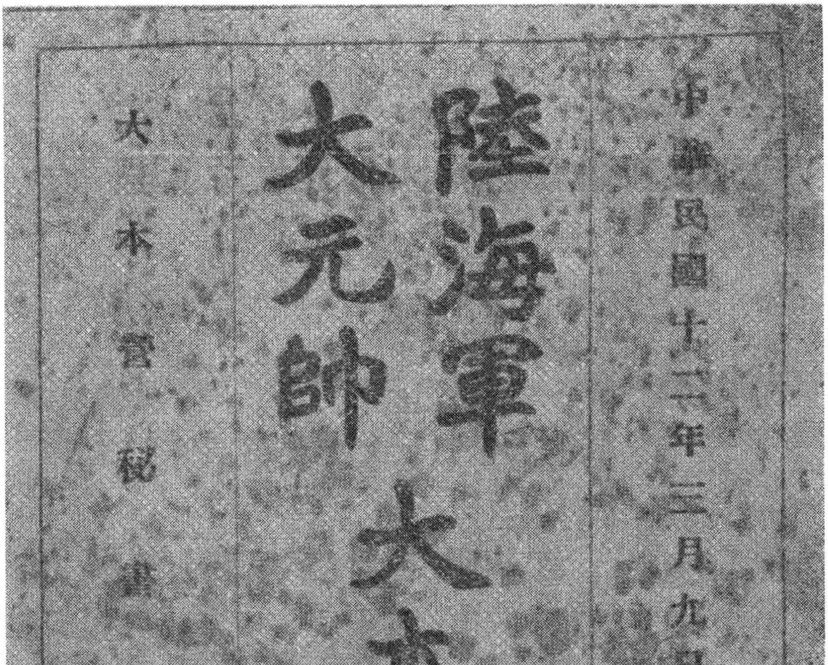
中華民國十二年三月九日 星期五 第壹號

陸海軍大元帥大本營公報

大本營秘書處發行

第一号书影

一九二三年
陆海军大元帅大本营公报选编

第一号（三月九日）

目　　录

命　　令

训　　令

指　　令

公　　电

东路讨贼军第二师第三路司令梁士锋呈大元帅有电
桂军总司令沈鸿英呈大元帅东电

训　　令

大元帅训令第一号

令讨贼军滇军总司令杨希闵

辛亥之役，滇军将士光复云南，构成民国。自是以后，宣劳于国，干城之望与日俱隆。丙辰护国，实为功首。丁巳以后，护法军兴，转战西南，厥勋至伟。前岁，本大元帅督师北伐，该军将士忠义奋发，间关会师，方期奠安中原，削平大难，而去岁奸宄窃作，百粤沦陷。该军将士奉命讨贼，不避艰险，卒能摧锋破敌，驱除大憝，克复名城，使正义复明，国命不坠，劳苦功高，实深嘉慰。滇军总司令杨希闵，忠诚特著，督率有方，允为元功，宜加特褒，并着该总司令将有功将士择优奖励，全军将士一律犒劳。当此国难未靖，凡我将士，务宜同心一德，始终不懈，以酬夙志，而竟全功，有厚望焉。此令。

中华民国十二年二月二十四日

大元帅训令第二号

令桂军总司令沈鸿英

去夏粤中变作，正义沦晦，本大元帅分命诸将出师讨贼，该总司令沈鸿英，躬率所部，会合西路诸军举兵东下，军威所指，贼势披靡，遂使元恶窜奔，南都光复，奇勋伟绩，嘉尚实深。该总司令及所部各将士，于护法之役久著勋劳，近复不避险艰，同扶大义，允宜褒奖，以励戎行。尤望共矢公忠，勉成大烈，使六年以来之护法事业得竟全功，分崩离析之邦家终归安定，有厚望焉。此令。

中华民国十二年二月二十四日

大元帅训令第三号

令讨贼军西路总司令刘震寰

十年援桂之役，讨贼军西路总司令刘震寰，建义梧州，遂立奇功，自是驰驱全桂，备历贤劳。去岁，粤中变作，正义幽晦，该总司令躬受密令，矢志讨贼于逆焰鸱张之际，坚苦经营，忠信以结军心，和衷以联诸将，终能会师东下，驱除巨憝，克复名城。该总司令忠勇兼备，勋劳特著，允宜褒嘉，用彰殊绩。所有该军将士，均着犒赏，以示激劝。当此百粤粗定，国难未平，尤宜益矢忠勤，卒成伟业，有厚望焉。此令。

中华民国十二年二月二十四日

大元帅训令第四号

令中央直辖滇军总司令朱培德

去岁本大元帅督师北伐，分命诸将，略定赣中，中央直辖滇军总司令朱培德，率百战之健儿，转战千里，军锋所指，无坚不摧。及闻粤中变作，政府播迁，慷慨旋师，气吞狂虏，忠义激烈，允为军人之楷模。迨至元恶稽诛，师行蹉跌，该总司令撑拄危难，固结军心，崎岖湘桂之间，备尝艰苦，终能会合各军，削平粤难，前功获竟，嘉慰实深。该总司令朱培德，捍卫正义，懋著勋诚，允宜褒奖。所部各将士均加犒劳，以慰劳苦。尤望益励忠荩，为国宣劳，终成护法之全功，共奏建国之大业，有厚望焉。此令。

中华民国十二年二月二十四日

大元帅训令第五号

令驻江办事处程潜

粤军将士自随从护法以来，转战闽海，返旆粤中，戡定桂疆，勋劳著于天下，本大元帅久视为干城腹心之寄。去夏陈炯明负义作乱，几使百战之健儿，蒙万劫之奇耻，至深痛愤。各该将士隐忍待时，志存匡复，及西路讨贼诸军举兵东下，第一、三、四师首先响应，以振军威。各路将士翕然从风，共扶大义，遂使元恶成瓦解之势，士民慰来苏之望，令名克保，可为嘉尚。尤望各该将士念前功之难，继国难之末已，益加奋发，共矢真诚，俾建国之乐，臻于完成，上不负先烈，下以示来者，其共勉之。此令。

中华民国十二年二月二十四日

大元帅训令第六号

令滇军总司令杨希闵

陈逆叛国，我滇、桂、粤各军奉命讨贼，不浃旬而戡定国难，曾经本大元帅下令褒嘉，以彰勋劳。现当粤局粗定，各军麇集于省城及北江一带，各该将领对于军队管理，诸多未便，亟应指定防地，分别驻守，俾资统率。桂军总司令沈鸿英，着将所率全部移驻肇庆并西江北岸上至梧州各地方，择要防守；所遗北江一带防地，着滇军总司令杨希闵迅即派队接防。西路讨贼军总司令刘震寰所部，着驻石龙、东莞、虎门各处。东路讨贼军第四师长吕春荣所部，着移驻罗定各地方。此外各部军队着就现驻地点驻扎。自经规定以后，各部军队，非奉本大元帅命令，不得擅自移动，致滋纷扰。该总司令等务各督率所部，申明纪律，保卫地方，以期毋负本大元帅抚兵恤民之至意。此令。

中华民国十二年二月二十四日

大元帅训令第七号

令海军各舰舰长及官佐士兵

往者护法之役，本大元帅躬率海军来粤，首倡义师，西南诸省相继响应。我海军将士为国宣劳，厥功至为宏伟。去年粤变，海军守义至坚，本大元帅督率诸舰，亲讨贼军，中经三战，我亲爱之海军将士，死伤各数十人。本大元帅躬与其役，睹之惨烈，为之陨涕。我中华民国之海军，于历史著莫大之光荣者，实以是役为最。本大元帅感怆之情，尤为特深。今幸滇桂联军讨贼成功，本大元帅重返广州，愿念前劳，允堪嘉尚，褒恤之典，将以次颁给。而所以殷殷期望于诸将士者，则在念国难之未平，历史之足贵，长保初志，共襄伟业，勿为奸人播弄，以自丧其荣名，而贻先烈以羞。本大元帅亦与诸将士永相终始，共保无疆之庥，勉之勿怠。此令。

中华民国十二年二月二十四日

公　电

大元帅敬日通电全国

北京参众两院议员及护法议员诸先生、黎宋卿先生、张敬舆先生、冯焕章先生、王亮畴先生、各部总次长、天津段芝泉先生、奉天张雨亭先生、保定曹仲珊先生、洛阳吴子玉先生、杭州卢子嘉先生、南京齐抚万先生、上海岑西林先生、何茂如先生、章太炎先生、蔡孑民先生、南通张季直先生、成都刘禹九先生、熊锦帆先生、云南唐蓂赓先生、湖南赵夷午先生、贵州袁鼎卿先生、南宁林甫田先生，各省省议会、省长、督军、总司令、各师旅团长，并各省教育会、商会、工会、农会、各法团及各报馆均鉴：文曩在上海，于一月二十六日宣言和平统一及裁兵纲要，并列举国内实力诸派，冀共提携，推诚相与，以酬国人殷殷望治之盛心。其后迭奉芝泉、雨亭、子嘉、宋卿、敬舆诸公先后复电，均荷赞同。文亦以叛陈既讨，统一可期，虽滇、桂、粤、湘诸将及人民代表屡电吁请还粤主持，文仍迟回，思以其时为谋求和平统一良好机会，又以沪上交通便利，各方接洽亦最适宜，故陈去已将弥月，而文之返粤固尚未有期也。不图以统筹全国之殷，致小失抚宁一方之雅。江防司令部会议之变，哄动一时。黠者妄思从而利用，间文心膂，飞短流长，以惑蔽国人耳目，以致黎、张南下代表因而中止，其为浅薄已可慨叹。文之谋国，岂或以一隅胜负生其得失也。而直系诸将，据有国内武力之一，乃独于文裁兵主张，久付喑默怀疑之端，亦无表示。报纸所传，竟谓洛吴对于自治诸省，均欲以武力削平。以平昔信使往还，推之当世诸贤，不容独有此迷梦。贤者固不可测，文于今日犹未忍遽以不肖之心待之，而深冀其有最终之一悟也。抑文诚信尚未孚于国人，致令此唯一救国之谟，或反疑为相对责难之举。借非然者，何推之浙卢、奉张而准，而于举国人心厌乱之时，复有一二军阀逆此潮流而趋，而邻于悍然不顾一切也？此文与西南护法诸将讨贼伐暴之初志。国有大梗，何难重整义师相与周旋。顾国人苦兵久矣，频年牺牲已为至巨，而代价复渺然不可必得。文诚思之心悸，万不获已，唯有先行裁兵以为国倡。古人言："请自隗始。"

以是之故，断然回粤，决裁粤兵之半，以昭示天下。文兹于今月二十一日，重莅广州矣。于抚辑将士、绥靖地方外，首期践文裁兵之言，同时复从事建设以与吾民更始，庶几文十数年来苦心经营之建国方略，一一征诸实现。以吾地广人众之中华民国，卒与列强共跻于平等大同之域，共和幸福，乃非虚语。天相中国，能进而推之西南诸省，以及全国，其为闳愿岂胜企仰。然一隅之与全国，渐进之与顿改，其图功之利钝，收效之速缓，昭然未可同日而语，称铢而计。故文之愚，尤以统一为能立供国民以福利，遂不惜举当世所矜之武力，以为攘窃权利之具者，躬自减削，以导国人。亦冀拥节诸公翻然憬悟，知今日而言图治，舍裁兵实无二途。文倡于前，诸公继之，吾民馨香之祷，岂有涯涘？若必恃暴力以压国人，横决之来，殊可危惧。诸公之明，当不出此。披沥陈言，鹄候裁教。孙文。敬。印。

大元帅致汕头海军田司令等东电

汕头海军田司令、盛指挥及各舰长鉴：顷据海军各舰舰长吴志馨等及全体官佐感日电禀，并通告全国辟北归之谣，吁请本大总统命令汕头军舰归队，俾温司令树德即日回省等情。查此次军舰开赴汕头，本为避免北归，爰持正义，用意极堪嘉尚。今各舰舰长既已通电表明爱戴本大总统，一切谣诼不辩自明。海军护法光荣之历史，因是尤为显著。从此同心同德，为国宣劳，本大总统亟用厚期。所有前赴汕各舰，着速行归队，切切勿违。此令。孙文。东。印。

邹鲁呈大元帅巧电

大总统钧鉴：去冬鲁奉大总统电召，由京返南，被任为特派员主持讨贼事宜，为大义所迫促，不敢以庸顽避责。赖大总统之威，诸将帅之力，经营甫二月而义师奋起，首义未兼旬而羊城底定。刻善后虽有诸端，而元恶业经逃走，复得大总统亲自返粤，主持大计，所有特派各任务，应悉结束。除呈请大总统解除讨贼一切任务外，特此奉达。诸希鉴察。邹鲁。巧。省署代印。

东路讨贼军第八军前敌司令张贞等呈大元帅敬电

孙大总统钧鉴：职等于护法之役恭奉钧命，回闽组织军队，扶植民治，于今数载，此志不移。兹逢汝为总司令奉命西讨，肃清逆党，奠定西南。职等具有同情，愿各率所部，编隶汝帅麾下，以资素志而完成职责。幸汝帅俯念职等久经战役，迭挫逆氛，不以菲弃，准予改绾为东路讨贼军第八军，仍戴汝帅兼任军长，万奉分别令委，兹谨就职。从此整顿戎行，一意杀贼，发挥主义，奠我国基，借副钧座培植之至意。但任重力微，时虞陨越，尚乞时赐方略，俾有遵循，不尽依驰。东路讨贼军第八军前敌司令张贞、第一混成旅旅长杨汉烈、警备队司令许卓然、第二混成旅旅长高义、第三混成旅旅长吴威、第四步兵旅旅长林怀瑜、第五步兵旅旅长黄炳武、支队长陈亮、王联醮、李金标及各团长、各统领、各营长等仝叩。敬。印。

东路讨贼军第二师第三路司令梁士锋呈大元帅有电

孙大总统、东路讨贼军许总司令、张军长、徐省长、江门大本营各主任钧鉴：阳江陈前县长颂芬所招匪类，被我军完全击散，完全肃清。唯查该前县长，挟带印信、库款、捐项、公物等件潜逃，显系有意附逆，扰乱地方。除悬赏缉拿外，请通令所属严缉归案究办。东路讨贼军第二师第三路司令兼摄县事梁士锋叩。有。印。

桂军总司令沈鸿英呈大元帅东电

孙大元帅钧鉴：恭奉大元帅特任状开：特任沈鸿英为桂军总司令。等因。自维蹇劣之资，渥荷心膂之寄，感深涂地，受宠若惊。窃维此次奉命讨贼，上赖大元帅德威所被，方略咸周，及我友军同心戮力，共策进行。诸将士深明大义，遽奋前驱，用能摧锐披坚，削平大难。鸿英曾无尺寸之功，且有邱山之罪。入粤以来，维持地方，虽未敢告劳，而秉性颛愚，遇事直率，悔尤丛集，无以自明。方引咎之不暇，更何敢谬受上赏，膺此艰巨。惟念帅座恩勤备致，不得不许驰驱，数十年患难之袍泽，且未忍恝然，惟有淬厲自奋，期以仰答高深，谨于本日受状就职。际此国步多艰，民今方始，帅座主荣辱枢机之重，为南北属望之人，宵旰偬勤，凡所以为国家谋，下通靡不式从。尤望老成俊哲，永崇谊好，曲赐匡扶，庶借津梁，得免摘填。其为感幸，匪直一人。敬掬悃忱，伏惟鉴察。桂军总司令沈鸿英叩。东。印。

第二号（三月十六日）

目　录

法　规

命　令

训　令

指　令

公　函

训　令

大元帅训令第二十五号

令中央直辖桂军第二师师长刘玉山

去岁大军攻赣，迭克名城，不图陈逆炯明终始参差，苍黄反复，竟有六月十六日之变，致民国中兴之局，蹉跎至今。中央直辖桂军第二师师长刘玉山，远在柳州，屡思讨贼。当逆焰方张之际，有国仇必翦之心，故师次濛江，特伸大义，始与监〔盟〕于白马，旋奏捷于苍梧。提兵而东，转战千里，卒得驱除陈逆，克奏肤功。该师长刘玉山为国宣劳，深堪嘉尚，所部各将士，均着传语慰劳。尤望该师长当益念国难未已，民困未苏，以讨逆伐暴之初衷，成拨乱反正之伟业，本大元帅有厚望焉。此令。
中华民国十二年三月七日

大元帅训令第二十九号

令广东省长徐绍桢

据云南陆军第七旅兼三水城防司令朱世贵等代电称：微日申刻，河口街市棚厂失火，全埠商店民居焚烧殆尽，商民露宿山岗，哀鸿遍途。现经世贵等捐款及将所部士兵饷项暂为挪垫，办理急赈。谨代灾民呼号，乞迅赐拨款散赈，以惠灾黎等情前来。本大元帅览悉，殊深悯恻。仰该省长遴派委员，迅赴灾区查勘实情，量予赈济，仍将查勘情形具报。此令。
中华民国十二年三月九日

指　　令

大元帅指令第十七号

令滇军总司令杨希闵

呈悉。所请应即照准，候令行各军一体严禁可也。此令。
中华民国十二年三月七日

附原呈

呈为呈请事。现据职部第四混成旅旅长杨如轩呈称：窃自大军云集，宵小奸徒乘间窃发。职部有鉴于此，曾将冒充我军强占民居、揺骗财物，以及捕人勒赎种种不法，一再出示厉禁防止在案。乃据谍查报称：近日仍有头戴红缘军帽之人，在各大商店揺骗。闻听之余，殊甚发指。查此种原因，一缘军帽服装概与我同之。第三军士兵新被解散，逗留在省实繁，其人冒名脱裍（?），谁能保其无此。一缘总统驾临，各路民军纷纷开拔来省，选择屯驻，随心所欲。于是滇粤杂糅，难于稽诘，种种作奸犯科，遂相缘而起。至其不冒桂粤而冒滇军，益利用人民敬畏之心，故演此张冠李戴之技。若不严为防禁，将何以维我军声誉？拟请转恳大总统示谕，限令被解散之各军士兵，务饬除去军帽，定日离省，而各路驻省民军，亦须划清屯扎地点，以免混淆而便管理。又红缘军帽，系滇军历年符号，他军不得制戴。如此之后，倘仍有上述事件发生，则犯者不论隶滇、隶粤、隶桂，皆请明正典刑，以肃军旅。如其可行，并祈通令部属一体遵照办理。所有呈请各由，是否有当，伏乞衡核，指示祗遵等情。据此，查该司令呈请各节原为整肃军旅，防微杜渐起见，尚属可行。除指令应候转呈大元帅鉴核训示外，理合备文转呈，仰祈鉴核饬令各军一律严禁，以肃军旅而明真伪，伏乞训示祗遵。谨呈大元帅孙。

滇军总司令杨希闵

中华民国十二年三月六日

大元帅指令第十八号

令滇军总司令杨希闵

呈悉。纸币低折，重苦吾民，皆由陈逆等滥发于先，复不能维持于后，致滋纷扰，言之殊堪痛恨。查恶币之害，由无固定基金，以致信用全失。应俟财政统一，别筹根本整理之方。枝节补救，殊未有良策以善其后也。此令。

中华民国十二年三月八日

附原呈

呈为呈请事。现据广州市全体商民函称：吾粤不幸，变乱频仍，蒙总司令仗义赴援，陈逆逃遁，重蒙鼎力维持秩序，市廛不惊，商民实深感戴。窃维成大事者，必须人心。此次陈逆失败，全在失人心。故讨贼军兴，人心解体，前途倒戈而粤局以定。其所以致此之由，则以陈逆滥发纸币而不能维持，以致纸币低跌，商民吃亏，无门告诉。

查广东省立银行发出纸币，为政府发出十足行使者十分之八九，陈逆叛变以后，低折时发者十分之一二。今市面纸币价格不及二成，商民痛苦莫可言状，而政府未见维持，是何异以政府劫夺民财，天下不平事无过于此。幸值总司令削平粤难，孙大总统莅临粤垣，天日重光。伏恳总司令转商孙大总统、徐省长，迅予设法维持，以维人心而苏民困等情前来。据此，查纸币低折，商民交困，应如何设法维持之处，理合备文转呈，仰祈鉴核，转饬地方长官妥予设法维持，以苏民困，实为公便。谨呈大元帅孙。

滇军总司令杨希闵

中华民国十二年三月六日

大元帅指令第十九号

令广东省长徐绍桢

呈悉。所请各节应准暂行试办，并候饬令各军一体保护可也。此令。

中华民国十二年三月九日

附原呈

呈为呈请事。窃粤省丧乱迭经，民生凋敝，善后诸政待理万端，而要以肃河道、恢复交通为尤急。近两月来航道梗塞，商船停摆，货物留滞，米珠薪桂，几绝来源。重以四乡患盗，水陆不通，行者欲避未能，居者无由接济。省长仰蒙大总统畀以重任，受命之顷满目疮痍，中夜【彷】徨未知所措。昨晤李军长福林，因嘱先行规复广东保商卫旅营，遴委李惠民充任统领，责成督饬所部，分投规划，切实进行。查从前广东水上警察厅原有划定巡段，出入商船由各该段轮护送，按段交替，意美法良。无如现在各江巡舰或因军事运输，或因别有任务，一时未能集合编定舰队分防，似应因时制宜，酌予变通办理。当饬暂租商轮，遴选干练营员，酌拨可靠军队，逐日由省河护押，各货船轮渡照常往来，按段护送，以为急治其标之计。所需军费、轮费，准照向章于货项客脚酌议征收。惟是沿江海岸如南堡、坭塘、三山、石壁河滘，及三洪奇、黄麻涌、东西马宁、九江、太平、逢简裕涌、龙潭冲、鹤南沙等处，悉为盗匪出没之区，加以散军四窜，潜为勾结，动辄啸聚横行，人船并虏，非得陆路防军与护商营队互相策应，遇警迎头兜击，协同追剿，终恐收效未巨。合将办理情形呈请大总统鉴核，俯赐特颁明令，严饬各军司令各于驻防地段，抽调劲旅驻扎沿江要隘，担负卫戍河道之责。如遇商船失事，务须无分水陆畛域，一体痛加追剿，歼除丑类，以补力所未逮，庶省外百货彼此均获流通，物价可剂于平，而税饷亦增收益，似于国计民生两有裨益。是否有当，并乞训示祗遵。谨呈大总统。

广东省长徐绍桢

中华民国十二年三月七日

第三号（三月二十三日）

目　　录

高雷讨贼军总司令兼绥靖处处长林树巍来大元帅删电
大本营驻江办事处来大元帅巧电
周之贞、陈策、梁鸿楷、张国桢、郑润琦等来大元帅巧电

训　令

大元帅训令第十七号

令粤桂联军西路讨贼军总司令刘震寰

据两广盐运使伍学熀面呈：据盐商报告，现有大号盐船三十余艘，在香港满载盐斤，因惧虎门炮台扣留，不敢运省。查此批盐船，如能通过到省，运署可得盐税约一百二十余万元。当此军饷奇绌，请予令行刘总司令转饬虎门所驻军队，不得扣留，以便盐船早日通运，而裕饷源。又据港探呈报：有米船六十余艘亦虑留难，留港不敢运省各等情。着由该总司令速饬所部，一律保护放行，切切此令。

中华民国十二年三月十七日

大元帅训令第四十号

令大本营军政部长程潜、大本营驻江门办事处、第一师师长梁鸿楷、第二师师长周之贞、第三师师长郑润琦、广东海防司令陈策

据大本营驻江办事处古应芬、梁鸿楷、周之贞、郑润琦、张国桢、陈策等巧电呈称：各军于本日遵令将陈逆德春所部悉数缴械，陈逆受伤潜匿等情。查陈德春于去年六月之变，出兵助逆，叛跡已著。旋据其悔罪投诚，本大元帅予以自新，恕其既往，先后授以粤军第四军军长及八属总司令等职。讵陈德春居心险诈，反复性成，近复勾通逆党，希图扰乱大局，定期三月二十三日起事。本大元帅经密令驻江办事处及各将领，将陈德春严行查办，所部全数缴械去后。兹据电呈前因，陈德春着即免去本兼各职，由驻江办事处及各将领转令所属，一体严拿务获究办。该主任等调度有方，忠诚卫国，深堪嘉慰。此役出力人员，着由大本营军政部详细调查，分别优予奖励，以示本大元

帅彰善瘅恶之至意。此令。
中华民国十二年三月二十日

指　令

大元帅指令第三十九号

令讨贼军滇军中路总指挥蒋光亮

呈据广三铁路局管理李志伟呈称：拟将附义失业工人一律恢复原职，可否补发薪工，乞核定办法，指令遵行由。呈悉。准予酌量补发，以资奖励。此令。

中华民国十二年三月十七日

附原呈

为据情陈请核示以便饬遵事。案据广三铁路局管理李志伟呈称：案准机器工人总代表马超俊函开：去年陈逆炯明叛国犯上，超俊密奉大总统命令，召集各铁路及电灯局等机器工人，牵制陈逆军事上之交通，以响应各路义师之敌忾。随被陈逆下令通缉，各工人迫得逃亡海外。现在讨贼功成，日前各附义工人陆续连袂返省，当由超俊具呈省署，请将回粤各工人恢复原职，并将原日薪工补发。业奉胡省长第六九号批开：折呈阅悉。各工人前因附义罢工，致失职业，良深悯念。现在政局底定，正义克伸，自应亟为恢复原职，并照原有薪工补发，以示激劝而励忠诚，具呈各情。候即分令各局厂迅照所请各节，分别查照妥办具报察核，名单存。此批。等因。奉此，相应连同名单函请贵局查照，迅即赐予一律复回原职，并将原日薪工补发，以昭激劝，实为德便等情。并名单一纸到局。准此，并先后接奉胡前省长及现任徐省长令行，饬迅照所请各节分别妥办具报。志伟伏查去年附义罢工失职本路各机器工人，现在陆续回省，自宜准予复职，以昭激劝。惟来单所开二十六名，其中是否全系当时因此失职，抑事前事后别有所因撤退，必须详细查明，分别办理，庶免含混。已将原单抄发机务课转发机器厂，按名查确，如委系附义失职者，一律召回复职，其借词牵附者，将该工人姓名及去差事实，列单报明，候函知马代表剔除，以分泾渭。至马代表所谓将附义工人原日薪工补发一节，是否指该工人离职以前扣存未发之薪工，抑指该工人离职以后至现在复职以前，仍照原领薪工补支，两项办法数目尚差甚远，究竟如何办理之处，伏祈裁夺示遵等情前来。据此，查广三铁路去年因附义罢工失职各机器工人，现值政局底定，陆续回粤，自应准予恢复原职。据该局管理呈称：已饬按名查确，如委系因附义失职者，一律召回复职，足昭激劝。惟补发薪工一事，该管理呈请裁夺示遵前来，光亮未敢擅便。为特据情转陈睿鉴，伏乞准赐核定办法，指令转饬遵行，实为公便。谨呈陆海军大元帅孙。

讨贼军滇军中路总指挥蒋光亮

中华民国十二年三月十二日

公　电

高雷讨贼军第二路第一支队司令官马达聪来大元帅灰电

孙大总统钧鉴：本军准于本月十日辰早率队攻击化县，数小时敌势不支，即溃退梅菉、黄坡方面去，本军即将化县完全克复。高雷讨贼军第二路第一支队司令官马达聪谨叩。灰。印。

广东陆军第一军军长李易标来大元帅侵电

孙大元帅钧鉴：窃惟树径务滋，除恶务尽，故颠木防由糵之萌，去草昬〔尽〕芟夷之力。此次联军奉命讨伐，转战西江，佗城既下，大憝已逃，当政局须人主持，师行有待训示。是用按兵羊石，稍事休息。洎乎大元帅回銮，徐省长履新，方谓壮遒毕振，戾气潜消，内政既和，大局立定。不图陈家败将聚据东陲，抗我义师，昌言祸粤，乃知为山犹亏一篑之功，掘井空费九仞之力，使我大元帅眷顾东土，宵旰为劳，凡属含灵，畴不发指。易标生长是邦，爱乡綦切，所部将卒大都粤籍子弟，忍令乡土沦胥，妖雾再作？抑犹有进者，我大元帅为缔造民国之元勋，我广东为民党策源之重地，徒以敌党未平，粤局未定，遂使三民、五权主义未获全施，和平统一之宣言尚难实现。是则敌军一日未除，直接则影响粤局，间接即影响全国。易标缅怀国是，志切请缨，谨率所部健儿，誓欲灭此朝食。敬恳我大元帅明示方略，俾得尅日进兵，庶为桑梓效一日之劳，即为国家树百年之计，擐甲以俟，义无反顾。临电不胜翘企待命之至。广东陆军第一军军长李易标叩。侵。印。

高雷讨贼军总司令兼绥靖处处长林树巍来大元帅删电

大元帅睿鉴：胡逆汉卿据城抗命，业经呈报在案。现据职部参谋长谭汉报称：本月四日，率同各路司令邹武、陆志定等督率大队，由信宜向茂名之谷隆、林泉、大井、曹江等处进发。六日，各路施行总围攻。幸士卒用命，血战三昼夜，遂于九日午前十时我军攻入高城。秩序如常，商民安堵，胡部周桂森等纷向城南公馆、梅菉、黄坡等处溃退。除派队分别追击收抚外，谨闻。等情。理合据报，呈请钧座鉴核示遵。高雷讨贼军总司令兼绥靖处长林树巍叩。删。印。

大本营驻江办事处来大元帅巧电

孙大元帅钧鉴：各军于本日遵令将陈德春所部悉数缴械。计缴贼枪千余杆、大炮六门、机关枪十余挺、子弹数万发，陈逆受伤潜匿未获。地方安谧如常，请释廑系。大本营驻江办事处叩。巧。

周之贞、陈策、梁鸿楷、张国桢、郑润琦等来大元帅巧电

孙大元帅钧鉴：（一）各军于今日拂晓同时分头袭击陈逆德春所部，鏖战半日，尽将该贼各部缴枪。计各军夺得枪枝千余杆、山炮六门、机关枪十余挺、轮船数艘，机炮弹药辎重无算。毙敌百余，内有团长一名。（二）查得该逆已受重伤潜匿未获，现尚严缉。（三）此间秩序如常安谧，请释廑系。周之贞、陈策、梁鸿楷、张国桢、郑润琦同叩。巧酉。印。

第四号（三月三十日）

目　　录

法　　规

命　　令

训　　令

指　　令

公　　电

批　　示

指　　令

大元帅指令第四十二号

令大本营直辖陆军第四旅旅长张振武

呈悉。此令。

中华民国十二年三月二十一日

附原呈

呈为呈报事。窃职三月五日奉钧座第二十号训令内开：东路讨贼军第八师师长徐汉臣、第十五旅旅长黄定中，纵兵抢掠沙坪，擅捕鹤山县长李一谔，着即撤差，听候查办。所部军队改为大本营直辖陆军第四旅，委任陆军少将张振武接充该旅旅长，迅将所部整理，以备调遣。此令。并奉发木质关防一颗，文曰：大本营直辖陆军第四旅旅长之关防。等因。奉此，职遵于三月十六日在江门成立旅司令部，启用关防就职视事。理合备文呈请察核。谨呈大元帅。

大本营直辖陆军第四旅旅长张振武

中华民国十二年三月十四日

大元帅指令第四十三号

令卸任中央直辖滇军总司令朱培德

呈悉。此令。

中华民国十二年三月二十一日

附原呈

呈为遵令改编缴呈关防事。案奉钧府训令第二二号开：中央直辖滇军总司令朱培德，着免本职，所部军队着改编为大本营巩卫军。此令。等因。奉此，遵将培德奉委直辖滇军总司令职务于呈报日解除，并将所部第一旅改编为大本营巩卫军。所有前此承颁直辖滇军总司令木质关防一颗，理合备文呈缴钧府察毁备案。谨呈大元帅钧鉴。

附呈毁角关防一颗

卸【任】直辖滇军总司令朱培德

中华民国十二年三月十七日

公　电

桂军总司令沈鸿英呈大元帅敬电

广州大元帅钧鉴：鸿英前奉钧令，着将所部移驻肇庆、西江一带，上至梧州，扼要防守各等因。奉此，现经遵令分饬应行移驻各军队陆续开拔，集中高唐、新街一带，准备领出号衣及奉发开拔费后，即行移驻西江。理合具电呈明，伏乞令饬各军知照，以免误会，无任感叩。鸿英谨呈。敬。印。

第五号（四月六日）

目　录

训　令

大元帅训令第四十四号

令中央直辖第五军军长李易标

仰该军长将该部所驻观音山军队，另择市外适当地点移往驻扎。此令。

中华民国十二年三月二十六日

大元帅训令第四十五号

令大本营军政部长程潜

查广州观音山一带地处市内，驻扎军队诸多不便。业经明令李军长易标，将所部现驻观音山队伍，尅日另择市外适当地点移往驻扎，并令行广东省长，俟李部移驻后，即行出示通告居民人等，将观音山开放为公园，嗣后不得再行驻扎军队。经复令知杨总司令查照办理各在案。除分令外，仰即查照。此令。

中华民国十二年三月二十六日

大元帅训令第四十八号

令四邑、两阳、香顺八属绥靖处长周之贞

据中央直辖第五军军长李易标呈称：窃职部前由梧州会师入粤，雇到天和洋行电轮一艘名“电生”，随同出发，声明到省遣还。抵粤后，复俘获敌人电船一艘，改名“粤秀”，以备差遣。省局粗定，旋派两船运载战利品返肇，便将“电生”一轮归还梧州洋商。讵该轮开至甘竹滩，被周司令之贞所部扣留，至今迄未归还。伏查“电生”轮系属洋商物业，万难据为己有，致贻外人口实。其“粤秀”一轮，为职部运输所必需，现方筹议移防，该轮实不可缺。又该两轮除载军实外，并有鄂、湘、赣省军用地图多份，均被截去。现当国家多事之秋，军长渥受恩知，尤必熟察地形，方克枕戈待命。况今同隶帡幪，周司令苟顾全大局，当必乐为赞助。事关交涉军用，不得已，惟有仰恳大元帅俯念职部困难情形，迅赐饬令周司令之贞，立将“电生”轮放还洋商，并将“粤秀”轮及外省军用地图，一并交还职部点收，以便分别存发，实为公便等情。据此，除指令呈悉，候令行周绥靖处长之贞发还外，合行令仰该处长即便遵照，尅日发还。此令。
中华民国十二年三月二十七日

第六号（四月十三日）

目　　录

命　　令

大元帅令

查大本营驻江办事处各主任等，近或因事去任，或另授他职，组织不完，遂致责无专职。兹特派古应芬为大本营驻江办事处全权主任，所有留驻江门水陆各军队概归节制调遣。此令。
中华民国十二年四月二日

训　　令

大元帅训令第五十六号

令大本营兼理财政部长邓泽如

广东全省印花税应一律归大本营财政部办理。此令。

中华民国十二年四月二日

大元帅训令第五十七号

令大本营游击司令李安邦

查前山一带防务该司令接管以来，办事尚属得力，着仍照常驻扎防范，非有本大元帅命令调遣，不得将所部擅行移动。切切。此令。

中华民国十二年四月二日

大元帅训令第五十八号

令大本营参军长朱培德

大本营军法处应即裁撤，所有军法事宜，着由大本营军政部兼管。除训令军政部遵照外，合行令仰该参军长即便遵照。此令。

中华民国十二年四月二日

大元帅训令第五十九号

令广州卫戍总司令杨希闵、广东省长徐绍桢

查广州市内竟有白昼抢劫情事，甚至日有数起，惊扰闾阎，妨害自安，殊堪痛恨。着由该卫戍总司令、省长督饬所属，一体严防密查，遇有抢劫案犯，一经拿获讯明，即依军法从事，以儆效尤，而清匪患。除训令卫戍总司令、广东省长遵照外，合行令仰该卫戍总司令、省长即便遵照办理。切切。此令。

中华民国十二年四月二日

大元帅训令第六十号

令大本营军政部长程潜、桂军总司令沈鸿英、代理中央直辖第一

军军长陈天太

沈总司令所部军队遵令移防西江，所有肇庆防地，应归接收填驻。其原驻肇庆各地陈代军长所部，着即从速调防三罗一带驻扎，并将换防情形分别具报。除分令外，仰即遵照办理。此令。

中华民国十二年四月四日

指　　令

大元帅指令第七十五号

令航空局局长杨仙逸

呈悉。所请各节均属可行，应予照准。此令。

中华民国十二年四月三月

附原呈

呈为呈请事。窃职局自成立以来，亟欲组织完备，俾利军行。惟从前机只硕果仅存，无从发展，且现在飞行之机其抽气筒亦不适用，车页快慢不能自如，驾机者异常费力，以致每日演放不能过久。正在将抽气筒设法另制，以期适用。似此情形，势不得不急设工场，自行制造。查现在职局人材，如飞机工程师、械弹工程师，尚属具备，兼之留驻沪上各工程员，亦不日回粤，如有工场地点及切实款项，即制造飞机及械弹亦属无难。况各工程师、飞机师经已聘定，无事可办，无机可练，坐支薪俸，亦殊可惜。独款项支绌，无米难炊耳。兹拟于工场未设之时，先装一船，聊作工场之用，费少而用活，欲置某处，随可移动，亦未尝非变通之道。但必俟款项有着，始敢进行。理合呈请帅座俯念航空重要，切实维持，俾职局有以发展。抑仙逸更有请者，现当保洛窥伺之际，边防注重，许军长师行所至，尤不能不恃航空利器，以便侦探军情。闻北方面，备有飞机甚精，若人有我无，弱点甚大，如谓有待于自制，因不足以应急需，即云定购于美洲，而运回仍需时日。现查安南地方有飞机出售，刻正从事调查，如果查明适用时，可否先购两艘〔架〕暂为许军长前途之助？如上筹画，是否有当，伏乞分别指令祇遵。谨呈大元帅孙。

航空局局长杨仙逸印

中华民国十二年三月二十九日

大元帅指令第七十七号

令两广盐运使伍学熀

呈悉。业通令各军不得自由提售矣。

中华民国十二年四月五日

附原呈

呈为呈报事。案据小靖场知事唐镜湖呈报：现驻陆丰粤军警备队司令马永平所部统领叶德修，以军用支绌，运盐接济，先后用船运去场盐二十一载，计一千四百二十八担；又陈统领汉南派队押船十四艘，在淡水厂由雍合等运馆配去盐四百七十六担。二共运去军用盐一千九百零四担。又三月十日，该司令部副官马方平遣兵运配下尾厂存盐四载，计二百七十二担。似此假借军用名义，擅提军盐，毫无限制，将见场盐立尽，税收损失，何堪设想。目下实无抵拒之方，理合先行呈报核销备案。如军队继续载运，再行据报。又据代理双恩场知事姚世俨具呈：本年二月十五日，东路讨贼军第三路司令官梁，派副官梁士衡、黄日伟到场辖之双鱼厂采卖官盐二百五十包，又派委员任心符将北寮存盐采卖七百包，该价提解司令部充作军饷。呈请核销备案各等情。据此，查场产盐斤为国税之根源，如果驻近军队自由提售，将价充饷，是盐法、军纪藩篱尽抉。税源既塞，国用无资，关系大局，殊非浅鲜。除令复各该知事被提之盐应准照销，如再续到卖盐提价，由各该知事切实劝阻。其以前提过盐斤，向之补取收据送使署备案外，理合据情呈报帅座鉴核。俯赐设法维持以顾产销，并乞指令祗遵，实为公便。谨呈大元帅。

两广盐运使伍学熀印

中华民国十二年三月二十九日

第七号（四月二十日）

目　　录

大本营军政部长程潜致高州吕师长冬电（略）
大本营军政部长程潜致龙门王旅长江电（略）
大本营军政部长程潜致中央直辖滇军第一师杨师长虞电（略）
大本营军政部长程潜致中央直辖滇军第二师杨师长虞电（略）
大本营军政部长程潜致沈总司令青电（略）

命　　令

大元帅令

前云南总司令顾品珍，忠诚纯笃，勇略冠时，治军有方，勋劳夙著。护国、护法无役不从，艰阻备尝，志气弥厉。本大总统特任为云南总司令，绥辑军民，有功边徼。前年自请率师北伐，董帅将士，为国驰驱，不幸中道陨于寇乱。所部将士，秉承遗志，间关千里，以赴国难，遂能攘除叛逆，戡定广州。本大元帅每维教战之绩，益怀赴义之勋，宜有褒荣，用彰遗烈。顾品珍着追赠陆军上将，照上将阵亡例给恤，由军政部查照定章办理。生平事迹并宣付国史馆立传，以昭崇报，而示来兹。此令。

中华民国十二年四月九日

训　　令

大元帅训令第六十二号

令广东省长徐绍桢、大本营军政部长程潜、大理院长赵士北

案查十年十月五日曾经明令清理庶狱，以普惠泽。旋值粤乱发生，此令迄未实行，甚非本大元帅慎重庶狱之意，亟应重申前令，切实办理。应即由大理院督率广东高等审检两厅，及所属各厅庭，各派专员清查现在监狱中执行刑罚之罪犯，择其情有可原者呈请减刑。至羁押民事被告人，无论有无保人，应一律释放。其刑事被告人证据不充分，或系应处五等有期徒刑以下之刑者，及案经上告卷宗于上年变

乱损失一时难结者，均应取保释出候审。仍督所属以后务遵刑事审限，并依法励行缓行、假释、责付保释。此外，军事犯及受行政处分被羁押，或因犯已废止之治安警察法被惩治者，并应由各军事长官及广东省长遵照前令分别办理，统限三个月办理完竣具报。勿稍延玩。此令。

中华民国十二年四月六日

大元帅训令第六十三号

令广州卫戍总司令杨希闵

查广州市内地方近有假冒军人，擅入民家，以搜查为名，借端掠取财物，并有军人擅入民家劫财伤人情事，殊堪痛恨。仰该总司令转知各军，并通饬所属一体严密查拿，遇有此等案犯，审讯明确，即以军法从事。以安闾阎，而肃军纪。切切。此令。

中华民国十二年四月六日

大元帅训令第七十号

令大理院长赵士北

据华侨潘嘉呈称：窃侨商潘嘉，奔走国事十三年，皆以国事、党事为务。在小吕宋所设商号，专办国货。因我民国政府提倡实业，欢迎侨商投资，是以集资返国，复在河南凤凰冈凤宁北开设大强织造厂，地方偏僻，不入警察范围，且无更保，常受盗扰。不料去年五月十三夜，又来强徒在墙外挖洞。厂中工伴陈祥、胡德、潘成三人醒觉后，突起开门瞯之。火光中，已认得为屡偷厂物之匪。匪闻门开，反挥刀扑来，三伴急以铁钊〔剑〕、木棍抵御，将其戳伤，匪始急窜，遂不穷追，实不知该匪逃至中途受伤倒毙。伏思地无兵警，门有凶徒，喊叫无从，迫得自出防卫。自卫固无干罪，御盗更可奖巧〔功〕。莫奈时当大总统蒙难离粤，潘嘉亦逃避回岷，未暇为之营救。故陈叶窃政，司法界之黑暗，已尽人皆知，何待赘溯。竟于十一年十〔七〕月十六日判决，处拒盗之工伴三人四等有期徒刑一年。扣至本年三月底，已被押八个月。窃念侨商投资归国，既无保护，不得已出于自卫。而自卫反受滥刑，不特工伴之冤无可伸，即侨商归国之心何难因事而灰冷。今幸大总统回粤，如云开见天，人民冤苦必蒙矜悯，故前月十日曾茹痛泣叩公府，乞念侨商横受冤押，特赦出狱，虽蒙面许，未见明令。今陈祥等双脚受镣，初而肿涨〔胀〕，继而溃烂，日夜呻吟，势成废疾。似此无辜被祸，莫不矜怜，故孙市政厅长、吴公安局长皆曾为三人设法，请主张公道，使昭雪冤狱。为此，万不得已，再叩崇辕，乞念侨商受窃政者所摧残，受枉法者所滥罚，立下明令，特赦出狱，使陈祥等三人不至无辜瘦〔瘐〕毙，则永感者，不特潘嘉与工伴三人，即一般投资归国者，亦闻风颂德，讴歌国父不置矣等情前来。查陈祥、胡德、潘成等三名，事出自卫，情有可原，业经执行徒刑数月，应予从宽减刑省释，仰该院长转饬该管检察厅遵照办理。此令。
中华民国十二年四月十日

公　电

大元帅致李边防督办侵电

饶平探送李边防督办鉴：得鱼、蒸电，知率所编各军移防，已为周妥，极用嘉慰。吾兄连年戎马，未获安居而移驻闽疆。师行日远，想念贤劳，钦迟靡及，幸努力前途，以副厚期。孙文。侵。

海军司令田士捷呈大元帅庚电

广州孙大元帅钧鉴：潮汕陆军奉命换防，商务重要，亟应加以防卫。海军已组临时巡查队，会同公安局梭巡市井，以保自安，静候许总司令军队开拔来汕。海陆军联防愈密，保无疏虞。特此电陈，用慰廑念。海军司令田士捷叩。庚巳。

汕头市政厅长萧冠英呈大元帅庚电

广州孙大元帅钧鉴：原驻潮汕军队，经于虞午换防，本市秩序安堵如常，请纾廑念。汕头市政厅长萧冠英叩。庚。印。

警备军军长姚雨平等呈大元帅佳电

万火急。广州大元帅钧鉴：平密。奉帅座密令，饬将盘踞海丰、汕尾陈修爵等部逆军肃清等因。遵佳日拂晓，将驻惠阳县城翁辉腾所部枪械完全收缴，并即日派队向海丰、汕尾等处进发，肃清余孽，以竟全功。理合电呈，并请转电刘总司令震寰、许总司令崇智、李部长烈钧知照，以免误会。姚雨平、杨坤如。佳。印。

大本营秘书处致琼崖自治会及各学校、各团体阳电

琼崖自治会、省立第六师范、琼山师范、琼山中学、华美中学、匹琼女中学、琼山第一高小、第一女高小、一区第一高小、琼崖学生会、琼山教育会、海口总商会、琼崖孔教会、青年互助社诸先生鉴：奉电言琼岛抵借日债事，呈大元帅阅悉。奉谕代答如次：君等皆社会有责之人，不图掠影捕风一至于此。月来陈逆余党布散流言，无所不至，如其遗孽钟声之徒，肆口诬蔑，毫无左验，国人有识必能别之。特言出该党，判明较易，若君等漫焉不察，为其傀儡，则世道人心可为痛叹。琼岛之为粤重，岂待君等而始知之，抵押何事，焉有永久秘密而不宣布之理？其为虚构不辩自明。语云："流丸止于瓯臾，流言止于智者。"君等明达，此后对于逆党造谣，幸以矜慎严正之态度，详察而审辨之，勿令逆党得售其奸，粤局因而蒙祸，则君等爱乡爱国之忱，乃不至妄施而为逆党所窃笑。其有甘为虎伥以败类羼杂而操纵君等，君等亦宜留意防之，俾害群之马不至猖狂，社会清议勿徒令人齿冷，以长保其价值，则厚幸也。大本营秘书处。阳。

大本营军政部长程潜等致大本营各部长、各司令艳电

广州大本营各部长、杨总司令、徐省长、海军温司令、各军师旅长、各报馆、新街沈总司令、江门各主任、各军师旅长、各司令、潮州李督办、各师旅长、泉州探送许总司令、何指挥、李军长、各师旅长，湖南、广西、四川、云南、贵州各省司令，各省长，北京参众两院、各报馆、天津段芝泉先生、奉天张总司令、杭州卢督办、上海何护军使、胡展堂、汪精卫、孙伯兰、徐季龙先生、各省省长、省议会、农工商教育会、各报馆公鉴：桂军沈总司令、滇军杨总司令宥电、杨总司令宥电及滇军全体官兵感电均奉悉。自大元帅宣言和平统一、倡导工兵政策以来，国内军阀虽明知不利于己，然以民意所趋，

亦不敢公然反抗，国人方冀其渐有觉悟，以为距国事解决之机庶几不远，不谓曹吴拥兵固位，祸国殃民之行，嚣张益甚，而黎张辈更贪恋禄位，甘卵翼于军阀势力之下，并发号施令之权亦拱手授之武人，虽至违反全国心理，消灭自己人格，亦所不惜，放纵卑劣一至于此，尚何政治之可言！此岂我国人之奇耻，亦即促成吾人对于北庭绝望之最强证据也。此次督粤伪令尤为滑稽，所幸沈总司令不受乱命，态度鲜明，杨总司令及滇军诸将士力持正义，掊击无余，使彼辈知利诱之有时而穷，是非之终不可泯，国家前途之光明端视夫此。方今军阀专横，国难未已，我西南自护国、护法以来，几经艰困，未竟全功，实为遗憾。自今以往，凡我袍泽务本大元帅和平统一之旨，以与国人进谋福利之道。潜等从事革命几二十年，出死入生，岂畏强徒？以国人厌弃兵祸，故不欲延长战争，以重人民之困。倘彼曹吴辈不谅此志，徒恃暴力以相侵凌，则潜等不得已为主义而战，固夙志也。谨布区区，伏惟亮察。程潜、刘震寰、朱培德、卢师谛、刘玉山、梁鸿楷、周之贞、李济深、郑润琦、吕春荣等同叩。艳。

第八号（四月二十七日）

目　　录

命　　令

训　　令

指　　令

大元帅指令第九十号

大元帅指令第八十六号、第八十七号、第八十九号、第九十一号——第九十八号、第一〇〇号——第一一一号（略）

公　　文

军政部长程潜咨广东省长徐绍桢文

公　　电

大元帅复奉天张作霖侵电

奉天张作霖来大元帅蒸电

西路讨贼军总司令刘震寰呈大元帅筱电

旅沪粤人关民生等呈大元帅筱电

同志相扶社吴公干呈大元帅筱电

旅沪粤商协助会罗捷文等呈大元帅巧电

中央直辖滇军第二混成旅旅长胡思舜呈大元帅翛电

中央直辖滇军总司令杨希闵、西路讨贼军总司令刘震寰等呈大元帅马电

军政部长程潜呈大元帅马电

闽赣边防督办李烈钧呈大元帅鱼电（略）

闽赣边防督办李烈钧呈大元帅蒸电（略）

西路讨贼军总司令刘震寰呈大元帅铣电（略）

命　　令

大元帅令

沈逆鸿英反复无常，奸诈成性，阴谋内乱，逆迹久彰。本大元帅念其微劳，恕其既往，屡示优容，冀与感化。不意狼子野心始终不悛，一面呈报移防，一面阴行鬼蜮，竟于昨夜擅自称兵，进袭省城。幸我军将士用命，戒备有素，当经击退。似此恣行叛逆，甘为戎首，扰乱军纪，贻害地方，实属罪不容逭，法所必诛。沈鸿英应即褫夺桂

军总司令本职，着滇军总司令兼广州卫戍总司令杨希闵、东路讨贼军总司令许崇智、西路讨贼军总司令刘震寰、大本营驻江办事处全权主任古应芬、东路讨贼军第三军军长李福林、中央直辖第七军军长刘玉山、中央直辖第三军军长卢师谛、海军舰队司令温树德、驻汕海军各将领、广东江防司令杨廷培、广东海防司令陈策等，各督饬所部，分途兜剿，迅速扑灭，以正法纪，而遏乱源。此令。

中华民国十二年四月十六日

大元帅令

沈逆鸿英称兵作乱，业经明令讨伐。各军分途进击，期速荡平。所有附逆军官李易标、沈荣光等，甘心从乱，扰害地方，均属罪无可逭。中央直辖第五军军长李易标、第六军军长沈荣光，着即褫夺本职，并着各军长官饬令前敌将士，将沈鸿英、李易标、沈荣光悬赏购拿，务获惩办，以伸国法而快人心。此令。

中华民国十二年四月二十日

训　令

大元帅训令第七十三号

令广东省长徐绍桢

据广东电政监督李章达呈称：窃维此次电报局罢工风潮，实沙面电报局长陈昌为首，收聚徒众，接济金钱，妨害交通，扰乱电政，实应受刑事上之制裁。经将该局长撤差，听候查办，遗缺即委电报毕业生麦萼楼接充，又被多方推宕，抗不交代。前经呈请帅座饬行通缉在案。忖电报关系交通，不容停滞，特派员督匠四出，修整杆线，复电省外各局协修，方期指日功成，恢复原状。讵迩来叠接广局及各局员司报告，各线随修随阻。查系陈昌唆使奸人暗中搅乱，冀遂其破坏电政之私，始则滥觞于广州一隅，继而波及于广东全省。似此行为，不法已极，其心不可测，其罪不容诛，理应咨会军警将该犯拿获解办。惟该电报局落在沙面英段租界，陈昌常匿居是间，倘若直接逮捕，手续上不无窒碍。基此原因，理合将陈昌为首滋事聚众罢工及抗不交代各情，备文呈恳帅座俯准，迅饬省长转饬交涉员向英领交涉，务将陈昌驱逐出局，引渡归案究办，以维国法而重主权等情。据此，除指令呈悉，应照准候令行广东省长转饬交涉外，合行令仰该省长转饬交涉员，迅向英领交涉，并将办理情形具复。此令。

中华民国十二年四月十一日

指　　令

大元帅指令第九十号

令大本营军政部长程潜

呈悉。据称徐汉臣等蓄谋叛乱，逆迹昭著，实属罪无可逭。着照该部所请，即由该部遵令分行各军事长官，通饬所属一体严密缉拿，务获究办，毋稍宽纵。此令。

中华民国十二年四月十三日

附原呈

为呈请事。谨案已革东路讨贼军第八师师长徐汉臣、旅长黄定中及徐芳廷、徐鸿钧、徐春波、林炳南等，野心未戢，希图扰乱，暗受陈逆炯明接济指使，屡次派人前往江门，勾结大本营直辖陆军第四旅营连长徐参衡、曹扬武、欧建标等，运动兵士，约期举动。幸该旅团长等察觉尚早，立将该徐参衡等呈请撤换。讵该徐汉臣等甘心从逆，一意谋乱，一再与该已革营连长徐参衡等，派人携款到江运动各营官兵，并在沙坪、省城两处假借名义设立机关，私招军队，冀遂乱谋。迭据大本营直辖第四旅旅团长及江门各军处报告，均属实情。该徐汉臣等前因不法，致被革斥。近复怙恶不悛，一志谋逆，希图破坏大局，实属不法已极。应请大元帅明令通饬各军，将徐汉臣、黄定中、徐庭芳、徐春波、徐鸿钧、林炳南、徐参衡、曹扬武、欧建标等九名一律缉获，归案惩治，以肃军纪而清乱源。所有呈请明令通缉徐汉臣等九名归案各缘由，是否有当，理合具文呈请钧座，俯赐裁核示遵。谨呈大元帅。

军政部长程潜

中华民国十二年四月七日

公　文

军政部长程潜咨广东省长徐绍桢文

为咨请事。案查前准贵省长咨：据南海县长李宝祥呈报，有署名自治军总司令陈天纵行文到县，谓已饬派谭国雄等办理南属自治军收编事宜一事，当经本部以此项自治军并非政府正式委任，应即将自治军名义一律取销，咨复转饬遵照。又准来咨：昨据广州市公安局具报，有罗建中带领自治军到西关文澜书院设立司令部情形，请为查办等由。复经咨请饬行公安局转饬该管警区勒令解散，如敢违抗，即予拘究各在案。现经麦穗丰呈称：窃查环球民主国通例，居于地方之人民则为主人，居于政府之官吏则为公仆。公仆居于政府执行政治，主人居于地方共行自治。二治均以国利民福为前提，殊途同归，并非分道而驰，是人民共行地方自治，政府官吏不可干涉制止，犹官吏执行政治，人民不容干涉制止，其义一也。再查西洋民主国之军士，由政府组织直辖者，只有海陆之国防军，专主对外关系；由人民组织自卫者，则为地方自治军，专主对内关系。政府对于人民组织自卫之地方军，绝无明令禁止之举，只有委任监察员，常驻于自治军中，专司监察之职务而已。今广东地方自治军成立以来，成效颇著，并无于国民政府或有不利益之事，正冀政府特别赞助，俾成伟大之效果，正拟请政府依照西洋民主国通例，特派一监察员驻于本军中，以完监察之作用。讵钧军政部以未受任状，遽令撤销，殊堪诧异。依环球民主国通例，所谓地方自治军，绝无由军政部发给任状之办法，如以未受军政部任状，而为明令撤销之张本，彼商团军及民团军与夫警察游击队之属，谅亦未受军政部任状，岂亦在撤销之列？素仰钧军政部长久历戎行，尊重民治，谂悉西洋民主国均有自治军办法，应不至以地方自治之军，错认为军政部直辖之军，执行上司之职权如斯严厉，想或有别的自治军冒认为政府之军执行政权，徒滋纷扰，故钧军政部为划一军权、军名起见，下令撤销，亦所当然。惟未经明白分别何种自治军，或赞助，或撤销，则地方官及民难免因而误会，则影响于敝地方自治军之进行，实非浅鲜。为此，粘敝军宣言书，请钧军政部为民权为民治计，查照迅行，分别明白宣布，俾免误会，则广东一省民治发扬，无远弗届，所以为广东一隅谋幸福者，且不止为广东一隅谋幸福矣。如本军办法尚有未尽善美之处，无论何人均可指示改良，此乃为地方谋公安，而非为个人争私利，倘有益于敝军之进行，即有益于地方及人民，无不乐从顺受。除通请中外各界父老昆弟诸姑姊妹，时锡南针，以匡不逮外，仍希查照西洋民主国自治军通例，特派监察员常驻敝军中，俾完监察作用。诸纫公谊，统候见复，不胜翘企之至等情，并附送宣言书到部。据此，查办团一事，向归地方行政长官主管，现在粤省各属商团多已筹办成立，对于地方颇堪自卫。核阅该宣言书，欲合全省各种团军统名为自治军一节，兹事体大，必须先行征求各团军意见，自谋联合妥订章程，再行呈请政府核夺，方无弊窦。今麦穗丰竟以一己私见，主张各属团军均归于自治军范围，并设置各级长官，难保无借端营私之弊。且人民举办团防，应受官厅委任，定有专章，而政府为维持公安，杜绝流弊起见，当然有整顿监督之责。现政府对于人民自治，罔不积极扶助，至于统一各种团军，使之守望相助，亦当竭【力】提倡以期实行。惟究应如何统筹，方能有利无弊，事关民治，不厌求详，或设立全省民团总局，借资提挈，或责成省县议会及各地工商学会，共同讨论办法，以期妥善之处，相应咨请贵省长查照核办饬遵。再，该麦穗丰既非官厅委任，又非由社团公推，竟自私行刊用自治军印信，并在广府学宫设立自治军总部，实属荒谬。并请并案令饬公安局行区饬警尅日勒令解散，以免纷扰。此咨广东省长徐。

大本营军政部长程潜

中华民团十二年四月十四日

公　　电

大元帅复奉天张作霖侵电

奉天张雨亭先生鉴：蒸电辟复辟谣诼，并嘱宣布转饬各报更正，具见矢忠民国，曷胜钦佩。国建共和十余稔矣，中经复辟之变，不旋踵而灭，国体既定，诚有非顽民所能颠覆者，执事之明岂或屑此，不图乃有以是为中伤者，人心之险，良可浩叹。执事通电明志，国人皆将喜闻。此祥和之言，文亦将视力所及，勉为执事剖白之，更冀本爱护共和之初衷，进而为解决大局之盛举，文虽不敏，至愿与时贤共之也。孙文。侵。

奉天张作霖来大元帅蒸电

广州孙中山先生鉴：近日报纸登载奉省有图谋复辟之说，此种无意识之谣诼，在稍有常识者见之不值一哂。惟市虎杯蛇，深恐引起一般误会。作霖素性光明磊落，但知爱护共和，顾念大局，我公夙所深悉，敬祈代为宣布，转饬各报更正，无任祷企。精卫兄已来奉，厚意至感，并谢。张作霖。蒸电。

西路讨贼军总司令刘震寰呈大元帅筱电

急。广州大元帅钧鉴：捷报。（一）寰亲率韦、严两师于筱日晨攻击瘦狗岭之敌，激战数小时，毙敌数十，生擒百余人，夺获枪枝百余杆。午后五时三十分，完全占领瘦狗岭，现正在追击中。（二）特遣一支队已驱逐瘦狗岭附近之敌，拟向龙眼洞进剿以绝敌后，特闻。震寰叩。筱亥。印。

旅沪粤人关民生等呈大元帅筱电

孙大元帅钧鉴：沈逆受吴贼运动，胆敢背叛，罪不胜诛，请迅饬各军灭此凶獠，安我桑梓。旅沪粤人关民生、何荣山、李伯廷、李剑泉叩。筱。

同志相扶社吴公干呈大元帅筱电

孙大元帅钧鉴：沈逆叛乱，破坏和平，闻之不胜发指。祈速率健儿歼此巨憝，保我黎庶。同志相扶社吴公干叩。筱。

旅沪粤商协助会罗捷文等呈大元帅巧电

孙大元帅钧鉴：沈逆受伪庭运动，扰乱粤局，破坏统一进行，实为民蠹。请率义师声罪致讨，誓灭此獠，以靖国难。旅沪粤商协助会罗捷文等。巧。

中央直辖滇军第二混成旅旅长胡思舜呈大元帅寄电

大元帅钧鉴：本旅皓日奉蒋师长命令，限二小时进攻黄塘墟、芦苞等因。当饬第四团进攻芦苞，旅长亲率第三团向黄塘墟前进，敌约数千亦分头来袭，鏖战四时许，敌势不支，纷纷向清远方面溃退，我军即将黄塘墟占领。旋接第四团长报告，据称已占领芦苞。是役战斗极烈，毙敌甚伙，生擒参谋长一、营长五、连排长数十人、士兵数千名，枪枝千余杆，子弹无数。经此重创，敌胆已寒，现向清远方面追击前进，务灭逆众而后已。直辖滇军第二混成旅旅长胡思舜叩。寄。印。

中央直辖滇军总司令杨希闵、西路讨贼军总司令刘震寰等呈大元帅马电

大元帅钧鉴：顷据前方滇军第一师长杨池生、第二师长杨如轩、第三师长范石生、西路讨贼军第一师长韦冠英、第二师长严兆丰等报称：逆军自白云山败溃后，其伪军长李易标身负重伤，命在旦夕。沈荣光只身逃匿，莫知存亡。其精锐部队俘虏伤亡已余无几，复被民团截击，势已不能成军，连日以来绝无抵抗，肃清余孽，指日可期等语。又据李军长登同、刘军长玉山函称：顷据北江民团报称，兹俘得逆军排长张得胜一名、士兵三十余名，供称沈逆鸿英自接白云山溃退消息后，即由新街向北江逃窜，当乱军之际，逃中复被民团纷纷截击，沈逆胸部已负重伤。其残兵败卒均皇皇无主，惊恐非常，弃甲改装到处皆有各等语。查沈逆部队向为土匪结合，今此次既受联军痛剿，复被民团协击，而沈逆、李逆又负重伤，肃清北江，事在指顾。计此役共缴获敌枪一万三千余枝（支），俘虏约九千余名，毙敌约三千余名，我军伤亡约九百余名。闵等拟即日出发北江，办理善后诸事，特此电闻。中央直辖滇军总司令杨希闵、西路讨贼军总司令刘震寰同叩。马。印。

军政部长程潜呈大元帅马电

急。广州大元帅钧鉴：逆军一部昨由青岐来犯，当派海防司令陈

策、周处长之贞，各率所部协同往剿。兹据海防司令陈策报称：职于二十凌晨躬率陆战队，会同周处长所部，在思贤滘口登陆，由舰队掩护进向青岐方面，对敌施行攻击。剧战移时，敌人纷纷溃退，我军追击至广利地方，复向广利敌人猛攻，当击溃广利之敌而占领之。现敌退据峡口炮台，负固顽抗，拟明晨再行猛攻，预料明日当可占领肇庆云。除饬该司令相机进剿以固要防外，特电奉闻。程潜叩。马。

第九号（五月四日）

目　　录

法　　规

命　　令

训　　令

指　　令

公　　电

批　　示

大本营内政部批第三号

法　　规

《大本营军政部军法处组织条例》

第一条　军法处设处长一人，委员三人，直隶军政部长，专管本处事务。

第二条　凡陆海军军官、军属、士兵犯罪以及人民触犯军法之逮捕、审问、判决执行事项，概归军法处办理。

第三条　军法处适用《陆海军审判条例》及《陆海军刑事条例》各法令。

第四条　凡因被告人之身分，有必须高等军法会审时，得临时呈请组织之。

第五条　书记官、录事因事务之繁简设置之。

第六条　本条例自呈请大元帅核准公布日起实行。

中华民国十二年四月二十四日

命　　令

大元帅令

工兵局筹备委员古日光甘心从逆，罪无可逭，着即褫夺本职。仰各军长官一体严拿，务获惩办。此令。

中华民国十二年四月二十六日

训　　令

大元帅训令第九十八号

令大本营军政部长程潜、中央直辖滇军总司令兼卫戍总司令杨希闵、大本营巩卫军司令朱培德、中央直辖西路讨贼军总司令刘震寰、东路讨贼军总司令许崇智、南路讨贼军总司令黄明堂、闽赣边防督办李烈钧、东路讨贼军第三军军长李福林、中央直辖第三军军长卢师谛、中央直辖第七军军长刘玉山、海军舰队司令温树德、广东江防司令杨廷培、大本营驻江办事处全权主任古应芬、广东海防司令陈策、高雷讨贼军总司令兼绥靖处处长林树巍、警备军军长姚雨平

各部军队所有扣用商轮渡，应一律即日放行，以利交通。如因军事确有需用船只之处，着向大本营呈请核准指拨。仰即转令所属，一体遵照办理。切切。此令。

中华民国十二年四月二十三日

大元帅训令第一〇一号

令中央直辖第三军军长卢师谛、中央直辖西路讨贼军总司令刘震寰、中央直辖滇军总司令杨希闵、中央直辖第七军军长兼第二师【师】长刘玉山、管理粤汉铁路事务陈兴汉、中央直辖滇军第一师师长杨池生、中央直辖滇军第二师师长杨如轩、中央直辖滇军第三师师长范石生

各军官兵乘坐火车到达目的地时，须立刻下车，将车头及客车、货车一律放回总站，以便应用，不得扣留车辆，及在车辆上住宿，以免妨害交通，阻碍输运。切切。此令。

中华民国十二年四月二十五日

公　　电

大本营驻江办事处全权主任古应芬呈大元帅径电

大元帅钧鉴：顷据李师长济深报称，敬巳业将百家地之敌击退，现向清远城追击等语。理合电闻。古应芬叩。径午。

军政部长程潜呈大元帅感电

万急。广州大元帅钧鉴：捷报：左翼军第一师于二【十】四日拂晓，与清远境内百家地逆军接触激战。至九时，我军奋力攻击，逆势

不支，向清远方面溃退，追击于上飞水。另以主力由径口渡河抄袭逆军后路，自二十五日清晨激战至午前十时，逆势不支，纷向琶江洲、心墟、笔架山溃退，遂于本日午后一时占领清远城，向琶江追击。此次战事激烈异常，击毙逆军甚多，我军稍有伤亡，并夺获退管炮一尊、炮弹数千、枪枝子弹无算。其驻清远逆军首领为沈荣光、邓耀堃，有众四五千人。彼之重视清远，盖为顾全归路计也。查敌军既迭被我滇军及刘、李各部挫败，今其右翼又被我军击破，遂已无固可负，万乞中右各军猛力追击，不难指日肃清也。左翼军总指挥、军政部长程潜叩。感丑。三水行营转。

批　　示

大本营内政部批第三号

具呈人广东女界联合会

奉大元帅交下该会呈报协饷捐款，购物犒军呈一件。此次沈逆叛变，袭攻粤垣，赖各军鏖战数日，将敌击退，省城治安始获无恙。该会员等念前敌将士之劳苦，协筹捐款，购物犒师，尽国民之天职，作三军之勇气。披阅来呈，良堪嘉许。所有缴呈各物，已饬由广州市公安局运送前方，分给各军矣。仰即知照。此批。

中华民国十二年四月二十七日

第十号（五月十一日）

目　　录

命　　令

训　令

指　令

公　电

训　令

大元帅训令第一一八号

令广东省长徐绍桢

此次沈逆叛乱，各军奋勇杀贼，迭奏肤功，而北江一带各处民团，亦能乘机出奇，协同兜剿，毙敌无算，殊堪嘉许。仰该省长详查所有得力民团立功较著者，一律转令慰劳，并将所有战绩分别切实呈报，以凭核办。此令。

中华民国十二年五月三日

公　电

中央直辖滇军总司令杨希闵、中央直辖西路讨贼军总司令刘震寰呈大

元帅全电

急。广州大元帅府大元帅钧鉴：滇桂两军会追沈逆，全日拂晓进击军田，势如摧枯拉朽，不崇朝而收胜利。计阵地弃尸三百余具，夺获枪枝极夥。现以滇桂军之一部施行穷追，以大部分集中军田待命。谨此电闻。滇军总司令杨希闵、桂军总司令刘震寰同叩。全未。叩〔印〕。

中央直辖滇军第四师师长蒋光亮等呈大元帅东电

广州万万火急。黄沙转孙大元帅鉴：沈贼此次称兵犯顺，屡经我中央直辖各军重予剧创，彼犹不自悛悔，妄思抵抗，实天夺其魄，恶积当灭者也。兹者本师奉命讨贼，于今日午前六时由国泰墟出发，十一时到达军田，攻击敌之侧背。敌人约北兵一旅、沈军一军，经躬率士兵奋勇进攻，血战一昼夜，肉搏数次，敌渐不支，纷纷向韶关方面溃退。我军夺获大炮、机枪、子弹及各军用品无算。我军现正追击中，敌势甚形狼狈，似已不能成军矣。谨闻。直辖滇军第四师师长蒋光亮、第二混成旅旅长胡思舜、第七旅【旅】长罗振铨、第八旅【旅】长王秉钧、独立旅【旅】长何克夫、司令部参谋戴永萃叩。东。印。

中央直辖滇军总司令杨希闵呈大元帅冬电

万火急。广州大元帅孙钧鉴：本日希闵率队追击，申刻到源潭，先头部队已追出琶江以外。顷据探报，沈逆自军田逃出，即飞调清远沈荣光所部往英德，清远甚为空虚，请钧座速电程部长由清远直捣英德，会师韶关，以期一鼓荡平。又职部需款甚急，曾于东电详陈，务恳钧座迅予接济，不胜盼祷。此后师出愈远，后方勤务愈为紧要，请速饬兵站及多送军米盐菜，并严饬铁道管理，限江日以前修复琶江至省之线道、电报、电话，以利交通为要。希闵呈。冬戌。

中央直辖滇军总司令杨希闵呈大元帅冬电

万急。广州孙大元帅钧鉴：徐省长、张参谋长、朱参军长、杨秘书长、各部长、罗兵站总监、刘军长玉山、李军长登同、孙市政厅长、伍运使、各法团、总商会、各工会、各机关、各报馆、北京参众两院议员、上海孙伯兰、章太炎、汪精卫、胡展堂、邹海滨、徐季龙、叶香石、黄裴章诸先生、奉天张总司令、浙江卢督办、泉州李督办、汕头许总司令、新街探送刘总司令、卢军长、各省总司令、督军、省长、总商会、各机关、各师旅团长、各司令、各报馆钧鉴：东电计达。顷复据俘虏北军供称：此次在军田之逆军，系北军第九混成旅及第三混成旅之一团，担任铁道正面，桂军除沈荣光在清远外，其主力完全加入担任左右两翼。全日被我军蒋师长光亮率胡思舜、王秉钧、罗振铨各旅由国泰墟袭军田侧背，杨师长池生率赵旅洪隆两团、韦旅朱吴两团，由铁道东方向逆左翼猛攻。正面范师长石生率廖行超、杨廷培两旅向敌猛攻，冲锋肉搏数次，敌势不支，纷纷溃退，被蒋将师截击。逆不敢沿铁道退走四会，奔逃复被民团义军击毙甚夥，沈逆鸿英仅以身免，邓如琢及桂军高级官均未逃出。总计是役毙逆甚众，北军不熟地形，死伤尤多。俘虏北军、桂军千余人，夺获退管炮六门、水机关八挺、步枪数千枝、炮弹枪弹军用物品三十余车、机关车头五架。刻希闵率队跟踪追击，先头部队已抵琶江，逆军沿途抛物，路为之塞，其狼狈可知。区区余孽，一鼓可歼。特电奉闻。杨希闵叩。冬亥。印。

广东海防司令陈策等呈大元帅鱼电

广州大元帅钧鉴：捷报。本日清晨，职部舰队担任左翼进攻肇庆，敌人负固顽抗，剧战移时，我军即将西峡炮台占领，夺获步枪数十杆，敌人死伤念余人。现我军已迫近东门塔脚，第一师迫近北门，第二师亦由三榕峡抄到。敌势穷促，不难一鼓荡平也。司令陈策、指挥冯肇铭叩。鱼。

第十一号（五月十八日）

目　　录

命　　令

训　　令

指　　令

公　　电

中央直辖滇军第七军军长刘玉山呈大元帅文电（略）
中央直辖滇军第三师师长范石生呈大元帅文电（略）

命　令

大元帅令

沈逆叛变，勾结北军，进窥粤垣，冀危大局。赖我各军将士戮力同心，勇猛杀贼，不兼旬而追奔逐北，逆氛以戢。西、北两江名城大邑次第克复，诸将士劳苦功高，一俟残贼肃清，自应另案一体分别从优叙奖。惟查此次讨逆军兴，沿粤汉铁路各地乡团，深明大义，乘机杀贼，或协助我军作战，或扰乱逆贼后方，致收迅克之功。该乡团等为国效命，甚属可嘉，着军政部调查明确，分别呈候颁给匾额，以彰义声而昭激劝。此令。

中华民国十二年五月十日

大元帅令

前东路讨贼军第一军军长黄大伟，近受北廷嗾使，挟陈逆重金，潜伏香港，遣党羽散布谣言，运动军队，希图扰乱治安，破坏大局。该前军长以青年学子，受本大元帅训诲培植十有余年，内预机要，外参戎行，优渥隆重，鲜有伦比，乃桀骜放纵，屡抗军令，善诱严督，讫无悛改。本大元帅犹曲予优容，冀终悔悟。前讨贼军进驻福建，该前军长一意孤行，刚愎自用，对于长官命令，均等弁髦。本大元帅为统一军令起见，不获已饬令解职，并拟任以他项重寄，以酬前劳。不意该前军长毫不思过，倒行逆施，悍然无忌以至此极。兹特宣布罪状，交各军长官一体传令通缉，务获究办，以儆背叛，而肃军纪。此令。

中华民国十二年五月十日

公　电

大元帅致上海海军林司令阳电

上海海军林司令鉴：佳电迟至，昨午始达。雒诵迴环，欣慰无量。以为此时全国兵士皆如在沪海军袍泽，其将领皆如执事者，则和平统一盛业不难指挥立定。年来国是蜩螗，由于一二军阀之凭借武力恣行攘夺，实由于多数军人昧厥卫国保民之天职，甘为强权所利用，而供无主义之牺牲。尊论一语破的，读之令人快慰。方今和平统一，已为全国人心所蕲向。少数冥顽之徒，乃必背道而驰，于川、闽、粤诸省均已屡试其技，野心未达，而吾民颠沛流离之苦，已激增至不忍见闻矣。文迭次宣言，标明主旨，凡赞助和平统一者皆吾友，反抗和平统一者皆吾仇。如执事之明达，与在沪海军之澈悟，文当竭其绵薄相与戮力同心，共抒国难。南来海军诸将士，亦极表同情，幸勖前途，以竟全功。临电钦迟，至深企祷。孙文。阳。印。

上海林建章来大元帅佳电

广州孙中山先生钧鉴：国家之有海军，所以卫国保民，原非供一二人政争之武器。频年以来，我海军袍泽，屡为一二强权所利用，喋血争锋，羌无主义，既无益于国家，复府怨于人民。长此不已，诚恐为人诟病无以自容，每一念及辄用寒心。兹幸我海军同人，应时势之潮流，顺群众之意志，本联省自治主旨，以闽人治闽为联省之先河，借解纠纷之时局，既可洗从前伈俔依人之积习，又以树和平统一之先声，庶几不背国家设置海军之本意。风闻之下，欣忭莫名。复承共推建章主持一切，自维德薄能鲜，愧不敢当，惟是救国义举，曷敢自躭暇逸。我海军同人垂诿及于鄙人，敢不勉执鞭弭以从诸君子之后，拟暂任其难，维持秩序，一俟大局稍定，即当退让贤路。尚冀我袍泽同心戮力，共策进行，愿以和平统一实现为息壤。区区之心，希垂察焉。林建章。佳。印。

中央直辖滇军第二混成旅旅长胡思舜呈大元帅微电

万万火急。广州孙大元帅钧鉴：沈逆自军田被我军打溃后，思舜奉杨总司令命令为先遣追击队，即行率部跟踪紧追，业于微日未刻克复黎洞，酉刻克复连江口。初，黎洞前方有一山洞曰大庙峡，右依绝岭，左扼北江。北兵以三四千之众，凭高据险，死力妄抗。正面既惮敌火之猛烈；右翼复畏崎岖之跋涉。稍施奇兵，势成下迫。于是山洞之敌，不得不退守白鹅头矣。白鹅头耸崎江边，屏幛数里，鸟为怯翼，水作洄漩，既无船只可渡，亦只攀藤是事。将士之汗遥疑骤雨，枪炮之声响彻深壑，局部纡回，后方足虑，于是敌又不得不向英德溃退矣。思舜乃率队沿铁道直追于前方，各地民团兜截于两翼，北军争先乘车而遁，桂军落后，漫山溃逃，沿途缴械，遍野伤亡。兴言及此，良用恻然。惜沈逆闻风预逃，殊为恨事。然发蒙振落，韶、石亦指顾间耳。除明日仍向英德跟踪追击外，谨此电闻。滇军第二军混成旅旅长胡思舜叩。微酉。印。

中央直辖滇军第二混成旅旅长胡思舜等呈大元帅鱼电

万火急。广州孙大元帅钧鉴：上月三十日，沈逆全军及北兵第九混成旅，经我军由军田沿铁路击退，舜部进克连江口等处，节节胜利，于六日午正追至翁源铁桥附近与敌接触。沈逆鸿英亲率李易标，沈荣光、李根沄及北兵第九混成旅邓如琢等全部，并由韶关，新墟前来之北兵第三混成旅高凤圭全部，凭河据险，拼死力抗。鏖战半日，将敌击退三四里，连获数阵地。前晚我第一师郭团增加作战，敌愈不支，纷纷溃退，即于午后六时进克英德车站。舜部夺获退管炮五尊，步枪五六百枝；钧部夺获退管大炮一尊，步枪三百余枝。全部共获枪炮子弹颇多，军用品物无算，火车十余辆，毙敌甚众，俘虏北兵五六百名。逆军向河头、韶关方面退却，惟英德县城尚有一步〔部〕逆军退据，当派队进击，于午后六时将英德县城完全克复，现正在追击中。其小北江方面，亦由本军第一独立旅【旅】长何克夫亲率所部，在体道地方截击由连江溃散之敌。计夺步枪百余枝，火轮一艘。该队拟由含光至英德会师，追击前进，并闻。滇军第二混成旅【旅】长胡思舜、等【第】八旅旅长王秉钧叩。鱼亥。

广东海防司令陈策等呈大元帅庚电

广州大元帅钧鉴：职部舰队江大等舰五艘，本晨驶进大小湘及禄步一带，与我军等〔第〕三师张旅、东路讨贼军梯团及谭启秀部联络，在禄步附近击沉敌民船一艘，获七八艘。肇城之敌仍闭城固守。现在顶山、梅庵、白衣庵均为我军占领。刻拟挑选冲锋队占领龙顶冈，此处得手，肇城不难一鼓而下。我军陆战队与敌前哨相距只七八丈远。本日无大战争。余容续报。司令陈策、指挥冯肇铭叩。庚。

曲江绅商学界全体公民呈大元帅庚电

广州孙大元帅钧鉴：沈军现完全退出，请速派员来韶维持治安。曲江绅商学界全体公民叩。庚。钤。

中央直辖滇军第一师师长杨池生呈大元帅佳电

广州孙大元帅鉴：逆敌北军第九、三两旅及沈逆各部共约六千余人，盘踞英德车站及刀头山一带高地，拒抗我军北上。经本师协同胡、王两旅，于六日向该逆施行攻击，该逆死力拒抗，战斗激烈。自午前十一时开始战端，至午后七时始将该逆击退，逆军纷向马坝方面溃退。计是役我军夺获退管炮七门、机关枪十余挺、步枪千余枝，其余军用品无算，并俘虏敌人千余，我军即于是夜完全占领英德城。其余残溃逆军向马坝退却时，复被民团截击缴械，土崩瓦解，狼狈不堪。查是役【敌】举全力扼险拒战，作孤注一掷，经我军一鼓歼灭，此后风声鹤唳，当无能为役矣。本师于虞午追抵沙口，拟继续向韶关追击前进。除呈报外，特此报闻。滇军第一师师长杨池生叩。

中央直辖滇军第一师师长杨池生呈大元帅佳电

万急。分送大元帅孙钧鉴：此次沈逆叛变，勾引北军寇粤，本军奉令讨伐，当经迎头痛击。该逆等屡战皆北，异常狼狈，遂纷纷向韶关溃散，已不成军。本师奉令跟踪追击，已于本月佳日酉刻完全占领韶关。现沈逆仅率残部二千余人及北军千余向始兴逃窜，遗弃枪械辎重甚夥。倚马露布，谨电奉闻。滇军第一师师长杨池生叩。佳。印。

中央直辖滇军总司令杨希闵等呈大元帅蒸电

广州孙大元帅钧鉴：民国不幸，变乱相寻，祸始推原，莫非军阀纵横，以致纪纲堕落。贾生患国，涕泪何似？故我大元帅孙悯水火于元黎，毗〔思〕艰难于丧〔国〕步，曾经一再宣言化兵为工，抽薪釜底，和平统一，挽此漏舟，举国同钦，海外普仰。乃不图沈逆鸿英，醉心权位，受贼阴谋，恃直系两旅之兵，为国民众矢之的，暗谋肇刃庆，袭击广州，阳假统一之名，阴图祸粤之实，甘居戎首，天实不容。希闵上为国家治乱，次为正谊存名，乃不得已恭奉我大元帅孙令，亲率三军督师痛剿。幸赖我大元帅威福与我三军义愤，血战旬余，追奔逐北，于青日克复韶关。查敌残余不过二千，刻已向大庾溃窜，现复跟踪追剿，务获巨魁，以为天下穷兵黩武者戒。尚望海外［内］名豪，忧时硕彦，念鲁难之难弭，知庆父之当去，挥戈同指，共扫妖氛，永奠河山，庶乎有豸。谨此通陈，伫候明教。中央直辖滇军总司令杨希闵、师长杨池生、杨如轩、范石生、蒋光亮率各旅长等叩。蒸丑发于英德。

中央直辖滇军第七军军长刘玉山呈大元帅真电

广州孙大元帅钧鉴：军长于今晨率部向联和墟前进，午刻抵竹筏埔。据探报：逆军营长徐涛部，正纷向联和墟北顶峰山移动等情。即令第七师第九、十两团及第二师警备团向前猛击。逆军约四百余人，负隅高山，强顽抗拒，剧战三小时，我军九、十两团由左右两翼包抄，我警卫团由正面直冲，逆势不支，纷向山西园方面溃窜。午后三时即将联和墟完全占领，现正拔队追击。计是役毙敌二十余人，夺获步枪十余杆，子弹二千余，我军阵伤士兵三名，谨电奉闻。第七军【军】长刘玉山叩。真。印。由联和墟行营转石滩拍发。

中央直辖滇军第七军军长刘玉山呈大元帅真电

万急。广州大元帅钧鉴：顷据第三师师长陈天太报告：今午后三时，被我军在联和墟击溃之敌，受我第九团之七连及第十团之一营由侧背包抄，敌不能抗，纷向博罗方面溃窜，我军遂于午后四时五十分完全占领福田墟等情。除仍向该逆继续追击外，谨闻。军长刘玉山叩。真戌。印。

第十二号（五月二十五日）

目　　录

命　　令

训　　令

指　　令

公　　电

指　令

大元帅指令第一七八号

令特派广东交涉员傅秉常

呈悉。准于发还可也。此令。

中华民国十二年五月十九日

附原呈

呈为呈请事。窃查本国从前对德宣战时期，经本省各前省长，依宣战时处置德国在中国财产办法第一条：在使馆界外或租界外之德国国有公有房屋物品及其他动产、不动产，无人看管者，由该管官员派员看守，或封存之。第二项：其属于私有者，该管官员查明知照德委之中立国领事，仍依前项之规定办理。通行本省各商埠地方官，分别将德侨公私各产收用保管在案。迨欧战告终，和平恢复，北方管理特种财产事务局有所管特产，不日开始发还，俟与德使商定发还日期，再行奉告之。电（?）自是而后，若何办理，无从查悉。现在粤省德侨均以私有房产被收，租项无着，纷纷来署请求发还，以维生计。交涉员伏思此项德侨个人私有房屋，未奉帅府规定发还明文，惟迭据德人吁请，情尚可怜，应否特别通融，准予给还，交涉员未敢擅便。理合备文呈请帅座俯赐鉴核，指令祗遵，实为公便。谨呈陆海军大元帅。

外交部特派广东交涉员傅秉常印

中华民国十二年五月十日

公　电

中央直辖滇军总司令杨希闵呈大元帅微电

广州孙大元帅钧鉴：窃沈逆鸿英，狡诈为心，反复成性，初由土匪招安，渐至攘窃高位，民国以来祸粤祸国，惟利是图，其阴贼险狠之行为，早为国人所共鉴。去岁陈氏叛国，元首播迁。希闵奉命兴师，恭行天讨，该逆遣使陈说，效命输诚，愿率所师附入义旅。希闵鉴其悔过之忱，略其已往之迹，推诚相见，引为同仇。联军东来，百粤底定，该逆挟其微劳，阴怀异志，江防会议，喋血喷人。维时粤中袍泽愈谓该逆居心叵测，噬脐堪虞，及早不图，必贻后患。希闵以战事相定，粤局未安，虽蔓草之当除，实投鼠而忌器，粤民惊魂甫定，何堪再启战端，不知〔如〕曲予优容或可消弭险恶。迨至元首回粤，日月重光，念其微功，懋膺上赐，屏藩南粤，竟赐茅土之封，管领西江，爰寄干城之任，宽仁复被，莫可比伦。讵意该逆天良尽泊，野性难驯，肆其盗贼行为，甘作北庭鹰犬。当粤闽伪命发表之日，奸谋日亟，谣诼繁兴。希闵夙来以忠厚待人，念其患难至友，虽于种种逆谋，洞若观火，犹不惜尽日哓音，迭进忠告，冀其悔悟，勉竭忠贞。乃该逆阳奉阴违，狡焉思逞，移防之血口未干，叛乱之阴谋即现，竟于四月铣日，分兵三路袭击广州，推其用心，纵糜烂全粤、屠尽人民，均所不计。希闵卫戍此邦，有保护人民之责，奉命遄征，义无反顾。师直为壮，无坚不摧，鏖战兼旬，迭将源潭、琶江、英德各要隘次第克复，逆部铁骑俘馘过半，乘胜追击，直抵韶关，肃清之期计当不远。惟念沈逆虽经败北，而人民受创已深，抚视战区，深堪恻悯。似此穷凶极恶之徒，实为神人之所共殛，天地之所不容，凡有血气，罔不发指。所冀全国士夫同申义愤，声罪致讨，除此恶魔。至湘赣诸省与粤毗连，诚恐沈部溃兵窜入，扰及邻封，应请迅速派队堵截，俾早收荡平之效；以邻为壑，仁者不为。区区之心，伏维垂鉴。倚马露布，神与电驰。滇军总司令兼广州卫戍司令杨希闵叩。微。

西路讨贼军总司令刘震寰呈大元帅文电

大元帅睿鉴：顷致东江诸将一电文曰：频年以来，西南护法兴师，以粤省为中枢，而文曰崇尚正谊，尽力国事，亦以粤省为最著。不幸竞存中道叛变，以致护法政府中断，西南团体因而涣散，护法事业未收圆满结果，此东江诸将语焉能详者也。去岁之冬，震寰奉命讨贼，义戈所指，元恶窜逃。惟时震寰以为叛国乱法罪在竞存一人，其余胁从之众，情有可原，果能倾诚帅府，为国效命，不妨予以优容，引为袍泽。诚以国势濒危，正须群策群力以图补救，何必以有用之实力，为内部之消耗。故震寰停兵石龙，主持和平，深冀诸军彻悟，并遣师劝谕，勉以大义。凡为东江策安全，为诸君谋归宿，用心至苦也。夫联军奉命东来，原为拥护主义，重谋贯彻护法，全为促进国家和平统一，非为个人攘权位也。不意沈逆鸿英违背初旨，挟持伪命，称兵作乱。业经我联军迭战击破，势已穷蹙，不夙旦以肃清。乃比者逆［道］路流言，均谓东江杨君坤如熊部，与陈逆在港秘密集议，外结吴酋，内联沈逆，冀乘北江战事未能决之前，综合海陆丰余烬，谋燃死灰，以叶逆举人惠为总指挥，称兵复叛。又据前方情报，东江各部近于惠、博一带，大举增兵，向我军防线压迫，确有晨夕触犯之势。似此情形，诸君蓄意所在，殊令人莫解，为拥护竞存耶？则竞存灭常绝伦，社会信用完全丧失，虽有横磨十万，莫能为之挽回。为附吴助沈耶？则吴为全国所仇，沈已溃败殆尽，牺牲有用之子弟，为无主义之战争，诸君非愚，何乃执迷至此？况粤人素富革命建国之精神，而诸君必欲臣妾直系以污蔑之；粤省为自主自治之区域，而诸君必欲潜引北兵入境以摧残之。如此是直与全粤人民宣战，全无敬恭桑梓之心。顺逆所在，即胜败所关，不必兵刃相见而始决也。震寰防御东江，维护地方，责无旁贷，值此谣诼繁多，人民慌恐，不得不躬擐甲胄，东向谋乱。诸君如能转悟，回头是岸，当即饬令所部退驻原防。所有东江一切问题，静候帅令解决，毋得张皇师旅，惊骇人民。震寰仍当以友军相待，共济时艰。否则怙恶逞乱，罔所顾忌，则震寰奉命靖难，自当惟力是视，不能不为诸君计也。震寰之与诸君有相知之雅，谨贡最后忠言，惟诸君是图利之。等语。特此奉达，敬乞诸公一致主张，以清叛乱，而定粤局，无任企幸。刘震寰叩。文。印。

中央直辖第七军军长刘玉山呈大元帅寒电

万急。广州大元帅钧鉴：前呈报各电计达。元日拂晓，令第二师三、五两旅，向响水前进。职率第三师及警卫团游击队向义和、博罗攻击前进。午前十时抵龙溪墟前方。适我西路严师通报：现与敌相拒中，敌正向我左翼增加等语。职即令陈师长天太，率九团及警卫团向正面增援，十团向左侧面高山绕击敌背，严师则移攻右翼。剧战一小时，敌仍负隅顽抗，陈师长天太亲率驳壳队冒火向该敌突击。敌不支，退守大隆墟前方一带高山，并将由惠州、河源来援熊逆略全部众约二千，密布高山要隘。我显丞部攻右翼，职部攻左翼。敌以生力之增援，据天险之形势，屡欲反攻，因我军极力抵御，卒不得逞。剧战六小时，乘敌稍懈时，冲锋十数次，敌用火力压逼。至薄暮时，我军向左右翼炮击，各部同时肉搏相战，始大溃乱，纷向博罗窜去，我军乘胜尾追。十时，我九、十团、警卫团先入博罗城，敌即弃城狼狈溃窜，我军遂将博罗城完全占领，刻正整队追击中。查是役杨、熊二逆精锐已失，惠城指日可下。职部毙敌长官数员、敌兵百余名，俘虏敌排长一名、士兵一百余名。夺获敌枪二百余杆，子弹及军用品无数。职部阵亡士兵四十余名，阵伤官长二名、士兵五十余名。消去弹药另文呈报，谨先电达。第七军军长刘玉山呈。玉山叩。寒辰印发。博罗行营印。

张旅长毅、叶旅长醉生呈大元帅筱电

十万火急。汕头总司令钧鉴：新总密。铣日两电谅达。昨克复鲤湖后，该贼等尚野心未已，占据石马岭、狮项岭、医坑寨、龙山浦等高地，顽强抵抗。职当饬部进攻，该逆等以拨盒射击。激战至夜十二时，汤团由双山栅超出敌后，进占医坑寨高地，二十六团杨地附□机关枪二架、步兵二连由□浦高地进逼内□，三面夹击，毙敌营长一员，俘兵百余名，步、拨盒五十余枝。钟、黄二人将公私物品焚埋殆尽，仓皇逃去。并黄大伟臀部受伤，刻已退回湖□，钟逆则退守河婆高地，所部马永平、蔡骀辉、陈益仪、杨作楼等，均各存互并之心，已失战斗能力，海陆丰不难指日而定。旅长张毅、叶醉生叩。筱子。

西路讨贼军总指挥魏邦平等呈大元帅巧电

广州大元帅睿鉴：捷报。我军于巧晨拂晓先由地雷队将东门及北门城基爆破，第一师乘机冲入，巷战甚烈；第三师王团及江防陆战队同时由城西北及南门进击，猛战良久，龙顶岗以次各要隘悉为我有；梁旅及杨团进击圭〔龟〕顶山，截击由西门窜出余寇。午前八时完全克复肇城。除派梁旅及杨团向禄步穷追外，并令三师何团在禄步兜截。是役夺获敌械枪枝约千余杆，子弹军用品无算，毙敌数百名，俘虏若干，余情续报。除仍一面派队搜索，一面安集流亡外，合先将克复肇庆情形电达。总指挥魏邦平，军长梁鸿楷，师长李济深、郑润琦，司令陈策同叩。巧。印。

大本营驻江办事处全权主任古应芬呈大元帅巧电

提前万急。广州大元帅钧鉴：（一）肇城内外之逆已全数肃清，其残余一部向西门龟顶山溃逃，为梁蚕樊所部截击，已悉数缴械。（二）此次包围肇城旬有二日始终攻下，应芬玩敌失算，咎无可辞，应请加以严谴，俾昭炯戒。至梁军长鸿楷居中策画，随机指导，李师长济深亲冒弹石，不避艰险，郑师长润琦往来应战，不辞劳瘁，陈司令策亲率船队断贼联络，故能克此坚城，歼贼净尽，应请从优奖叙。其余各旅长等，或督掘坑道，或登城最先，俟再查取职名请奖，以示鼓励。余容续布。应芬叩。巧巳。

第十三号（六月一日）

目　　录

命　　令

训　　令

指　　令

第一九九号、第二〇一号——第二〇七号（略）

公　电

命　令

大元帅令

杨逆坤如，反复无常，奸诡成性。去年陈逆之变，称兵首难，此贼实为祸先。及联军奉命致讨，杨逆窘穷失据，指天誓日，服罪乞降。本大元帅特示优容，恕其既往，委以重任，冀终感化。而狼子野心，怙恶不悛，一面呈请自效，一面阴结逆党，竟于本月十一日擅自称兵，进窥石龙。赖我将士用命，合力迎剿。逆贼败窜惠城，犹复收合余烬，负隅固守。似此恣行叛逆，视为固常，恶盈衅积，法所必诛。杨坤如应即褫夺代理警备军军长及第一师师长本兼各职。着各军长官转饬前敌将领，将杨坤如悬赏购拿，务获惩办，以伸国法，而快人心。此令。

中华民国十二年五月二十二日

大元帅令

桂盗余孽李耀汉于沈逆叛变之际，竟敢率领丑类肆行抢劫，骚扰地方，涂炭生灵，实属罪无可逭，仰前敌各军长官一体悬赏购拿，务获惩办。此令。

中华民国十二年五月二十二日

大元帅令

此次陈逆余孽，乘沈逆之乱相率背叛，业经分命将士提兵进讨。查有沈子良、杨梅宾接济叛徒，居中策划，甘心同恶，罪无可逭。着广东省长及各军长官转令所属，一体严拿，务获惩办。此令。

中华民国十二年五月二十二日

指　　令

大元帅指令第一九二号

令大理院长兼司法行政事务赵士北

呈悉。此次申令清理庶狱，重在平反冤狱省释无辜。凡在疑狱，从宽免刑；轻罪可原，迅予开释。至于减刑一节，除真正命盗要案外，宜详加审查，视其情罪之轻重与在监执行刑罚久暂，分别等差，呈请减免，以副本大元帅哀矜庶狱之至意。有厚望焉。此令。

中华民国十二年五月二十一日

公　　电

大元帅致西江讨贼军总指挥魏邦平等有电

肇庆魏总指挥、古主任、梁军长、李师长、郑师长、陈海防司令鉴：古主任、陈司令敬电均悉。我水陆军队追击逆敌，已至封川江口，西江余孽即可肃清，皆由将士忠勇，迅奏肤功，殊深嘉尚。本应穷追痛剿以绝根株，惟念桂人皆吾赤子，粤境既已奠定，不欲更烦兵力，以苦吾民。我军应于粤边暂取守势，以待桂人之觉悟。如桂人幡然向义，自除败类，则两粤一家，更无畛域；即或自知悔悟，不复从逆称兵，我军亦当宥其既往，不更进攻，以示大公。仰各军队长官遵照出示，晓喻广西军民一体周知为要。大元帅。有。

大元帅致江门刘纪文有电

江门大本营办事处刘纪文鉴：敬亥电悉。李逆耀汉附逆倡乱，糜烂地方，经我军迭予痛剿，仍复顽强抵抗。此次我水陆各军包围攻击，大挫逆氛，乘胜追剿，指顾肃清，皆由各官长调度有方，士卒踊跃用命，闻之嘉慰。杨旅长锦龙往来应战，不避艰险；梁旅长及其余各部队长官奋勇克敌，出力异常，均着先行传令嘉奖，以励有功。仍饬令督队穷追，净绝根株，毋留遗孽为要。大元帅。有。

大本营驻江办事处全权主任古应芬呈大元帅巧电

特急。广州孙大元帅钧鉴：（余衔略）肇庆用兵十有余日，徒阻险要，致久顿师，迫得挖坑道从事灖城。本日拂晓将城之东南北三面同时轰破，各师争先冲入，格斗数小时，遂将肇城完全克复。查据城贼众约三千余，悉数为我聚歼。计夺得枪枝二千余，机关十余挺，大炮数门，辎重无算，逆首张希栻等匿入民居，现在搜查中。我军大部已向上游出发，进攻梧州，并闻。古应芬叩。巧未。

东路讨贼军第三路司令梁士锋呈大元帅巧电

广州孙大元帅钧鉴：李逆耀汉人寇恩平，职部经派第三支队长黄集初，督率全部前往痛剿。筱日分三路进攻，血战一昼夜，敌势不支，乘夜溃散，恩城完全收复。现仍分队追击。东路讨贼军第三路司令梁士锋叩。巧。印。

中央直辖西路讨贼军第三师师长黎鼎鉴呈大元帅养电

广州大元帅睿鉴：练逆叛变，侵扰海礴，鼎鉴率部进剿，马中〔申〕行抵宝安县属西乡，遇贼军数百恃险抵抗，我军奋勇前进，敌势不支，纷向宝安县城溃退。我军夺敌步枪数十枝，俘敌官兵十余名。是晚，我军即在西乡宿营。养日拂晓出发，攻击前进，十时逼进宝安县城。逆军约七八百人据山顽抗，我军猛攻数小时，毙敌甚众。

敌分两路，一向海面，一向深圳方向溃退。下午一时，我军正入宝安城，二时逆由深圳增来援军千余，忽向我军反攻；海面亦有逆艇数十艘，发炮向我宝安城反攻。我军分头迎击，异常勇敢，冒弹冲锋，肉血相搏，夺敌七生半山炮一门、机关枪一挺、步枪百余杆、军用品无算，击沉逆艇数艘，溺毙逆军甚众。我军现除分一部驻守宝安城外，余向深圳追击前进。西路讨贼军第三师师长黎鼎鉴呈叩。养亥。印。

中央直辖西路讨贼军总司令刘震寰呈大元帅敬电

广州大元帅崇鉴，程部长勋鉴：捷报。顷据黎师长报告：祃日午前十一时进击宝安，十二时敌行反攻，我军奋勇前进，敌势不支，纷纷向深圳方面退却，现正在追击中。是役夺获大炮一门、步枪数十杆、子弹甚多，追至薄楂即进驻深圳，敌向龙岗、淡水方面溃退等情。除令该师跟踪穷追外，谨电奉闻。刘震寰呈叩。敬午。印。

大本营驻江办事处全权主任古应芬呈大元帅敬电

广州孙大元帅钧鉴：据第三师师长郑润琦养日报称：马夜会同第一师行抵肇庆下游约三十里之九官墟，得悉我舰队在君江口附近与敌炮战中。本日拂晓，一、三两师上陆，向德庆猛进，敌将邓瑞征、何材杰、罗德祥等约二千人，速射炮一两门，望风奔逃，现在追击中。又漾日报告称：职部于漾日会同舰队追击至封川、江口，残贼闻风远飏，西江余孽即日肃清矣等由。古应芬叩。敬。印。

大本营驻江办事处全权主任古应芬呈大元帅敬电

广州孙大元帅钧鉴：李贼耀汉纠众三千余人骚扰新开一带，迭经痛剿，仍占领新会县属沙涌、沙湾等地方，构筑坚固阵地，顽强抵抗。今晨我军将贼包围，同时开始总攻击。梁旅及陆战队经南洋学堂山，朱、伍两部由大凹直出合洞，分向敌人正侧两面攻击；杨旅由单水口直捣敌背；龙骧、江汉等舰沿河侧击敌人。鏖战至未，敌势不支，纷向宅梧退却。除分饬各部跟踪痛剿外，并电魏总指挥、梁军长分兵由新兴截击，以绝根株。计是役获匪二百余、退管七五山炮一尊、枪五百余杆、子弹辎重甚多。杨旅长锦龙来往应战，不避艰险，厥功穷伟，其余在事各部队长，亦异常出力，应请一并传令嘉奖。是否有当，仍候钧裁。古应芬叩。刘纪文代。敬亥。

海防司令陈策等呈大元帅敬电

广州大元帅钧鉴：捷报。漾日下午舰队进至封川、江口，激战三时，敌人狼狈逃溃，窜入桂境。西江一带已无敌踪。谨电奉闻。司令陈策、指挥冯肇铭叩。敬。

东路讨贼军总司令许崇智等通电

频年国事俶扰相寻。我孙大元帅本救国爱民之心，倡和平统一之议，宣言发表，中外同情。而少数野心军阀，以攘窃权利之私心，作武力统一之迷梦，北则欲开衅端于关外，南则迭肆凶残于蜀闽。近复着着进行，图乱粤东，嗾使沈逆鸿英扰我西北江，陈逆余孽乱我惠嘉，不惜糜烂全国，以遂个人权利之私。而回顾军阀根据地，则附部以外劫匪横行。铣日临城事变，掳及外人，酿成交涉。论其行动，岂仅国民之蠹？论其实力，不啻强弩之末。至于沈逆鸿英以及陈部余孽，俱是身受我大元帅卵翼优容，辄敢构兵肆乱，实属甘心叛逆，自外生成。现沈逆全部已被我忠勇之友军歼灭，陈逆余孽则已在我包围中。崇智奉大元帅命，移兵返粤，剿除叛乱，责有攸归。我海军自护法南来，素以服从大元帅命令，促进民治为职志。日前温司令奉大元帅命，饬志鳌〔馨〕等率圻、琛、和三舰驻汕协防，维护治安，亦复责无旁贷。值兹逆党肆乱，负隅弄兵，我陆海军人莫不义愤填胸，怒发上指，谨当秉承我大元帅命令，督率将士灭此朝食，由武装以策和平。谨掬血诚，昭告天下，泰山可移，此志不易。特电奉闻，伫候明教。东路讨贼军总司令许崇智、海圻舰长吴志鳌〔馨〕、肇和舰长李国堂、海琛舰长何瀚祥〔澜〕叩。皓。印。

第十四号（六月八日）

目　　录

命　　令

训　　令

指　　令

公　　电

批　　示

命　　令

大元帅令

海军舰队司令温树德不奉命令，擅离职守，应即免职。此令。

中华民国十二年五月三十一日

大元帅令

海军舰队司令温树德，业经明令免职，继任舰队司令未经任命以前，所有现驻省河、赤湾、汕头海军各舰，着一律暂由本大元帅直接管辖。此令。

中华民国十二年五月三十一日

大元帅令

任命吴志馨为海圻舰舰长，何瀚澜为海琛舰舰长，李国堂为肇和舰舰长，田忠柏为飞鹰舰舰长，潘文治为福安舰舰长，赵梯琨为永翔舰舰长兼海军舰队司令部参谋长，胡文溶为楚豫舰舰长，缪庆福为豫章舰舰长，任治龙为海军舰队司令部轮机长，郭朴为海军舰队司令部军需长，王文泰为海军警卫大队长，章焕文为海军司令部副官长。此令。

中华民国十二年五月三十一日

训　令

大元帅训令第一五七号

令江固舰舰长袁良骅

查江固舰舰长一职，业经分别任免，并已令行前舰长彭澄克日交代。着该员即日到舰接收，毋负委任，并将接收情形具报。此令。

中华民国十二年五月二十七日

大元帅训令第一六五号

令海军各舰长、处长、队长等

据海军舰长、处长、队长等报告：舰队司令温树德于本月三十一日离职他往，不知去向，经该舰长等召集各舰官兵，一致宣言，拥护大元帅，服从命令等语。温树德擅离职守，已有明令免职，海军各舰暂由本大元帅直接管辖，官长士兵照常供职服务，应领饷项由大本营会计司按月发给。各该舰长等追随本大元帅有年，素明大义，此后当益励忠贞，戮力国家，以副本大元帅期望之至意，并着将此传谕士兵一体周知。此令。

中华民国十二年五月三十一日

指　　令

大元帅指令第二一九号

令大理院院长兼管司法行政事务赵士北

呈悉。及清折所陈，尚属可行，应予照准，仰即遵照办理。此令。

中华民国十二年五月三十日

附原呈

呈为呈请核示事。窃士北猥以铨材，谬承知遇，擢充今职，深惧弗克负荷。就任以来，无日不以整顿司法为职志。兹于博访司法人材以宏登进，考察司法官吏以励廉隅而外，更以清厘庶狱及清理积案为根本要图，自应先行由此着手。庶狱之清厘，业经遵奉大元帅第六二号训令及第一九二号指令，转行认真办理在案。积案之清理，实对于人民之生命财产有莫大之关系，进行不容或缓。伏查近年司法腐败，以粤省为最，于事实上无可讳言。以云改良，其道正多，而急治其标，则尤以除弊、考绩二者为先务。窃谓推事之贪贿，手段不一，然大要必先将案搁置，予诉讼人以运动之时机，诉讼人知其志在索贿，势必生一种败诉恐慌，由是争相贿托，惟恐居后。欲除此弊，莫若使之将案速结，俾无时日，以相关说。又恐该推事急其轻微之案，以图塞责；至有贿可求之案，仍复搁置不理，虽长官亦莫可如何，应即责成各厅长或监督推事，限令每员每月结案若干件则先交与十件，俟其结一件再续交一件，结两件再续交两件。无论新旧案件，概归长官保存，不使积压于推事手中。其在推事手中之案，通常不过十件左右而已。时间既促，运动斯难。至发交各案中如确有特别情形，不能依限办结者，准由该推事于限期届满时附以理由，将案送还长官。如长官认为正当，仍将该案交与该推事，再限于若干日内判结。如认为未甚正当，即将该案改分他推事审理。倘若任意延滞，则由该长官开列职名，呈请惩戒，以儆其余，此就推事一方面而言者也。至于检查官之贪贿，其手段正复相同，亦先将案内人留押，以为要挟，以表示其诬为有罪者固押；即无犯罪证据者，亦指为有犯罪嫌疑而押之，动辄羁押至累月经年之久，然后为起诉或免诉之处分。其自问无罪之在押人，欲求一审而不可得。即自问有罪欲求速审速判，甘受法律上之惩罚，冀早期满省释者，亦复不易。于是在押人之亲属，于无罪者恐其迳付预审，于有罪者转望其准予免诉。因而极力搜括，多方运动，以满填其欲壑。欲除此弊，无论其所拟为如何罪名，倘于侦察期限满后，尚不能搜获罪证者，应即将在押人交保候审。盖既无罪证，则所拟罪名必非确实，况罪证之为物，于在押人被押三五日内，尚不能设法搜得，日久必且湮没，非投诸水即投诸火，愈久而愈无可寻。故拟于侦察期满，无论所拟罪名大小轻重，概准先行保释，此又就检查官一方面而言者也。然此乃只足限制各法官之贪贿，仍未能使之不敢作如是之倾向。此外，尚有一最简易之考成法，即推事之考成，应以翻案之多少为标准。例如所结之案例有十件上诉，此十件中如有五件为上诉审所推翻者去之，不及五件者留之。其去之也，非谓其必贪贿，即非贪贿，而其法律之智识，亦必不足矣。昔人谓：不贪不明，尤甚于贪而不明，诚非苛论。国家亦何贵有此法官哉？至于检查官之考成，则应以其起诉意见书与审庭判决书相比较，以视二者之符合否，其去留之例，略与推事同。以上系专就除弊考绩陈其大要，依此进行，即可为清理积案之地步。谨拟具先行整顿司法十条，缮附清折呈请鉴核。此外，应兴应革者尚多，除再督饬所属筹画进行，以仰副我大元帅励精图治之至意外，管见所及，是否有当，理合具文呈乞训示祇遵，实为公便。谨呈大元帅。

大理院院长兼司法行政事务赵士北印

中华民国十二年五月二十五日

大元帅指令第二二二号

令特派广东交涉员傅秉常

呈悉。准予发还可也。此令。

中华民国十二年五月三十一日

附原呈

呈为呈请事。现接德国领事布义兴函称：欧战告终之后，本国驻中国各处领事署均由中国官员交还。惟汕头、北海、海口领事署，前经中国官员保管尚未收回。查各该署因失修日久，风雨摧残，毁坏甚多，不如早日交回本国政府保管，以免损坏愈多，需款更巨，谅贵交涉员亦表同情。为此，函请查照办理见复等由前来。查德人私有产业，经于五月十九日呈奉钧令发还在案。惟德领事署系属德国公有产业，应否照准发还，未敢擅拟。理合呈请帅座俯赐鉴核，指令祗遵，实为公便。谨呈陆海军大元帅。

外交部特派广东交涉员傅秉常印

中华民国十二年五月二十四日

公　　电

中央直辖西路讨贼军总司令刘震寰呈大元帅俭电

提前万急。广州孙大元帅睿鉴：顷接飞机队通告：陈队今早六时出发惠州，见我军七时三十分向敌攻击，敌向飞鹅岭退却。继由惠州转驶博罗时，所得情报如左：（一）敌逆约三千余人由飞鹅岭向惠城退却。（二）博罗附近见有我军四五百人，在东江东南岸向博罗前进。刘震寰呈。俭午。

海军舰长赵梯琨等呈大元帅世电

石龙大元帅钧鉴：本月三十一日海军舰长司令温树德离职他往，当由各舰长、处长、队长等召集官兵及海军特派员会议，佥以海军随大元帅护法南来，备历艰苦，服从命令，无有二心。现温司令遽然离去，舰长等仍誓矢忠诚，一致拥戴大元帅，始终不渝。特此报告，即乞睿鉴，谨报。赵梯琨、缪庆福、朱天昌、田炳章、吴熹炤、胡文溶、王文泰、任治龙、郭朴、章焕文、沈忍公、孙祥夫、李元著、杨虎。世。叩。

第十五号（六月十五日）

目　　录

训　　令

大元帅训令第一七〇号

令广东省长廖仲恺

此次沈逆叛乱，各军奋勇杀贼，迭奏肤功，而北江一带民团，乘机助力，战绩甚懋，业经令仰该省长传令嘉奖在案。现据报告，我军左翼于四会、清远作战，及围攻肇庆，追击余逆，通过广宁、大湾等处之际，各该地民团均能出奇应敌，协同兜剿，收效颇多，殊堪嘉许。仰该省长援照前案，详查所有得力民团，一律传令慰劳，并将所有战绩分别切实呈报，以凭核办而励有功。此令。

中华民国十二年六月五日

大元帅训令第一七二号

令大本营会计司司长王棠

据广东宪兵司令陈可钰呈称：窃查职部宪兵，自陈逆炯明逃后，粤中军权未归统一，衣服军装绝未补充，迄全〔今〕士兵衣褴褛，实有失军容观瞻，更无以执行任务。职现接事伊始，诸事亟应整理。为此，恳请发给购置服装费六千元，以便补充。除后造册报销外，理合预先呈请核示祇领等语。并具印领前来。除指令照准外，合行令仰该司长查照发给，印领并发。此令。

中华民国十二年六月八日

指　　令

大元帅指令第二四〇号

令大本营宣传委员会委员长陈独秀

呈悉。此令。

中华民国十二年六月八日

附原呈

呈为呈报事。案奉大元帅令第一号内开：派陈独秀、谭平山、马超俊为大本营宣传委员会委员等因。奉此，当即推定陈独秀为委员长，并刊长方会印一颗，文曰："大本营宣传委员会图记。"现经组织成立，于六月一日启印视事。除布告及分咨外，理合将接事及启印日期呈报鉴察。谨呈大元帅孙。

大本营宣传委员会委员长陈独秀印

中华民国十二年六月一日

公　电

东路讨贼军两阳指挥王体端呈大元帅世电

万急。广州大元帅睿鉴：顷据职部捷报如下：（一）陈司令自觉部，会同第三师于月咿日克服悦城，穷追两昼夜，已进至六都以上。（二）杨旅长锦龙部陈团、邓司令耀部吴支队，于养晨克服单水口，追至潭江渡头时，牛滩、大王市之敌复窜回潭江对岸梧村一带来援。我军乘胜追击，战至夜间十时，敌势不支，向天户、瓦冈方面溃退。漾晨又由潭江左侧反攻，占据单水口黑山高地，我军驰回鏖战，奋勇冲锋，占领黑山、狗山，再克服单水口。敌向麦村方面溃退，现在追击中。是役毙敌甚多，夺获枪械无算。（三）杨旅长锦龙部司徒团及曾司令国桢部吴支队，于漾日上午六时克复开平城。（四）杨旅余营长国良与梁司令士锋部黄支队，于世日夺回恩平，敌闻风向阳春方面逃窜。谨电闻。王体端呈。世。印。

军政部长程潜致各军总司令、军长、司令、处长、厅长等电

广州兼卫戍杨总司令、东路讨贼军许总司令、南路讨贼军黄总司令、西路讨贼军刘总司令、高雷林处长、闽赣边防李督办、广东廖省长、公安局吴局长、总检察厅总检察长、高等审检厅长、兵站罗总监、驻江办事处古主任，梁、刘、卢各军长，各师旅长、各司令钧鉴：查龙门县朱聘三、戴显等，前以该县东廓市商会会长及警察分所长等名义，代电控诉西路讨贼军第九独立【旅】旅长王兴中及其团长李国瑜焚杀抢掠。并据该旅长王兴中代电呈称，朱聘三等助逆情形，请令通缉各等情一案。当经分别咨请西路讨贼军刘总司令查办去后，咨准刘总司令咨复：据增城全属筹饷局长熊怀之、经理董玉成查明，朱聘三、朱沛三兄弟及廖叙西、廖若星父子并戴显等五名，均属逆迹昭著，自应通电协缉归案讯办。希即转饬所属，一体严缉该逆党朱聘三等五名解部讯办。军政部长程潜。印。

中央直辖滇军总司令杨希闵呈大元帅灰电

提前万急。石龙大元帅钧鉴：本日希闵督队进攻，于沙口前方与敌遭遇。敌约六千余人，计北兵两旅，余系沈逆残部。我军奋勇前进，激战至午，敌势不支，向大坑口退却，我军跟踪追击，敌乃据险顽强抵抗，战事异常激烈。经我军各级官长身先士卒，率队冲锋肉搏数次，已于午后六时完全将大坑口占领。敌人纷向乌石、马坝溃退，沿途焚烧民房无数。是役毙敌数百人，俘虏百余名，夺获机件完全之退管炮两尊、机关枪三挺、步枪百余枝、米粮十余船。刻正派队搜索，明日仍当继续进攻，特此电闻。滇军总司令杨希闵叩。灰戊。印。

第十六号（六月二十二日）

目　　录

训　令

大元帅训令第一七五号

令广东省长及各军事长官

查侦查等队之设，原期巡缉奸宄，防范逆谋，妥慎保卫地方之安宁。近闻各部署所派出稽查队、巡缉队、侦查队，名目既有不同，办法未能一律，遂致市井无赖窃名招摇，骚扰闾阎，搜取财物，陷害良善，甚至开枪示威，伤及行人，迭据报告，殊堪痛恨。除分令外，合行令仰该省长、军长、督办、总司令、总指挥、司令、主任，切实查办，严订取缔章程，转饬所属一体遵守，以副除暴安良之至意。切切。此令。

中华民国十二年六月九日

大元帅训令第一八一号

令广东省长及各军事长官

据大本营兵站总监罗翼群呈称：现据职部交通局长周演明呈称：现据职局第一科科长梁鸣一折称：窃自战事发生以来，本市人民对于募伕一事非常惊惧，虽经将本局《暂行募伕优待章程》分别宣布，务使乐于投效，而人民鉴于前此各役，赴募者仍属寥寥。旬日以来，虽据南、番两县署并各警察区解到伕役数千名，分配各方出发军队，而一种强迫，悲苦情形，道路相传，莫可言状。现在默察市面，一般苦力工人，几至绝迹。而各军每日要求伕役，又动称千人，窃恐募之不足，出于强拉，拉之不获，行将拘捕。市民有限，而需伕无穷，势必至酿成不可思议之事。伏思自大军出发，本局解送伕役数逾万人，前方军队若能照章优待，必不至动辄逃亡，乃此则募之甚难，彼则弃之甚易。本局既口须备后方出发之伕，又当筹解前方挑运之人，而各方面劝禁止拉伕函件复纷至沓来，再四思维，几形束手。夫服务国家虽匹夫有责，而情所恶，似亦应略为变通。所有各种困难情形，可否呈请总监转呈大元帅鉴核，准予通令各军于附近战地各行政长官，及各区署及各墟市场商会，就近设法招募，以补助后方之不逮，并饬各军长官嗣后务节省伕力，为地方稍留元气，一面仍查照优待伕役定章办理，庶一伕得一伕之力，而免滥发滥用之忧，本局复极力招募以备调遣。是否有当，理合呈请转呈察核等情。据此，查该科长所呈各节，委系实在情形。夫以迭遭政变之五羊城，谋生者实已陷于绝境，而一般苦力只靠肩挑背负以赡养一家，有儿女累，无隔宿粮，朝去充伕，夕不举火，即使前方优待，而举室经已断炊，强充无罪之徒形〔刑〕，更受无穷之羁绊。是以每奉募伕之令，四顾旁皇，继闻哭送之声，寸心忐忑，屡欲为伕请命，免市民有伯有之惊。转念一旦停止募伕，则军队必借意强拉，更难收拾，不得不暂行忍谤，补救来兹。况社团工会多属民党中人，今无伕可拉，则工人势必殃及，固交涉之不已，复罢市之堪虞，尤于筹饷前途大受影响。迩来冒军拉伕事迭见报端，若不设法维持，市民宁有安枕？思维再四，惟有查照旧章办法，由各军预定路程，以远近、行李、军品之多寡，约需伕役若干，优工价交由就近之区署、商会代雇，声明送达地点立即遣回，军队不得擅行拉伕。如是则乡人必乐于应募，即临时亦可召集，较之强迫募充者相去奚啻霄壤，一举两善，无逾于此。职目睹情形，难安寝席，重以该科长所陈，不觉有动于中，亟思补救。为此，将变通募伕办法各情，据情呈请察核，是否有当，伏候钧裁等情前来。据此，查近来各军出发，索取伕役动辄盈千累百，供应稍迟，则日“贻误戎机”，强拉充数，又觉骚扰市廛。一月以来，对于各军索取伕役几穷应付。若不另谋善法救济，将必至行路绝迹，人不聊生，军民交受其影响。迩复迭接各方劝止拉伕信函，核与该局长所陈各节，大致相同。理合据呈察核，俯准通令各军：嗣后应用伕役查照该局长所拟办法，各交由前方就近警署、商会代任雇募，庶本市苦力不偏蒙军输之劳，而各部需伕亦乐得取携之便。是否有当，祗候指令示遵等情前来。除指令照准并分令外，合行令仰该省长、军长、督办、总司令、总指挥、司令、主任，转饬所属一体遵照。此令。

中华民国十二年六月十一日

大元帅训令第一八二号

令特派广东交涉员傅秉常

据大本营内政部次长杨西岩折呈称：为偏听谣言，误令离港，请令饬照会港政府解释，以凭安居仰祈鉴核事。窃西岩在香港经商二十有余年，安份治生，一向无异。迨去夏省垣政变，西岩遄回港寓，忽奉港官传令离港，遂致往来弗克自由。闻命以来，无任骇诧。窃思省会政变，原属本国政治问题，既无涉于港地治安，港政府何致辄令离境？而西岩在港经商有年，有商业之关系，取得住所，并未违反国际法，当然不受何等制裁，乃港政府无故强谕离港，无非偏听风谣，致兹误会。既值帅座返粤主持政局，中英两国交谊日敦，理合备文呈请钧座，令行特派广东交涉员照会港政府详加解释，俾西岩此后回港安居乐业，以重两国睦谊，而维通商本旨，实叨德便等情前来。查该次长所陈均属实情，应即照准。合行令仰该员照会香港政府详加解释，取销前令，以敦睦谊，并将办理情形具复。此令。
中华民国十二年六月十一日

大元帅训令第一九四号

令卫戍总司令杨希闵、宪兵司令陈可珏、公安局长吴铁城

近有不法之徒，运动投入各军，领得军章为护符，无恶不作，致人民与军队日生恶感，此与本大元帅救国爱民之旨大相违背。兹派大本营侦探长李天德严行侦察，如查有此等匪徒机关所在，即行报告卫戍司令部、宪兵司令部并公安局协同缉拿，严行究办。切切。此令。
中华民国十二年六月十六日

指　令

大元帅指令第二四七号

令中央直辖滇军总司令兼广州卫戍总司令杨希闵

呈及清单各件均悉。准如所请办理。此令。
中华民国十二年六月十一日

附原呈

呈为呈请发给负伤官兵医药膳费事。窃自沈逆叛变，发生战端，所有白云山、瘦狗岭及北江等役，职军负伤官兵已达一千七百余名，

当经分送各外国医院留院医治。应需医药膳宿各费，除已陆续发给外，兹据各医院开单报领到部。算至五月十五日，计应补发毫洋一万一千三百余元，职部款项奇绌，无法应付。理合备具领单，呈请钧座饬下会计司照数发给，以便转发，实沾德便。谨呈大元帅孙。

中央直辖滇军总司令杨希闵印

中华民国十二年六月十日

大元帅指令第二六一号

令大本营军政部长程潜

呈悉。该部军械局所呈废铁、废弹应准予变卖以充军饷，仰即遵照办理。此令。

中华民国十二年六月十九日

附 原 呈

为呈请事。现在军事紧急，饷项支绌，每一筹及，应付甚难。查职部所属军械局尚存有废铁、废弹等物品，均经剥蚀已久，全然不能效用，若变卖尚可获值万余元，以之充作军用，不无纤微补助。至此项物品，经职派员考验多次，实已全然不能供作军用。惟应否变卖以充军饷之处，职部未敢擅专。理合呈请钧座俯赐察核，指令祗遵。谨呈大元帅孙。

军政部长程潜印

中华民国十二年六月十四日

第十七号（六月二十九日）

目　录

命　令

中华民国十二年六月二十二日大元帅令

中华民国十二年六月二十日、二十一日、二十二日、二十四日——二十六日大元帅令（见附表）

训　　令

大元帅训令第二〇一号

大元帅训令第一九八号、第一九九号、第二〇五号——第二〇八号、第二一二号、第二一三号（略）

指　　令

大元帅指令第二六八号、第二七三号、第二八六号

大元帅指令第二六五号、第二六六号、第二六九号——第二七一号、第二七四号——第二八五号（略）

公　　电

军政部次长邓泰中呈大元帅文电（略）

军政部长叶恭绰、次长郑鸿年呈大元帅敬电（略）

命　　令

大元帅令

前外交总长兼财政总长、广东省长伍廷芳，学术闳通，名重中外。民国肇造，翊赞共和，厥功至伟。当督军团作乱，拒绝副署解散国会命令，大节凛然，随本大元帅南来，以护法倡率各省，屡经艰阻，志气不挠。非惟民国之元勋，实乃人伦之楷模。去岁广州之变，愤慨成疾，遂以不起。凡在邦人，所同痛悼，日月云迈，忽已岁周。本大元帅眷怀往事，弥念同心，感国步之多艰，叹斯人之不作。本月二十三日，为伍前总长身殉国难之期，应设奠致祭，以申追悼。本大元帅因督师东江，特派总参议胡汉民恭代行礼，并着内政部查取民国成例，优议褒扬之典，昭示崇报，用诏来兹。此令。

中华民国十二年六月二十二日

训　令

大元帅训令第二〇一号

令各军长官

据大本营兵站总监罗翼群呈称：现据交通局长周演明呈称，职局船务股科员刘天眷报称，转据八号轮船主诉称：本月十日下午十一时，滇军第四旅廖旅长、副官李宽带同兵士八九名到船，着即升火开往东江博罗。各船员签〔佥〕以此船吃水太深，不能开往东江，将理由详细说明，彼不特不听，并诸多恐吓，船中存下粮食尽行用去。至十一日下午十二时，复将船内各伴银物、衣服掠夺而逃。追得呈请局长察核，追领失单一纸粘呈等情。据此，查廖旅长于本月九日来函借船运子弹往东江，经局长函复，以现在无船请由火车转运去后，乃该副官李宽恃强于十日下午十一时，率同兵士八九名到局，硬将八号开船证夺去，下船后盘距两天，将船中各人之衣物、银两、粮食于十一日下午十二时尽数夺掠而去。似此借开差为名，强抢为实，关系船务前途甚巨，理合将实在情形呈请局长查核，转呈究追等情。查迩来各军到局取船、取车、取伕，动以威气凌人，或恃武力威胁，持枪恐吓，数见不鲜。今复以开差为名，既用去船中粮食，复掠去船中银物、衣服，此种不肖士兵，实有玷滇军名誉，然事实俱在，无可讳言，若不从严究追，后患何堪设想。廖旅长治军素严，想决不肯庇纵一二不肖士兵，致隳全军名望。为此，将该轮失单备文粘呈察核，伏恳迅赐转行廖旅长，请其严密押追究办，并将原赃追出交回职局，转给船主领回，庶维军誉而儆将来，实为公便。抑局长更有不能已于言者，现在军队庞杂，以致冒军拉伕、骑船、虏劫等事，时有所闻，即使正式军队一经取用，往往去而不返，或任便扣留；若不明定限制，设法维持，本部益蒙其害。兹拟嗣后毋论何军到局取船、取车、取伕备用者，如无正式印信或高级长官签名盖章及不声明往返时间，本局概不给与，庶杜假冒而利军行。是否有当，伏乞分别呈咨令遵等情，并粘抄八号轮船失单、廖旅长原函各一纸前来。据此，当经咨请滇军杨总司令转饬究追，按办在案。惟查现在各江军事方殷，交通勤务致

〔至〕为繁重，该局长拟请设法维持，嗣后各军到局取船、车、伕役，如无正式印信或高级长官签名盖章及不声明往返时间者，概不给与，于限制之中，杜冒混之弊，实为利便运输起见，合无仰恳钧座，通令各军长官查照办理，于履行兵站任务前途不无所裨。是否有当，祇候指令示遵等情前来。除指令照准外，合行令仰该总司令、司令、军长转饬所属一体查照，以肃军纪而利运输。此令。
中华民国十二年六月二十日

指　令

大元帅指令第二六八号

令大理院长兼司法行政事务赵士北

呈及清册均悉。应予照准，仰即转令遵照办理。此令。

中华民国十二年六月二十日

附原呈

呈为呈请事。案奉大元帅第六二号训令开：案查十年十月五日曾经明令清理庶狱，以普惠泽，旋值粤乱发生，此令迄未实行，甚非本大元帅慎重庶狱之意，亟应重申前令，切实办理。即由大理院督率广东高等审检两厅及所属各厅庭，各派专员，清查现在狱中执行刑罚之罪犯，择其情有可原者，呈请减刑。至羁押民事被告人，无论有无保人应一律释放。其刑事被告人证据不充分或系应处五等有期徒刑以下之刑者，及案经上告，案宗于上年变乱损失，一时难结者，均应取保释出候审。仍督率所属以复〔后〕务遵刑事审限，并依法励行缓刑、假释、责付保释。此外，军事犯及受行政处分被羁押，或因犯已废止之治安警察法被惩者，并应由各军事长官及广东省长遵照前令分别办理，统限三个月办理完竣具报，勿稍延缓。此令。等因。奉此，遵经转饬遵办并先后呈报在案，现据广东高等检察厅检查长黄镇盘呈称：奉令遵即转饬所属各厅庭一体遵照去后，一面由职厅将省监在押轻罪人犯择其情有可原者，共计七十四名，分别造具简表，理合备文呈报钧长察核，转呈大元帅减刑以普惠泽，实为公便等情，并附送清册一本到院。据此，查核所呈册列刑事案犯潘金等七十四名，犯罪既属轻微，衡情皆可原宥，且按原判核计残余，刑期均已无几，理合缮具清册，转呈钧座鉴察，可否准如所请，颁发明令，概予减免释放，以普惠泽之处，伏乞指示祇遵，实为德便。谨呈大元帅。大理院长兼管司法行政事务赵士北印。

中华民国十二年六月十四日

大元帅指令第二七三号

令广东省长廖仲恺

呈悉。已电令该主任准予设立。仰该省长即转令交涉员查照成案，知令驻粤各国领事查照可也。此令。

中华民国十二年六月二十一日

附原呈

呈为呈请事。现准大本营驻江办事处主任古应芬支电开：查西江余孽合北江溃兵，所有西江来往船舶亟应严密检查，以杜奸宄。请帅座即日宣布西江为戒严区域，设置西江船舶检查所，派委得力人员，前往办理，并令行交涉员知会洋商轮船暂行开至德庆县止，以免危险。是否有当，伏候迅赐分别办理。又据元日戌电开：查西江战事方殷，敌人每恃港梧轮船以资接济，请照民国九年成案，速设西江船舶检查所，俾断敌人交通各等由。准此。查十年五月粤军援桂之役，宣告西江沿岸警备区域临时特别戒严条例内声明，设立西江船舶检查所，并附有该所组织法及规则各一份，自设立之后，颇著成效。惟该检查所应由军政机关设立，现古主任所请设立西江船舶检查所，为杜绝桂省叛军交通起见，似应照案准设，合将该检查所应予设立缘由，呈请大元帅鉴核令遵。谨呈陆海军大元帅。

广东省长廖仲恺印

中华民国十二年六月十六日

大元帅指令第二八六号

令广东财政厅长邹鲁

呈悉。业准如所请，令行各军长官一体遵照办理，仰即知照。此令。

中华民国十二年六月二十七日

附原呈

呈为呈请鉴核示遵事。窃维粤省频年军兴，需饷浩繁，计吏穷于搜括，民力日以颓敝，与言理财固戛乎其难。矧以此次军兴，义军蜂起，机关分立，事权未能统一，举凡职厅直辖省内外各属厘税饷捐收入，悉为各驻防军队收办，饷款概行截留，省库几同守府。筹饷者志穷力竭，索饷者纷至沓来。无米成炊，巧妇有难为之叹；点金乏术，司农兴仰屋之嗟。若不亟图整理，破碎堪虞，于财政前途固日形棼乱，而于军民两政亦关系匪轻。经厅长奉命危难之间，受事以来，殚精竭虑，以为当今急务舍统一财政其道末由，惟有就据报各军收办厘税饷捐情形，分别开列清单呈请钧座鉴核。俯赐通令各军司令，对于职厅直辖各属厘税饷捐，如已派员或另招商承者，立予撤销，一律交回职厅办理，饷项应径行缴厅，勿得截留。所有请领各军军饷，应向大本营具领。其距省窎远各军，如须提拨饷项并应先行报由职厅核准后，方可截留，以维统一而明系统。除呈请省长察核外，理合具文呈请鉴核，指令祇遵，实为公便。谨呈陆海军大元帅。

广东财政厅邹鲁印

中华民国十二年六月二十二日

第十八号（七月六日）

目　录

命　令

训　　令

大元帅训令第二一五号

令广东省长廖仲恺、兼卫戍总司令杨希闵

前因广州市内竟有白昼抢劫情事，惊扰闾阎，妨害治安，经令行该省长、兼卫戍总司令督饬所属一体严防密查，遇有抢劫案犯一经拿获讯明，即依军法从事在案。近闻更有冒充军人，擅自逮捕商民，或入居搜索，或滥封渡船，或强拉伕役等类情事，愈堪痛恨。兹颁发《临时军律》六条开列于后，合行令仰该省长转饬公安局 兼卫戍总司令执行，并出示布告，俾众周知。除分令外，仰即遵照办理，以安闾阎，而清匪患。切切。此令。

《临时军律》

一、抢劫财物者枪决。

一、冒充军队及不知会警察，擅自拉伕者枪决。

一、未奉长官命令，不知会警察，擅自逮捕商民或入舖屋搜索者枪决。

一、不经由兵站，擅自封用船渡者枪决。

一、强占商民舖屋者枪决。

一、掳人勒索及打单吓诈者枪决。

中华民国十二年六月二十七日

公　电

国会议员童杭时等四百七十五人来大元帅删电

广州孙大总统鉴：窃维我公为中华先觉，民国元勋，受国会之重托，负统治之大任。乃自黎氏复职，不问任期如何，我公谦德退让，甘愿敝屣尊称，自治岭表。不意都门变起，军警横行，黎氏复被逼离京，匿居津埠，张阁解组，莫能依法摄政，法纪荡然，人民惶恐。窃念国家不可有二元首，然亦不可无统治之人。兹经多数同人会同商榷，佥以政局纷乱，民心无系，累卵之危，在在堪虞。务祈我公速正名位，复总统职，昭告中外，慰亿兆云霓之望，延民国正朔之传，翘首南天，无任跂盼。国会议员童杭时、吕志伊、丁超五、李文治、肖锦辉、丁象谦、李希莲、焦易堂、田铭璋、杨大实、王用宾、陆祺、周震麟、徐可亭等四百七十五人叩。删。

安徽全省学生联合总会呈大元帅号电

广州孙大元帅钧鉴：此次北京变起非常，中外骇愤，实由曹锟志图篡窃，构此乱阶。彼北洋武人官僚，去年逐徐迎黎，首以恢复法统相号召，戴黄陂为总统，通电表示服从，信誓旦旦。在黄陂任期未经国会解决以前，固不容其反颜背抗。乃曹锟图踞大位日亟，竟与边守靖、曹锐、靳云鹏等共造逆谋。冯玉祥、王怀庆、薛之珩、聂宪藩甘心附逆，嗾使军警，雇买流氓，连日围逼黎宅，迫逐出京。王承斌、杨以德截车夺印，暴力横加，举历史上莽、曹、贾充等犯上作乱之恶行，悉暴露于天下，外交腾笑，舆论激昂。而齐燮元、马联甲丧心病狂，通电附和。彼两院议员廉耻扫地，甘为曹家奴隶，不制宪而卖身，不扶危而助乱。报载黄陂未出京时，曾颁布撤废巡阅使、督军、督理之命令，该议员等竟于铣日捏用两院会合会之议决，认为无效。矫诬至此，尤骇听闻。本会深慨法纪凌夷，大盗窃国，爰本约法上主权在民之义，宣告曹氏及造谋附逆诸奸罪状，乞我爱国同胞速即奋起声讨。临电愤激，不择所言。安徽全省学生联合总会叩。号。

上海各团体呈大元帅沁电

孙大总统钧鉴：广州。自北庭变起，黎曹争总统于上，张舆（?）争摄政于下，议员如猪，点口给败（?），政局如沸，乱象已成。全国人士创十年之乱阶皆军阀所造孽，急谋另组政府，戡乱救亡，环顾国中，非公莫属。敝公团等历经会议，佥以民国十年公应国会之选，出任总统，继因陈逆作乱，职权虽断，大统尤存。今全局无主，险象环生，值此存亡危急之秋，非公虚心自抑之日。务乞为国为民，毅然恢复政府，行使总统职权，国民与公同舟，必能为公后盾。至于委员制等徒滋纷扰，度不至异仁人之聪听。时势急矣，失此俄顷，国将不国。望公勿以大名不居之小嫌，负急难相呼之众意，是为切盼。上海粤侨工界联合会、南洋烟草职工同志会、湖南劳工会、京汉铁路总工会、湖北工团联合会、海员工会、履业工会、上海机器工会、中国劳工同盟会、船务栈房联合会、中华劳工联合会、同志劝戒嗜好阅报社、旅沪广东自治会、工商友谊会等同叩。沁。

中央直辖滇军总司令杨希闵呈大元帅艳电

提前万万火急。广州大元帅孙钧鉴：我军自宥日分三路向敌人开总攻击后，敌人据险固守，顽强抵抗，经我军猛烈攻击，着着进步，我左翼军于勘日将谢逆文炳所部完全击溃，缴枪五百余枝，获敌数百余人。其北兵一千余众因浮桥为人民所断，无路退却，凭城死守，我中央及右翼两军，节节进攻，至兼坑山、钥伞山、风门坳之线。北沈大部敌众据险死守，急峻坚险不可攀登，经我两方于昨晚夜半右（?）时夜袭，乃于今早丑时突破敌阵。敌人不支，纷向英德车站溃退，我中央军乘夜沿铁道追击，已追至二十里外，刻正以新镐部队更番跟踪追击，务使敌人不得稍有整顿之余暇。此次我军奋勇前进，敌人被创已深，肃清北江当在指日。知关锦注，特以奉闻。杨希闵叩。艳寅。印。

杨蓁、范石生、廖行超、杨廷培等呈大帅艳电

广州大元帅钧鉴：今日零时，我军第三师与第四旅各部，死士当先，以三师之大部分及四旅之一部继其后，由曾万钟团长率之，夜袭敌人。扳藤附葛，越岭登山，以白刃突击于零时，四时又占领风门坳西侧高山，一时又占领东方高山，二时占领百足旗山。朱准团长率部清扫右翼之敌，追击逐北，敌遂崩溃。我军仅伤连长何伯言以下数人，其尤为出力各将士，待查明续报。总计交战仅时许，克奏肤功，各将士之忠勇奋发，令人钦感无已，要皆我大元帅爱国热忱，有以感召之也。杨蓁、范石生、廖行超、杨廷培叩。艳。印。

四川省议会来大元帅艳电

广州孙大元帅钧鉴：吴氏勾结叛将侵略吾川，迭经本会严词切责，通电声讨在案。讵意言者谆谆，听者藐藐，竟引其虎狼入我堂奥，动摇我省自治之根本，破坏国家和平之统一。更复利用盗匪扰害闾阎，抽收烟捐，显干国禁。军纪之坏，尤异寻常，虏掠奸淫无所不至，所过之处闾里为墟。凡我川人，莫不切齿。夫吴氏之所以借口图川者，不过谓吾省主张自治，破坏统一耳，行同割据耳。不知自治与割据有别，而自治并不背于统一，凡稍有政法常识者类能知之已，无俟本会哓哓置辩。且默察吾国之现状及将来之趋势，亦惟有各省实行自治，始可以免除割剧，促进统一。以今日各省尾大不掉之势，必事事受制于中央既有所不能，而各省人民在法律上又无直接监督地方政府之权，故今所谓督军、巡阅使，即不免横梗于中央与地方之间。上不奉命，下不负责，阳奉统一之名，阴行割据之实。此民国以来之情形，无问南北而莫之或异者也。欲除此弊患，废省存道，既为历史所不许，则非谋政治根本改造之不可。质言之，则非主张联省自治不可。而吴氏极端反对此种主张者，非此制之果不善，特不过与彼所持直系武力统一中国之政策，大相妨害耳。故主联省自治并反对武力统一者，莫若西南各省；而为彼所嫉视亟欲吞噬者，亦莫如西南各省。

今日粤、闽、川、黔不免同时罹于战祸，固不足怪也。且吴氏既以统一、法统诸名词号召国人，即当以身作则，风示天下，乃何以中央组阁，而阁员必由其支配，中央任命之疆吏，竟可随意拒绝到任？又何以国会制宪议及容纳省宪即妄加干涉，竟敢联络直系军人，通电反对？他如图闽扰粤，事前并未请命于中央，事后乃逼迫中央下令。即以此次侵川而论，并未经由内阁决议奉有黄陂明令，纯属个人法外行动。据此种种，则今日之破坏统一者，孰若吴氏？今日之实行割据者，又孰若吴氏？岂必以督军、总司令之资格，仅仅割据一省者方为割据，而以巡阅使之头衔割据数省者，反不得谓之为割据耶？至法统之说，尤为悖谬。查所谓法统者，不过指恢复国会及黄陂复职两事而言，夫国会自身若从法律严格解释，已不无问题；至黄陂则人皆认为事实上之总统，而不认为法律上之总统，其所谓法统者安在？即姑认为法统，而吴氏对于国会，对于黄陂，则又何尝实心崇奉耶？总之，吴氏所谓统一，所谓法统，所谓服从中央，均属自欺欺人之具，不过假以遂其北洋正统、宰制中国之私心而已。吾川杨森辈知之而为所利用，其愚可矜，若明知而又附和之，实无人格。以今日而言，服从中央，不如直截了当明言服从直系。夫杨森辈以个人而为吴氏之奴可也，必令吾川七千万人胥为吴氏之奴，则不可也。本会代表民意，誓全人格，义无反顾。尚祈、西南各省与其他自治省分，同深敌忾，分道出兵，以期早日会师武汉，歼灭吴贼，实行联治主义，进谋国家真正之统一。至我川中将领，乃同时宣言自治之人，息壤在彼，不易改节，当此大敌当前，尤须懔祸至无日之戒，守师克在和之箴，捐嫌亲善，致果杀敌，安内攘外，在此一举。他如团防义勇，均有保卫桑梓之责，对此无人道、无公理之外寇，应分道堵截，合力兜剿，田塍地埂均可作为战场，斩木揭竿未始不为利器。总期翦除凶逆，勿令生还，张我民气，固我省防，打破吴氏武力统一之迷梦，实行孙公和平统一之宣言，则厚幸矣。四川省议会叩。艳。印。

中央直辖滇军总司令杨希闵呈大元帅全电

广州大元帅孙钧鉴：（余衔略）勘日逆军经我中央军左右翼军猛攻后，由波罗坑退守翁源河、大花桥、县城一线，抵险据守，激战二日夜，至艳日经我中央军左翼粤军夜袭，猛烈攻击，遂将翁源河、大花桥、英德城占领，敌势不支，分两路沿江溃退。经派胡旅跟踪追击，大队继进，日内即可直达韶关，进复南雄，谅此区区丑虏不难一鼓荡平。计是役，逆军谢文炳部除缴枪五百余枝，俘虏五百余名外，余众溃散；沈北两军，被我中央军围缴俘虏甚多。各路军共缴得〔枪〕一千余枝，杀伤数百，夺获辎重无算。知关垂注，谨以电闻。杨希闵叩。全巳。印。

大本营秘书长杨庶堪致胡总参议、蒋参谋长感电

万急。广州胡总参议、蒋参谋长鉴：成密。帅座已安抵连江口。绍基顷来谈，据报我军已占领英德，附近谢文炳部两团，已被我军围缴枪枝。胡旅已到，士气极振。庶堪。感戌。印。

第十九号（七月十三日）

目　　录

训　令

大元帅训令第二一八号、第二二〇号、第二二一号、第二二四号、第二二五号（略）

指　令

大元帅指令第二九九号——第三〇八号、第三一〇号——第三一三号（略）

公　电

中央直辖滇军第四师师长蒋光亮等呈大元帅江电
中央直辖滇军总司令杨希闵呈大元帅支电
杨总司令、刘总司令、许总司令等呈大元帅歌电
大本营军政部长程潜致广州市公安局长吴铁城江电（略）

宣　言

《大元帅对外宣言》（原英文）

比年以来，军阀肆祸，中国骚然，人民受害，水深火热，情况之惨，殆难言罄。临城劫车一案，外人诧为奇闻，吾民则司空见惯，类此之案，且未可更。仆数试观临城四周百英里以内，北方军阀奄有五省之地，拥有五十万之兵，而尚出此巨案，其祸国殃民，颟顸偾事为何如耶？一年以来，北方政况之滑稽，有甚儿戏。所谓总统、总理、阁员者，爱之则呼之使来，恶之则挥之使去。一举一措，惟意所欲，以营其私利，填其欲壑，其败坏纲纪，任性妄为为何如耶？吾民对此万恶之军阀，靡不异口同声表示厌恶。喁喁之望，厥惟南北统一与地方和平。文熟察国民心理，以为今日救国之道，莫急于裁无用之兵，而立一统一强有力之政府。故于去岁建议招集军政各方领袖，会议救国方案，如裁撤全国过量之兵，使操生产工作也；组织一能得各省拥护而又能行使职权之开明的、进步的、民治的政府也；规定中央及各

省建设程序也；解决有关于将来之和平幸福及中央与各省之权限分配各政治问题也。凡此诸端，北方军阀虽不敢昌言反对，而暗中阻挠，借词推诿，无所不用其极。盖上列各案实行，则彼辈失其凭借挟持之具，故与彼辈谋裁兵，无异与虎谋皮也。不宁惟是，彼辈迷信其武力主义，近且资助叛将，遣派军队以扰乱粤、川、闽诸省，其蔑视国民公意彰明较著矣。然则彼辈果何所恃耶？亦因其蟠踞历代中央政府所在地，借得列强之承认耳。北京政府职权不行，责任不属，法律事实两无可言，国民视之有如无物。然而列强尚承认之，得无存一慰情胜无之思，以为国际交涉之地乎？列强承认北庭，即不啻予北庭以精神上、物质上之援助，彼辈遂借为荼毒吾民之资，否则北庭不可以一朝居，可断言也。列强固声言不干中国内政者，按之事实，意强置全国否认之政府于吾民之上矣。华盛顿会议固决议给中国以完满之机会，使得自由发展，并维持一有力之政府者，竟妨碍之，使不能实现矣。战争延长，秩序紊乱，即列强之商务亦受巨大之损失矣。凡此种种，列强或未计及欤？即以交涉言之，承认北庭，于列强使馆亦无何等便利。盖北庭不能行使职权，有事仍须与各省交涉，始克了结，虽有政府如无也。溯满清既倒，民国肇兴，列强未承认民国之期凡二十月，国际交涉无不便之感也。使北庭无列强之承认，则彼军阀辈威信扫地，饷源无出，其必赞成裁兵统一无疑。比者北庭轩然大波，陷于无政府状态，各派惟知互争虚荣，正宜保留承认，待有能代表全国而又为各省拥戴之政府产出，然后再予承认。吾民无他望，惟愿列强不干内政，严守条约，同谋列强之利益而已，列强其留意焉。

中华民国十二年六月二十九日

大元帅孙文

外交部长伍朝枢

法　规

大元帅令

兹宣布西江为戒严区域，并制定《西江沿岸警备区域临时戒严条例》、《西江船舶检查所组织条例》、《西江船舶检查所执行规则》公布之。此令。

《西江沿岸警备区域临时戒严条例》

第一条　警备区域内之集会结社、新闻杂志、图画广告等，须先受戒严司令官之检查，违者拘究。

第二条　警备区域内之民有枪炮、弹药、兵器、火具及一切军用危险物品及其制造之机械，由戒严司令官随时检查，在军事必要时押留或没收之。

第三条　警备区域内之民有物品，可供军需之用者，得禁止向桂边输去，违者押留拘究。

第四条　警备区域内之邮信、电报，由戒严司令官检查之。

第五条　警备区域内各城镇、墟市、村落之家宅、建造物、船舶等，戒严司令官随时检查之；嫌疑人物得押留拘究。

第六条　警备区域内出入船舶，非经戒严司令之许可，绝对不得运载枪炮、弹药、兵器、火具及一切军用危险物品及其制造之机械，违者没收拘究。

第七条　凡出入或停泊于警备区域内之船舶，其所载之一切物品由戒严司令官随时检查，如有违禁物品时，得押收之，并分别令其船舶退出或押留之。

第八条　戒严司令官在军事必要时，得停止西江沿岸水上之交通。

第九条　警备区域内行政、司法事务之与军事有关系者，戒严司令官执行职权时，各该行政官及司法官须受其指挥。

第十条　本条例所规定事项，戒严司令官有强制执行权，因其执行所生之损害，概不负赔偿之责。

第十一条　本条例自布告日施行，于宣告解严日废止。

《西江船舶检查所组织条例》

第一条　西江沿岸自三水河口起，迄粤桂边界止，定为警备区域，宣告特别戒严，特设船舶检查所，执行戒严条例检查船舶。

第二条　西江船舶检查所，得设职员如左：所长一人，检查员若干人。

第三条　所长依戒严条例及命令，执行检查船舶之任务，其检查方法另以规则定之。

第四条　检查员承所长之命执行其职务。

第五条　所长执行检查时，法令有未备者，得以职权便宜行之。

前项之检查，随时报告戒严司令官。

《西江船舶检查所执行规则》

第一条　检查所得随时检查西江通航或停泊中之各船舶，并没收其所偷载之武器及军用一切危险物品或扣留之。但船舶自卫武器，向经呈报有案者，不在此限。

第二条　检查所得随时限制西江通航或停泊中各船舶之出入去留。

第三条　检查所对于西江渔业，得以命令禁止其一部或全部。

第四条　检查所对于西江沿岸各船舶碇泊场所，得以命令变更之。

第五条　西江通航或停泊中之各船舶，有不服从检查所指导及命令，该所得先行扣留，电报戒严司令官核饬办理。

第六条　检查所对于通航或停泊中之各船舶，所用检查办法及其他事项另行规定公布之。

第七条　西江通航或停泊中之军用船舶，检查所依戒严司令官之指令，得能免其检查或限制。

第八条　本规则自公布日施行，于西江宣布解严日废止。

中华民国十二年七月四日

公　电

中央直辖滇军第四师师长蒋光亮等呈大帅江电

提前万万火急。广州孙大元帅钧鉴：沈逆及北虏等部逆军，自波罗坑被我击溃后，屡战皆北。连日复经光亮等率部跟踪追击，所向披靡，沿途击毙逆军颇众，俘虏北兵亦复不少，铁路一带遗弃辎重、行李、伤亡官兵，所在皆是。江日由乌石追击至韶，于午正二时将韶州完全克复。北虏及沈逆之一部溃回赣边；其粤军谢文炳所部少数之逆军，则溃向湘边而去。查此次各该逆军其伤亡实较前数次为重，所余残部已成惊弓之鸟，全失战斗能力，逐日以来奔北争先，状极狼狈。此次北江方面似已不成问题，肃清之期立而待也。谨此奉闻。蒋光亮、胡思舜、王秉钧、戴永萃叩。江。

中央直辖滇军总司令杨希闵呈大元帅支电

广州大元帅孙钧鉴：我军自勘日起，剿北、谢各逆，施行总攻击。艳日左翼粤军克复英德，右、中两路滇军夹攻正面之敌，大获全胜，敌众纷纷溃败。我军跟踪穷追，敌人不能收容集合，沈逆鸿英率其残部，向翁源、始兴方面溃走；谢逆文炳沿北江右岸溃走；北兵第四团向英德西北方溃散，为民军团防截击，缴械殆尽；方逆本仁率北军及李易标残部向韶关溃退。我军东、冬两日追及韶州，猛烈攻击，杀伤过当，敌人不支，遂向始兴方向溃败，帽子峰一部为我完全缴械，遂于江日将韶州完全克复。此次沈、谢各逆勾引北军联合内犯，扰我北江，进窥省城，希图死灰复燃，每次战斗均据险恃强抵抗，经我军迎头痛剿，反复攻击，一星期内即已摧杀凶敌，迭克名城，杀伤俘虏者二千余人，击散不归队者数千人，缴获步枪二千余枝，大炮十余尊，机关枪约二十挺，军用物品无算。复为民军到处截击，伤亡尤多，刻正向始兴、南雄追击，务驱残逆于粤境之外，以安我疆宇。武力之不足恃，实已成为铁证。然此皆仰赖我大元帅德威震叠，各将士勇武懋昭，用能内外一心，博此大捷，上纾帅座北顾之忧，下慰全粤父老之望。希闵忝秉旄钺，与有荣施，谨电驰陈，同深庆幸。我军伤亡，容俟查明呈请帅座恤奖。中央直辖滇军总司令杨希闵叩。支。印。

杨总司令、刘总司令、许总司令等呈大元帅歌电

广东大元帅钧鉴：顷复上海章、唐诸公一电文曰：奉号日通电，具见诸公爱国急难之忱，至为佩仰。希闵等奉命讨贼，身在行间，师

之曲直，不容无言。大元帅莅粤以来，日以和平统一为职志，虽沈逆犹思怀柔，于陈部更从宽假，授以权位，济以饷需，仁至义尽，无所靳惜。而彼辈朝言服从，夕已背叛，乘我用兵北江，勾通北敌，嗾变李军，窜据潮梅，进窥省会。赖我将士忠勇，蹙之惠州，其与北敌交通函电具在，诸公视之，谓有悔祸之心否耶？去岁广州之变，陈党附和直系，逼迫元首，致北伐之军功败垂成，延长战争，以祸国家，是今日变乱，陈实尸其咎，曾无一愎〔悛〕悔表示于外，而日寻干戈，徇其私欲，为虎作伥亦所不惜，诸公视之，谓其尚有丝毫诚意否耶？侧闻沪上有人以为陈氏获罪大元帅个人，宜若可恕，然则曹吴今日之为，亦固其所更不足问矣。国于天地，必有与立，自坏纪纲，何以责人？陈氏如从诸公之教，矢诚悔罪于大元帅之前，躬率所部北向赣闽，讨曹以自效，在大元帅宽厚待人，当可宥其既往。若仍负嵎自固，俨同敌国，思以游词缓和我军，希闵等执金鼓以诛悖叛，陈与曹吴更无轩轾，断不能听其借词假息也。谨布所怀，乞谅教之。杨希闵、刘震寰、许崇智、魏邦平、朱培德、黄明堂、林树巍、李福林、卢师谛、梁鸿楷、刘玉山、杨蓁、杨池生、杨如轩、范石生、蒋光亮、胡思舜、韦冠英、严兆丰、黎鼎鉴、伍毓瑞、李济深、周之贞、郑润琦、吕春荣、陈天太叩。歌。

第二十号（七月二十日）

目　录

命　令

训令

大元帅训令第二二六号
大元帅训令第二三〇号（略）

指令

大元帅指令第三一四号、第三一五号、第三一八号——第三二二号（略）

公电

王均呈大元帅号电
江西实业策进会呈大元帅江电
王均呈大元帅阳电
王秉钧呈大元帅虞电
何成濬呈大元帅齐电
广东海防司令陈策等呈大元帅文电
西江讨贼军总指挥魏邦平呈大元帅元电
永翔舰舰长兼海军舰队司令部参谋长赵梯琨呈大元帅元电
广东无线电总局局长冯伟呈大元帅筱电
西江讨贼军总指挥魏邦平呈大元帅佳电（略）

命令

大元帅令

据报金汉鼎串同黄毓成，暗降吴佩孚，妄冀作乱。金汉鼎着即免去大本营高级参谋本职，与黄毓成一并通缉，以儆愚顽而申国纪。此令。

中华民国十二年七月十六日

训令

大元帅训令第二二六号

令广东省长廖仲恺、文武各关机

据大本营审计局长刘纪文呈称：窃纪文前由财政部委办发行大本营度支处军用钞票事宜，当经印就一元、五角、二角各种军用钞票，以便北伐时利便军用。惟后经去年六月十六日之变，该票因而散失，但该票面有经加盖大本营度支处及刘兆铭印章，虽未经公布发行，诚恐不法之徒，持票吓诈商民，流弊不堪设想。理合具文呈请钧座，伏乞通令各文武机关，布告军民人等，一律取销，禁止使用。如有持该前大本营度支处印就而未发行之军用钞票，强行勒使者，严行究办，以维信用而杜弊端等情前来。除指令照准外，合行令仰该省长、两广盐运使、总司令、部长、处长转饬所属，一体遵照勿违。切切。此令。

中华民国十二年七月七日

公　电

王均呈大元帅号电

万急。广州孙大元帅、朱总司令钧鉴：职部奉杨总司令命令担任左翼战务，直达乐昌，扑灭谢逆，于阳日全部抵乐。该逆等已向九峰远退。除派队追击外，谨先电呈。王均叩。号。

江西实业策进会呈大元帅江电

广州孙大总统钧鉴：北庭自乱，黄陂出走，妖氛密布，民命无依。应请我大总统本其救国救民之素志，速组政府，戡定祸乱，以奠国基，毋任盼祷。江西实业策进会叩。江。

王均呈大元帅阳电

急。广州大元帅钧鉴：敝部奉杨总司令命令，担任左翼作战，任助追击韶逆，已于阳日占领乐昌。该逆现向湘边退却，除派队追击外，谨先电呈。王均叩。阳。印。

王秉钧呈大元帅虞电

提前百万火急。广州孙大元帅钧鉴：秉钧奉命追击溃退乐昌方面之敌，当于马日率部由韶出发。探闻是日尚有一部逆军据守桂头、黄村两岸，饬部强行猛追，该敌已闻风先逃。复饬十六团【团】长王汝为率所部乘夜追击，沿途俘获敌兵六百余名，快枪五百余枝。虞日午正全部占领乐昌县城，敌军溃向九峰坪方面，前正派队追击中，谨电奉闻。王秉钧叩。虞。

何成濬呈大元帅齐电

急。广州大元帅钧鉴：顷接第一纵队司令孙本戎麻电，文曰：歌午六时，戎军所部攻克饶平城，除洪逆所部第一支队溃散外，其第六团及警卫队一营完全缴械投诚。左翼情形乞电示。孙本戎叩等语。同时接第八军前敌司令张贞阳电，文曰：贞部经于本日上午十一时占领内浮山，敌人纷纷向平溪岭退却，夺获枪枝、辎重无算，现正向前追击，期即下潮州。特闻。张贞叩等语。特此奉闻。何成濬叩。齐。印。

广东海防司令陈策等呈大元帅文电

万急。广州大元帅钧鉴：我军今日反攻，敌已闻风先逃，舰队亦即抵德庆，现仍继续进攻。谨闻。海防司令陈策、指挥冯肇铭叩。文申。

西江讨贼军总指挥魏邦平呈大元帅元电

急。广州孙大元帅钧鉴：本日我军已悉数前进，三师及舰队已抵芙蓉关，一师亦续进，职部移至德庆。谨闻。魏邦平叩。元戌。印。

永翔舰舰长兼海军舰队司令部参谋长赵梯琨呈大元帅元电

海珠胡舰长鉴：志密。译呈大元帅钧鉴：真侵两捷电计达。侵电奉悉。永翔昨晚回驻德庆，昨今两日经我舰派队登陆巡查，并已布告安民，商民等异常欢颂，商店已全开市，秩序如常。昨电令后方军队前来接防，如第三师今晚全数抵埠，明晨拟由我舰护送至封川江口登陆，施行水陆夹击，以期早日肃清残孽。余续电。赵梯琨谨呈。元。印。

广东无线电总局局长冯伟呈大元帅筱电

大元帅钧鉴：据韶州无线电报：始、雄、仁、乐早经我军先后克复，现分别派军驻防。沈逆向信丰逃遁。谢部不能成军。谨电呈报。冯伟叩。筱。

第二十一号（七月二十七日）

目　录

训　令

大元帅训令第二三四号

令大本营财政部长叶恭绰、大本营军政部长程潜、大本营兵站总监罗翼群、广东省长廖仲恺、两广盐运使邓泽如、各军民长官

为令遵事。照得国家货币定制，向以银元为主币，小银币、镍币、铜币为辅币，主辅相济，意美规良。粤省自八年发行镍币以来，市面流通，商民称便。乃日前市面遽尔停止行使，致辅币缺少，人民生活程度复因之顿高，殊非维持币政调剂金融之道。查此项镍币，现散存民间，实居多数，亟应疏通壅滞，规定收支搭成办法，以利推行。应自八月一日起，所有政府征收税捐及支发款项，均搭镍币二成；至市面零星交易，概照额面半毫计算，不得低折歧视，以维币政。除分令外，合行令仰该部长、省长、总司令、运使、总监、军长即便遵照办理，并转所属及布告商民人等一体遵照。此令。

中华民国十二年七月二十日

指　令

大元帅指令第三三一号

令大理院长兼管司法行政事务赵世北

呈悉。准如所拟办理。此令。

中华民国十二年七月十九日

附原呈

呈为折呈事。律师章程经前院长徐修正公布在案，惟内漏去律师公会一章，并资格各条间与现在南方政府情形不合者，经职院删改增加，重行修正。都为八章，共三十八条，颇为完备。近日迭接各方请领律师证书，纷至沓来，亟宜规复旧制，准其照章请领。除将修正律师章程另册缮呈外，理合具折呈请鉴核，审定公布，并祈指令祗遵。

谨呈大元帅。

大理院长兼管司法行政事务赵世北印

中华民国十二年七月十六日

《律师暂行章程》

第一章　职　　务

第一条　律师受当事人之委託，或法院之命令，得在通常法院执行法定职务，并得依特别法之规定，在特别审判机关行其职务。

律师受当事人之委託，为契约、遗嘱之证明，或代订契约等法律文件。

第二章　资　　格

第二条　律师应具左列资格：

（一）中华民国人民满二十岁以上之国民。

（二）依律师考试合格，或依本章程有免试之资格者。

第三条　有左列资格之一者，不经考试得充律师：

（一）在外国或本国大学修业三年以上、得有毕业文凭，并专修法律之学得有学位者；或在外国修法律之学，得有律师文凭者。

（二）在外国或本国大学，或经政府认可之公立、私立法律或法政学校修业三年以上，得有毕业文凭，并曾充司法官一年以上，或办理司法行政事务三年以上者。

（三）具前项上段之资格，曾充国立或经政府认可之公立、私立大学，或专门学校之法学教授三年以上者。

（四）依本章程充律师后，经其请求撤销律师名簿之登录者。

（五）在本章程施行前，领有司法律师证书者。但在护法政府成立之后，如领有北京司法部律师证书者，须另领证书，照章纳费。

第四条　有左列情形之一者不得充律师：

（一）曾处法定五等有期徒刑以上之刑者，但国事犯已复权者不在此限。

（二）受破产之宣告确定复尚未复权者。

第三章　证　　书

第五条　考试合格者，或有免考试之资格者，得依本章程请领律师证书，但应纳证书费一百元、印花税费二元。

第六条　领证书者，应具声请书并证书费，呈请司法总长或经由高等检察厅检察长转呈司法总长发给之。前项声请应附具相当之证明书，证明其资格。

第四章　名　　簿

第七条　司法总长发给律师证书时，应将该律师列入总名簿。律师名簿内应载明左列各款事项：

（一）姓名、年龄、籍贯、住址。

（二）律师证书号数。

（三）事务所。

（四）登录年月日。

（五）惩戒。

第八条　高等审判厅置律师名簿。

第九条　领有证书之律师，得声请指定一高等审判厅管辖区域行其职务，但京师、直隶两高等审判厅不在此限。前项声请，应具声请书呈该高等审判厅长验明后，登录于律师名簿，并依法缴纳登录费。

第十条　律师经登录于律师名簿后，得在大理院行其职务。

第十一条　高等审判长应将登录名簿之律师，随时呈报司法总长，并分别知照所属法院。

第五章　义　　务

第十二条　律师执行职务时，不得兼任官吏或其他有俸给之官职；但充国会、地方议会议员，国立、公立、私立学校讲师，或执行官署特命之职务者，不在此限。

第十三条　律师非证明其有正当理由，不得辞去法院所命之职务。

第十四条　律师受诉讼事件之委托，而不欲承诺者，应通知委托人。律师不发前项通知或通知迟延者，应赔偿因此所生之损害。

第十五条　律师不得收买当事人之权利。

第十六条　律师应以诚笃及信实，行其职务，对于法院或委託人，不得有欺罔之行为。

第十七条　律师对于委託人所约定公费报酬，应由律师与委託人依契约关系自由订立，但不得利用委任关系，别为利益自己，损害委託人之法律行为。

第十八条　律师以善良管理者之注意，处理委託事物。如因懈怠过失，或不谙习法令程式致委託人受损失时，负赔偿之责。

第十九条　律师不得故意延滞诉讼之进行。

第二十条　律师对于左列事件不得行其职务：

（一）曾受委託人之相对人之商告而为之赞助，或受其委任者。

（二）任推事或检察官时，曾经处理之案件。

（三）依公断程序，以公断人之资格，曾经处理之事件。

第二十一条　律师应于执行职务之法院所在地置事务所。置前项事务所后，应即报告于所在地之法院。

第六章　公　　会

第二十二条　律师应于地方审判厅所在地设立律师公会。律师非加入律师公会，不得执行职务。

第二十三条　律师公会受所在地方检察长或高等分厅监督检察官之监督。

第二十四条　律师公会置会长一人，并得置副会长一人。

第二十五条　律师公会每年开定期总会，并得开临时总会。

第二十六条　律师公会得置常任评议员。

第二十七条　律师公会应议定会则，由地方检察长经高等检察长呈请司法总长核准。

第二十八条　律师公会会则，应规定左列各款事项：

（一）会长、副会长、常任评议员之选举方法及其职务。

（二）总会、常任评议员会之会议方法。

（三）维持律师德义方法。

（四）公费之最高额。

（五）其他处理会务之必要方法。

第二十九条　律师公会随时将左列各款事项，布告于所在地地方检察长：

（一）会长、副会长、常任评议员选举之情形。

（二）总会、常任评议员会之日时处所。

（三）提议、决议之事项。

地方检察长受前项之报告后，应即经由该管高等检察长报告于司法总长。

第三十条　律师公会于左列事项外，不得提议、决议：

（一）法律命令及律师公会会则所规定之事项。

（二）司法总长或法院所咨询之事项。

（三）关于司法事务或律师共同之利害关系，建议于司法总长或法院之事项。

第三十一条　地方检查长得随时出席于律师公会、总会及常任评议员会，并得命其报告会议详情。

第三十二条　律师公会或常任评议员会之会议，有违反法令及律师公会会则者，司法总长或高等检察长得宣示其决议无效或停止其会议。

第七章　惩　　戒

第三十三条　律师有违反本章程及律师公会会则之行为者，律师公会会长应依常任评议员或总会之决议，声请所在地方检察长将该律师付惩戒。地方检察长受前项声请后，应即呈请高等检察长，提起惩戒之诉于该管高等审判厅。律师之惩戒，地方检察长得以职权呈请之。

第三十四条　被惩戒人或高等检察长，对于惩戒裁判有不服者，得向司法总长提出复审查之请求。

第三十五条　惩戒处分分为左列三种：

（一）训戒。

（二）停职一月以上二年以下。

（三）除名。受除名处分者，非经过四年不得再充律师。

第八章　附　　则

第三十六条　本章程于律师法及其施行法公布后即行废止。

第三十七条　本章程关于司法总长之职权，由兼管司法行政事务之大理院长行使之。

第三十八条　本章程自呈准公布日施行。

大元帅指令第三三四号

令兼广州卫戍总司令杨希闵

呈悉。准予备案。此令

中华民国十二年七月二十日

附原呈

呈为呈请备案事。案奉帅座令饬查办窃名侦查，开枪示威，招摇骚扰，搜取财物，陷害良民之徒，并饬严订取缔章程转饬遵守，以副除暴安良之至意等因。奉此，窃查近来于上列各案，层见叠出，推厥原由，以各机关侦查人员所持武器未规有证，致使奸宄之徒得以溷迹本市，窃名骚扰，肆行破坏。当兹戒严期间，亟应严行取缔，饬令查办。兹由职部制定枪证，发给各机关侦查人等，以期易于检查，俾杜奸宄，而保公安。除布告并咨令转饬携枪报部验明，以凭发给证折外，理合具文附证呈请鉴核备案。谨呈陆海军大元帅孙。

兼卫戍总司令杨希闵印

中华民国十二年七月十六日

公　电

大元帅致魏总指挥等皓电

梧州魏总指挥、梁军长、李师长并转各旅团营长、永翔舰赵参谋长钧鉴：迭电均悉。诸将士奋勇苦战，遂克名城，至用欣慰。溽暑行师，辛勤堪念，望并传令慰劳。讨贼伐叛，首重安民，宜约束将士，秋毫无犯，用副本大元帅顾念元元之至意，有厚望焉。大元帅。皓。

中央直辖广东讨贼军第三师师长郑润琦呈大元帅寒电

广州孙大元帅、肇庆古主任钧鉴：职部奉魏总指挥令，协同舰队向悦城之敌施行炮击，敌损伤甚重，闻风胆落，率众逃窜。刻下我军追击至都城以上，西江可无问题。其率众来犯广宁之敌将沈荣光等，自六月三十起，连日与我剧战。至十二日，由职部旅长张祖荣督饬全旅分道进攻，战于古水，敌人被我包围，由军桥渡河逃窜，复受我军机关枪由对河侧射击，敌溺毙数百人，夺获枪枝数百杆、军米一船，俘敌营长蒋得平及重要军官黄德铤、彭得尌、张玖等三名。敌遗弃枪枝、军实无算，四处逃溃，异常狼狈。我军仍向外峡追击中，务歼此丑，以安边陲，知注谨闻。郑润琦呈叩。寒。

中央直辖广东讨贼军第四军军长梁鸿楷呈大元帅铣电

急。广州大元帅钧鉴：铣午我军由封川进攻，与敌剧战于江口。至暮，敌军不支溃走梧州，我军现在追击中。伤毙敌军人数及虏获军械数目，容再续报。谨呈。魏邦平、梁鸿楷叩。铣亥。印。

中央直辖广东讨贼军第四军军长梁鸿楷等呈大元帅巧电

提前万急。广州大元帅钧鉴：捷报。本军铣日与敌剧战于虎斫江口一带，自晨至暮，血肉相薄〔搏〕。我军突进猛击，敌势不支，纷向梧州溃退。我军乘胜追击，长驱直入，降者甚众。逆将何才杰、邓瑞征、李耀汉等，率其残部向贺县方面溃退，本军即于今晨进占梧州，谨驰报闻。现在西江余孽幸告肃清，此后如何进止，愿率所部奉令，不胜企仰之至。军长梁鸿楷、师长李济深，旅长卓仁机、陈济堂、梁振楷、张振武叩。巧午。印。

第二十二号（八月三日）

目　录

命　令

大本营建设部委任令（略）

训　　令

大元帅训令第二三九号

大元帅训令第二三六号、第二三八号、第二四二号（略）

军政部训令第一二二二号（略）

指　　令

大元帅指令第三四〇号

大元帅指令第三三八号、第三三九号、第三四一号——第三四三号、第三五〇号（略）

公　　电

湖南讨贼军湘西第一军军长蔡钜猷等呈大元帅文电

中央直辖滇军第三军军长蒋光亮呈大元帅漾电（略）

大本营军政部长程潜致广东省长廖仲恺宥电（略）

训　　令

大元帅训令第二三九号

令大本营驻江办事处全权主任兼西江筹饷督办古应芬、兼西江善后督办李济深

大本营驻江办事处及西江筹饷督办着即日一并克日裁撤。所有西江流域由梧州至江门，以及四邑各处地方，一切善后事宜，应责成西江善后督办切实办理。除分令外，仰即遵照。此令。

中华民国十二年七月二十八日

指　　令

大元帅指令第三四〇号

令大本营兵站总监罗翼群

呈悉。照准。此令。

中华民国十二年七月二十八日

附原呈

呈为呈请事。据职部交通局长周演明呈称：窃惟兵站之设，关系接济前方军食、输送军品，至为重要。而筹办一切，在在需款。本部自开办以来数月于兹，接济东、西、北三江作战，各军粮食、用品需款极巨。迩来财政奇绌，的款无着，罗掘俱穷，莫能应付，而前方接济，不容稍缓，加以逆氛未靖，战事迁延，自不得不亟思筹措方法，尤于无扰于民，有益于事者方易举办。查本市沿岸码头数百座，其可湾泊船渡者，每一码头辄泊数艘，月租数千元；即不能湾泊大船或仅上落货物租赁横水渡等，其月租亦逾百金。兹拟照铺主捐租办法，通通各码头业主捐租两月，由租客代缴，计此项收入，可得数万金，虽杯水车薪，然亦可稍资挹注。且历次军兴，捐助铺租，各码头均未与列，即使捐助两月租金，取之无伤，亦属所应。谨将管见所及具陈察核，可否转呈大元帅令行公安局限期缴收，指定作兵用度之处，伏候钧裁等情。据此，查兵站来款，已成弩末，经职部迭开财政会议，尚无简捷办法，该局长所陈征收码头租捐，虽增益无多，而义协均输，事无骚扰，尚属切近可行，应请令广州市政厅转饬公安局，克日举办，拟定办法，限期征集，专解兵站，不得挪作别用，庶来源较活，挹注有资，于军食前途不无裨益。是否有当，理合备文呈请衡核，祇候令遵。谨呈大元帅。

大本营兵站总监罗翼群印

中华民国十二年七月十八日

公　　电

湖南讨贼军湘西第一军军长蔡钜猷等呈大元帅文电

特别火急。广州大元帅钧鉴：国事蜩螗，天未厌乱，建国一纪，治丝愈棼，人祸天灾，伤心惨目，挽救乏策，有识同悲。湘省当南北要冲，为西南门户。溯自零陵首义，护法军兴，大义炳然，中外倾动。今大元帅孙公，始肯顺从民意，毅然出任艰巨，迭更事变，始终弗渝。今日全国人心所以尚知尊重法律，不敢蔑视西南者，实基于此。不幸两稔以还，湘政丛脞，付托非人。赵氏恒惕本阴鸷之尤，赋残忍之性，自窃政柄，大肆神奸，阳假自治之名，阴行攘夺之实，军队为私斗器具，衙署成买卖机关，竭民膏脂，包办选举；而且克扣军饷，措勒政费，公帑收入，悉饱私囊，与政系鹰犬、国人不齿之胡瑛，将吾湘财政命脉价值千余万元之矿砂暗行抛卖。至民国十四年，仅索三百万元之贱价，所有用途秘不宣布，军饷政费未得分毫，议会公团查办无效，恃势垄断，一手遮天，诸如此类，罄竹难书。凡我国人固皆有耳共闻，有目共见，久昭洞察，无俟赘陈。独其叛国祸湘，甘心投北，仇视异己，专逞逆谋。前湘督谭公，本护法中坚、民国柱石，赵氏受其卵翼，不以为德。反阴嗾爪牙迫令退职，自取代之。若李韫珩，若张振武，若陈嘉佑诸公，均西南功臣，民党健者，赵氏嫉其不为己用，先后以暴力排除之。凡属有功护法，效忠西南之人，赵氏悉视为眼中疔、俎上肉，不遭骈戮，必被穷驱。犹复暗勾北兵来湘助虐，拱送湘省，扰乱湘西，文电往还，报端揭载，不惜以十年艰难缔造之业，供个人权利交换之资，尽撤南服屏藩，甘为北庭鹰犬。吾湘荣誉，扫地无余，尽弃前功，一落千丈，昔为功首，今作罪魁，众畔亲离，天怒人怒。近且益张凶焰，咄咄逼人，倒行逆施，党同伐异。推其毒痡所及，不至动摇根本推翻全局不止，司马之心路人皆知，庆父不除，鲁难未已，所谓乱臣贼子人人得而诛之。本军久隶西南义旗之下，拥护元首，不易初衷，贯彻主张，期纾国难。内迫群情之呼吁，外怵国势之颠危，不有极大牺牲，何来真正幸福。为争回全湘人格计，为巩固国家根本计，不得不整饬戎行，诉诸武力，誓歼丑虏，取彼凶残，以谢国人，而除公敌。大义所在，忍无可忍，爰于本日宣布与赵氏脱离关系，恭奉大元帅任命，遵就讨贼军湘西第一军军长，本卫国救民之志，兴问罪讨逆之师。公等或握军符，或主清议，救民救国，早具同情，除恶除奸，决无反顾。务望同伸义愤，共张天讨，此实为全国存亡所系，尚不仅吾湘一省之关系也。总之，此獠不除，则西南之障碍未能扫荡，护法之大业难告成功。先锄内奸，再戡外乱，仅诛元恶，罔治胁从，歃血誓师，天人共鉴。为民而战，为国而战，为正气而战，同仇敌忾，众志成城，国事前途，庶其有豸。谨布悃诚，伏候明教。讨贼军湘西第一军军长蔡钜猷、第一路司令刘叙彝、第二路司令田镇藩、第三路司令周朝武，梯团长何隆幹、谭润生、毛炳文、彭寿恒、杨毓棻、陶在和，支队长杨再杰、邓庆章、周笃新、吴祥斌、徐礼刁、张松本同叩。文。印。

第二十三号（八月十日）

目　　录

训　　令

大元帅训令第二四八号

令大本营外交部长伍朝枢

据外交部广东特派交涉员傅秉常呈称：窃前奉大本营外交部令转奉大元帅训令，因西江战事宣布西江为戒严区域，并制定西江沿岸警备区域临时戒严条例，饬部行知交涉员知会各国领事查照，等因附发戒严条例到署。遵经照会驻广州各国领事及函粤海、三水等关税务司查照各在案。现查梧州经已克复，西江一带似应解严，恢复原状，以维持华洋商务。兹又接日本总领事来函询问，惟未奉明令行知，且属军事范围，应如何办理之处，理合备文呈请帅座察核，指令祗遵。俾得照会各领事知照，实为公便等情。据此，查西江军事现已结束，所有前颁发西江沿岸警备区域临时戒严条例着即撤销，西江沿岸区域应即宣布解严。合行令仰该部长即便令行该交涉员遵照办理。此令。

中华民国十三年八月三日

公电

四川省议会来大元帅江电

广州孙大元帅钧鉴：昨接黄陂蒸电、王承斌元电、国务院删电，具悉。曹、吴嗾使军警逼走黄陂。虽文词各异，而情实相同，直系奸谋至斯毕露，法统之论，不攻自破，凡我邦人当共声讨。讵意国务院与少数国会议员，竟不惜赴〔附〕势趋炎，助纣为虐，一则摄行总统职权，直逼黄陂退位；一则主张改选总统，借拥曹氏登台。人欲横流，廉耻道丧，国本不立，何以图存？查国务院系由阁员组织而成，据闻旧阁员既已总辞职，而新内阁复未经成立，则该院尚无人负责，何能摄行大总统职权？况黄陂寒电、该院盐电久未宣布，中必有迫胁等情，不堪告人之隐。尚当索此两电，列为罪状，以供声讨，而该院删电之主张，自当认为无效。查国会议员中，尚多自好之士，而主张国宪完成后再选总统者，亦不乏其人，少数议员之主张自难成为事实。万一成为事实，开会选举总统，而曹、吴亦不能当选有效。非仅谓曹、吴为现役军人，应在限制之列，实因此次曹、吴明目张胆，以金钱、武力谋窃大位，致酿政变，震惊海内。如彼亦当选总统，则此恶例一开，而军阀篡夺总统之举必接踵而生，民国前途何堪设想？况国会自身尚有问题，任期早已逾限，复有民六议员诸非法分子杂糅其中，能否行使选举总统之职权已属疑问，矧欲选举叛人曹、吴而为总统乎？吾省宣布自治以来，对于北方之国会、总统均未承认。去岁黄陂复职，号为法统重光，本会曾经通电驳正。今以黄陂复职而复主张声讨曹、吴者，诚以法统之说，虽属荒唐，而曹吴既以此号召国人，若能始终不渝，情犹可恕。乃何以去年奉直战后，须利用黄陂出山则尊之为法统？不惮再四派员往迎，而吴佩孚且有生死以之之语。曾几何时，遂视黄陂为寇仇，不惜假手军警逼迫出走，复授意王承斌拘留新站，胁其交印。败法乱纪，莫斯为甚，岂曹、吴之所谓法统，不妨自造自毁耶？今日有利于我则可奉之神明，明日有害于我则可弃之若敝屣耶？狐埋狐搰，殆不足以喻之。嗟乎，年来曹、吴戴此法统之假面具，以谋遂其北洋正统宰制中国之野心，西图黔蜀，南扰闽粤，而祸吾国家，其罪已不可胜诛，今并此假面具而亦破毁之，吾人安得不声罪致讨哉？数月以来，内忧外患纷至沓来，旅大问题未经解决，临城劫案复又发生，此诚国家危急存亡之秋也。以曹、吴之责大任重，不思所以御侮救亡，而乃汲汲进行所谓最高问题，所谓大典筹备，斯已悖矣。且不择手段，不计利害，悍然冒大不韪而为之，有若中国可亡，而总统不可不争者，苟非丧心病狂，谁肯出此令者。黄陂出奔，内阁瓦解，此北京政府消灭无形，而国会处于奸威之下，复不能本其自由意思以行使职权，则另行组织政府之举万不可缓。除请各省一致声讨曹、吴外，并希从速组织政府，以奠国本，而系人心。迫切陈词，伫候明教。四川省议会叩。江。印。

第二十四号（八月十七日）

目　录

命　令

中华民国十二年八月九日大元帅令

中华民国十二年八月四日、八日、九日大元帅令（见附表）

大本营建设部委任令（略）

训　　令

大元帅训令第二五一号

大元帅训令第二五六号（附《广东全省经界【总】局章程》）

大元帅训令第二五〇号、第二五二号、第二五四号、第二五五号（略）

指　　令

大元帅指令第三六六号

大本营军政部指令第一二九九号

大元帅指令第三六一号、第三六四号、第三六五号、第三六七号——第三七〇号、第三七二号、第三七三号、第三七五号——第三七八号、第三八〇号——第三八五号、第三八七号（略）

公　　电

大元帅电令各部长、总司令、省长、市长等虞电

大本营秘书处致韶州绅商学界公民大会庚电

东路讨贼军总司令许崇智呈大元帅世电

广东海防司令陈策等呈大元帅冬电

卸大本营驻江办事处全权主任古应芬呈大元帅东电（略）

广东高等审判厅厅长林云陔呈大元帅鱼电（略）

通　　告

兼代大本营建设部长叶恭绰通告（略）

大本营建设部通告（略）

命　　令

大元帅令

自广东省立银行纸币停兑以来，商民胥蒙其害。该银行当局发行

过滥，办理未善，无可讳言，业经严行究办，以申法纪。至所发纸币，自应由政府负责收回，借减商民苦痛。本大元帅回粤伊始，即轸念于兹。嗣以沈、陈作乱，军事方殷，饷需浩繁，度支不裕，心余力绌，昕夕旁皇，当经迭次饬令财政当局切实筹维，标本兼治。诚以今日粤省现状，非只财政困难，即社会经济亦复不舒。实缘粤省纸币、现币均形缺乏，又无各种有价证券为之消息，故金融时呈阻滞情形，不浚其源，补苴何益。现值军事将次结束，政府财政与商民经济息息相关，正宜全局统筹，依次整理。兹据财政部叶恭绰呈拟整理纸币各项办法，其大要以兑现及收用为陆续消纳之法，一面维持价格，辅助流通，免致社会商场缺乏易中之物，渐次确定货币基础，并养成证券流通习惯，使政府财政与市面金融及社会经济得以提挈互助。精神所在，则在收回以前失信之纸币，即为以后各种证券昭信之初基，并请以经理权责分授于各法团，借以公开示信等情，并附各项办法规章前来。详加察核，事属可行。年来政府及银行发行公债纸币，皆因无确实基金与相当准备，每致丧失信用。此次该部长所拟办法规章，均经指定确实基金，如期拨付，着为定案，永无变更，且授全权于各法团，商民皆得参与，凡事公开办理，政府有保障而不加干涉，尤足以示大公，而昭大信。即使商民个人经济状况各各不同，亦可择一而从，推行定无窒碍。应即责成财政部按照所拟办法订立细目，切实施行。着各军民长官各饬所属一体凛遵，并着实力协助办理，以副本大元帅发展民生、整理财政之至意。此令。

中华民国十二年八月九日

训　令

大元帅训令第二五一号

令各军长官

查广九路火车业经定有开车时刻及来往次数，嗣后除各军运兵准予随时开用专车外，其他办事各员因公往来，当乘定期来往各车，不得勒用专车，以示限制而利交通。除分令大本营兵站总监及广九铁路军车管理处遵照外，合行令仰该总司令、军长即便饬属一体遵照。此令。
中华民国十二年八月七日

大元帅训令第二五六号

令大本营财政部长叶恭绰、广东省长廖仲恺

据广东财政厅长邹鲁呈称：窃维裕国之道莫如清理土地。日本得台湾后，即先编制田土台帐，成绩昭然。粤省辽阔，延袤千里，衡宇栉比，阡陌连云，然考每年土地税收，不过五百万元。究厥原因，皆缘迄未清理所致，故侵占飞洒，流弊百出，豪强胥吏因缘为奸。甚至乡族互争，酿成械斗，法庭涉讼，累及无辜，经界不明，流弊实大。查民国十年曾奉令行设立土地局，原为整理田土起见，惜规则未成，旋复裁撤。现在大局渐定，为清理田土、整顿税收起见，拟请特设全省经界总局，先从沙田清丈登记，次及繁盛都市，陆续举办。并就局内先行设立测绘养成所，以最短期间养成多数测绘人材，一俟大局敉平，全省各属自可分途并进，必使此疆彼界图册分明。且民业一经确定，即与官产公产不能混淆，既可杜绝奸人捏报之烦，并免日后彼此纷争之弊，便民裕国，莫善于此。所有拟设全省经界总局，清丈屋宇田亩缘由，是否有当，理合拟具规程十三条，呈请察核令遵。俟奉核准，再行拟具本局预算书及施行细则呈候鉴定施行，等情，并附呈经界总局规程一扣前来。据此，查该厅所拟设立广东全省经界总局清丈屋宇田亩，事属可行。核阅规程，亦尚妥协，应予照准。合行令仰该部长、省长转饬该厅遵照办理，仍将预算及施行细则呈转候核。经界总局规程抄发。此令。
中华民国十二年八月　日

《广东全省经界总局规程》

第一条　本局以厘正经界，确定民业为宗旨。

第二条　本局隶属财政厅，秉承财政厅长办理。

第三条　本局局长由财政厅委任，局员由局长委任。

第四条　全省屋宇田土均由本局次第清丈。

第五条　屋宇田土典当买卖应税契登记事项，概归本局办理。司法官厅已设有登记局，地方仍由该局登记，未经派员清丈各县，该县税契事宜暂由该县长办理。

第六条　屋宇田土未经税契验契者，清丈后均责令补税、补验并登记，始得管业。

第七条　屋宇田土已税验契未测量登记者，清丈后应补登记。

第八条　屋宇田土已税验契测量登记者，仍应复加清丈，如有错误即更正，另发图照管业。

第九条　第六、第七两条之清丈及登记费，均各照价值百分之一计算，契税率及附加等概照向章办理。

第十条　第八条之清丈费豁免之，图照费每张二元。

第十一条　经界确定及登记后，即为完全民业之证据。

第十二条　本局施行细则另定之。

第十三条　本规程如有应行更改事宜，由财政厅长随时呈报省长更定之。

指　令

大元帅指令第三六六号

令西江船舶检查所所长黄建勋

呈悉。西江军事现已告竣，所有往来华洋船舶，应即停止检查。西江船舶检查所着即裁撤，并将结束情形呈报。关防并缴。此令。

中华民国十二年八月三日

附原呈

为呈请事。窃所长前奉帅座派为西江船舶检查所所长，旋奉颁发关防，经已在三水、河口、肇庆等处设所检查，启用关防，呈报察照各在案。现查梧州业已克复，西江一带秩序如常，所有往来华洋船舶似无检查之必要。至职所应否停止检查办理结束之处，理合备文呈请帅座察核，指令祗遵，实为公便。谨呈陆海军大元帅。

中华民国十二年七月三十一日

大本营军政部指令第一二九九号

令本部军法处处长梁祖荫

呈及附件均悉。前此军事紧急，该李达之胆敢以谋害元首、炸毁铁道、扰乱市场、抢劫金店种种危词，捏名具函多件，分投石龙大元帅行营与本部，意图耸听。是该犯实具有故意杀人之决心，而以府部为机械，且不惜摇动人心，破坏大局，殊堪痛恨。既据讯明，供证确凿，呈请处以死刑。应准验明该犯正身，立予执行枪决，以为军前造谣者戒。此令。

部长程潜印

中华民国十二年八月七日

公　　电

大元帅电令各部长、总司令、省长、市长等虞电

大本营各部长、杨秘书长、张参谋长、朱参军长、广东廖省长、孙市长、杨卫戍总司令、各军长均鉴：据外交部长伍朝枢支电呈称：准驻广州美总领事电话称：美国哈定大总统于本年八月二日逝世等语。恳通令文武各机关自五日起，至举行葬礼之日止，一律下半旗志哀。除另文呈报外，谨先电呈等情。据此，合行电仰转饬所属各机关，一体遵照办理是要。大元帅。虞。印。

大本营秘书处致韶州绅商学界公民大会庚电

广州粤汉铁路陈总理转送韶州绅商学界公民大会鉴：麻电已呈大元帅阅悉。奉谕：诸君子以沈逆、北军复有勾结，希图南犯之耗，特开公民大会议决通告各属民团，一致准备抵御，足见爱国爱乡公忠义勇，至为嘉许。尚宜热心毅力，始终不懈，以民意之大顺，作无形之天堑，有厚望焉等因。奉此，特为代答，即希查照。大本营秘书处。庚。

东路讨贼军总司令许崇智呈大元帅世电

万急。自抄送博罗大元帅钧鉴：广州大本营胡总参议、杨秘书

长、各部长、廖省长、魏总指挥、李军长、罗总监、滇军杨总司令、范军长、蒋军长并转各师旅长、梧州李督办、郑师长钧鉴：据王所长懋功俭电称：我第八旅张旅长民达，率部于宥晚由永湖袭击白芒花之敌，懋功于沁晨率一、三两旅向正面攻击，激战至沁，已遂将该敌击散，占领白芒花。我第八旅夺获机关枪数挺、步枪八百余枝、子弹一百二十余箱，俘敌团长、营长各一员，敌兵八百余名；第一、三旅亦夺获敌枪数百枝。现残敌向平山溃窜，状极狼狈，我军正在追击中。查是役敌为熊略之两团，黄风纶部之一团，共约三千余人，被俘既如上述之多，死伤亦达数百，战斗力已消灭殆尽，我军伤亡甚少等语。谨闻。许崇智叩。世。

广东海防司令陈策等呈大元帅冬电

广州大元帅孙钧鉴：七月念六日发下手令，着职等各率所部会同前赴小榄地方，克日将土匪剿除等因。奉此，遵即会合两部水陆并进，分途兜截。幸借德威，该匪闻风逃窜，地方乂安，理合邮电呈报，以纾廑念。陈策、周之贞同叩。冬。印。

第二十五号（八月二十四日）

目　　录

公　电

命　令

大元帅令

四川所有讨贼各军，着统归川军讨贼军总司令熊克武节制调遣。此令。

中华民国十二年八月十六日

训　令

大元帅训令第二五七号

令中央直辖滇军总司令杨希闵

该部游击司令董鸿勋，无故称兵扰害地方，着即勒令解职，听候查办。此令。

中华民国十二年八月十一日

大元帅训令第二五八号

令西江善后督办李济深、中央直辖西路讨贼军第五师师长黄绍雄

中央直辖西路讨贼军第五师师长黄绍雄所部，着暂归西江善后督办李济深节制调遣。此令。

中华民国十二年八月十三日

指　令

大元帅指令第三八六号

令大本营财政部长叶恭绰

呈及总纲附件均悉。应照准，已明令施行矣。仰即知照。此令。

中华民国十二年八月十日

附原呈

呈为拟定整理纸币，救济财政办法，仰祈鉴核事。窃广东省立银行纸币自停兑以来，国计民生两受其害，推原其故，实由于前此发行过滥，办理失宜，致使社会上纸币供求未能适合，故一蹶以后，政府之信用既失，人民之痛苦顿深。恭绰自管度支倏逾匝月，日与各界人士及僚属苦心研究整理办法，参以各方条陈意见。窃以省立银行所发纸币，其账目颇多疑义，即应否全数承认，议论亦多异同。惟此项纸币，多已流入人民手中，虽大抵系以低价得来，未必曾受如何损失，然为政府信用计，自不应置之度外。第粤省现值军事时代，军、民、财三政尚未完全统一，若欲为无限制之兑现，无论时机不许，且以经济及财政现情而论，若无标本兼治办法清厘旧案，即以别启新机，恐仍为易涸之泉，稍通复塞，即人民之痛苦亦终无了日。不得已商拟统筹兼顾之策【以】图久远，即此策目前不敢云克，对商民或庶几稍资补救。查广东省银行发行纸币，照该行清理处报告，为数系三千二百余万元，现时市价几等于零，而此种纸币辗转流通，已成为一种物品性质，若由政府筹款照市价收回，未始非一劳永逸之计。惟政府既无从得此整款，且目下市面因缺乏纸币流通之故，极感困难，故设法使此项纸币恢复其流通之力，其重要实与兑现相同。而兑现之与流通，亦复有极大之因果关系，故二者不能不兼营并进。至粤省财政之败坏，固由地方之未统一，及行政系统秩序之紊乱，而财政与市面金融及社会经济向缺切实之提挈互助，亦实为一大主因。盖粤省货币之流通，只有硬币中之银辅币一种，致消息全操于港币银行，按揭证券交易尤多，以不动产及股票为本位，而绝无纸币公债之流通，此其间逐年耗失，为数不知若干。故粤省经济表面虽号繁荣，而实难期发展，此际妥筹补救，第一须确定货币基础，第二须养成证券流通习惯。兹二者，以从前政府失信之故，此后惟有公开示信，确定一贯之策，以经理权责完全分授之人民，政府为之巩固初基，俾其徐归正轨，庶信用得慚恢复，财用亦借宽舒。兹谨参酌以上二项要义，酌拟整理纸币办法七条，附呈钧核。至所拟各项办法，系以人民个人经济状况各各不同，必任其择一而从，庶冀推行无碍。实行之际，应一律授权于法团办理（如商会等），政府有保障而无干涉，其精神所在则在收回以前失信之纸币，而为以后各种证券昭信之初基。至详细办法，各有专则并附于后，倘政府不久能筹有巨款为多量之兑现，尽可提前办理，容再体察情形，拟请钧裁，抑恭绰更有请者：今日粤省财政，正如虚阳病体，攻补两难，必须疏滞培元，逐加调养，方有复原之望，一切治法，似未能骤拘成例，即如发行纸币本政府之特权，然各国规例亦不一律，亦有可以通融办理者。粤省今日商业日趋呆滞，实缘官商两方均无可以流通之纸币之故，政府欲恢复信用，发行纸币，尚非旦夕所能。窃意可以特别准许各商行自办商库，联合发行纸币，政府为之定其额数，加以监察，庶市面得流通之益，金融无扰乱之虞。我大元帅视民如伤，度必蒙特鉴允，此又恭绰所敢仰承德意，轻以渎陈者也。所有酌拟整理纸币各办法，理合呈明鉴核，伏乞明令施行。除俟奉准后再行分别拟订详章呈请公布外，此呈大元帅。

大本营财政部部长叶恭绰印

中华民国十二年八月五日

办法总纲

谨将整理前广东省立银行纸币办法录呈钧鉴。

计　开

《整理省银行纸币办法总纲》

（一）省银行纸币（以后省称纸币）发行大数为三千二百万元有奇，拟自奉令日起，限于两个月内一律送交整理纸币委员会（以后省称委员会）检验盖戳（附件甲）。

（二）凡经盖戳之纸币一律十足兑现，统由整理纸币委员会办理。

（三）检验办法：凡送来纸币一百元，由委员会将其中五十元公开销毁，其余五十元俟盖戳后，分别交回本人及政府（即财政部）。其交回本人办法：凡票面一元、五元、十元者，按十成发回二成；其票面五十元、一百元及二毫、五毫者，按十成发回一成。余即交回政府（即财政部），余类推。

（四）按照前项办法，以省银行纸币大数三千二百万余元计，处理如左：

（甲）销毁十分之五，共计一千六百余万元（零数从略）。

（乙）交回本人十分之二或一，共计四百八十九万元（零数从略）。

（丙）交回政府十分之三或四，共计一千一百十一万元（零数从略）。

（五）除销毁外，市面流通额实减为一千六百万元。此一千六百万元，除兑现一项预定一年办毕外，其余应设法于半年内收回清讫。

其办法如左：

（甲）兑现四百三十二万元，拟一年办毕。

（乙）流通券等消纳一千二百五十万元，拟半年办毕（附件丙）。

（丙）银行股本消纳四百万元，拟半年办毕（附件丁）。

（丁）搭缴欠饷及其他出售官产等消纳二百万元，拟半年办毕（附件戊）。

合计二千二百八十二万元，以较市面流通额一千六百万元尚多六百八十二万元。因以上四项除第一项外，其余确数难定，或有时互有出入，姑从宽预备如上。

（六）半年以后尚有存在市面之此项纸币，以公开销毁、继续兑现、换发新券各办法消灭之，使财政上另开新局。

（七）未完全消灭以前，政府应用下列方法维持其价格：

（甲）公私机关出纳一律收用。

（乙）设法流通于全省各属。

（丙）速组能维持信用之金融机关，及速办省银行之善后。

（八）本总纲自奉大元帅核准施行。

中华民国十二年八月十日

（附件甲）

《检验前广东省银行纸币办法》

（一）受检验之省银行纸币，暂以省银行清理处查实报告之数为准（即约计总数三千二百万元有奇），详细手续另由财政部定之。

（二）凡持有前广东省银行纸币者，自本办法公布日起，限于两个月内，一律持送整理省银行纸币委员会（以后简称委员会）加盖戳记，以凭陆续兑现。其逾限不送委员会盖戳者，即作废纸。

（三）已加盖戳记之纸币，其兑现由委员会经理之。兑现之详细办法，另由委员会议定，呈报财政部核准施行。

（四）政府指定造币厂余利，每日约一万二千元，充陆续兑现之用。

（五）造币厂应俟纸币开兑日起，每日将此项余利迳交委员会公开兑现。每日以兑尽此项余利之数为度，如未兑尽，即滚存归次日兑现之用。

〔注〕：现在交涉关余，原备以一部分充整理此项纸币之用，如有成效或筹得其他的款，当提前多兑。

（六）该项纸币按照近日市价从优规定如左：

（甲）票面二毫、五毫者一折。

（乙）票面一元者二折。

（丙）票面五元者二折。

（丁）票面十元者二折。

（戊）票面五十元者一折。

（己）票面一百元者一折。

（七）依以上办法，委员会应将持票人送来纸币加盖戳记后，即按上列折合成数交回持票人，以便凭以兑现，其余分别销毁及交回政府。

〔注〕：例如送来十元票面之纸币一百元，于盖戳后，除以五十元归该会汇总销毁外，即照前条折合办法，交回二十元与持票人，以三十元交回政府，余类推。

（八）凡持票人送来一元及一元以下小毫纸币，照前条办法难于分配时，应另定相当办法办理。

（九）凡应销毁及已兑现之纸币，由委员会同政府公开销毁。

（十）凡已盖戳未兑现之纸币，在兑现未竣以前，所有政府各征收机关，应一律准商民搭缴各项捐税，其成数另行分别定之。

（十一）本办法自奉核准日施行。

（附件乙）

《整顿广东省银行纸币委员会章程》

第一条　本会为整理前广东省立银行纸币而设，由左列各员组织之：

（甲）广州总商会会长。

（乙）银业公会会长。

（丙）广州市参事会首席参事。

（丁）广东商会联合会会长。

（戊）七十二行商推选代表一人。

（己）九善堂推举代表一人。

（庚）总工会会长。

（辛）政府代表二人，由财政部、省长各指派一人。

第二条　本会由委员中推选委员长一人，副委员长一人。凡本会一切事务及对外各事，由委员长、副委员长共同负责。

第三条　本会之职责如左：

（甲）检验纸币及盖戳。

（乙）照整理办法之分配。

（丙）纸币之保管。

（丁）焚毁纸币之监察。

（戊）整理纸币之报告。

第四条　本会委员对于本会执行职务，皆有分担及监察之权责。

第五条　本会委员每日须公推二人以上轮流到会常川办事。

第六条　本会设秘书四人，事务员若干人。

第七条　本会对于检验及焚毁纸币之数目，应以本会名义按月报告宣布。

第八条　本章程自公布日施行。

本会办事规则另行规定，呈报财政部核准备案。

（附件丙）

《有价证券消纳纸币办法》

（一）政府为整理省银行纸币起见，发行有价证券三种如左：

甲、“广东利市有息流通券”（以下简称流通券）。其定额为一千万元，月息六厘。

乙、“造币余利凭券”（以下简称凭券）。其定额为三百万元，月息六厘。

丙、“广东整理纸币定期有息证券”（以下简称定期证券）。其定额为一千二百万元，周息七厘。

以上三项，须由各该券之基金委员会盖戳后，方能发行。

（二）流通券拟规定搭收前省银行纸币二分之一，计共收回五百万元，并收现银五百万元。

（三）流通券还本付息之基金，由政府授全权与广东盐务稽核分所，在广东盐税项下每月提拨的款足敷还本付息之用者，迳自拨存基金委员所指定之中外殷实银行专款存储。

（四）流通券自发行满六个月后，每月用抽签法还本付息一次，分二十五个月还清，每次抽还百分之四。

（五）凭券发行时，拟规定搭收前省银行纸币百分之二十五分，但应折半计算，计应收回纸币一百五十万元，并收现银二百二十五万元。

（六）前项凭券之基金，由政府提拨造币厂余利每月三十万元充之，交与基金委员会特别存储，预备还本之用，其利息另由政府拨款充之。

（七）前项凭券分两次发行，每次发行一百五十万元，均自发行后第二个月起，分五个月抽签，每月还本并付息一次，每次抽还五分之一。

（八）定期证券拟规定搭收前省银行纸币二分之一，计共收回六百万元，并收现银六百万元。

（九）定期证券还本付息之基金，由政府指定省河租捐及全省印花税之收入充之，并先指定官产之一部分，作为该项基金之担保品。

前项省河租捐及全省印花税，由政府完全交与基金委员会经理，并由政府协助其进行。其省河租捐并由广州市公安局实力协助，其施行规则另定之。

（十）定期证券自发行满一年后，分十年还本，用抽签法每半年还本一次，每次抽还百分之五，其利息亦每年分两次发给。

（十一）流通券与凭券及定期证券，应各组基金委员会由政府授权与各法团，公推代表任为委员，与政府所派代表共同办理（财政部、省长各派代表一人）。

（十二）基金委员会最大之权责，在维持该券之信用及保护持券人之利益，监督各该券之发行及查核搭收之纸币数目等。

（十三）搭收之纸币，以曾经整理纸币委员会检验盖戳者为限，应随时分别送交整理纸币委员会定期销毁。

（十四）政府指定之基金作为定案，永不变更，本息未还清以前，无论何项机关或有何项要需，均不得挪借或移用。

（十五）流通券自发行日起，凭券自中签日起，定期证券之本票、息票，自本息到期日起，无论政府机关及市面一律通用，不得拒绝收受。如有伪造及毁损其信用者，依法惩罚之。

（十六）本办法自奉核准日施行。

（附件丁）

《银行股本消纳纸币办法》

一、另设官商合办银行一所，拟定名“广东民信银行”，按照股份有限公司组织，其章程另定之。

二、银行资本总额定为二千万元。先收一半，计一千万元。官股占十分之二，计二百万元，商股占十分之八，计八百万元。

三、官股之二百万元由政府照拨。

四、商股之八百万元，准于缴纳股款时，收现银四百万元，并搭收省银行纸币五成，其详细办法另以招股章程定之。

五、除股款搭收纸币外，银行应按左列办法，酌量情形代政府分别搭收纸币，其搭收成数由银行禀呈财政部核定办理，另以专章定之：

（甲）有奖储蓄存款。

（乙）有奖储蓄券。

六、凡银行所搭收或代政府收回之纸币，由政府以价值相当之有价证券向银行换回，分期销毁。

七、凡银行搭收或代政府收回之纸币，均以曾经整理纸币委员会检验盖戳之纸币为限。

八、曾经检验盖戳之纸币，得存入银行作为存款，由银行给予存簿或存单为凭，并酌给相当之利息，其详细办法另以专章定之。

九、此次银行五年以内完全授权于商民办理，政府任提倡保护及监察之责。

十、政府之官股，五年以内放弃董事被选权，惟监事则由政府选派之。官股应得官红利亦可酌量放弃。

十一、本办法自奉核准日施行。

（附件戊）

《公款收入消纳纸币办法》

一、左列各项公款收入，准其搭缴省银行纸币若干成：

（甲）官产之变卖。

（乙）欠饷之追缴。

（丙）公款之收入。

二、政府应从速指定价值二百万元以上之官产，于半年以内招标变卖，专备收回纸币之用，前项官产缴价时，准其搭收纸币五成。

三、此外，于六个月内标卖官产时，准其搭收纸币十成之五成以下一成以上，其数各于投标章程内自定之。

四、凡官产投标时所缴保证金，准全数以纸币充之。前项保证金，准其于得标后缴付正价应搭纸币之成数内抵缴。

五、以前积欠政府饷项，在纸币未停兑以前，积欠者如在两个月以内缴还，准其全数以纸币缴纳；两个月以外者，规定搭缴成数如左：

三个月以内缴还者八成。

四个月以内缴还者六成。

五个月以内缴还者四成。

六个月以内缴还者二成。

六、积欠饷项在纸币停兑以后积欠者，准其搭缴纸币成数如左：

两个月以内缴还者五成。

三个月以内缴还者四成。

四个月以内缴还者三成。

五个月以内缴还者二成。

六个月以内缴还者一成。

七、积欠饷项，须于六个月以内缴清，方准搭收纸币。

八、凡左列各项政府收入，除海关、盐税外，准于一年内分别按成搭收。其搭收成数，由各机关拟定，呈报财政部核准备案，但搭收之成数不得少于十成之一。

（甲）田赋。（乙）厘金。（丙）其他各项捐税。（丁）官营业及其他公款之收入。（戊）地方公款之收入。

九、搭收之纸币，以曾经整理纸币委员会检验盖戳者为限。

十、搭收时所收之纸币，须呈送财政部按期转发整理纸币委员会分别销毁，但官营业及地方公款收入搭收之纸币，应由财政部以有价证券交换之。

十一、畸零数目或尾数不满一元者，概不搭收纸币。

十二、如收款机关违背前项办法，不允搭收者，依违令例惩罚之。

十三、本办法自奉核准日施行。

中华民国十二年八月十日

公　　电

川军前敌将士宣言寒电

四川各电局分送四川省议会、各法团、各报馆、刘甫澄、周奉池、尹硕权、熊锦帆、周吉珊、曾奂如、尹仲锡、宋芸子、骆公骕、赵尧生、颜雍耆、徐子修、徐申甫诸先生，各师长、各清乡司令、各道道尹、各县局，并转北军、黔军各将领钧鉴：四川自治倡于前总司令刘公甫澄，虽内部迭起纷争，而政体初无更改，良以大局未定，意见纷歧，一入南北旋涡，必为他人利用，我惟主张自治，乃能应付自如。三年以来，粤、湘、滇、黔互为提挈。上年甫公秉政，主张援鄂，义声震于遐迩，所谓乾侯之战虽败犹荣。自我杨军退处鄂西，洛吴乃大肆笼络，处心积虑以图川省，于今一年。盖洛吴多行不义，不容于北，见绝于南，以为川省地大物博，攫取以为地盘，则可以进取滇黔，退联关陇，其所以统一国家声讨熊、但者，皆彼借口之词，实则征服川省，奴隶川民以遂其大欲而已。我杨军久客思蜀，堕其计中，势本相需，情有可谅，然而开门揖盗，今日盗憎主人，况复拔茅连茹，呼朋引类，试看北军、黔军猖獗如此，彼杨子惠有无主权？然则我甫公惨淡经营之自治省分，将遂灭亡于北军、黔军之手，省格何在？人格何在？岂不寒心？岂不痛心？我军当未与北、黔军接触之先，亦曾迭请甫公派员开导子惠，说明洛吴狡谋与夫亡省惨痛，不蒙明察，战祸遂开。犹幸天佑吾川，三战三捷，然我东路各线，上自简阳，下至永川，皆为敌军蹂躏，奸淫我妇女，掳掠我钱财，驱使人民有如马牛，折〔拆〕毁房屋以供薪爨，赤地千里，路断人稀，耳不忍闻，目不忍睹。北路邓、田、陈等，亦奉洛吴命令，勾结陕军、甘军，扰我绵、保各县，虽经我军击溃，而荼毒地方，戕贼人民，其惨状不亚于东路，而下川东各县之陷于敌中者，更无论已。至于死亡战士，除敌军外，统计川军死亡何只万人，而杨军及邓、田、陈等损失尤重，此皆我川省之元气也。查洛吴以统一相号召，今则驱逐元首矣，何云统一？以援川为美名，今则荼毒川人矣，何谓援川？我川军痛恨洛吴设计之毒，利用川人亡川，不得已为省格而作战，为人格而作战，以保全川土，捍卫川人为天职，即只有一枪一弹，亦必致死于外来敌军，驱之出境，义无反顾。至我前敌将士，对于川军无论其为友军与否，皆视如一体，情等兄弟，无论何处相逢，均不与之对敌，冀得保存川军元气，以免自相残杀之讥。如此后尚有川军加入敌军方面攻击我军者，是甘心卖川亡省，人民自有公论，罪恶亦有攸归。近闻甫公恐杨军一误再误，川省遂亡，意在调解停战，并嘱杨军避免战斗，共息内争，一致对外。又接京电云：黎段结合，奉军入关，全国一致声讨曹吴，孙大元帅亦屡电促令讨贼，大局变化即在目前。我前敌将士以为杨军果有悔心之萌，川省或有不亡之日，盖亡于客军犹可说也，川人亡川不可言也。甫公见及于此，实为全川之福，故令我军暂扼内江，以观行动。倘北军、黔军鉴于统一面具业已揭开，及时觉悟，立刻出境，仍不失为亲善；万一借故逗留，再利用川人祸川，我前敌将领士兵亦惟有拼命作战，谢我军人。特电宣言，惟希查照。赖心辉、石青阳、吕超、余际唐、喻培棣、何光烈、彭远跃、蓝世钲、张冲、郑英、陈万仞、张成孝、王丽中、刘国孝同叩。寒。印。

川军讨贼军熊总司令呈大元帅电

万急。广州孙大元帅、国会议员诸先生、省议会、廖省长、各总司令、各报馆，天津黎宋卿先生、段芝泉先生、国会议员诸先生、省议会、各报馆，北京国会议员诸先生，上海何护军使、国会议员诸先生、章太炎、岑云阶、张溥泉、谭组安、汪精卫、柏烈武、张季直、马相伯、胡展堂、蒋雨岩、杨沧白、谢惠生先生、各报馆，长沙赵省长，云南唐省长，贵阳刘省长、唐督办，奉天张总司令，杭州卢督办，各省省议会、省长、总司令、督军、护军使、各埠各报馆、成都省议会、省宪筹备处、省宪审查会、刘总司令、但前督办、石总司令、蓝总司令、陈督办、彭师长、刘旅长、孔代表、陶代表、高代表、李代表、戴代表、赵尧生、廖季平、徐子修、宋芸子、曾焕如、尹仲锡、周奉池、徐申甫、尹硕权、骆公骕、陈孟甫、文海云、颜雍耆诸先生、成都总商会、各校长、各法团、各机关、各报馆，内江赖总司令、吕总司令、余师长、张旅长、郑旅长，彭县刘师长，合州喻师长，顺庆何师长，重庆周师长、重庆总商会、各机关、各法团、汤师长，忠州贺旅长，长寿颜总司令，广安郑总司令，大竹陕军张总司令，叙府刘师长，嘉定陈师长，新津张总司令，大邑刘甫澄先生，保宁王旅长，剑阁陈纵队长，各道尹、各县议会、各知事均鉴：克武曩与川中贤豪协图自治，旋即解除军职以践废督裁兵之约。乃自治宣布既已三年，阻碍横生，宪章未就，虽兹事体大非可旦夕程功，然揆诸草创初衷，方且引为深惧。讵意直奉军阀，谬欲以力征经营天下，乘隙持衅，侵扰西南。尤复处心积虑，百计以造成川乱。于是纵兵深入，肆其虿毒，狼奔豕突，千里为墟，火热水深，怨讟载道，既为自治公敌，实亦民国大憝。所幸川省军民，各懔亡省之惧，人怀致死之心，发愤图存，起而自卫，举戡乱大谊来相责勉。旋奉大元帅孙公电命，授以讨贼重任。议会诸公、各军将领函电敦促，期望至殷。克武绵力薄材，曷克负荷，惟念予役革命且二十年，目击艰危，未遑云补。川省父母之邦，今则寇骑凭陵，横施宰割，况复凶焰鸱张，变本加厉，黩武穷兵，犹未餍其欲壑，竟敢肇乱京师，觊觎非分，向所奉为法统，业已毁弃无余，有贼不除，国无宁宇。于此而犹怀诿卸，非直邻于畏葸，抑且负我宗邦。谨即拜命视师，奖率部众，用副我大元帅委任盛意，摩顶放踵所弗敢辞。抑克武尤有请者，各省出师讨贼，固为目前切要之图，而国家建设方略，实乃百年不拔之计，施行虽容有后先，策画则无分缓急。民国成立一纪，政变迭兴，中央与行省权从未明晰规定，国人安常习故，观听未移，甚或视中央为朝廷，拟疆吏于藩服，集权之说，俨然科律，暴力相激，动成反应。是以专制割据之流毒，相沾未湔，极至曹吴等辈，行同劫略，亦复伪托统一，诳耀群众，昧者不省，转相扇惑，变乱频仍，非无故也。大元帅孙公早见及此，郑重宣言，倡导自治，近顷海内耆硕商榷政制，亦咸趋于一轨，心理大同，无间南朔。今后完成统一，发皇民治，舍此别无善策，所望高瞻远瞩，毅力主张，俾民国建设大业，早观厥成，我革命先烈，实式凭之。敢布悃忱，敬候明教。川军讨贼军总司令熊克武叩。

四川各将领呈大元帅宥电

万急。广州大元帅钧鉴：（余衔略）近年以来，国是纠纷，法纪紊乱，国民无力监督，权奸益肆披猖。曹锟、吴佩孚暴戾恣睢，把持魁柄，阻兵怙乱，贻祻〔祸〕家邦。前经川省各将领声罪致讨，近且明目张胆，躬行篡夺，迭接各处文电，罪状昭著，积案盈箧，凡我邦人莫不痛愤。川省对于北庭，原未承认，对于曹、吴亦既出兵征讨，然在曹吴一面初犹假借中央名号，希冀涂饰耳目，今则唆使军警迫走黄陂，挟持国会，妄希大选，所谓法统之说，即此已不攻自破。且以京畿首善，中外观瞻所系，而竟有此公然刦夺之事，说者以为临城第二事变，良非苛论。似此狐埋狐掘〔搰〕，任意废立，宁独破坏纪纲，实已污辱国体，列邦腾笑，华夏贻羞。应请全国一致共张挞伐，同申正气，并速组织合法政府，用维国本，庶不致因一隅之政变，影响及于国家之尊严也。驰电布臆，即维昭察。熊克武、刘成勋、但懋辛、赖心辉、吕超、石青阳、喻培棣、何光烈、余际唐、陈洪范、刘春藩、蓝世钲、张成孝、刘国孝、张冲、郑英、王丽中、颜德基、郑启和叩。宥。印。

第二十六号（八月三十一日）

目　录

西江善后督办李济深呈大元帅漾电（略）
通告大本营建设部长林森就职通电（略）

训　　令

大元帅训令第二六四号

令中央直辖广东讨贼军第四军军长兼两阳三罗等处安抚使梁鸿楷

自西江军兴以来，生民荡析，未获安居，乡团民军或因保卫地方，或因协助大军，所在多有，事定之后，或未还农，而各部正式军队，亦间有临时扩充，超逾原额。兹因西江一带已告肃清，特派该军长兼两阳三罗等处安抚使，仰即绥靖地方，裁遣军队，用副本大元帅轸恤民生、整饬军政之至意。现在钦廉一带桂盗余孽，时滋俶扰，并仰协助高雷绥靖处共同捍卫，保卫地方，有厚望焉。此令。

中华民国十二年八月十七日

大元帅训令第二六七号

令惠州安抚使兼中央直辖警备军司令姚雨平

为令遵事。照得我军此次出征东江，义在伐罪救民，歼厥逆魁，余无所间。所有胁从官兵，应予招抚收编，以安反侧，而示宽仁。仰该司令体念斯旨，即赴东江前敌，设法招抚，以免敌兵流散，重贻民害，仰即遵照毋违。切切。此令。

中华民国十二年八月二十日

指　　令

大元帅指令第四二〇号

令大本营兵站总监罗翼群

呈悉。仰即严查，如果属实，应行从重究办。此令。

中华民国十二年八月二十四日

附原呈

呈为呈请事。现据职部交通局长周演明呈称：现据广东工团同盟会、中华海面货船协会总部会长严月生、黄曜等快邮筱电称：窃自沈逆叛变，各江用兵，我大元帅率师讨贼，我工人等即首先输诚，尽其棉薄，赞襄义军。盖以水路交通首需船舶，我工人自置船渡，以运载米谷为业，即俗所称米舴者也。军兴伊始，即由本工会具呈大本营兵站总监，称军事如用船只，请知照本工会，本工会当着会友将船报效，惟请勿以强力威迫，致生误会。盖办事人员或不能仰体我大元帅嘉惠劳工之旨趣，假借威权，恣意凌迫，其不肖者难保不有欺诈取财之举，则非惟有玷我兵站职员之名誉，且无形之中丛积怨愤，致伤大元帅之威德、一片苦衷。经由罗翼群总监俯察批准在案，本会因而组织一联保会，凡我工友以米舴为军事效力者，每艘每日由会给回二十元以为伙食，或遭不测，则本会每船送回该遇险之船补置费二十五元。计全会米舴不下三百余艘，统计一船遇险，可得回补置费七千余元，此皆本会自动的为我大元帅效力之可稽者也。数月以来，相安无异，盖我工会全体工友均为中国国民党党员，对于国家须尽我国民之天职，对于本党亦同时须尽我党员之责任。去年陈逆之变，我工会米舴集中鹅潭拥护帅座，身命财产概置度外，足见我工会工人为国效劳、为党效忠、为大元帅效死不自今日始也。万不料本月十六日下午十一时三十分，突有兵站部交通局委员钟昌谱等率同卫兵数人，偷登我会员广发昌、广联发米舴，声称封船，不由分说，放枪威吓。妇人孺子奔走无路，黑夜沉沉，官贼实在难辨，迫得率同家人妇子逃匿别船。该委员竟大肆咆哮，将系船之炼〔链〕抛掷于河里。窃思我米舴工人，以船为家，今该委员既未知会警察，黑夜擅进船中，实与于黑夜闯入人家何异？锚炼〔链〕为稳固船艘之要具，一旦失去，即成不系之舟。现时西潦盛涨，河流湍急，全船覆没在于意中。该委员竟下此毒手，法律人道荡然无存。更有足令公愤者，我大元帅以党治国，青天白日之党旗凡我党员理当尊重，乃该委员竟取党旗而撕碎之，此而可忍，孰不可忍！该委员既可将党旗撕碎之，即无异将我党捧毁之，目无我党，即目无我大元帅。我工人等今为自卫计，谨率同业系船待命，其有不奉我大元帅命令及中国国民党广东支部长通告，擅敢近我船者，即以盗匪偷劫论，迎头痛击之。官不能卫民，反而虐民，则民当自卫，非工人敢为轨外之行动也等情。据此，查该会长严月生前据到局面称：封雇各民船差用，劳逸未免不均，不如由该会轮派当值，限期瓜代，则船户仍有营业时期，而职局复无缺船之患。当以其言之成理，经予照行。乃严月生竟借此轮值名目，月收该各船保护费每艘数十元，轮值与否以交费与否为断。凡未交费之船，即载满货物亦强饬其到局差用，一经交费又复来局，饰词取销，另觅别船替换，往复辗转，每封一船非一二日不就。事关军事运输，未便听其傀儡，万不获已，始将该议取销，仍前由局封雇，冀免贻误。乃严月生因失各船户之信仰，保护之费难收，竟敢身佩短枪闯进职局办公厅，将委员李国权强殴致伤。当时职适因午假虽未目击，而合局职员佥称属实，当时职仍勉励各员勿以意气用事，当以前方军事为重，饬令照常办公，幸皆听命不至滋生事端。本月十四五等日，准巩卫帅府之广东讨贼军第三团邓团长演达派员到局称，即护帅节督师东江，需大民船数艘载运士兵，沿途巩卫座船。又准公安局司徒大队长，请封雇大船载运游击队前往江门。职以事关帅节出巡，及江门军事至为重要，立派委员钟昌谱，赶速驰往封雇。查该委员此次封雇民船，时间系本月十六日上午十二时起，至本日下午五时止，封雇所得广发昌、广联昌二艘回局。该电捏称为本月十六日下午十一时三十分，直以昼为夜，殊非事实；又称不由分说，放枪指吓等语。查该船泊在珠江河面，水警梭巡，民船棋布，繁盛之区倘枪声一起，秩序势必凌乱，何以除严月生外，皆无闻见？其为伪造事实故入人罪不攻自破。况职迭经训谕职员处事当以和平，勿用意气，自开办至今，皆以理解情喻为主，非礼之言尚不出口，岂有遽行放枪情事。所封之船，仍泊河面，系船铁炼〔链〕仍存，并未抛于河里。经职传该船主、船员，分别到局查询，佥称并无放枪、毁旗、抛炼〔链〕情事。则事之虚伪，该船主、船员可以证明。查兵站因军事封雇船艘，亦无知会警察之规定，种种谰言，无非希冀混淆观听。至称撕毁党旗一事，尤为荒谬，推其用意，不过欲架捏大题鼓动社会，激起一般工党阻碍兵站封雇民船，彼则从中包庇，以遂其私。青天白日光明正大之旗，严月生竟假为滋事营私之具，洵为罪大恶极，非尽法严惩无以肃纲纪而儆奸邪。再查该米舴船据称三百余艘，自七月十七日迄今并无封用。此次因巩卫帅节，并运载警察、游击队前往江门，始封用二艘，即虚构若干事实，以为抵制。其把持船艘事小，而阻碍军事进行事大，事实具在，岂可厚诬？严月生不过假国民党之威名，而行其营私舞弊之实，此种败类实为国民党之玷。演明本不屑与辩，惟恐以伪乱真，以致外间不察，莫明真相。理合将严月生种种伪造事实各情由，呈请钧部察核。可否转呈大元帅立予惩办，以免效尤而利戎机之处，敬祈指令祇遵等情前来。据此，查此案昨据该局长函报前来，业经呈报钧座衡核在案，据呈前情，理合转呈察核。应如何办理之处，伏祈指令祇遵。谨呈大元帅。

兵站总监罗翼群印

中华民国十二年八月二十一日

公　电

大元帅致中央直辖滇军第一师师长赵成梁巧电

韶州赵师长鉴：铣电悉。南、始克服，逆敌溃退，遥聆捷音，至用欣慰。前敌出力将士仰即传令嘉奖，并饬令绥辑人民保卫地方，力整军备，以资捍卫，有厚望焉。此令。大元帅。巧。

第二十七号（九月七日）

目　录

命　令

训　令

大元帅训令第二七二号、第二七五号——第二七七号（略）

指　令

大元帅指令第四二八号（附《广东造币余利凭券条例》、《广东造币余利凭券基金委员会章程》）

大元帅指令第四二九号（附《承办广东造币分厂合同》）

大元帅指令第四二一号——第四二七号、第四三〇号——第四三三号（略）

公　文

颜德基呈大元帅函（略）

公　电

中央直辖滇军总司令杨希闵呈大元帅电

孔宪章呈大元帅宥电

中央直辖滇军第五师师长胡思舜呈大元帅沁电

海防司令陈策等呈大元帅沁电

上海谢持呈大元帅勘电

边防军前敌总指挥汤子模呈大元帅全电（略）

湖南讨贼军第四路司令陈方左呈大元帅箇电（略）

湖南讨贼军湘南第二军军长吴学剑呈大元帅敬电（略）

训　令

大元帅训令第二七一号

令大本营财政部长叶恭绰

据大本营兵站总监罗翼群呈称：现据职部各局长及前方各站、所长到部环集，佥以款项竭蹶无法维持，坚请辞职等情。当即于是夜开全部紧急会议，据各该主管开列每日最低限预算：一、经理局军米九千元，油盐菜等副食物一千元，草鞋、雨笠、水壶、弹带等共一千五百元，燃料、飞机油、煤油、电油、油渣等一千元，煤炭二千元。每日需支一万四千五百元。二、交通局船租、伕费，输送队、电信队伙食每日需支一千七百元。三、卫生局药料一千元，各院队伤病官兵伙食及市内各院留医费并殓埋费共二千元。每日需支三千元。四、支部、站、所经费除西北江已在结束期间不计外，每日需支一千元。五、守备队每日二百元。六、本部经费及公旅费、调查等费每日约六百元。六项合计每日需支二万一千元，又旧欠五十万元，每日摊还百分之一，需五千元。合共需支二万六千元。职再三考核，确系实情。伏查前奉帅令，自八月四日起，指定各机关拨款每日二万元，即全数拨足，尚不敷六千元。现据经理局报告，本月领款平均每日得一万三千九百余元，除镍币损失，实得一万二千余元，仅及半数，即不还旧欠，亦不敷近七千元。此七千元之数，几占军米全数十分之八。职部人员，即破产倾家亦无能垫此巨款。现在战事方殷，军粮倍急，时日愈积，疮孔愈多，终必至无法办理，贻误大局。职再四焦思，不敢肩此重责，惟有作最后之泣血，吁请帅座除勒限各机关每日如数拨足外，另拨现款十万元以应眉急，否则纵糜职部人员之躯，亦不足果前敌将士之腹。惟有随同全部一律请予解职待罪，免误全局。所有办理为难情形，理合备文，呈请衡核，立候指遵，不胜惶恐待命之至等情前来。据此，除指令准如所请办理，并分令指定各机关将指定款项按日如数拨交外，合行令仰该部长即便遵照，克日筹款十万元，拨交该兵站总监部，以资应付。此令。

中华民国十二年八月二十五日

大元帅训令第二七三号

令大本营军政部长程潜

据广东全省官产清理处处长梅光培呈称：现据东、增、宝官产清理分处呈称：窃查宝安县属土名福永处有沙田一段，海坦一段；土名火山处有荔枝园一所；土名洪田村有大屋一间，均系冼善之产业。又土名沙井村有大屋两间，系陈星舫产业；又土名沙井村有书房二间，联丰号杂货店一间，系陈斗文产业。以上数宗，因附逆嫌疑，于夏历六月初旬被大本营查封有案。查《修正粤东查变官有不动产地章程》第一章乙种规定：凡由官没之产，均准照章办理。前项逆产既经查封，尚未投变，应归职处照章处分。理合备文呈请察核，伏乞转呈大元帅转饬大本营，将查封宝安县属逆产案卷咨送过处，转发职处招商投变，以济饷糈。是否有当，仍候指令祇遵等情。据此，除指令该分处候据情转请检发卷宗，并请指示办法再行饬遵外，据呈前情，理合呈请钧座令饬查案检发下处，并指示办法，以便转饬遵办，实为公便等情前来。据此，除指令呈悉准予令行大本营军政部，将该案卷宗移交该处办理外，合行令仰该部长即便遵照移交为要。此令。

中华民国十二年八月二十七日

大元帅训令第二七四号

令西江善后督办李济深

据广东电政监督兼广州电报局局长范其务呈称：案据长冈电报局局长张尧昌筱日邮电呈称：自西军退后，群盗继起，长冈附近共有匪帮二十余处，由都城至长冈，沿途亦有匪帮一十二处，掳人劫掠，无日无之。军警林立莫如都城，官兵之多莫如长冈，而墟内掳人打单之事，视若等闲，甚至打单索取三二十元，掳人勒赎及至十元、数元不等，上至殷商，下至走贩，无一幸免。目下凡百工商因此停业者，不可胜数。职局收来专送各处电报，多属无人愿送，而局内员生工丁等咸为之惧。似此情形，不寒而慄。万乞转呈大本营及知照西江督办处，立派得力军队前来驻防，庶地方不致糜烂，职局幸甚，地方幸甚等情前来。查该处地方匪多，各处电报无人愿送，请立派正式得力军队驻防，以卫地方。所称似属实情，理合据情呈请钧座察核，令饬西江督办处查明该处地方情形，酌调得力军队驻防，或遇报局修理杆线时，由该局长就近请派驻防军队以资保护，俾交通得以早日恢复，实为公便等情前来。据此，除指令呈悉，准予令行西江善后督办酌派军队严加保护外，合行令仰该督办即便遵照办理，以靖地方而维电政。此令。

中华民国十二年八月二十七日

指　令

大元帅指令第四二八号

令大本营财政部长叶恭绰

呈及条例章程均悉。准予施行，仰即知照。此令。

中华民国十二年八月二十八日

附原呈

呈为拟订《广东造币余利凭券条例》仰祈鉴核事。窃以广东省银行纸币亟待整理，前经本部拟订整理办法大纲及消纳纸币各项办法，呈奉令准各在案，自应恪遵明令，按照所拟办法订立细目，以便次第施行。查广东造币厂余利，前经整理纸币案内规定为省银行纸币之兑现，及发行凭券消纳纸币之用，是纸币兑现及凭券基金业经前案确定，亟应规定办法，从速进行。兹先拟定《广东造币余利凭券条例》十七条，并附该凭券基金委员会章程九条，理合缮具清折呈请鉴察，伏乞明令公布施行，实为公便。

再，曾经检验盖戳之纸币，准其十足兑现，业于整理纸币办法总纲第二条已有规定，前呈《有价证券消纳纸币办法》第五条，于购取造币余利凭券时，按折半计算，似未足以昭公允而维信用。故此次拟定条例，即将该项办法修正，仍按票面十足计算，其应行搭收省银行纸币之成数，亦于该条例第十二条内，酌量一并修正为搭收百分之二十分，以期财政金融双方兼顾，合并附陈。此呈大元帅。

大本营财政部长叶恭绰印

中华民国十二年八月十九日

《广东造币余利凭券条例》

第一条　政府为维持金融、整理纸币起见，发行造币余利凭券，其发行总额为三百万元。名曰“广东造币余利有息凭券。”

第二条　此项凭券利率定为月利六厘。

第三条　此项凭券之利息自发行后，按月计算，于中签还本时一并付给之。

第四条　此项凭券分两期发行，每期发行一百五十万元。

第五条　此项凭券每期均自发行之第二个月起，每月用抽签法还本一次，分五个月还清，每次抽还五分之一。

前项抽签每月在广州执行。

第六条　此项凭券均自发行第二个月起，定为每月十五日抽签，每月月底还本付息。

第七条　此项凭券还本之基金，由政府指定造币厂余利每月提拨三十万元充之，由该厂直接交与本凭券之基金委员会，分存中外殷实各银行预备还本之用。无论何项机关，有何项要需，不得挪借移用。其利息由政府拨的款充之。

第八条　凭证基金委员会由左列各团体各推代表一人与政府代表二人（财政部、省长各派一人）共同组织，其章程另行规定之：

（甲）广州总商会。

（乙）银业公会。

（丙）市参事会。

（丁）广东商会联合会。

（戊）七十二行商。

（己）九善堂。

（庚）总工会。

该委员会最大之权责为维持凭券之信用，保护凭券人之利益，及监督凭券之发行。无论何项机关、个人，对于该会行使上列权责不得加以侵害。

第九条　此项凭券之还本付息，由凭券基金委员会委托中外殷实各银行办理。

第十条　此项凭券票面分为五种如左：

（一）五百元。

（二）一百元。

（三）五十元。

（四）十元。

（五）五元。

第十一条　此项凭券编印号码讫，须加凭券基金委员会戳记方能发行。

第十二条　此项凭券发行时，按照票面价格九五折发售现银，但于一定期间内，得搭收前广东省立银行纸币百分之二十分。此项纸币以曾经整理省银行纸币委员会盖戳者为限。

第十三条　此项凭券概不记名，得随意买卖抵押；其他公务上交纳保证时，并得作为担保品。

第十四条　此项凭券得为银行之保证准备金。

第十五条　此项凭券如遇有伪造及毁损信用之行为，应依法分别惩罚。

第十六条　本凭券发行规则由财政部另定之。

第十七条　本条例自公布日施行。

中华民国十二年八月二十八日

《广东造币余利凭券基金委员会章程》

第一条　本会为维持造币余利凭券之信用及保护凭券所有人之利益而设，由左列各团体各推代表一人与政府所派代表二人组织之：

（甲）广州总商会。

（乙）银业公会。

（丙）广州市参事会。

（丁）广东商会联合会。

（戊）七十二行商。

（己）九善堂院。

（庚）总工会。

政府代表二人，应由财政部、广东省长各指派一人。

第二条　本会负保管造币余利凭券还本付息基金之责任，由政府授与全权。无论如何，该项基金不得移作他用。

第三条　本会由委员中推选委员长一人，副委员长二人，凡一切对外事务及款项出纳，须经委员长、副委员长会同签名盖章，方有效力。

第四条　本会遇有重要事件发生，应召集各委员开会议决之。会议时，以委员长为主席。

第五条　本会各委员均有检查基金、维持信用、保障应还本息，及监督发行凭券之权责。

第六条　本会收到造币厂或政府拨到之基金，应以本会名义分存于中外各殷实银行负其全责。其还本付息，亦应会同财政部委托各银行办理。

第七条　本会设秘书二人，事务员若干人，分掌本会各事务。

第八条　本会对于凭券基金实收实付数目，应以本会名义按月登报宣布。

第九条　本章程自公布施行。

中华民国十二年八月二十八日

大元帅指令第四二九号

令大本营财政部长叶恭绰

呈及合同均悉。准予备案。此令。

中华民国十二年八月二十九日

附原呈

为订立造币厂合同，仰祈钧察事。窃广东造币分厂停铸业经数月，公家受损不赀。恭绰受事，适在政府派委王国璇承办之后，嗣以王商退办，监督黄骚亦复辞职，遂由财部暂行派员保管。至开铸办法迭经筹议接洽，佥以时局关系，不无观望。嗣经再三疏导，并求保障之方，华洋商家始行踊跃。接商数处，结果惟联商公司条件为较优，经与再四磋商，订立程限，借促进行，双方订定条件二十三条。除一面由本部督饬该商赶速筹备，依限开工，并按照条件选定监理、总会办，再行呈请派用外，理将订定条件二十三条录呈钧鉴备案。谨呈大元帅。

附抄合同二十三条

大本营财政部长叶恭绰印

中华民国十二年八月十八日

《承办广东造币分厂合同》

大本营财政部（以下简称财政部）代表政府，批准中外合办联商公司（以下称联商公司）承办广东造币分厂鼓铸银毫及其他辅币，双方订立条件二十三款如下：

一、财政部批准联商公司承办广东造币分厂鼓铸银毫及其他辅币。

二、先以一年为期，期满如非政府收回自办，将继续办理一个年之鼓铸，以三百天为最少额，如因故障不能铸足三百天时，得请补足之。所有因故障停铸时，一切厂费开销俟照常开铸后，当由全厂之余利项下扣回。

三、联商公司垫付铸本一百八十万元。

四、联商公司系中外合办，得在沙面该国领事馆注册。

五、铸币成色以近年所铸为标准。

六、铸成之币开除原料及物料价并各种费用外，所余之数即为余利。先开除百分之一为全厂员司奖励，所余即为纯利，按照下列数目七日一清算，分别缴派。政府与承商各应得之纯利规定如下：

甲、如每日余利在二万四千元以下，政府占百分之七十五，公司占百分之二十五。

乙、如每日余利超过二万四千元以上，政府占百分之七十，公司占百分之三十，但只系超过之数照此计算。

七、购买生银以伦敦市价因算。如银行无现货时，政府须予通融办理。

八、铜料、燃料之购买，由公司当众开投，价低者得。

九、政府得派监理一员驻厂监视一切。

十、总会办由联商公司指名呈请委派。所有全厂用人、行政及一切事务，俱由总会办办理。如总会办有变更时，由公司再行指请委派。

十一、前欠厂内员司匠役薪俸，及修理机器等费，应由联商公司垫支，在开铸日起由政府所得余利项下，每天扣还五千元，至足数为止。至或有欠各旧商款项，概由政府清理，与联商公司无涉。

十二、期满时，如政府收回自办，或另批新商，应预先一个月通知联商公司，以便将各物料逐渐销用，抽还原本。如销用未完，仍由政府令新商照依公司购入价目承受。

十三、全厂每日所出新毫，完全由联商公司按照向例兑换港纸购买生金。

十四、政府应得余利，只能于清算后一日由公司直接缴纳与财政部。无论何方不得任意以一切方法预提预借。

十五、广东造币分厂应由政府特别保护，除财政部立约外，仍请将本合约咨广东省长公署存案。将来无论属何项机关主管，均不能于法定期间内变更本合约。

十六、联商公司因中外投资之保障，政府应以广东造币分厂全部财产及一切机件物料等为担保品。

十七、广东造币分厂因系批商承办，公司每年应纳回租金一元与政府。

十八、联商公司应免关于政府一切额外要求，及一切营业税并新设税捐等类。凡有此等税捐，应全归政府负担。

十九、本合约签立后，由财政部将该厂及一切机件物料点交与联商公司接收清楚后限期开工，但不得逾四星期以外。

二十、如西纸及生银价格过高，因算无溢利时，得停止鼓铸，至停铸时期，应查照本约第二条办理。

二十一、如因意外损失，害及于公司铸本时，得于期限外延长鼓铸期，至补足损失之额为止。

二十二、联商公司可代各处铸造银币，以应各处之需求，但须经政府之核准。

二十三、本合约由签立之日起，即发生效力。

大本营财政部长

中外合办联商公司代表

中华民国十二年八月二十九日

公　电

中央直辖滇军总司令杨希闵呈大元帅电

万火急。广州大本营各部、胡总参议、杨秘书长、朱参军长、罗总监、孙市长、吴局长均鉴：闵率第五师于二十六日抵淡水，与张明域总指挥所部将淡水前方一带之敌击溃，纷纷四散，有本部向平山迫之。现由张总指挥派八旅之一部跟踪追击中，日内仍拟由此前进。除呈元首外，知注特闻。杨希闵由兵站转电局发。印。

孔献〔宪〕章呈大元帅宥电

万急。广州大元帅府、胡总参议钧鉴：前函计达。兹将近日我军方面情形报告如次：谢军长所部成梯团司令报告：一、今早应敌，我军猛攻，敌不支，向攸安方面退却，我军追击异常奋勇，夺获大炮二门，枪弹无算，敌被击溃散不能成军。二、蔡军长❶所部李、彭、佑三团长，于今早五时与敌在驿道方面之黄家坝所担任一带接触，我军猛攻，至午后三时，黄家坝之敌已受我包围，愿投诚缴械。三、本日午前，我军吴军长所部第十三团，抄近衡山方面之敌，围缴敌军枪械一营，所余敌军正在包围中。四、我军成团已由徐山方面兜击，逆军要求缴械投诚。五、我军谭梯团司令所部，已进驻攸县城中等情特闻。副官孔献〔宪〕章呈。宥。印。

中央直辖滇军第五师师长胡思舜呈大元帅沁电

万急。广州市大元帅钧鉴：舜此次奉命出发，于径日行抵龙冈，即得前方消息云：敌人黄风纶及练演雄等部约五千人，占领淡水大南门外一带高地，向我淡水左军攻击，极为激烈。等语。舜为早将该敌歼灭计，不分星夜赴援，于宥日午前十时抵淡水，即与敌鏖战。敌凭险死守，经我官兵奋不顾身，相向敌阵冲锋数次，敌势不支，于午后六时始纷纷向白芒花一带逃窜，现正追击中。查是役敌死伤极众，我

---

❶ “所担任”三字疑为衍文。

军阵亡官兵十人，负伤六十余名。谨电奉闻。滇军第五师师长胡思舜。沁。叩〔印〕。

海防司令陈策等呈大元帅沁电

万急。广州孙大元帅、廖省长钧鉴：今晨六时会同统率所部，分由滘口、山场、前山码头等处，以舰队掩护登陆，向前山寨敌人进攻，逆军败溃，陈逆永安狼狈率领残部由东北方面逃窜，现尚在追击中。司令陈策、师长周之贞、参军杨虎同叩。沁。印。

上海谢持呈大元帅勘电

大元帅钧鉴：我军中路在内江方面围敌千余，敌退时，碑木镇浮桥断，淹敌无算。右路缴敌枪千余枝，占领自流井，追敌已过荣昌。子横、西成诱敌战于涪陵，而西成奇兵袭渝皆征实，今日报载敌弃渝溃退，杨森失踪，赵荣华已逃至宜。持叩。勘。

第二十八号（九月十四日）

目　　录

大本营外交部指令（新定征收照费数目表）（略）

公电

大元帅致湘军总司令谭延闿阳电

学生联合会总会呈大元帅全电

湖南讨贼军第一纵队司令徐家栋呈大元帅歌电（略）

中央直辖讨贼军第八路游击司令田畴呈大元帅庚电（略）

训令

大元帅训令第二七九号

令中央直辖滇军总司令兼广州卫戍总司令兼中央直辖滇军第一军军长杨希闵、中央直辖第一军军长朱培德、中央直辖西路讨贼军总司令刘震寰、东路讨贼军总司令许崇智、东路讨贼军第三军军长李福林、中央直辖第三军军长卢师谛、中央直辖第七军军长刘玉山、中央直辖广东讨贼军第四军军长梁鸿楷、中央直辖滇军第二军军长范石生、中央直辖滇军第三军军长蒋光亮

据大本营兵站总监罗翼群呈称：现据职部交通局长周演明梗电称：前六月四日据职部第一科科长梁鸣一报称，募伕困难，市民惊惧，拟请变通募伕办法。当将为难情形，呈请变通办理。随奉军部第一八〇号指令内开：当经据情转呈大元帅，奉第二四六号指令内开：准如所请。办理在案。惟职局虽奉到此项指令，仍然设法雇募，务使源源解送以应各方之需求，迄今两月有余，从不敢意存卸责，解单俱在，有案可稽。无如迩来各军纷纷开赴东江，需伕尤众，每次到取，动以数百名为额，稍有不足，则责以“贻误戎机”，竭力代募，又苦于苦力无几。窃思募伕数月计达二万余名，本市苦力中人雇募殆尽，即或间有漏网，亦忍饿不敢出门，四乡小贩相戒不敢来城。而取伕者函电纷驰，急如星火，连日迭据各军催取伕役，经即派委员冯达材到公安局屡次商请代募。旋据复称：经往谒公安局，各科长等佥称广州

市面已绝少苦力之人，即使有之，亦均佩有襟章，一经被募，群来交涉，现惟有将轻罪人犯数十人解来充伕，从此更难招募等语。似此情形，益难为继。更闻近日有因伕役逃走，被军开枪乱击，当场击毙者多起，并有在各街上向途人强拉乱殴情事，以致行人奔避，商贾裹足，募伕前途越加一层障碍。且本市伕役有限，而各军到取者无穷，累百盈千，一呼即至，一若片刻可以制造而成者。来日方长，虽海水亦有时而涸，况职局只靠各区募集，今既有种种困难，每日所募者至多不过数十名，少则十余名不等，一旦各军到取，职局实无从应付，各军责备有口难言。除仍竭力募集外，迫得飞电陈明，重申前请。伏乞转呈大元帅明令各军，节省伕力，并依照前令，通令各军，变通办理，各在原驻地点就近警区商会代为招募，以补职局之不足；一面优待伕役，优给工值，以免逃亡，而杜强拉。是否可行，伏候令遵，不胜急切待命之至等情。据此，查前据该局长呈称：募伕困难拟请变通办法等情，当经转呈帅座，并奉第二四六号指令，准如所请在案。据电前情，合再备文转呈察核，通令各军查照办理，并候指遵等情。据此，除指令照准，并分令各军长官遵办外，合行令仰该总司令、军长即便遵照办理。此令。

中华民国十二年九月一日

大元帅训令第二八〇号

令广东省长廖仲恺

据滇军中路第一独立旅旅长何克夫呈称：此次逆党黄公汉、叶青钱等再寇连阳时，连山县县长彭嗣志附逆招寇，代逆筹饷，事后挟印潜逃，罪证确凿。又连县县议会议长叶其森，勾引黄、叶两逆入寇连县，复为运动职部希图反攻，经缉获拟办，由连县商会会长刘剑虹具保候讯，乃竟畏罪一同串计潜逃各等情，先后呈请通令严缉归案惩办前来。据此，均应予照准，除令行滇军第三军长转令该【旅】长仍饬部队严密侦缉获办外，合行并案令仰该省长即便查照，咨行各军饬属，并分令各县一体严缉，务获归案究办。原呈二件抄发。此令。

中华民国十二年九月一日

大元帅训令第二八六号

令广东省长廖仲恺

现在军用浩繁，着该省长饬令香山、顺德、新会、台山、南海、番禺、开平、鹤山等县一律协力筹助。香山县应每日筹解三千元，顺德县应每日筹解二千五百元，新会县除解西江财政整理处外，应每日筹解一千元，台山县除解西江财政整理处外，应每日筹解一千五百元，南海县应每日筹解一千五百元，番禺县应每日筹解八百元，开平、鹤山两县除解西江财政整理处外，应每日筹解八百元，均应一律解缴大本营会计司核收，以资应付。事关军需，勿得延误。并着该省长严行督催，毋许宽假，各该县长倘有奉行不力，不能照数解缴者，应即行撤任，以示惩戒，切切勿违。此令。

中华民国十二年九月五日

指　　令

大元帅指令第四四一号

令广东江防司令杨廷培

呈悉。此令。

中华民国十二年九月一日

附原呈

呈为陈报事。案查本部拟议变卖巡舰一案，迭经呈奉指令照准备案。兹续据永安堂出价七百元承受申兴巡舰一艘；法商普华航业公司出价二千二百元承受保捷巡舰一艘；航商源利公司出价一千七百元承受安平巡舰一艘；沙面志利行出价三千五百元承受安太巡舰一艘，又出价二千五百元承受克胜巡舰一艘；利商公司出价一千三百五十元承受西海巡舰一艘；荣益公司出价一千五百元承受公济巡舰一艘；航商惠和公司出价九百五十元承受安粤巡舰一艘；永安公司经理江平安出价五千七百元承受定安巡舰一艘，均以毫银交收。所有各舰武器、服装，悉提回部，其余附属等物，业经先后随舰点交各承商管业。所得变价共银二万零一百元。除依照呈案开报外，理合具文，呈报察核，指令祇遵。谨呈大元帅孙。广东江防司令杨廷培。印。
中华民国十二年八月二十九日

大元帅指令第四五二号

令海军司令部参谋长赵梯琨

呈悉。该参谋长编成浅水舰队，协同各军攻克名城，将士忠勇至堪欣慰，仰即传令嘉奖，以励有功。此令。
中华民国十二年九月六日

附原呈

为呈报克服籐县情形，仰祈钧鉴事。窃梧州自我军克复后，蒙逆等部即退据籐县，西江防务是应严密布置。查上游一带河流较狭，最宜航行浅水小舰，当将职部原有小轮数艘，一切汽件大加兴修，编为浅水炮舰舰队，并假飞鹰、舞凤两舰之炮配置各舰，前后派赴西江分驻要隘以资镇摄。昨据报告，我舰于七月二十八日协同各友军进剿蒙部，职军警卫大队乘舰先发，二十九日完全克复籐县。兹据职部驻梧伍副官自立捷报电称：俭日总指挥黄绍雄拨队到籐攻蒙部，我军即派舰加入作战，并由自立率警卫大队会同黄部前发。艳日在榕潭集合，即晚前进。拂晓抵籐，在北流河口与敌接触，我舰发炮攻击，敌还枪抵抗，约十五分钟势渐不支，向城楼高山溃退。我舰上驶下岭附近，协同海防舰掩护陆军登岸，冒险冲锋，将高山占领，并夺占该城要塞，克复籐县。我舰即驶入北流河断敌交通，敌军约两营余，势促投降，缴枪百余枝。此次战事自始至终，仅两小时即将籐邑完全克复，现籐、梧布防严密，西防益增巩固，特报等情。据此，理合备文呈报，伏祈鉴核。谨呈陆海军大元帅孙。海军司令部参谋长赵梯琨印。
中华民国十二年九月三日

公　　电

大元帅致湘军总司令谭延闿阳电

急。耒阳探转谭总司令鉴：迭电均悉。该总司令奉命入湘，兴师讨逆，出兵未及一月，已迭下名城，收复省垣。行师之速，立功之伟，足征该总司令指挥若定，诸将士有勇知方，至堪嘉尚，亦见仗义执顺，以临残逆，民意攸归，军威自壮，得道多助，易奏肤功也。宜乘胜分遣将卒，戡定全湘，西联川军，以待后命。溽暑用兵，前敌诸将士勤苦堪念，仰即传令慰劳，勖竟全功。大元帅。阳。

学生联合会总会呈大元帅全电

广州大元帅、各部长钧鉴：敝会在粤开会，前经电达，谅邀鉴察。开会以来，共议要案二十起，已于二十九日闭会。对于时局议案，主张亟由上海总商会等有力团体，会同敝会发起“国民会议”，本主权在民之旨，为根本澄清之图。举凡政府组织建国大计，一听国民会议解决，所有土匪式之北洋军阀、割据式之联省自治及政学系黎、岑、唐等阴谋之中央委员制，誓不承认。在国民会议未召集以前，对外不能不有政府。孙公中山，领袖革命垂四十年，往岁依法被选，中外同钦，在此时期自非孙公莫属。敝会决请孙公重组政府，以维国交，而平内乱。至国民大会集会时，再候公决。又敝会鉴于已往运动之漫无标准，爰议决以三民主义为今后运动之目标，以澄清政治为本会之唯一宗旨。对于外交，仍本“五四”以来之精神，反对英美外债，反对路财共管，务达打倒国际帝国主义之目的而后已。关于旅大问题，收回汉口、天津租界事件，长沙“六一”事件，均议有相当办法。此后对于教育独立问题、劳工问题、打倒军阀方法及敝会本身发展事件，皆有极详尽之议决，分别由敝会及各地分会克期办理。容当编印成册，寄呈省览，共策进行。惟是绠短汲深，心余力拙，如以军阀官僚之摧残，政客策士之破坏，深恐坐言起行不克贯彻。诸公提倡民治，素具热忱，对于敝会救国方案谅表同情，尚祈鼎力主张，共伸正义，以弭乱源，而维民治。临电神驰，伫候明教。中华民国学生联合会总会叩。全。借印。

第二十九号（九月二十一日）

目　录

公　电

陕西讨贼军第一路总司令张藩等呈大元帅巧电

万急。广州孙大元帅钧鉴：（余衔略）曹锟、吴佩孚窃据要疆，凭恃武力，敢行不道，扰乱国家。两湖、三辅首被荼毒，闽、粤、川、赣复遭残暴，马足践踏，村邑为墟，炮火横飞，川溪尽赤，方之侯景、黄巢未足为喻。孰非吾人之同胞，忍令屠割之殆尽？去岁六月黄陂复职，虽由当时之强迫，要以彼等之元首，乃伪言护法则尊以大位，将行篡窃则弃若弁髦。嗾使鹰犬逞兵放逐，败坏法纪，腾笑友邦。竟令堂皇之首都，变为豺狼之窟穴，期以国人之耻矣。本军昔年为自治后援而兴，今仍为自治后援而战，此志不达，未敢求安。惟国贼不除，终为大梗，自治之实无由施行，共和之基，何以巩固？大元帅既与群公倡义讨贼于前，藩等分属军人，未敢畏葸退避于后。谨率秦中将士，于本月巧日组织陕西讨贼军，秣马厉兵，敬从旌节，为国除贼，有进无退，国基奠定，期在此役，敢布腹心，伫候明教。陕西讨贼军第一路总司令张藩率全军将士叩。巧。

中央直辖滇军总司令杨希闵呈大元帅鱼电

广州大本营各部总次长、胡总参议、杨秘书长、朱参军、张参谋长、廖省长、范军长、蒋军长、卢军长、廖师长、王师长、孙厅长、邹厅长、邓运使、吴局长，石龙分送淡水张总指挥、胡师长、禄参谋长，惠州行营刘总司令、惠州行营刘军长均鉴：此次逆贼李易标、谢文炳、陈修爵等，率众万余人围我博罗，战线至〔自〕二和墟蔓延至四十余里，杨师及许总司令一部凭城固守，屏洁〔寂〕强敌。希闵率我二师第三旅虞日来援，齐日师次苏村，即同杨师长廷培及许总司令、严师长兆丰所部，与敌鏖战两日，扫除匪后方一带敌人，占领笔架山、茶山、吊钟岭等处高地，使我增援部队容易进取。希闵当于青日午前十时，率队由百足岭登嘱〔瞩〕，会合卓旅向蟹山前进，决拟由敌之右侧进攻，以卓旅三团为主攻部队，附城杨严各部为助攻部队，福军为总预备队。布置妥办，准备次晨拂晓攻击。是晚敌人知我援军大至，闻风远飏，竟于午后十时焚燎为号，分向响水及泰尾方面退却。杨师第九、十两团已乘夜占领铜鼓岭、低田岭、飞鹅岭一带高地，博城之围已解。希闵当即下令各军跟踪追击，卓旅及王团经铜鼓向派尾方面追击前进，福军经响水向柏塘、三径方面追击前进。连日与敌对峙，各部颇事整顿，亦即赓续前进，务使扫除敌氛，固我东陲，以纾帅座之虑。特此奉闻。杨希闵叩。鱼。印。

湘军总司令谭延闿呈大元帅阳电

万火急。广州大元帅钧鉴：我军于鱼日收复衡阳，延闿今日抵衡。同日常德已由我军克复，湘局即可大定。延闿叩。阳。印。

中央直辖滇军第五师师长胡思舜呈大元帅佳电

本月七号午前六时，敌约八九团反攻淡水，以作背城借一之举，来势凶勇，战极剧烈。职当即率部抵御，幸将士用命，友军奋斗，午前十一时，卒将敌击退数十里。八号追击至王〔黄〕谟岭前方竹坑宿营，九号复跟踪追击至长塘前方，敌军即据长咀岭、尖山、叉头岭、亚公笔一带高山，顽强抵抗。查长咀岭一带高山位于百〔白〕芒花之东南端，山形既高，倾斜复急，敌人依险据守，大有高屋建瓴瞰制一切之势，我部队运动在其敌火之下，百〔白〕芒花之攻克与否，全恃此山为转移。职查形势紧要如此，即饬旅长曾日唯，躬率所部肉搏冲锋，血战半日，于下午四时即将长咀岭、尖山一带高山占领。仰托我帅座洪威，并得将士用命，遵于本日午后五时将高围、百〔白〕芒花完全克复，敌纷向平山狼狈溃败，不能成军。计此役夺获敌械弹及辎重甚多，俘虏敌官兵数十名，职部官兵数次战役仅伤亡六十余名。除率队跟踪追击，务期早日歼厥丑类外，谨此电闻。滇军第五师师长胡思舜叩。佳酉。

大元帅行营秘书长古应芬致胡总参议、杨秘书长灰电

提前万急。广州大本营胡总参议、杨秘书长鉴：捷报。（一）敌人经我军庚、青两日痛击，于庚日晚向派尾、惠阳分两路溃退。（二）李逆易标于佳晨被我军击伤颈部，逆兵舁回后路。（三）现在我军分途追击。应芬。灰午。印。

第三十号（九月二十八日）

目　录

训　令

大元帅训令第二九三号

令广东省长廖仲恺、中央直辖滇军总司令兼广州卫戍总司令兼中央直辖滇军第一军军长杨希闵、中央直辖第一军军长朱培德、东路讨贼军总司令许崇智、东路讨贼军第三军军长李福林、中央直辖第三军军长卢师谛、中央直辖第七军军长刘玉山、广东江防司令杨廷培、广东海防司令陈策、高雷讨贼军总司令兼绥靖处处长林树巍、中央直辖广东讨贼军第四军军长梁鸿楷、海军舰队司令部参谋赵梯琨、中央直辖滇军第二军军长范石生、中央直辖滇军第三军军长蒋光亮、西江善后督办李济深

据中央直辖两路讨贼军总司令刘震寰呈称：据职部湘军总指挥廖湘芸呈报：职属独立第二支队司令孙悦隆新收编之第一营营长张合、第二营营长王润女、营副陈嘉旺等，当调其部队驻防虎门，颇就范围，似有改过自新之状。顷奉大元帅密谕：张合受逆党运动。又据篁竹绅耆携带打单证据来部报告，王润女、陈嘉旺野心不死，时出抢劫，扰害人民。该营长等屡经严令诰诫，毫不改悔，近且暗受逆党运动，窃图暴举，响应敌人。似此怙恶不悛又复包藏逆志，若不及早铲除，势必养成大患。遂于本月二十五日拂晓，派队前往将该张、王两营全数缴械解散，登时所获要犯王辉、方洪、王珍、王明等四名讯供不讳，比经枪决。其余各犯俟研讯明白，分别办理。惟该首恶张合、王润女、陈嘉旺三名在事前他往，漏脱未获。恐犹贼心不死，仍集余党为害地方，亟应呈请钧座转呈大元帅通令各友军警一体协缉，务获归案究办，以肃军纪而靖逆氛等情。据此，除指令该总指挥严密防范侦缉，并通令职部各部队一体协缉外，理合呈请钧座，准予通令各军警一体协缉，务获惩办，以靖逆氛，而遏乱萌，等情前来。除指令照准外，合行令仰该省长、总司令、军长、司令、参谋长、督办转饬所属，一体协缉，务获惩办。此令。

中华民国十二年九月十四日

大元帅训令第二九八号

令东江商运局局长王棠

东江自逆党变乱以来，商货停滞，土产不能运出，要需不能运入，加之两次水灾，损失无算。石龙以上十数县农工失业，人民困苦颠连，情殊可悯，不有救济将伊胡底？特设商运局以济时势之穷，而救灾区之困。着该局长悉心调查，妥筹善法，务使运输利便，而东江上游之十数县土货，得以畅销，需要有所取给，俾农工生计得以复

原，人民困苦早日消灭，以副设局之本旨，有厚望焉。此令。
中华民国十二年九月十八日

大元帅训令第二九九号

令大本营外交部长伍朝枢

据南洋砂朥越国民党分部刘友珊及郭川衡函称：敝处辖境咪厘埠于七月九日煤油矿华工某，因与一番妇言词暧昧，忽来一爪哇人持刀行凶，遂至口角互殴，同逮警区。当时有华工少数同业，目睹爪哇人骄横无状，不忍袖手旁观，追随探视，或亦有所陈情于警署长官。而同时华侨工商各界数十百人以未明肇事真相耳目喧传，麇集署前。不意警署长官遽下令迫群众退散，于时人数杂遝，多隶鲁籍，言语不通，未遑趋避，而士兵已操械任意冲挞，未几复实弹开火。排枪一发，当场惨毙华侨一十二名，重伤者四十余名，舁赴医院不治者二名，而流弹直透人群，致对街无辜商店亦遭鱼池之殃。案情重大，实我华侨数十年来罕闻之浩劫。噩耗传至敝处，阖埠震惊，刻已函致驻哑庇中国领事，请其电促政府从速严重交涉。查本案原起双方，或各不得辞其咎，然商店营业，行人驻足，于律何罪，竟至惨死？彼居留政府弁髦法律，草菅人命至于此极，来日大难，殷忧未已，剥肤挝髓，行无噍类。国民一息尚存，势难缄默，国体攸关，政府亦恶得置若罔闻？伏思我孙总理爱国爱民，海内外同志共守不渝，于兹事出非常，骇人听闻，意外之变，其必速筹相当对付之策，而有以慰我异域侨胞于水深火热之际无疑矣。同人等不胜彷徨盼切之至等情前来。据此，查南洋群岛之开辟，我华侨实居首功，今日侨居南洋各岛之同胞，即当年荜路蓝缕、披荆斩棘者之后裔，该所在地政府对于我华侨，论功宜有相当报酬，论法宜予尽力保护。乃年来南洋各岛中，我华侨被该处土人惨杀之耗，迭有所闻，而尤以此次杀毙十余人，杀伤四十余人为最烈。该所在地政府，既迭颁苛例，剥削我华侨之自由，复屡纵容军警，伤残我华侨之生命。该所在地政府如此行为，对外为蔑视国际友谊，对内为弁髦自国法律，不惟人道正谊所不容，亦文明国家法律所不许。合行令仰该部长即向英国领事提出抗议，要求依法补恤惩凶，以慰侨望而警凶横，是为至要。切切。此令。
中华民国十二年九月十九日

指　令

大元帅指令第四七六号

令大本营军法裁判官程潜、胡汉民、罗翼群

呈悉。所称该犯奔走国事有年，不无前劳可念，可否法外施仁，予以减免，俾其自新等情。程天斗准予特赦。此令。

中华民国十二年九月二十一日

附原呈

呈为呈请核示判决书，仰乞睿鉴事。窃奉钧令组织特别军法会审，审理前广东省银行行长兼财政厅长程天斗侵吞军饷一案等因。奉此，汉民遵即会商，悉心研讯，将广东省银行各数目详细核算。查明程天斗实侵吞纸币二百三十七万元，又库存现金私提各款一百五十余万元，合计侵吞公款三百八十余万元。虽供词闪（烁），坚不承认，而据证人汪宗洙及黄伯诚、杨子毅、林文铨等指攻确凿，已无置辩之余地，应亟依法拟处治以应得之罪。理合将判决书备文呈请察核，是否有当，伏候指令祗遵。再，查被告人程天斗，奔走国事，随侍钧座有年，北伐用兵之际，尚能筹济军需。此次虽陷刑章，不无前劳可念。我大元帅威中寓爱，法外施仁，可否减免准予自新之处，出自钧裁，合并陈明。谨呈大元帅。

计呈程天斗判决书一本

胡汉民、程潜、罗翼群印

中华民国十二年九月八日

《大本营特别军法会审判决书》

被告人：程天斗，广东香山人，前广东省立银行行长兼广东财政厅长。

证人：汪宗洙、黄伯诚、杨子毅、林文铨。

右列被告人因侵吞军饷，奉大元帅令特交本军法会审，审理判决如左：

主　　文

程天斗处死刑，财产充公抵补亏空之数。

事　　实

缘民国十年出师北伐，大元帅节驻桂林时，该被告身任广东银行行长，一切饷糈均由财政部向该行支取。迨十一年三月改道攻赣，大元帅复任该被告兼广东财政厅厅长。当时军事旁午，军需浩繁，该被告不尽供给军需之责，而以国库营私舞弊。及六月十五日陈炯明谋叛，大元帅蒙尘黄埔，该被告虽去职离省，供给军需之责任，独未解除。迨广州克复，而后经广东省长公署派员检查前行长邱哲呈报表册，内载该被告在行长任内，亏空一千零三十八万余元（内现金二十三万五千二百九十九元八毫九仙，纸币八百八十七万四千五百三十元零四毫；又各行号来往帐内私提五十三万七千六百二十八元七毫五仙；又亏库存二万七千九百三十五元；又收入漏登七十万零四千九百六十元零二仙）。而据清理省立银行处长汪宗洙报告，该被告则亏空纸币六百零七万元。随于本年七月经广州市公安局将该被告拿获，解由大本营饬交本军法会审审理。迭经提讯该被告并传集各证人，及调取一切关系案宗，详加研核，认定该被告连续犯罪之事实有：（一）诈欺吞没纸币二百三十七万元。据该被告供称，在行长任内解呈桂林行营三百万元，解呈黄埔一百八十万元，又在香港零星兑换供军事上之用，共一百万元，行内废票约九十万元，共计六百七十万元。解呈桂林行营三百万元，前后并未登记等语。查该被告所供，当日解呈黄埔行营一百八十万元，据前总统府副官陈宣报告属实。至在港零星兑换供军事上之用一百万元及在行内废票九十万元，核与当时情形事所或有，惟解呈桂林行营三百万元，据前财政部司长杨子毅到庭供称，此项解呈桂林之款，系由财政部向该行支借，两次解呈二百五十万元，余五十万元，则以大元帅个人名义支借等语。查省立银行前行长邱哲呈报省长公署帐目，财政部向该行支借四百一十一万余元。当时财政部既无特别支出，动用巨款由该银行支借，四百一十一万余元系并解呈桂林行营二百五十万元计算，可见该被告所供解呈桂林行营三百万元，在财政部支借四百一十一万余元之外，全属子虚。

果如该被告所借各款用途为数六百七十万元，核与汪宗洙清查该被告亏空之数，不惟无侵吞之嫌，且代国库垫支六十三万元之巨，其为情假尤为了然。又查机关解款取据最为重要，而银行出纳登记，至属整齐，即使该被告于陈炯明在省之时，有所顾虑未及登记，而当北伐军回省，陈炯明免职，该被告身兼财政厅【长】及银行行长，对于此项数目断无含混之理。乃据称因忙迫未及登帐，尤属荒谬，以三百万元之巨数，片时能了之事务，当时非有不可避之危难，决不致置之不理至六七星期之久。其为遁词卸罪，显然可见。（二）私在香港九龙仓提取银票一箱，额面二百万元。查各行未发行钞票，向存香港九龙仓内，发行时由银行派员去取，历经办理无异。乃该被告于十一年四、五月间，自提出第一百八十五号银票箱一只，约计二百万元。嗣经该行出纳课员程子辉查觉，报由该行副行长黄伯诚究明。既发觉后，又未见该被告送行发行，均经黄伯诚当庭证明无异，而该被告又不能反证此项钞票依正当手续发行，其为蓄意侵吞自无疑义。

理　由

查被告人程天斗，于民国十一年北伐戒严时期前后身充银行行长及财政厅长，奉命供给军饷，自应适用修正陆军刑事条例第十二条，受军法审判。查修正陆军刑事条例第五十一条：在军中或戒严地域掌支给或运输兵器、弹药、粮食、被服及其他供军用物品无故使之缺乏者，处四等有期徒刑，因而失误军机者处死刑或无期徒刑等语。兹查饷糈关系军需，最为重要。当去年北伐前后数阅月间，金融竭蹶之余，军币一项尤为军队命脉所关。时省立银行实质上既无异于大本营之金柜，该被告身为该行行长，竟不恤军需之迫切，以诈欺及私提票箱方法，侵吞二百三十七万元之巨，又库存现金私提各款一百五十余万元，合计侵吞公款三百八十余万元，自不可谓无使军用物品缺乏之故意，而其原因纯出于一念之贪，并非由于遵守命令及其他不得已事故，其为无故而然，不辩而明。当时大本营既失此大宗军帑，遂使北伐屡因军用不敷，中途延误。及陈逆既叛，而后又因军帑缺乏，调度不灵，应付失机，而护法之业于以中断。其间因果关系，至为明显。其犯罪情节之重，依于上开律文自应处以死刑。故判决如主文。

本案经军事检察官吴铁城莅庭执行检察之职务。

审判长　胡汉民
审判官　程　潜
审判官　罗翼群
军法官　梁祖荫

中华民国十二年九月八日

公　　电

广东无线电报总局局长冯伟呈大元帅元电

大元帅钧鉴：顷据韶州无线电报，我军文晨已将南雄完全克复，敌向赣逃，现正跟踪追击中。谨电呈。冯伟叩。元。

第三十一号（十月五日）

目　　录

公　文

湖南讨贼军第三路司令王得庆呈大元帅文（略）

法　规

大本营内政部令第九号

兹制定《管理医生暂行规则》公布之。此令。

中华民国十二年九月十三日

《管理医生暂行规则》

第一条　在《医师法》及《医师、药剂师考试章程》未颁布以前，关于医生之认许，暂适用本规则。

第二条　凡具有医生资格者，应由内政部分别中医、西医，发给医生开业执照。其未经核准给照者，不得执行医生之业务。

第三条　凡年在二十岁以上，具有左列资格之一者，准发给医生开业执照，但七、八两项资格，得于本规则施行一定期间后，以部令停止之。

一、在本国国立或经部认可之公私立医科大学，及医学专门学校毕业，领有毕业文凭者。

二、在外国官立、私立医科大学，及医学专门学校毕业，领有毕业文凭者。

三、在本规则施行以前，在外国人私立之医学堂肄业三年以上，领有文凭者。

四、外国人曾在该国政府领有医术开业证书，经外交部证明认为适于执行医业者。

五、曾经各地方该管官厅考试及格，领有证明文件者。

六、在经部认可之中医学校或中医传习所肄业三年以上，领有毕业文凭者。

七、曾任官公立医院医员三年以上，确有成绩及证明文件者。

八、有医术知识经验，在本规则施行前行医五年以上，有确实证明并取具给照医生三人以上之保证者。

第四条　犯左列各项之一者，不得发给医生开业执照：

一、曾因业务上之犯罪，被处三等以上有期徒刑者。

二、被褫夺公权尚未复权者。

三、聋者、哑者、盲者、精神病者。

第五条　凡具领医生执照，应备执照费二十元、印花税二元，并半身相片一张、履历书一纸，连同毕业文凭、资格证明文件，呈请内政部或由该管地方官厅转呈内政部核发。

第六条　医生所领执照，如有毁坏、遗失等情，应缴照费二元、印花税二元呈请补发。

第七条　医生在本规则未公布以前，曾在各地方该管官厅注册领照，未经领有部照者，须将原件呈验，并缴纳照费十元，补领部颁执照。

前项补领部照期限及施行细则，由内政部另定之。逾限未领部照者，不得再执行医生业务，违者照第十六条处罚。

在本规则未公布前，各地方官厅所发布之《管理医生单行条例》，除与本规则抵触者外，仍属有效，惟地方官厅发给医生执照，应自本规则施行后一律停止，以昭划一。

第八条　部颁医生执照效力可通行全国，惟医生欲在某处开业，仍须向该管地方官厅呈验所领部照，请求注册，违者处一百元以下之罚金。

地方官厅对于前项请求注册者，得征相当之注册费。

第九条　医生如有歇业、复业或迁移、死亡等事，应于十日内向该管地方官厅报告。医生由甲地移至乙地执业，除遵照前项规定向甲地方该管官厅报告外，并应遵第八条之规定，向乙地方该管官厅请求注册。

各地方该管官厅应置医生名簿，将前条及本条事项详细登载，随时报部。

第十条　医生领照后，如犯第四条各项之一时，应由该管地方官厅随时查明呈请内政部将执照取消，但该条第二、三两项之原因消失时，得再请给照开业。

第十一条　医生非亲自诊察，不得施行治疗或开给药方及交付诊断书。

第十二条　医生诊治遇有传染病，或疑似传染病及中毒者，应即据实向该管地方官厅呈报。

第十三条　医生不得因请托贿赂伪造证书，或用药及其他方法堕胎，违者按刑律治罪。

第十四条　医生关于其业务，不得登载及散布夸张、虚伪之广告。

第十五条　医生关于公务上有应遵从该管官厅指挥之义务。

第十六条　本条例颁布后，凡未领部颁医生开业执照，及执照取消与停止执业者，概不准擅自执行医务，违者处二百元以下之罚金。

第十七条　医生违反本规则第九条第一项、第十一条、第十二条、第十四条、第十五条之规定者，处以五十元以下之罚金，并得令于一年以内之停止执业。

第十八条　本规则颁布后，各地方中西医生得分别或联合组织医生公会，拟定章程，由该管地方官厅转报内政部核准备案。

第十九条　本规则如有应行修改及未尽事宜，由内政部随时增订公布之。

第二十条　本规则自公布日施行。

中华民国十二年九月十三日

命　令

大元帅令

故航空局局长杨仙逸、长洲要塞司令苏从山、鱼雷局局长谢铁良，均技术湛深，志行纯洁，尽瘁国事，懋著勋劳。本大元帅正倚为干城心腹之寄，此次在白沙堆轮次猝遭变故，死事其惨。遽闻凶耗，震悼殊深。杨仙逸、苏从山、谢铁良均追赠陆军中将，并着军政部照陆军中将阵亡例，从优议恤，以彰忠荩，而慰烈魂。此令。

中华民国十二年九月二十七日

训　令

大元帅训令第三〇四号

令广东省长廖仲恺

据佛山商会会长陈恭受等呈称：案查佛山碉楼缘起于民国四年龙上将军、李巡按使莅粤时代。因佛镇为省城屏蔽，地当要冲，户口殷繁，商旅辐辏，一遇事变无险可守。三年冬十一月，股匪扑攻佛山，幸赖军队击退，地方得以保全。镇人鉴戒前车，绸缪未雨，是以会集绅商而有建设碉楼之议，其建筑费初由佛山商会团保局收支所合力借筹，以为之倡，复向镇内店户抽收一月租捐，并在平粜帐款各项下多方凑集，共费地方款三万二千余元，择定火车头、太平沙、聚龙沙、东莞地、文昌沙、文塔脚、平政桥、白花社、大基尾、永安社学、城门头等处兴筑碉楼十一座，凡数阅月始告竣事。从此壁垒一新，防卫周密，为邦人士所乐观厥成，亦守土者宜永保勿替也。近闻佛山官产清理分处为军饷紧迫，遽将碉楼十一座共估价数千元立行变毁。夫筹饷固军事大计，筹防亦地方要图，若只顾军事于目前，而置地方于脑后，顾彼失此甚非所以安内而防外也。今碉楼虽无护勇守望，然有客军驻防，佛山暂亦足资镇慑。但防军抽调靡常，一旦地方空虚，碉楼即须拨团握〔据〕守，居高临下以逸待劳，洵为地方要隘。是以碉楼之存废，关乎全镇之安危，与别项建筑物业利害轻重，要不可同日语也。现我佛山各界团体及全镇公民，于九月十二日假座佛山商会大集会议，佥以碉楼工程浩大，当年几费经营，艰难缔造，然后克底于成，至今垫款尚未归还清楚，倘竟废诸一旦，不避千夫所指，徒供一掷之需，窃为地方危之。今镇人心理，惩前毖后，咸主张一致保留。理合将各团体及全镇公民会议缘由，备文呈请睿鉴，俯赐檄饬广东全省官产清理处转令佛山镇官产清理分处主任胡思清，爱惜物力，尊重地方，将毁变碉楼案取销，制止承办，商人即日停工，以顺人心而顾清议，实为公便等情前来。据此，查佛山镇各碉楼，据称系地方团体集资所建筑，为全镇防卫之要隘，自应予以保留以重防务。合行令仰该省长遵照转饬办理。此令。

中华民国十二年九月二十六日

大元帅训令第三〇七号

令大本营军政部长程潜

据乳源县县长欧维纲巧日代电称：职县八月宥日邮电报告，拿获自称大元帅直辖讨【贼】军第二路独立支队司令阙应麟、副官李祥茂等二名在乳招抚绿林、运动军队，希图扰乱。讯据供认不讳，请予分别将阙应麟处以死刑，李祥茂处以四等有期徒刑一年一案，谅经早邀钧鉴。现奉省长杨总司令指令开：既据邮电呈报大元帅，仍候核示祇遵等因。奉此，迄今尚未奉到批示，合再邮电，呈请察核。应如何办理之处，伏乞即迅赐电示祇遵等情。据此，合行令仰该部长即便查明阙应麟、李祥茂等是否冒充军官，及所犯如果情确，应即依法惩治，以儆效尤。仍将办理情形呈复。此令。

中华民国十二年九月二十八日

第三十二号（十月十二日）

目　　录

命　　令

训　　令

指　　令

公　电

东路讨贼军第四师师长张国桢呈大元帅东电
中央直辖山陕讨贼军司令路孝忱呈大元帅冬电
大本营总参议胡汉民、秘书长杨庶堪等呈大元帅支电

布　告

大本营财政部布告

命　令

大元帅令

自军兴以来，需款孔亟，分设机关，职司财政。戎马倥偬，监督或疏，利之所汇，弊窦易生，非考覈整饬，点滴归公，无以昭示人民，慎重国币。兹特派行营秘书长古应芬，秉公查办，自两广盐运使署、广东财政厅、市政厅、公安局、官产处等各机关所有经理财政职员，一切公款出纳事件，着一律分别查核，条列情状，呈候裁夺。切切。此令。
中华民国十二年九月三十日

大元帅令

自兵站设立于今数月，供给军需关系重大，比日人言啧啧，指摘孔多。事以久而弊生，人亦众而难齐，不有整饬，无以别是非而明赏罚，综名实而示惩劝。兹特派东路讨贼军总司令许崇智秉公查办，仰即分别贤愚，详具功罪条列情状，呈复核夺。切切。此令。
中华民国十二年九月三十日

大元帅令

据高雷讨贼军总司令兼绥靖处处长林树巍呈报：东路讨贼军第四师师长吕春荣，蓄意谋叛已非一日，曲予优容，冀其悔悟，讵鬼蜮存心，冥顽罔觉。此次钦廉告警，令其布置防务，乃竟勾结逆军，谋为

不轨。经各将领一致通电声其罪状，似此逆迹昭著，难再姑容，请将吕春荣褫职通缉获办等情。查东路讨贼军第四师师长吕春荣甘心附逆，罪无可逭，着即褫夺本职，仰各军长官一体严拿务获解办，以儆凶顽，而肃军纪。此令。

中华民国十二年十月五日

训　　令

大元帅训令第三一二号

令广东省长廖仲恺

前因军用浩繁，令由该省长转饬各县分筹的款缴解来营，以资应用，至今多日未著成效。兹仰该省长于所属各县设立筹饷局，遴派得力人员专管各县所有正杂税捐征收事宜，并于省会设立大本营筹饷总局，由该省长总司其事。凡各县筹饷局缴解款项，统由总局核收，听候命令指拨。仰即克日进行，切实规划，严重监督，毋得因循，有误军需。切切。此令。

中华民国十二年十月二日

大元帅训令第三一三号

令广东省长廖仲恺

迭据前敌报告：惠州、惠阳逆军绝粮数日，逃散渐多，两城旦夕可下等情。东江用兵以来，敌军凭依惠城之险，抗拒经月，现其兵已绝粮，居民愈可概见，哀此无辜罹兹惨祸，仰该省长转饬各善堂，迅行预办米粮一百万斤以上，一俟城下之日，即行飞运前往赈济穷乏，毋得迟延，致令他日无数民人转成饿莩。切切。此令。

中华民国十二年十月三日

指　　令

大元帅指令第四九二号

令大本营建设部长林森

呈及章程均悉。准如所拟办理。此令。

中华民国十二年十月四日

附 原 呈

呈为拟订《暂行工艺品奖励章程》仰祈鉴核事：窃富国之道，工商为重，改良商品，工艺为先。吾国工业方面方在萌芽，提倡奖励，责在政府。本部设有工商局，关于奖励工业事项，不可无章程规定，以资奖励而策进行。兹拟订《暂行工艺品奖励章程》十八条，理合缮具清折，呈请鉴察，伏祈明令施行，实为公便。谨呈大元帅。

附呈《暂行工艺品奖励章程》一扣

大本营建设部长林森印

中华民国十二年九月二十四日

《暂行工艺品奖励章程》

第一条　关于工艺上之物品及方法，首先发明及改良或应用外国成法制造物品著有成绩者，得按照本章程呈请奖励。

第二条　享有奖励权利者，以中国人民为限。

第三条　奖励之类别分列于下：（一）凡关于工艺上之物品及方法，首先发明或改良者，得呈请专利，其年限定为三年、五年二种，由建设部核准。此项限期，均由批准之日起算。（二）凡应用外国成法制造物品著有成绩者，呈请给予褒状。

第四条　下列之工艺品不得呈请奖励：（一）有紊乱秩序妨害风俗之虞者。（二）业有同样发明或改良呈请核准在先者。

第五条　下列之工艺品不得呈请专利：（一）饮食品。（二）医药品。

工艺品之发明或改良，有关公益须普及者，得不予专利，或加以限制。

第六条　呈请文受理后，经审查准予专利者，由部发给执照，准予褒奖者，由部发给褒状。

第七条　呈请奖励者应于呈文外，将详细说明书及图式、制品、模型等件呈部审查。

第八条　呈请奖励者应按下列照费、褒状费随同呈文缴纳。（一）专利三年者五十元。（二）专利五年者一百元。（三）褒状五元。以上照费、褒状费，如不准奖励时，仍将原费发还。

第九条　已经核准奖励之制造品，其呈请人之姓名、商号、制品名称、种类、专利年限、专利执照或褒状之号数，均应于公报公布之。

第十条　工艺品之发明或改良为军事上应守秘密者，得依主管署之请求不予专利，或加以限制，但应由主管官署给与相当报酬。

第十一条　已得专利者于专利期内，复将其专利物品所有发明改良者，再呈请核准专利。

第十二条　呈请人所发明或改良之物品，有一部分与先行呈请之物品相同者，其相同之部分应准先行呈请者享有专利权。

第十三条　专利权得承继或转移之，但须呈请建设部核准换给执照。

第十四条　在专利年限以内，如有他人私自仿造妨害专利权时，享有专利权者得呈请禁止。

第十五条　已得专利者如有下列情事之一，其专利权应即取消：（一）已得专利权自给照之日起，满一年尚未制造营业者。（二）贩运外国货品冒充自制专利品发行者。（三）所制物品与说明书所载或与各样模型不符者。（四）专利期内无故休业一年以上者。（五）违反本章程第四条规定者。（六）以诈伪方法朦请核准者。在专利年限内建设部认为必要时得遴派专员检查专利品之制造事项。

第十六条　专利年限期满或取消，应于公报公布之。

第十七条　《暂行工艺品奖励章程施行细则》由大本营建设部定之。

第十八条　本章程自公布之日施行。

公　电

东路讨贼军第四师师长张国桢呈大元帅东电

万急。广州大元帅睿鉴：（一）昨观音阁败退之敌因陷敌待援，仍拟在三坑山、羌水一带设险拒守。（二）我军于本日巳刻与敌接触，激战约三四小时，敌遂不支，纷向河源溃退。（三）我军乘胜追击，于申刻占领河源城，敌复向老隆、回龙溃退。是役毙李逆团长一名、营长三名、士兵无算。我一、三旅夺获机关枪四杆、步枪二百余杆；八旅获机关枪二杆、步枪百余杆；二旅及杨部亦获敌枪数十杆。谨闻。张国桢叩。东。印。

中央直辖山陕讨贼军司令路孝忱呈大元帅冬电

广州大本营大元帅钧鉴：窃国会为国家之最高立法机关，而议员所以代表全国人民之公意，凡百行动，皆当以恪遵国法、尊重民意以为准绳。当此国事蜩螗，民生凋敝，军阀专恣，国法板荡之时，我国会诸公尤当坚毅不屈，力持正义，廉洁自守，以维纪纲，使穷兵黩武之军阀，知所忌惮，哀号无告之黎庶，得解倒悬，然后对国对民庶可无愧。直系军阀曹锟、吴佩孚凭恃武力，窃据要疆，暴戾恣睢，摧残民意，三辅、两湖首遭蹂躏，闽、粤、川、赣复被淫威。近日曹锟复出其历年之私肥，公行贿选，而不肖少数议员竟甘为傀儡，计目前之私利，不惜毁法乱民，腾笑友邦，贻羞中外。吾山陕三尺童子犹识曹吴之非，而国会诸公稍知自好者，无不联翩南下，乃吾山陕议员之到沪者反寥若晨星，是岂甘为虎伥以图私肥耶？吾山陕明达诸公，当不如是之愚也。用敢忠告山陕议员诸公，宜知国法具在，众怒可畏，刻日离去北京以避清议而免后悔，为山陕存名誉，为一己存人格，此不独吾山陕人民之幸，抑亦诸公之利也。书曰："惟善人能受尽言。"谨布腹心，伫闻明教。中央直辖山陕讨贼军司令路孝忱率全体官兵。冬。印。特电奉闻。中央直辖山陕讨贼军司令路孝忱叩。

大本营总参议胡汉民、秘书长杨庶堪等呈大元帅支电

广州孙大元帅钧鉴：辛亥反对共和，北京兵变祸首，及洪宪率师入川，帝制祸首兼临城匪案祸首之曹锟，不日将令在北京国会议员选其为总统，中外骇怪，以为奇闻。姑无论贿选冒名，种种丑迹，贻羞世界，即使依法选举，亦必酿成革命，重苦吾民，天下汹汹，乱靡有极。各国论者，咸视吾人当此能否自决，以为吾国能否救药之征，国

脉之延殆悬一线。夫吾民之望和平久矣，徒以曹锟与吴佩孚狼狈为奸，比岁以还，逞其阴谋，屡生战祸。直皖、奉直之役，川湘之役以迄粤、闽、桂、滇、黔各战事，无不由其挑构而成，国民生命财产损失以数万万计，殆积岁不能复元。此次因欲谋僭大位，一面用其私人组织非法伪阁，日日拍卖利权，盗窃民脂；一面输械增兵，力谋动乱，欲令长江及西南东北悉卷入战事漩涡。此贼不除，大局无宁日，即和平断难实现。目下国会同人为曹锟威劫利诱，已失自由，无从代表民意，我全国爱正义、爱和平之军民同志，亟应自行奋起，共济时艰，障遏横流，诛锄元恶，庶垂危国脉得以终延，民国前途不至沦胥俱尽。我大元帅与芝泉先生志同道合，遐迩皆钦，为国为民，义无高蹈。所冀提挈主持，同伸大义，恢复和平，进行建设，更得各界名流硕彦一致赞助进行，民困之苏，庶其有望。掬诚祈请，伫候教言。胡汉民、杨庶堪、程潜、伍朝枢、徐绍桢、叶恭绰、林森叩。支。印。

布　告

大本营财政部布告

为布告事。照得省立广东省银行纸币，业经本部厘订整理办法，呈奉大元帅核准公布，并经各社团照章推举代表，组织整理纸币委员会各在案。惟查该行发行纸币，有未经正式签字，散失在外者甚多，当此整理之始，自应严格取缔，详加区别，以利进行，而杜时弊。昨经令饬省立广东银行监理官周诰查复去后，兹据复称，省立银行二角、五角小纸币正式发行者实共二百五十万元，经前行长丘哲查明字号数目，列表送经财政厅公布有效在案。奉令前因，理合抄录原案并正式发行小纸币字号数目表呈复察核等情。据此，查省立银行所发行之二角、五角小纸币，既经广东财政厅分别有效字号公布有案，现在整理自应根据成案办理。至一元以上之大纸币，当以签字及编有字母号数及挂角章记为凭。倘有未经以上手续完备或伪造戳记及字号之纸币，一概取销无效。如商民人等有误收在前，现复误送委员会请求盖戳者，由委员会详细查验，剔除没收销毁。其有故集多数希图蒙蔽者，一经发觉，即依伪造论罪。除函知整理纸币委员会查照办理外，合行抄录有效小纸币字号数目，特再布告周知，仰商民人等一体知照。此布。

计　开

一、五毫小纸币无字母者，由一号起，至一百万号止。

二、五毫小纸币有字母由A字一号起，至一百万号止。

又由B字一号起，至一百万号止。

三、二毫小纸币无字母者，由一号起，至一百万号止。

四、二毫小纸币有字母者，由A字一号起，至一百万号止。

又由B字一号起，至一百万号止。

又由C字一号起，至一百万号止。

又由D字一号起，至一百万号止。

以上共计有效二毫、五毫小纸币八百万张，计票面额二百五十万元正。

部长叶恭绰印

中华民国十二年十月八日

第三十三号（十月十九日）

目　录

大元帅训令第三一九号、第三二一号（略）

指　令

大元帅指令第四九三号、第四九四号、第四九九号——第五〇三号、第五〇五号、第五〇八号——第五一二号、第五一四号——第五一七号、第五一九号——第五二三号（略）

公　电

大本营驻增城命令传达所所长胡谦呈大元帅电

中央直辖滇军第二军军长范石生呈大元帅微电

湖南第三纵队司令周朝武呈大元帅真电

大本营总参议胡汉民、大本营秘书长杨庶堪等呈大元帅支电（略）

大本营审计局局长林翔致各机关咸电（略）

公　文

大本营内政部咨（略）

大本营建设部咨（略）

宣　言

大元帅致列强宣言

关于北京日前举行之所谓总统选举会，余须特别唤起列强之注意者，即举国反对曹锟为中国总统是也。曹氏目不识丁，未受教育，今之反对及否认其为总统者，不独因其为一千九百十二年二月间劫掠北京之人，又不独因其为临城案直鲁豫最高级军官之负责人，而实因其选举之种种非法与贿赂情形，玷辱有教化之国家太甚也。历史中污秽事迹甚多，而从未有此次争夺权位无耻之甚者，国民若默认此种行为，则不复能自号为有人格之国家以生存于世界，所以中国人民全体视曹锟之选举为僭窃叛逆之行为，必予以抗拒而惩伐之。吾国民此种决心，不日即有具体之表示，由足以代表人民之各首领，联合组织一中央政府。余今请列强与其驻北京之代表，避免足使借窃者可作为国际承认或赞助之任何行动。若列强果承认曹锟，则将延长中国内乱与纷扰，使吾民对于破坏国家纪纲道德之行为，不得伸其真确之意志矣。孙文。

命　　令

大元帅令

伪巡阅使曹锟，贿诱议员，迫以非法，借窃中华民国大总统，其背叛民国罪迹已为昭著。当贿选将行之顷，奉浙当局与西南诸将领及海内名流硕彦，以及公私各团体，函电交争，冀阻非分。该逆充耳无闻，悍然不顾天下之是非，其怙恶不悛甘自绝于吾民，已可概见。年来于粤、蜀、湘、闽、桂诸省犯顺侵疆，屡为贼害，虽被殄克，狼心未已，我同袍将士护国护法已历年所，岂能容庇国贼妄干大位？兹将宣布罪状，申命讨伐。我全国爱国将士，无问南北，凡能一致讨贼者，悉以友军相视，共赴国难，以挽垂危之局，庶我先烈艰难缔造之国，不因逆贼而中斩，亿兆人民实利赖之。此令。

中华民国十二年十月八日

大元帅令

此次国贼曹锟输金国会议员，以贿成选，妄干大位，业经宣布罪状，申命讨伐，而所谓国会议员多以非法分子滥行列席，秽德腥闻，彰播远迩。议员职责在代表人民监督政府，乃贪赇受贿，危害国家，法律纪纲斩焉俱尽，不有严惩重罚，无以禁贪邪而儆淫顽。着护法各省区长官，将此次附逆国会议员一律查明，通缉惩办，以昭炯戒，而立国纪。此令。

中华民国十二年十月八日

训　　令

大元帅训令第三一七号

令卫戍总司令杨希闵、广东省长廖仲恺

近有地方痞棍串同不法军人，假托各军司令部或后方办事人员名义，干涉地方行政财政，及侵害人民商业财物等轨外行为，殊堪痛恨。着该总司令、省长出示晓谕，严行禁止。嗣后遇有此等情事，一经查获，悉当军法从事，不得宽贷。切切。此令。

中华民国十二年十月八日

大元帅训令第三一八号

令中央直辖滇军总司令杨希闵

据广东财政厅长邹鲁呈称：现据南海县长李宝祥呈称：窃县属九江地方，先有东路讨贼军朱联、关义和军队驻扎，将屠牛捐各项据收，迭经呈报省署在案。日前朱联所部与关义和所部冲突，招匪相助，乘机焚掠。及关义和败窜，又有滇军前往，复与朱联冲突。朱联所部退守北方，滇军遂在九江设立财政局，征收一切税项，该局业已遍贴布告开办。九江为县属繁盛市镇，职局设有粮站在墟市栅外，现因两军互战，秩序纷乱，商市停业，居民惶恐迁徙，粮站因之停收，商业牌照费亦不能办理。似此情形若不速求解决，不特地方糜烂日甚，而当此军需紧急，职县收入停滞，实于解款有碍。除呈请省长核示办理外，所有滇军在九江设立财政局，职县收款阻碍情形，理合呈报察核，指令祇遵等情前来。理合据情呈请钧座察核俯赐指令祇遵，实为公便等情前来。据此，除指令呈悉，军队无自设财政局之理，候令行滇军总司令查明撤销可也外，合行令仰该总司令即便遵照办理。此令。

中华民国十二年十月八日

大元帅训令第三二〇号

令中央直辖滇军总司令杨希闵、中央直辖西路讨贼军总司令刘震寰、东路讨贼军总司令许崇智

查惠州被围百日，内城人民疾苦饥困，殊堪悯恻，前以城破在即，经谕令广州各善堂筹备大宗粮食前往散赈，以慰穷黎在案。现虑城破之际，我军与逆军于内城或生冲突，致人民荡析离居，尤非本大元帅视民如伤之意，故须豫筹安抚，使不至以饥乏之身，复感兵燹之

苦。兹派邓团长演达为惠城安抚委员，克日前往，会同该地方士商妥筹安抚方法，务使城破之日，该民不罹兵灾，不生疾苦，是为至要。该团长行抵该地方后，所有安抚事宜，应商承许总司令办理。除分行前敌各总司令知照外，仰即遵照。此令。

中华民国十二年十月十二日

公　电

大本营驻增城命令传达所所长胡谦呈大元帅电

提前万急。（石龙）大元帅钧鉴：我左翼军于本月二十五日夜，分三路袭击龙华之敌，西路讨贼军王兴中旅任左路，由西溪出四围攻龙镇；第七军王旅长作标、罗司令良斌两部任中路，由牛井迳直趋龙镇；龙门县别动队统领廖吉云部任右路，由功武、水坑攻龙华。公安局警察游击总队队长司徒非所部，任总预备部，援助中路前进。是夜各部队异常勇敢，激战竟夜，即于宥晨九时将敌击溃，完全占领龙华镇及龙门城，敌向平陵溃退。是日王旅长兴中所部夺获逆军机关枪一枝、步枪六十杆，又伪粤军步兵第十旅旅长印信一个；廖统领所部亦夺获步枪、旗帜等件；其余各部夺获军用品甚多。逆军死数十、伤数十，并生擒数十名。当饬各部分头追剿，直捣河源外，特电奉闻。大本营驻增城命令传达所所长胡谦叩。印。

中央直辖滇军第二军军长范石生呈大元帅微电

万急。广州孙大元帅鉴：（余衔略）曹锟以一贩夫幸总师干，妄邀非分，摧残民治，包藏祸心，贪贿议员，冒名包办，指证确凿，罪不容诛。以此神奸，谬膺大选，万民侧目，天下骚然，祸起萧墙，兵戎奚息？凡有血气，义愤同伸。石生不敏，当率滇南子弟，敬从海内群贤之后，声罪致讨，歼厥渠魁。公理犹存，难安缄默，临电迫切，伏惟公鉴。驻粤滇军第二军军长范石生叩。微。印。

湖南第三纵队司令周朝武呈大元帅真电

广州孙大元帅钧鉴：讨贼军兴，朝武仗西南声威，转斗沅桃，连战皆捷，虞日占领桃源，业经通电报达。庚日上午，武先后督队进攻常德，唐逆智竭力穷，苦战不支，始弃城向真阳、沅江方面溃去，遂于真日完全克复常城，并同日分遣敝部张指挥义卿、陶支队长均唏、张游击司令松本、吴支队长祥斌，会同二路梯团长毓芬、杨游击司令再杰，各率劲部向汉寿、沅江一带进追。不日诸路合围，即可将窜走之余一鼓歼尽。敢瞻马首，会师熊湘，绥辑如何，伫候明教。第三纵队司令周朝武叩。真。印。

第三十四号（十月二十六日）

目　录

中央直辖滇军第三军军长蒋光亮呈大元帅铣电

公　文

西洋总领事致大本营外交部照会

大本营外交部复西洋总领事函

命　令

大元帅令

着大本营审计局局长林翔，将大本营成立以来各财政机关收支数目，汇成简明统计表，于本月二十日以前公布于大本营公报并广州各报。以后每月依照此例公布一次。此令。

中华民国十二年十月十三日

训　令

大元帅训令第三二五号

令中央直辖滇军总司令兼中央直辖滇军第一军军长兼广州卫戍总司令杨希闵、中央直辖第一军军长朱培德、中央直辖西路讨贼军总司令刘震寰、东路讨贼军总司令许崇智、东路讨贼军第三军军长李福林、中央直辖第三军军长卢师谛、中央直辖第七军军长刘玉山、中央直辖广东讨贼军第四军军长梁鸿楷、中央直辖滇军第二军军长范石生、中央直辖滇军第三军军长蒋光亮、西江善后督办李济深

此次用兵东江，原为吊民伐罪。刻下战争区域缩小，亟应奖励商船贸易，以纾地方疾困。近闻驻扎东江各军队，有沿途勒收商船往来费情事，殊非护商卫民之道。合行令仰该总司令、军长、督办，转饬所部，自奉令之日起一体禁止，如敢故违，严行究治。切切。此令。

中华民国十二年十月十七日

指　　令

大元帅指令第五三六号

令广东省长廖仲恺

呈及草案均悉。所编《广东都市土地税条例》尚属妥善，应准予公布，即先由广州市试办，余并如所拟办理。此令。

中华民国十二年十月十八日

附原呈

呈为呈请事。窃维都市土地价值日昂，其影响于工商事业至巨，非以一种土地税法调剂参互于其间，断不能保市民负担之公平，而弥经济制度之缺憾。当经考查状况，编为《都市土地税条例草案》，详著理由。在民生主义尚未实施之前，苟能行此税法，慰情亦当聊胜。拟请明令颁行，先由广州市试办，并拟请设立土地局隶省长公署直辖，由省长派员办理，以专权责。理合将理由书及条例汇列清折，呈请陆海军大元帅。

计呈《广东都市土地税【条例草案】理由书》及条例清折一扣

广东省长廖仲恺印

中华民国十二年十月十二日

《广东都市土地税条例草案理由书》

土地为生产之要素，而又有限之物也。工业商务发达之区，人口繁殖，欲望增进，需用土地以为生产日益多，求过于供，则地价自然腾贵，无待人工之改良，是以土地增价，实为社会之产品。地价贵则地租随之，地主不劳，坐收增益，而商贾劳工勤劳终岁，反博得负担之增加，物之不平，孰有过于此者？前英国财务大臣雷佐治之言曰：现在我国土地制度之最缺点，在使社会不能自收人民合作之利益，而反自处高抬地价之罪以谢地主，言之可慨也。此种现象随处皆是，岂独英伦一隅已哉？我广州市自拆城辟路后，数年之间，地价骤增数倍，地租之贵，决非一般人民之力可能负担者。虽曰出诸自然趋势，岂非社会经济制度之不良有以致之哉？我孙大元帅目睹社会失序，贫富悬殊，阶级战争其端已肇，慨然以改革社会为己任，创平均地权之说，以为改良社会经济之方，整理国家租税之具，其要旨系土地皆有税，且重课其不劳而获之收益。夫地价税，良税也。重征之不以为苛。由社会道德方面言之，重税土地则地价贱，地价贱则地租低落，而使用土地之权得以平均。请申言之：地价者，土地收益以普通利率还完之数也。地税者，不能转嫁之负担也。地税不能转嫁，自当向土地收益扣除，土地收益之减少，还完之数亦随之小。埃尔兰学者巴氏谓：经营土地不过求收益而已。凡减少其收益者，即减少其售价，是土地价税减少地价之具也，地价未税之值也。地价既减，人人得以贱租使用土地，故曰平均地权。不宁惟是，税重而不能转嫁，则繁庶区内向无收益之空地，当变为有建筑地，以求收益。有建筑地如逐渐增加，而需求居常不改，地租降落可立而待也。由国家理财方面讨论之，土地为适宜课税之物，理由有数端：（一）土地为有形不动之物，按物征收无可逃避（二）地价易于考定，以相邻间土地之买卖价格，及其本身状态评定之，估价无过高或过低之弊。（三）土地不能伸缩，地价涨落比较别物为有常税，收额可预定。（四）我国田亩有赋，其他土地不征租税，原贵普及。彼税而此免，岂得谓平？且纳税能力，宅地远胜于田亩。（五）我国近来国用浩大，杂税繁兴，制度紊乱，苛扰人民，亟待整理以舒民困而裕国计。倘土地价税全国举办，以四百万方英里之土地，其间名城大邑何止千百，每年收入当以百兆计。行之有效，则所有不良之税，自可一律废除，舍繁归简，即整理税制之道也。

《广东都市土地税条例》

第一章　总　　则

第一条　条文所用名词之解释：

一、宅地　凡都市内人烟稠密处所，可作建筑、住居、营业或制造场所之用之土地，即为宅地。

二、无建筑宅地　宅地区域内之空地，或虽设有临时建筑物之宅地，均称为无建筑宅地。

三、农地　在都市内除宅地区域外，所有农田、菜地、果园、苗圃、鱼塘、桑基，及其他种植之土地，均包括之。

四、旷地　都市区域内除宅地或农地外，均属旷地。

五、土地改良于都市土地上建筑、增筑或改筑房屋、道路、沟渠及其他工作物等，有使土地增加效用而能耐久者，谓之土地改良。

六、土地改良费　改良土地有形之资本，谓之土地改良费。

七、地税　包括普通地税、土地增加税而言。

八、地价　指地价评议会判定之地价。

九、土地增价　凡土地现时价额超出于前判定之地价，其超出之价数即为土地增价。

十、关系人　指有土地权利关系者而言。

十一、舖底顶手　指限于经领有登记局之舖底顶手登记完毕证者。

十二、铺底权利人　即铺底顶手所有人。

第二条　城市、商埠、乡镇其人口在五万人以上者，均适用本条例，但须依照第三条之规定行之。

第三条　各都市施行本条例之时期，由广东省长斟酌地方情形，随时以命令定之。

第四条　有税地分为左列三种：

一、宅地。甲，有建筑宅地。乙，无建筑宅地。

二、农地。

三、旷地。

第五条　施行本条例都市之行政长官，应依都市之情形酌拟宅地区域，呈由省长核定公布之。

都市行政长官认为有变更宅地区域界线之必要时，得将情形及酌拟变更界线绘图附说，呈由省长核定公布之。

第六条　都市内未经公布为宅地区域之土地，而有建筑房屋能作住居、营业或制造场所之用者，作有建筑宅地论，但栅厂蓬寮不在此限。

第二章　普通地税

第七条　每年征收普通地税之令〔定〕率如左：

一、有建筑宅地　征收地价千分之十。

二、无建筑宅地　征收地价千分之十五。

三、农地　征收地价千分之八。

四、旷地　征收地价千分之四。

第八条　全年普通地税依左定期限征收之：

第一期：一月一日至一月三十一日。

第二期：七月一日至七月三十一日。

地方遇有特别情形，不能依前项所定期限纳税时，都市行政长官须将情形具报，由省长核明展期征收之。

第九条　都市行政长官认为地方情形有必要时，得请求省长将第七条第二款定之税率加重或减轻之。

第十条　免税土地依左列各款定之：

一、关于教育慈善使用之土地；

二、寺庙、庵观、福音堂；

三、公立免费之游戏公园；

四、公共墓地；

五、公立劝业场；

六、其他土地得省长或都市行政长官指定免税者。

前项之规定，限于自己所有或承典及永租土地适用之。

第十一条　前条所列一、二、三、五、六各款之土地，如有以一部或全部为有偿的或赠与他人作营利事业者，不得享受第十条规定之待遇。

第三章　地价之判定及登记

第十二条　凡关于土地权利成立所有之书据，无论已未经登记局登记，限于本条例施行之日起，四个月内连同抄白书据一份，申报地价书一纸，呈缴土地局查验登记。

第十三条　缴验书据每件应征费银一元。

第十四条　申报地价书须依式填报左列事项：

一、姓名（土地所有人、永租人、典主或铺底权人）。

书据如系用堂名，须加该堂代表人名；如系店名加该店主事人名；如系二人以上共有，则用第一人之名。

二、通信处所（处所如变更时须即申报）。

三、土地种类。

四、座落。

五、面积。

六、每井价值。

七、全段地价。

八、改良费额。

九、前项投资时期。

十、年租。

十一、如有永租、典当或铺底关系须详细报明。

十二、土地现充何用。

第十五条　各种地价当事人依限申报后，由地价评议会审查其申报地价之当否，分别判定之，但有铺底顶手关系者，须照第二十四条之规定办理。

第十六条　地价判定后，地价评议会即将判定之地价，通知土地所有人、永租人，或典主。

第十七条　土地所有人、永租人或典主，认判定地价为不合时，得自收到通知书之日起，三十日内向地价评议会申述异议请求复判。

地价评议会对于当事人申述异议所为之复判为最终之判决。

第十八条　土地所有人、永租人或典主，认复判地价为不满意时，得自收到通知书之日起，十五日内申请都市税务官署将土地征收之，其征收地价之标准规定如左：

一、复判地价与申报地价相差百分之一十或以下者，由税务官署照复判地价征收之。

二、复判地价与申报地价相差超过百分之一十者，由税务官署照申报地价加百分之一十征收之。

第十九条　各有税地变更其种类时，土地所有人及关系人应于变更前，将变更事由呈由地价评议会核准，并于变更程序完毕后，十日内呈报土地局登记。

第二十条　凡有税地变为无税地或无税地变为有税地，其土地所有人、关系人应于变更前将变更事由申请土地局核准，并于变更程序完毕后十日内呈报登记。

第二十一条　无税地变为有税地，其土地所有人限于变更程序完毕后，十日内应将地价申报，由地价评议会依于申报价额与土地状况及相邻土地价格之比例判定登记。

第二十二条　凡土地之让与、永租或典当，须于契约成立时呈报登记。

第二十三条　永租权、典当权、铺底权及其他土地之地租如有变更或修改时，关系人限自变更或修改之日起，十日内声请土地局修正登记。

第二十四条　有铺底关系宅地之地价，以全年租金之十二倍及铺底顶手全额合成计算之。

第二十五条　土地改良费于地税征收时，应由地价项下扣出半数免除之，但以经地价评议会核定登记者为限。

第二十六条　土地局地价评议会规则及登记规则另定之。

第四章　普通地税之纳税人

第二十七条　有铺底关系宅地之普通地税，其土地所有人应照年租十二倍缴纳，其铺底权利人应照铺底顶手金额缴纳。

第二十八条　有典当关系土地之普通地税，由典主缴纳。

第二十九条　永租地税由永租人缴纳之。

第三十条　其他地税概由土地所有人缴纳之。

第五章　土地增价税

第三十一条　土地增价税率列左：

一、土地增价超过百分之一十至百分之五十者，课百分之一十。

二、超过百分之五十至百分之一百者，课百分之十五。

三、超过百分之一百至百分之一百五十者，课百分之二十。

四、超过百分之一百五十至百分之二百者，课百分之二十五。

五、超过百分之二百者，课百分之三十。

第三十二条　土地增价免税之定率列左：

一、土地增价在百分之一十或以下者。

二、农地或旷地每亩地价二百元以下者。

三、宅地全段地价在五百元以下者。

第三十三条　土地增价税之征收办法列左：

一、土地转卖时，出卖人照现时地价扣除原价，或最后经纳增价税之地价额，及改良费之半数所余之额依率缴纳。

二、土地继承时，继承人照现实〔时〕地价扣除被继承人原价，或最后经纳增价税之地价额，及改良费之半数所余之额依率缴纳。

三、土地权或永租权经十五年未有移转时，土地所有人或永租人照【现】时地价扣除前十五年地价及改良费之半数，所余之额依率缴纳。

第三十四条　土地所有人于土地典当满期赎回时，或典主于期满断典取得土地所有权时，应照现时地价扣除典产原契成立时所值地价，及典当后土地改良费之半数，所余之额依率缴纳。

第三十五条　违背第十二条、第十九条至第二十三条之规定者，处以五元以上百元以下之罚金。

第三十六条　本条例如有未尽事宜，得随时修改之。

第三十七条　本条例由大元帅核准公布施行。

附说明

一、土地税分为普通地税、土地增价税二种。前种按值抽税，凡价值相等之同种土地，一律受同等之待遇，办法本甚公平，但未足以对付不劳增益，是以普通地税之外，复设土地增价税以补其罅漏。土地增价既系社会之产品，不劳之增益不应全入私人囊中，政府征收一部，以办社会事，自无不合之理。

二、土地亦有因人工改良而增价者，此种增价不得谓之不劳而获，地主之功亦有足纪者，拟免除改良费之半数，借以奖励良好建筑。

三、繁庶都市中，无建筑宅地为最适宜之投机物，税率应较他种为重，以防止投机，并迫促弃地变为有用之地。

惟地方有时而衰落，衰落之地其租必贱，无建筑物者，应减轻税率以昭平允。

四、旷地征收普通地价千分之四，表面上似过轻，恐为投机家所利用。究其实，所谓旷地，大抵未经改良不能使用，难求近利。千分之四已属太重，过此恐难担负。

查英国旷地每磅征半个边士，未及千分之三，有税无收，已不适于投机，而况另有土地增价税以取缔之。

五、政府征收土地【税】，其权利关系人直接或间接必受有一种损失，应照申报地价增加些少，以为弥缝。

六、有铺底顶手关系之土地，其地租不得任意增加，若以相邻间无铺底顶手土地之价值为纳税之标准，则殊非平允，故以年租十二倍计之。

铺底顶手权已视为土地权，其金额亦应视为地价。

公　电

中央直辖第七军第二师第二旅旅长刘权中等呈大元帅虞电

十万火急。广州送孙大元帅睿鉴：（余衔略）鱼电计达。先觉此次会师讨贼，上托列宪威福，下赖士卒用命，不数日间迭克明〔名〕镇。昨收复平南后，三面督队会同黄部进次江口，一面分兵绕出新墟。权中由一江出击浔城之后，先觉由新墟上攻浔城之前，陆逆不支，败窜江口，权中、先觉遂将浔城克复。浔城既拔，旋于虞寅攻陷江口，夺获枪弹辎重无算，敌纷纷溃散入山。除派队兜剿，务绝根株外，大河方面业告肃清，谨电奉闻。中央直辖第七军第二师第二旅【旅】长刘权中、团长何瑞荣、第三师第三旅【旅】长陈先觉、指挥官胡次屏呈叩。虞戌。印。

湘军总司令谭延闿呈大元帅侵电

广州大元帅钧鉴：青未电令谨悉。曹锟贿诱议员，僭窃大位，背叛民国，罪迹昭彰。在京议员，不知自爱，贪赇受贿，自绝人民，凡有血气，孰不共愤？钧座悯念国脉垂危，纪纲沦丧，赫然震怒，下令申讨，通缉惩办，大义凛然，逆贼丧胆。谨遵钧令，通饬各军将领，誓师讨贼，并通缉附逆各议员，以赴国难，而张挞伐。谨此电呈，伏维垂察。延闿叩。侵。印。

中央直辖滇军第三军军长蒋光亮呈大元帅铣电

广州孙大元帅钧鉴：国贼曹锟者，洪宪祸首，复辟功臣，比年羽翼渐丰，遂欲家有天下，托名统一，黩武残民，举国人士，疾首侧目。不图利令智昏，罔知省惕，近复输金国会，贿选总统，以全国元首之尊严，作市侩买卖之交易，毁法辱国，莫此为甚。此而可恃，天道何存？总其往事，实已罪不容诛；论其近行，尤为斯世共弃。光亮执戈护法，转战经年，对兹憝奸，难共天日。谨率所部遵令讨伐，庶为国家存一分之正谊，国民争一线之人格。人心不死，斯愿必偿，邦人君子，祈赐匡扶，不独光亮之幸，国家实利赖之。谨电奉闻，诸维鉴察。中央直辖滇军第三军军长蒋光亮叩。铣。印。

公　文

西洋总领事致大本营外交部照会

大西洋民国驻广州总领事柯为照会事。关于贵国内政以来，贵部长贵重澳门政府之公正诚实中立，及对于贵国之葡国好交情，兹将本月六日（即星期六）第一十四号宪报，附送贵部长阅。该宪报即见出澳门总督对于在澳门住宿之妄用怀柔远人分量者，当众表明其形状也。为此照会，顺颂时祉，须至照会者。计附澳门宪报一份。

右照会

大本营外交部长伍

中华民国十二
西历一九二三　年十月十五日

附件：

澳门政务厅长兼警察厅长贾巴素为布告事。兹奉督宪命，特行布告，仰居住本澳之各国侨民知悉。尔等在澳侨居，对于各友邦之政治战争，务须严守不干涉态度，遵守西洋法律而行。如有不遵禁令，散布文字，或招贴、或布告等事，则是侮辱本国与各国在公之人及社团，定必将其拘捕递送出境。尔等出境后，际遇如何，政府概置不理。至于尔等行为，若被认定为强犯法律章程者，仍受刑事上之审判，不能宽假也。今将本布告译出华文，交宪报公布，并印刷分送，以免尔等诿为不知禁令，其如凛遵，切切。此布。一九二三年九月二十三日。

大本营外交部复西洋总领事函

敬复者：现准贵总领事官三二七号照会，并附送宪报一份到部，本部长阅悉之余，殊深感谢澳门总督敦睦中葡邦交之盛意。特此函复，希为查照是荷。此致大西洋民国驻广州总事官柯。伍朝枢。印。

第三十五号（十一月二日）

目　　录

命　　令

训　　令

指　　令

公　　电

中央直辖游击总司令朱卓文呈大帅养电
广西讨贼军第一军总指挥黄绍雄呈大元帅元电（略）

公　文

工商学各团体请愿大元帅早定北伐大计及组织革命政府文

训　令

大元帅训令第三三二号

令广东海防司令陈策

查盐税为国家收入大宗，现当用兵之际，各路饷糈多恃盐税为供给。兹据探报，时有不法军人串同盐枭、地痞，秘密输运盐斤进口，以致私盐充斥，军饷因而顿绌。此种不法行动，若非严行缉办，实无以维盐税而肃军纪。兹经委任该司令兼理盐务缉私各舰主任，着该司令务将进口私盐严密截缉，如有军人胆敢包庇，应由该司令严拿惩办。除通令各军事长官严勒所部，毋得包庇私盐进口，致干法纪外，合行令仰该司令遵照，认真办理。此令。

中华民国十二年十月二十二日

大元帅训令第三三三号

令中央直辖第一军军长朱培德

据湖南桂阳县公民代表劳斌等电呈开：王道以滇军司令名义，率土豪刘政携杂枪五六十枝，乘防军空虚，盘踞桂阳，胁迫官绅，肆行仇杀，包赌庇烟，比户敲索，杀人越货，掳良勒赎，无法无天，烈于匪盗。全国视听攸关，人心向背所系，我大元帅讨贼拯湘，决不忍使桂阳独遭荼毒。朱军长军纪素著，决不致听王部玷及声威，伏恳睿断，无任屏营等情前来。据此，除先行电令湖南谭总司令严行制止外，仰该军长即严行查办，以肃军纪，而卫地方。此令。

中华民国十二年十月二十五日

指令

大元帅指令第五四二号

令大本营军政部长程潜

呈及条例、章程均悉。军队教育于军政前途关系至重。该部长所请举办中央陆军教导团一所，冀养成军队之基干，以徐图教育之普及，诚属切要之举，应准照办。着该部长即拟具详细办法，并开列预算呈核。此令。

中华民国十二年十月二十一日

附原呈

呈为呈请事。窃维军队精神关系于军队之教育至为重要，而在革命时期，关系于革命精神之养成，尤为重大。盖未有驱无教育、无主义之军队，而能期以伟大之精神，冀收革命与主义之成功者。民国建立十有一〔二〕年，除推倒满清一事而外，政治及社会之腐败，盖与清季不殊，而纷扰且又过之，并统一之局而不能企及，革命之成功反若日趋日远者。虽其原因不止一端，而军队之关系实为至巨，故有假革命之名，以阴为国家社会之蠹者；有方为革命健儿，忽焉又为革命叛徒者。良以军官军队无有中坚镇定之教育、确固不移之主义存于其间，譬犹乱草丛麻，随风偃仰，以是革命而冀获成功，抑何可得？潜以为补救之方，非从军队教育入手不可。拟先办中央陆军教导团一所，冀养成军队之骨干，以树立军队确定不移之精神，由此亦可以就已有之军队，而力求改善，一可以造成革命之人才，而益加精进行之，期月必有成效可观。谨拟具《中央陆军教导团条例》及《军官候补生【入团】考验章程》各一份，呈奉钧座俯赐察核，准予施行。是否有当，伏祈训示祗遵。谨呈大元帅孙。

计附《中央陆军教导团条例》及《中央陆军教导团军官候补生考验章程》各一份

军政部长程潜印

中华民国十二年十月十七日

《中央陆军教导团条例》

一、陆军教导团为统一军队教育起见，养成各师旅各兵科模范下士及军官候补生，而施以最新之军事教育。

二、陆军教导团依陆军步兵团编制，编成步兵一团及炮、工、交通、辎重兵各一连。

三、陆军教导团于团本部加设炮、工、辎重、交通科长各一员，担任各科教员。

四、陆军教导团士兵由军政部招募身体强壮、粗识文字，年龄在十八岁以上二十二岁以下者充补外，并咨令各军师旅长选送上等兵来团（细则另定），训练六个月发还原队。

五、军官候补生由军政部考试各省中学毕业以上之学生（考试细则另定），取其合格者发交陆军教导团训练，六个月升入陆军军官学校。

六、陆军教导团学、术两科以表定之。

附《中央陆军教导团军官候补生入团考验章程》

一、资格　中学校毕业以上之学生，经军政部派员考试合格，发交陆军教导团练习者，称为军官候补生。

二、报名　自某月某日起，至某月某日止，至某处填具履历一份，带有证书者缴验证书，听候示期考试。

三、身体之检验　视力、听力、握力、肺量、高矮、体重、疾病之有无。

四、学科之考试　国文、英文、数学、小代数、平面几何、平面三角、物理、化学、中国历史、中外地理。

五、揭晓取录者听候示期入团。

公　电

广西讨贼军第一军总指挥黄绍雄呈大元帅虞电

广州探呈大元帅孙钧鉴：鱼电计达。雄部于鱼日午后四时协同海防舰队追抵江口附近，陆逆云高据险抵抗，彼即鼓励士众奋勇追击，敌势不支，乘夜向鹏化方向溃退。我军于十一完全占领江口，夺获大炮八门、步枪数百枝、军用品无算，击沉逆军大鹏兵舰一艘，俘获逆军参谋长、副官长及办事人员共十一名。除派员跟踪追击务绝根株外，谨先电闻，诸维鉴察。广西讨贼军第一军总指挥黄绍雄呈叩。虞。印。

湖南讨贼军湘东第一军军长陈嘉祐呈大元帅删电

特飞火急。广州大元帅孙睿鉴：各省省长、督军、总司令、各军长、各师旅团长、各镇守使、各司令、各机关、各报馆、各公团均鉴：曹锟贿选，种种违反民意，妄倡以强权统一全国，通天罪恶罄竹难书。慨自民邦建设，煌煌先烈铁血未干，凡属血气之伦，断不忍坐视艰难缔造之中华民国断送于曹逆及非法议员之手。嘉祐谨遵大元帅孙及湘军总司令谭命令，整勒队伍，一致讨贼，义愤所在，誓不与逆等俱生。谨布区区，伏维共鉴。湖南讨贼军湘东第一军军长陈嘉祐叩。删。印。

广西讨贼军第一军总指挥黄绍雄呈大元帅铣电

万急。广州大元帅钧鉴：国贼曹锟，阿瞒遗孽，厮养国会，议然当选，妄自尊称，鲜耻亡廉，莫斯为甚。综其罪恶，罄竹难书。此等元凶生属专制之朝，已难免逆臣之戮，况在其共和之世，尤应严叛贼之诛。倘犹任彼横行，认贼作父，我既不能自奋，人将起而代谋，禹甸茫茫，终成共管。兴念及此，恸乎！如我孙大元帅惧人格之遂亡，特颁明令以伸天讨。本军剑及屦及，愿与偕亡，凡有血气之伦，应赋同袍之什，共歼大憝，以正人心。敬布区区，伫候明教。广西讨贼军第一军总指挥黄绍雄呈叩。铣。印。

东路讨贼军第四军军长兼东江前敌总指挥张国桢呈大元帅铣电

广州孙大元帅睿鉴：曹吴国贼相济为恶，破坏共和，背法贿选，妄干大位，秽襍中外。始则假恢复法统之名，视法立（之）如儿戏，继则师武力统一之策，以攻夺为帝王，故有违法国会可野合而生非法总统，有卖身议员由铜臭而成亡国宪法。支离漫衍，纲纪扫地，既大拂乎民意，尤腾笑于友邦。我神明华族有最深厚之礼教，有至强健之精神，岂容此叛国非法党徒危害民国？国桢奉许总司令命督师循州，矢志杀贼，发指誓取贪残，会当偕我袍泽，戮力戎行，足定东江，奋戈北指，俾我国家人格不致为曹氏牺牲，即数年护法之功，亦不致中道而废。掬血陈词，敬闻后命。东路讨贼军第四军军长兼东江前敌总指挥张国桢。铣。印。

中央直辖广东讨贼军第一路司令谭启秀呈大元帅皓电

广州孙大元帅睿鉴：各总司令、各部长、廖省长、参众议院、各军民长官、各法团、各报馆鉴：民国成立十有二年，变乱相寻，迄无宁日，谁为为之，非帝制余孽直系首领曹锟有以致之乎？我大元帅一再优容，冀其觉悟，促进国家之统一。讵曹贼野心未死，毁法孤行，近复贿买无耻议员，非法选举，盗窃神器，等议会为贸易场，视总统为买卖品，廉耻尽丧，腾笑友邦，莫此为甚。倘不速为推倒，则我国人民不特受直系之鱼肉，且将变为亡国之奴隶。启秀份属军人，责无旁贷，愿率健儿追随诸公之后，歼彼丑类，奠我邦基。倚马陈词，不胜迫切待命之至。中央直辖广东讨贼军第一路司令谭启秀叩。皓。

中央直辖游击总司令朱卓文呈大元帅养电

广州孙大元帅钧鉴：曹锟贿选，辱国太甚，明令讨伐，薄海欢腾，属在下僚，尤殷鼓舞，业于本日通电全国，一致主张。其文曰：广州各报馆并转各总司令、各军师旅长、各机关、各团体、上海、汉口、北京、各省、各埠、各报，并转各省军民长官、各护军使、各镇守使、各师旅长、各机关、各团体，海外中华会馆、中国商会公鉴：共和元首代表国家，非有伟大勋劳允孚众望，必须特殊政见号召人心，欧美列邦已有成例。曹锟以前清稗将，因缘时会，得总师干。反对共和，则叛变京兆；拥护帝制，则统兵入川。招权纳贿，秽德彰闻，难以指数。其在民国固无政见、无勋劳，而罪不胜诛者也。倘国有法度，置诸重典，亦复死有余辜，而乃包藏祸心，盗窃名器，公行贿赂，为所欲为。国会自身有无问题，选举手续是否适合，胥置不问也。此而可以认为元首，代表国家，非惟中华民国之羞，抑世界民主之玷。而且联皖排皖，亲奉制奉，拥徐而又倒徐，迎黎而又逐黎，反复无常，惟我自便。更复嗾杨森以乱川，勾袁祖铭以乱黔，结沈鸿英、陈炯明以乱粤。数年以来，致使全国人士无一日安枕者，罔非曹锟一人自私自利为之作祟也。今则兵祸频仍，民穷财尽，西南与东省无论矣，即其卵翼伪廷之下，政费无着，教育费无着，海陆军之欠饷亦无着。彼于全国告穷之时，竟有一千三百余万之大宗款项，以供贿选之用，是竭天下人之膏血以制造一人之虚荣，事之不平宁过于此！群起反抗，函电纷驰，足征人心大有可用。我孙大元帅俯顺舆情，大张挞伐，凡有血气，靡不赞同。所望全国志士风起云涌，毋徒空谈，力谋实力之援助，尤望东江将士及从前护法诸公，年来显被欺朦，致为利用或自相残杀，或袖手旁观，酿成今日牵制之局者，及时觉悟，回复感情，一致讨贼。否则鹬蚌相持，渔翁得利。曹贼必掀髯而笑曰：天下英雄皆入吾彀中。我亦犹人，宁不愧死？况彼固素以北洋正统自囿者，势如段、张，位极徐、黎，尚遭屏弃，何爱于诸公？洪杨往事可为痛心。人生不满百，何苦舍正路而不由？或谓势成骑虎，难以中下，此激于一时意气之言耳。试问今日之事，国家为重，抑意气为重？权衡再四，当能豁然。更有一言以为北方将士告者：内乱频经，外患日急，不谋自决，何以图存？诸公诚欲亡国则已，若犹有丝毫爱护民国之心，而毁法乱国罪恶昭著之曹锟，何尚戴为至尊，容其宰制？即就诸公个人私益言之，朝发乞饷之电，夕派索饷之使，呼号奔走，所得几何？谓其经济困难耶，而贿选经费达至千万，奚自而来？敢断言曰：克扣军饷其一也。进言之，即牺牲诸公之生命名誉，以博曹氏一人之富贵也。好男儿公不能捍卫民国，徒成曹氏家贼之名；私不能博取升斗，以应个人事畜之用。苟非昏聩，其何以堪。燕赵古多豪侠，为今之计，服从民意，直取曹锟之首以告天下，上也。次则倒戈相向，欢迎讨曹之师，俾南北相持之局决于一朝，亦不失为识时俊杰。若执迷不悟，甘心附逆，延长战祸，徒苦生灵，公愤所在，行见曹锟授首，公等抑将何以自处？斯则策之下矣。伏念我孙大元帅自提倡革命以至今日，天下为公之念，无事不可以告人，其救国志愿终始不渝，亦为全国同胞所共见。以故满清之亡也，袁氏帝制之失败也，徐世昌、黎元洪受人傀儡而终归于失意以去也，无一不在意计之中，即无一不为主张贯彻之结果。此次提滇、桂、湘、粤、川、黔、赣百战之师，复得浙、闽、奉、吉、黑声应气求之助，且有农工商学各界，及海外华侨慷慨激昂之民气以为之后盾，是率天下以敌曹氏一人，胜败之机，奚待龟卜？卓文心存报国，志切锄奸，秣马厉兵，听候驱策，义无反顾，敢告邦人。如赋同仇，愿闻明教。中央直辖游击总司令朱卓文叩。养。印。

公　文

工商学各团体请愿大元帅早定北伐大计及组织革命政府文

为请愿事。窃曹锟以满清余孽，洪宪遗奸，复辟要犯，共和蟊贼强据首都，私买议员，内蓄国蠹，外结奥援，实行北洋专政，拒绝和平统一，溯其恶迹，恒河沙数。纵兵掠京，肆部淹湘，惨杀路工，毒殴学子，蹂躏人权，摧残教育，借债丧权，媚外失地，私据内阁，盘踞铁路，祸国殃民，罪大恶极。近复西袭川湘，南祸闽粤，压抑人民意志，销灭国家生机，况现外力浸入弥深，军阀凭依益固，政治经济久失独立，举国潮流皆趋革命，且和平统一已被拒绝，和平会议实资利用。总之，旧势力不除，外力更借以侵略，民治益难实现，敬恳大元帅早定北伐大计，组织革命政府，以革命统一中国，实现真正民主国家，特具呈请愿，仰祈赐鉴。此呈孙大元帅。

请愿人：广东工会联合会代表张瑞成
民权社代表阮绍元
广东民权运动大同盟代表冯菊坡
互助总社代表王德明
省教育会代表陈春圃
广东学生联合会代表伦湛恩
广东新学生社代表刘尔崧
广东女界联合会代表沈慧连、李韵潇
执信学校
广州内河货艇工会

互助总社周日强
市立第五高等小学校
潮属八邑旅省高等小学校
市立第三十七国民学校
广东省教育会
国立广东高等师范学校
市立第二十六国民学校
市立第二女子高等学校
市立第四高等小学校
广东附师学生会
图强医学校
广东公立警监专门学校
广东女子师范学校
酒楼茶室工会
广东女界联合会
南洋华侨真相剧社
岭南学校
市立师范学校
广东轮渡船务总工会
觉悟通讯社
市立甲种商业学校
市立美术学校
市立第九高小学校
妇孺医学校
广州法政学校
广州市立第十高小学校
市立保姆学校
市立第一国民学校
广东省立法大学校
市立第七高小学校
市立第五国民学校

土木建筑工会
棉丝自动研究社梅坚汗
佛山工会联合会代表梁敬
佛山理发工会
佛山制饼工会
广东铜铁工会
广东酒业工会邝孔
广州唐庄金银首饰工会代表梁镜秋
联义社海外交通部
广州肉行昭信工会
徽柔女学校
法大学校
黄沙陈馆联英乐社
志成高小女学校
市立三十一国民学校
海外华侨演说团
锦纶阖行
市立二十八国民学校
建国宣传团
广州药材工会
药材工会佛山支会
市立第四国民学校
市立第九国民学校
市立第十四国民学校
农专学校
市立第四女子高小学校
市立三十九国民学校
海员工会
工业学校
第二高小学校
第一高小学校

市立职业学校
市立第二十九国民学校
自强国民学校
体育女子学校
第五女子高小学校
工程学校
缝业工会
南海中学校
光华医学校
中华民国十二年十月二十二日

第三十六号（十一月九日）

目　　录

众议院议员王任化呈大元帅号电
中央直辖西路讨贼军总司令刘震寰呈大元帅径电
东路讨贼军总司令许崇智呈大元帅感电
中央直辖第一军军长朱培德呈大元帅沁电
广东无线电报总局局长冯伟呈大元帅感电
广东海防司令陈策呈大元帅感电
中央直辖广东讨贼军第一师师长李济深呈大元帅勘电
中央直辖滇军第一师师长赵成梁致林部长、胡总参议等漾电
中央直辖滇军第一师师长赵成梁呈大元帅漾电（略）
中央直辖第一军军长朱培德等呈大元帅感电（略）

命　　令

大元帅令

大本营参军长朱培德，现在出发东江，所有参军长职务势难兼顾，应免去本职，俾专任中央直辖第一军军长，督战前敌，以利戎机。此令。

中华民国十二年十月二十八日

公　　电

广东省议会议员刘经画呈大元帅真电

孙大元帅钧鉴：迩者曹锟擅用九百万之国帑，利诱数百名之议员与无赖，而伪造我国四万万人民之总统，强奸民意，舆论哗然，贿赂公行，秽腾中外。方之项城、河间、东海、黄陂等殆尤甚焉。且也徐州会议则主张复辟，项城称帝则受爵攻滇；近而纵劫临城，玷辱国体，破坏护法，侵扰西南，迹其素行，实属民国之罪人，任其管兵已为共和之梗阻。今举之当国执政，而又以金钱伪意出之，则国本必益动摇，政治必益窳败；若更使之代表对外，则外交必益失威严而致失

败，可断然矣。画上察贿选之非人，下本人民之公愤，对于曹氏总统地位，认为违法乱纪，决不承认有效。恳我大元帅联挈全国义师，大张挞伐，并希国人主持正谊，群起鸣攻。画愿据法律执鞭弭，誓随诸公以绳厥后。国事安危端在此举，邦人君子幸祈鉴诸。广东省议会议员刘经画叩。真。

众议院议员王任化呈大元帅号电

孙大元帅钧鉴：国贼曹锟贿选告成，法治扫地，临案交换，辱国侮民，中外腾羞，神人共愤。近更断丧国权，窃借外债，苟延伪号，残贼同胞。公等手造民国，护法多年，身统雄师，功昭海内。当曹贼逼宫索印之际，主张正义，万众同钦；今国脉垂危，转默然观望，岂竟待其自毙耶？然民情皇迫，切望来苏，务请即日誓师，伸明大义，肃清群丑，重奠山河，民国前途，实深企赖。众议院议员王任化叩。号。

中央直辖西路讨贼军总司令刘震寰呈大元帅径电

万急。广州大元帅钧鉴：国家不幸，妖异频仍，十稔共和，漂摇风雨。筹安、宗社接踵代兴，举凡法墨革命所经之程序，靡不依样新翻，筑杆随影。然国宪大防，奸雄夺气。观于当涂，帝制不敢遽为于癸丑元前，定武复辟，必待诸国会解散以后。约法庄严，凛然益见。不谓迁流今日，竟发生国会捏造大选人数，强举曹锟为总统之事，于揖让征诛而外，特开创局，肆无忌惮，一至于斯。论法律则授受同科，究因果则此贪彼赂，更无论曹锟一无知谬贩，秽迹彰闻，不足以妄玷元良。即使天命有归，而国会举措法律是循，以中外具瞻之巨典，乃投票出于利诱，人数纯任自为，恶例一开，永沦万劫，哀哀黎庶，托命何由。顾全国国民未尝稍负此辈，此辈胆敢于明目彰〔张〕胆，蔑视全国国民，公然作伪。此皆由国民平日对于国家政治得失一听此辈所为，莫〔漠〕不加意。于是此辈始则利用国民依赖惯性，徐受其欺，终乃视若固当，冥行罔顾。霜寒冰至，理势使然。故今日全国国民，对于国会曹锟私相交易之伪造，从违与否，实前路人禽之分界。且曹锟庸贼何如袁氏，国会群狙较当日劝进人物为孰愈，津保爪牙其行为顾虑，且又远逊于胜国旧顽。而滇池起义，洪宪崩沮〔殂〕，马场誓师，冲人避位。今日保阳运数，唯在全国国民自决之一念定之，愚亦知黄台再摘，抱蔓堪忧。第共和缔造几许艰难，法纪信条来从铁血，一旦为此辈以区区名位货贿之私，仓皇断送，旁若无人，再事优容，充类至尽，必至举薄海含灵殉其嗜欲，噬脐之悔，宁待陆沉。今日之事，我全国国民允当本能匡扶之义，清流士类自不乏谠论名言，主持正谊，农工商贾爱国素不后人，正宜急起直追，以拒纳租税，遏绝盗粮。至吾属军人身当思进，国事至此，生死以之，不容反顾，辄读卢张两公感东两电，剀切沈痛，容足惊风雨而泣鬼神，凡属同胞允当奉为模样，急赋偕行。夫取国会与国家比较，则国家为重，况回忆国会议员自元初迄今之往事，有利害，无是非，有爱憎，无善恶，积极而隔篱学吠，偏诩纵横，消极而立仗噤声，随人坐起，朝秦暮楚，早绝于国民，国民亦何庸其爱惜？更进而以维持百年大法与个人一时痛苦相催，则暂忍牺牲，力谋久远，始劳终逸，亦仁智所乐为。若夫国内各派畴昔偶因门户意见，或有出入，要不过难虚蛮触之争，际此拍浪稽天，尚望较量轻重，乘时蠲弃，携手偕行，为国民争回一线仅延之人格，亦以明公私恩怨之不容相紊。中国男子待罪行间，念此鞠凶，痛心何极。谨当追随全国英贤，相期挽救，一息尚存，义无容与。抑尤有进者，自直系造为法统重光之谬说，撮弄黄陂以事实总统，诬民惑世，借便阴私，复际我大元帅孙公谦衷伪抱，虚左待贤，神器久虚，遂使狡黠佥壬得以缘用时机，自埋自掘。夫莽移汉祚，白水中兴，闯治神京，南都崛起，值国命绝续之交，万不宜蹈袭拘迂，因循长冠。恳请孙公以大元帅权宜监国，速正大号，俾中外晓然于正统所在，然后胪列伪选情罪本末，昭告国人，不世之业，轩昊式凭。敬质邦人，伫候明教。中央直辖西路讨贼军总司令刘震寰呈叩。径。印。

东路讨贼军总司令许崇智呈大元帅感电

万急。广州捷报。大元帅钧鉴：顷接前方电话：柏塘方面我滇军与第一师及张、莫旅之一部，已将林虎部击破，我军缴敌枪甚多。【敌】甚为狼狈。我张民达、莫雄之两大部，昨在三径前方之杨村，缴敌陈炯光部枪约千枝，敌向黄蔴陂溃退。本晨在派尾缴刘志陆部枪数百枝，敌向观音阁溃退。现我军正向显村、黄蘇陂、观音阁方面追击中。谨闻。详情续报。崇智叩。感午。博罗发。印。

中央直辖第一军军长朱培德呈大元帅沁电

大本营大元帅钧鉴：林逆所部五千余人，于我联军抵柏塘时，即率众来犯，经我军迎头痛剿，前后作战不及一昼夜，已于今午将其完全击溃，情形极为狼狈。查林逆为敌人重心，始受此大挫，此后无能为役矣。惟残敌仍须廓清，刻正联合各友军向此残敌追剿中。谨以奉闻，祈舒睿念。朱培德叩。沁午。印。

广东无线电报总局局长冯伟呈大元帅感电

大元帅钧鉴：顷据博罗无线电第一站报告：我军在派尾、观音阁、黄蘇陂、杨村等处，击破林虎、刘志陆、陈炯光等部，缴枪千余枝，现在追击中。谨此奉闻。局长冯伟叩。感。

广东海防司令陈策呈大元帅感电

广州大元帅钧鉴：奉读子超、展堂、沧白、海滨诸公及两院议员庚电，对于曹锟贿选内幕，揭发靡遗，足使神奸褫魄。窃维民国成立基于大法，毁法灭纪国乃灭亡。逆贼曹锟利欲薰心，滥窃名器举行大选，贿赂公开，秽德彰闻，贻笑中外，凡有血气莫不痛心。一般无耻议员，复利令智昏，甘心助逆，形同市贩，狼狈为奸，纲纪无威，廉耻道丧。循此以往，国家将日蹙于危亡之域，言念及此，宁勿寒心。溯自民国以还，武人柄政，虽穷兵黩武，扰攘不休，然对于国家大法，犹或有所顾忌，罔敢摧折。今曹锟以总统梦热，不惜倒行逆施，宿愿既偿，则毁法乱纪，误世殃民，亡国灭身，一切在所不顾。似此鸱张，虽古称神奸巨恶，未足以比拟，斯诚旷世所骇闻，古今之剧贼也。策忝列戎行，待罪南服，讨贼救国，具有同情，当此存亡呼吸之交，国势阽危，岌岌不可终日。庆父不除，鲁难未已。惟有追随诸公之后，同伸天讨，剿彼元凶以定国是。磨盾无文，诸祈谅察，不尽欲言。广东海防司令陈策叩。感。印。

中央直辖广东讨贼军第一师师长李济深呈大元帅勘电

万急。广州大元帅睿鉴：本月宥日，林逆犯兵柏塘，经我联军迎头痛击，激战两昼夜，经将逆军击退，敌兵纷纷向埔前一带弃械溃逃，现正在追击中。此役职师伤亡官兵百余名，夺获枪枝无数，俘虏数千名，敬先电闻。师长李济深叩。勘。埔前发。印。

中央直辖滇军第一师师长赵成梁致林部长、胡总参议等漾电

广州大本营探转子超、展堂、沧白、海滨诸公及参众两院议员先生钧鉴：奉读庚电，义正辞严，莫名钦佩。成梁当即仰体诸公意旨，通电讨贼以为诸公后盾。兹将原电照抄奉阅，希赐观览。文曰：（衔略）奉读子超、展堂、沧白、海滨诸公及两院议员先生庚电，对于举发曹、吴两逆及两院议员之卖身分子称□违法罪状，片肤不留，万目共睹，不啻经法庭宣告死刑。自来发生政变，无论其原因结果如何，当其昙花初现，必引起国人一般之研究，从未有离奇变幻如此次北京之怪现象者。纵三尺童子，亦知视为中华民国历史上空前绝后一大污点。□人格、道德、法律已经若辈剥丧无余，然其影响亦仅及其本身及藏污纳垢之小区域而已。惟是形式上之障碍不除，对内则庶政施行无自，对外则国际地位堪虞，此则非全种者锄而去之，凡我邦人责无旁贷。成梁不敏，忝列戎行，誓当本大元帅革命之精神，及两院诸公勖勉之雅意，张我挞伐，殄彼凶残。临电磨盾，不尽一一。滇军第一师长赵成梁叩。漾。印。

第三十七号（十一月十六日）

目　录

命　令

训　　令

指　　令

公　　电

批　　示

训　　令

大元帅训令第三四四号

令广东省长廖仲恺、广州市市长孙科

为遵令事。自军兴以来，用度浩繁，经于广州市内筹集租捐，各市民深明大义，捐租两月均已先后踊跃输将，用能士饱马腾。西北两江以次戡定，惟陈逆凶狡阻兵，安忍凭恃地形至今未伏其辜，兵连既久，军用复绌。为此，令仰该省长、市长转令公安局，于广州市内再向各房东、业主借用租金一个月份。此项借用租金，准予满一年之后，加二归还，并于收到款项时，一律发给收据。此项收据，准予满一年之后，持向政府缴纳各种税饷，仍作加二抵缴。其每月份租金未满五元者，概行免借。其征收借租以及掣发收据各事，均着由该局妥为办理，并着该省长、市长传谕市民，本好义之初心，助戡乱之大业，争先筹借，用竟全功，善始善终，共纾国难，有厚望焉。除分令外，仰即遵照办理。切切。此令。

中华民国十二年十一月七日

指　　令

大元帅指令第五八一号

令广东财政厅长邹鲁

呈及章程、简章均悉。所请设置广东田土业佃保证局，系为保障农民业佃双方利益起见，事属可行，应予照准。章程第七条间有未妥之处，经予修正合行抄发，仰即遵照办理可也。此令。

中华民国十二年十一月六日

附原呈

呈为呈请事。窃为政之道，无讼为要，而诉讼之案争执之端，多起于田土。买卖之争，以契据为断；租赁之争，以批约为断。惟契据则有税验可查，批约并无保证可问，甚非止讼息争之道也。且吾国以农立国，经济之运用，赋税之征收，亦以田土为多。现拟整理财政，必先从田土入手。职厅前经呈请设立经界局为清丈准备，而业佃关系于田土亦极重要，亟应设置田土业佃保证局，以期相辅而行。迩来物价腾贵，田价因以日昂，业主无故加租及佃户借端霸耕之事时有所闻，一经设局为租赁批约之保证，则此等讼案无由发生，既可消讼端于无形，自易得业佃之同意，而政府可酌收照费。以粤省田土三十五万顷，每亩租银五元计之，则于财政收入亦不无小补。兹经拟定《广东田土业佃保证章程》十二条及《保证局组织简章》七条，并附说明理由具呈帅座鉴核。是否有当，仍候指令祗遵。谨呈大元帅。

附呈《广东田土业佃保证章程》及《保证局组织简章》二扣

广东财政厅长邹鲁印

中华民国十二年十月二十七日

《广东田土业佃保证章程》

第一条　本章程为保证田土业佃租赁批约切实履行，增进双方之利益而设。

理由：查粤省田土多批给佃户耕种，每有业主易批或佃户踞耕等事发生，致起诉讼。推原其故，皆由租赁批约订后，未得官厅保障所致。兹为保障农民承佃权利，及维持业主所有权之安全起见，特设本章程保证之。

第二条　凡租赁沙田、海田、潮田、山田、围田、基塘、果园、葵园、晒地，以种植、畜牧、农产、水产等品者，不论向业主直接承租或向批家间接转租，皆由田土业佃保证局转发执照，以资保证。

理由：田土名目繁多，除自业自耕应免领照外，其他田土凡为种植、畜牧之用者，无论直接承租或间接转租及以一田分批，辗转数手，所有批约均由政府设局给照，互相证明以资保证。

第三条　执照分为四联，除一联存查，一联缴验外，发给业佃各执一联为据，并由局注册，保证双方租约上之效力及左列之利益：

甲、租项无论上期下期分年分季，佃户须依批约缴交，不得拖欠霸佃。

乙、佃户承租田土除另有特约外，凡租期届满解约时，须将原址丘段亩数点还业主，不得移换侵匿。

丙、业主非俟佃户批租期满，不得易佃及加租。

丁、批租期满，由业主另定租项。召佃时，如原佃租价相等，应由原佃优先批赁，如无前项执照，护沙局、自卫局、沙夫等不得发给收获运放各票据。

第四条　无论业佃何方违反前条规定时，得由相对人摘录执照号数，函请该管田土业佃保证局查册核明，转函主管机关究追，负其保证之责。

第五条　业佃串同短匿租额者，其所持租约不得认为有效证据，遇有佃户欠租，霸佃、加租等事项发生，官厅概不受理；其假托自业自耕图免领照者，一经发觉，即照应缴费加一倍处罚。

第六条　请领执照应由佃户将左列事项开报，携同原批约缴交该管田土业佃保证局核办，原批约验毕，即编号盖戳发还。

一、业主与佃户之姓名、籍贯、住址。

二、田土所在地及亩数丘段。

三、佃作种别及其租额数量。

四、抄白原约全文。

第七条　执照费以一次过为限，按照租额值百收三，业二佃一，分两年缴纳。第一年业主缴纳百分之二，第二年佃户缴纳百分之一，并得一次缴足。其业主应缴之款，先由佃户代缴，俟交租时，于原租额内扣回。如以佃物为租，而无租额可计者，即以所交收之佃物照时价估算为租额。

凡属围田有围底、围馆、禾场顶手者，准照前项按值缴费附记证明。

理由：此项执照系保障业佃双方利益，故照费由业佃分别负担，欲使农民易于筹措，故分两年征收。现在田土租价奇昂，每亩自四五元至数十元不等，更有达至百元以上者。今值百抽三，业二佃一为数极微，业主应缴纳之二元，由佃户先垫后扣，收费较为便利。至不计租项订定特约，取偿于佃作之物者（如业主批塘收鱼或批田收禾之类），是即按时值估计，又各属围田之有围底顶手者，准依章程办理，系为保护农民普及起见。

第八条　田土业佃保证局收受佃户报告及第一年照费时，应即通知业主，限十日内将佃户领约或租部缴验相符，再通知佃户持收条到局换给执照。如属伪冒，即行撤销。倘业主逾期不将批约或租部缴验，又不声明故障时，作为默认。一经给照，无论何人不能提出异议。缴纳第二年照费时，只须持呈原领执照复验注明，即准发给收条，若由业主请领执照，将领约租部呈验缴纳照费时，所有程序准用前项及本章程第六条、第七条之规定。

理由：广东承佃田土习惯，由业佃互立字据交执业户，所立名曰“批约”，佃户所立名曰“领约”或曰“批领”，文义大致相同。间有无批无领只立租部或用口头者，倘由业主或佃户开报缴费，均须通知相对人提出所持之证据，以资印证，而别真伪。若隐匿默认，是为甘自抛弃权利。

第九条 本章程公布后，限一个月内，由佃户缴费领照，逾限一个月罚二成缴纳，两个月罚加四成缴纳。以后每逾一月，递加二成，至一倍为止，但由业主缴费领照时，不受加罚之拘束。向用口头契约者，自本章程实行之日起，限十五日一律改为书面契约领照。

理由：近来田土租价日昂，贪租、易佃及欠租、霸佃者比比皆是。本章程系调剂业佃利害，增进社会和平，故须于章程实行后，分别定限缴费领照，然租项系由佃户缴交业主，故责由佃户先垫，以俟届交租时，按数扣回，或稍顽延，酌予处罚，亦不为过。如业主自请领照保证，自当免予处罚，以示优异。至租约虽有口头、书面之分，但适用书面者达十分之七八，如鹤山种植烟叶及各县僻乡小部分田土，亦有用口头契约者，殊不足以杜争端。本章程实行后，概应改为书面，以资保障，系为采取证主义起见。

第十条 执照遗失或损坏时，得向该管田土业佃保证局补领，但每张须缴照费五角。

第十一条 本章程施行细则，由田土业佃保证局体察各该地方情形，拟呈核定施行。

第十二条 本章程公布后，自各田土业佃保证局成立之日实行，如有未尽事宜，得随时增订之。

《广东全省田土业佃保证局组织简章》

一、广东田土业佃保证总局，隶属广东财政厅监督。所属分局，管理全省田土业佃给照、保证等事项。

二、总局设于省城，除南、番两县给照、收费、保证各事项由总局直接办理外，其余各县均设分局，隶属总局，并得因当地情形由分局设置分所。

理由：查省外各县习惯互异，除南、番两县附近省城可直接由总局办理外，其余各县设置分局或更添设分所，委托地方公共团体办理，务以因地制宜易收速效为主旨。

三、总局局长由广东财政厅委任，分局局长由总局委任。

四、总分局应设置人员，各因事务繁简，分别设置，各由本局委任之。

五、总分局应支一切经临费用，准于收入照费项下提扣二成分配，总分局各占一成，以应支需。

理由：总分局及分所，均属创设开办之始，事务纷繁，需费尤巨，所需经常、临时各费用，即于收费项下提扣二成分配，不另请领。

六、农会或公共团体，护沙局、乡局等佐理催收照费，准于收入照费项下提扣一成为补助费。

理由：田土租赁给照保证，关系农民利益颇巨，而征收此项照费，手续亦极繁琐，隐匿瞒报在所不免。惟农会及公共团体，护沙局、乡局等，素与农民亲近，若由其稽查劝导，自易进行，而地方公益事业，亦可借资补助，实属一举两得。

七、本简章自核准之日施行。

公　电

中央直辖滇军第四师总指挥官禄国藩等呈大元帅齐电

广州大元帅钧鉴：（余衔略）被我军在横沥击败约八千余之敌人，于老虎隘抵抗为我军驱逐后，该敌经谢冈退至黎村防御。虞晚有逆将杨坤如部三千余，由惠州星夜增援，意图反攻。齐晨七时，我军四、六两师向黎村猛攻，敌人扼要固守，彼此激战约三小时，我军四师八旅由右包超敌之侧背，七旅、十二旅由正面猛攻，我六师十一旅乘机由我左翼以密集部队冲锋。敌势不支，纷纷向淡水、惠州两路溃退。我军一部向退淡水之敌尾追，我四、六两师向鸭子铺一带攻击前进，已于午后五时占领鸭子铺。是役夺获敌枪六百余枝，俘虏营长二员、士兵三百余名，辎重无计。余情后详，谨此电闻，滇军第四师总指挥官禄国藩、第六师总指挥李根云。齐酉。印。

第三十八号（十一月二十三日）

目 录

训 令

大元帅训令第三五六号

令广州市市长孙科

据广东地方善后委员会呈称：现据广州市民何为善、徐保民请愿设法保证民业一案，并附具《民业保证条例》到会。当经本会委员提出会议，随付审查，一致通过，并议决《民业保证条例》十四条，理合建议呈请鉴核施行等情，并粘呈条例一折前来。据此，应予照准。除指令外，合行令仰该市长即便遵照办理。条例抄发。此令。

中华民国十二年十一月二十一日

《广州市民业保证条例》

第一条　本条例之设，系因近日妄报官产、市产者接踵纷乘，以致市内大起恐慌，不得不设法救济，以为人民私权之保障。

第二条　一切民有不动产，均须赴民产保证局缴纳一次过之保证金，领取民产保证，不得以前曾奉有官厅布告及批示为借口。其前经缴款由官厅承领有执照者，一律赴局领证，但不用缴纳保证金，只缴纳保证纸张费，每张一元。

第三条　凡已经领得民产保证之业，无论何项机关不得再行投变。

第四条　本条例公布后，各该业主应将产业坐落、四至及价值详细开列，连同本身红契赴局验明，分别缴款领证，其红契即日发还。

第五条　民业保证征收保证金之定率如左：

一、土地保证金，按照产价抽百分之二。

二、上盖保证金，按照产价抽千分之一。

第六条　上条土地及上盖产价均以红契为标准，如业主愿加报价值者听。

第七条　如有买得经领民产保证之产业，欲将产价呈报增加时，应将上年业主领得之保证持赴民产保证局请换新证。其征收保证金办法，应于新报产价全额内除去原报价额，只照增报部分按照定率征收之。

第八条　市内各业户须自布告日起，限十日内缴款领证。逾期领证者，得按照所逾日期之多寡、另订章程处罚之。

第九条　自本条例实施之日起，即行停止举报官产及市产。

第十条　如有将官厅已经取销之契照或伪造契照瞒请领证者，除将已缴款项没收及按照产价加倍处罚外，并治以应得之罪。

第十一条　凡未经请领民产保证之官产、市产，仍由该管机关照常办理。

第十二条　如人民发觉办理此项民业保证之官吏有营私舞弊，经证实时，应指名呈由广东地方善后委员会呈请政府严行惩办。

第十三条　为保障民业起见，广东地方善后委员会每日派委员二人到办理此项民业保证机关督察之。

第十四条　本条例自广东地方善后委员会议决后，呈大元帅公布施行。

大元帅训令第三五九号

令四川讨贼军总司令熊克武、川军总司令刘成勋

自直系军阀挟其武力，勾结佥壬，扰乱四川，本大元帅特令川军将帅分道讨伐来犯各股，以次廓清。顷据该总司令巧号两电报称：【贼】据重庆江北两城负嵎自固，我军四面环攻，鏖战数旬，由赖总指挥严督各军，肉薄血战，于十月十六日克复重庆，贼众崩溃，已不成军。皆由我将士忠勇奋发，克集大勋。闻讯之余，深为嘉慰。着该总司令等督率各军，迅速扫荡，肃清川境，并力中原，以副本大元帅伐罪吊民之意。至此次有功将校，着先传令嘉奖，并由该总司令等择尤保荐，予以褒荣，以昭懋赏，将此通令知之。此令。

中华民国十二年十一月二十三日

大元帅训令第三六〇号

令粤军总司令许崇智

为令遵事。照得戎事方殷，指挥作战既属要图，整理训练并为急务。曾经任命许崇智为粤军总司令，所有东路讨贼军所属全部及广东讨贼军第四军、广东讨贼军第一师、广东讨贼军第二师、广东讨贼军第三师、高雷绥靖处、钦廉绥靖处、连阳绥靖处、虎门要塞、长洲要塞、海防司令等各部队，以及姚雨平、朱卓文、李天德、徐树荣、李安邦等所部，凡属于粤军范围，着统归总司令编练整顿、节制调遣，

期成劲旅，而卫国家。合行令仰该总司令遵照，仍将办理情形呈报查考。此令。

中华民国十二年十一月二十三日

大元帅训令第三六一号

令桂军总司令刘震寰

为令遵事。照得戎事方殷，指挥作战既属要图，训练整理并为急务。曾经任命刘震寰为桂军总司令。所有属于桂军范围各部队，着统归该总司令编练整顿、节制调遣，期成劲旅，而卫国家。合行令仰该总司令遵照，仍将办理情形呈报查考。此令。

中华民国十二年十一月二十三日

指　　令

大元帅指令第六一七号

令大本营外交部长伍朝枢

呈悉。此令。

中华民国十二年十一月十二日

附原呈

呈为呈复事。窃奉帅座发下马伯麟歌电内称：本日正午十二时十分钟，据炮台瞭望兵报告：远望有兵舰四艘进口，开行甚速，形式与北洋舰相同，并未升旗等语。司令当令旗兵用红旗示令停止，该兵舰等竟不升旗答复，仍向我台前进。经令新冈台开炮一发，距该兵舰船头约五十米达降落，该兵舰始升头尾旗。查系日本兵舰，即令放行。查职部戒严时期，外国兵舰虽应放行，然必须外国舰队于进出口时，先行通知或早升旗以示标识，方免误会。拟请钧座函知各国领事知照等语。并奉帅谕：戒严期间入夜时，无论何项船只，不准通过等因。奉此，部长查昨接大本营李参谋长烈钧函称：近来战事方殷，虎门、长洲、厓门、横门等处，及各海口要塞，均属戒严期内，兹定每日晨七时以后下午四时以前，为中外各兵舰船只入口时间，至外国军舰如欲驶经内河，应请通知各国领事，务于四十八小时先行通告，以便转饬知照，而免误会等由。业经令行特派广东交涉员分函驻广州各国领事转致各该国兵舰知照在案。奉发前文，除令特派广东交涉员知照外，理合备文呈复察核。谨呈陆海军大元帅。

大本营外交部长伍朝枢印

中华民国十二年十一月八日

大元帅指令第六三〇号

令大本营建设部次长伍学熀

呈悉。所拟事属可行，准予办理。此令。

中华民国十二年十一月十九日

附原呈

为条陈管见呈请鉴核事。窃以东江军事发生，饷糈奇穷，司农兴仰屋之嗟，将士有绝粮之叹。现在筹款方法，如变卖官产、抽收租捐、举办商业牌照等，固已应有尽有。然大率筹之岸上市民，绝未筹之水上。广东海面辽阔，港灌纷歧，船民浮海为家，无虑千数百万。同是国民分子，似应稍尽义务以纾宵旰之忧，而尽国民之责。学熀之愚，以为当此民穷财尽，筹无可筹之时，谓宜筹办广东全省船民自治联防，一可发扬民治，一可裨助饷糈，一可肃清海盗。一举而数善，备计无有逾于此。如蒙采择，拟请遴派公正大员，充任广东全省船民自治联防督办，以专责成而资督促。一俟试办两月，确有成效，再行准予续办，似于筹款前途不无小补之处，伏候钧裁。谨呈大元帅。

大本营建设部次长伍学熀

中华民国十一年十一月十六日

附　　录

黄昌谷启事：征求大元帅在桂林演说词

大元帅前年出巡桂林时，对政学各界演说词已发表于报章及单行印本者，约有五六种。此项底稿，第遭去年陈军叛乱，完全遗失。现欲代帅座保存起见，故特登报征求。如同志有现存此项演稿，或有亲朋现寓桂林，寄缄该城向旧道尹署广西日报馆觅得全份者，即请寄交大本营金库收。报酬从丰，决不食言。事关吾党主义之宣传，极为重大，万希协力广为征求为幸。

第三十九号（十一月三十日）

目　　录

命　　令

大元帅令

据川军总司令刘成勋、四川讨贼军总司令熊克武歌电报称：杨森、邓锡侯、陈国栋此次勾结北军，招致袁祖铭蹂躏川省，刘湘助长凶焰，残民以逞，丧心病狂，莫此为甚。予一律褫夺官职荣典，并明令通缉究办前来。查直军祸川，人所共愤，该刘湘等胆敢效忠伪廷，糜烂川省，实属背叛民国，罪无可逭。刘湘、杨森、邓锡侯、陈国栋、袁祖铭等，着褫夺所有官职荣典，并着各省军民长官饬属一体协缉，务获惩办，以儆顽凶，而伸国纪。此令。

中华民国十二年十一月二十七日

训　　令

大元帅训令第三六二号

令大本营军政部长程潜

据大本营驻增城命令传达所【所】长胡谦养午代电称：逆军陈修爵、谢文炳、谢毅、周天禄等，纠合土匪共约三千人，乘我东江作战军变更之际，于本月十一日来犯我增城，经率海防陆战队徐团、西路第十三旅李海云旅、直辖讨贼军黄进瑞部、东路第一路吴司令铁城部、第三军黄司令兆楠、罗团长家驳及直辖第三军卢军长所部谭支队等部登城固守，剧战十二昼夜，击毙敌军土匪数百名。本晨王总指挥秉钧率领大军来援，当即内外夹击，敌势不支，向正果方面溃退，增围获解，地方无恙。查增城无险可恃，加之粮缺弹乏，军非训练，幸保一隅之安者，全赖帅座之福威，诸将士之用命与友军之来援迅速，始获收此效果，谨电奉闻等语。除电复，养午电悉。该所长提疲困之兵，当方张之敌，居无险之地，守援绝之城，卒能固结军心，效死无去，苦战旬余，力全危城。城存与存，吾国数千年军人之美德，于今再见。兹阅来电，慨焉兴盛〔感〕，嘉许之怀，有逾恒量。着军政部详查此役出力人员，汇案从优议赏，以酬殊勋，尚宜努力戎行，用竟全功，有厚望焉外，合行令仰该部长即便查照办理。此令。

中华民国十二年十一月二十五日

大元帅训令第三六五号

令广东省长廖仲恺

为令遵事。广东全省田土业佃保证局所有收入，着拨为国立高等师范学校经费。为此，令仰该省长即便遵照办理。此令。

中华民国十二年十一月二十八日

指　　令

大元帅指令第六六〇条

令大本营建设部长林森

呈及清折均悉。准如所拟施行。此令。

中华民国十二年十一月二十六日

附原呈

呈为拟订《国有荒地承垦条例》仰祈鉴核事。窃查吾国地大物博，人口繁多，惜民众集中都市，地利废而不治，童山荒野所在皆是，亟宜提倡开垦，以辟土地，而原民生。兹拟订《国有荒地承垦条例》三十二条，缮具清折随文呈请鉴核，伏祈明令施行，实为公便。谨呈大元帅。

谨呈《国有荒地承垦条例》一扣

大本营建设部长林森

中华民国十二年十月三十一日

《国有荒地承垦条例》

第一章　总　　纲

第一条　本条例所称之国有荒地，指江海、山林、新涨及旧废无主未经开垦者而言。

第二条　凡国有荒地除政府认为有特别使用之目的外，均准人民按照本条例承垦。

第三条　凡承领国有荒地开垦者，无论其为个人或为法人均认为承垦权者。

第四条　前条之个人或法人之团体【成】员，非有中华民国国籍者，不得享有承垦权。

第二章　承　　垦

第五条　凡欲领地垦荒者，须具书呈请该管官署核准报部立案。

第六条　呈请书须记载左列各项：

一、承垦人之姓名、年龄、籍贯及住所，若系法人，则发起人及经理人之姓名、年龄、籍贯住所，其设有事务者，并记其设置之地点。

二、承垦地形及规划隄渠、疆里之图。

三、承垦地面积计若干亩。

四、境界东西南北各至何处，与某官地或民地交界；若指定该荒地之一部分者，并记其方隅。

五、种类：江、河、湖、海、涂滩地、草地或树林地。

六、地势：平原、高原、山地、干地或湿地。

七、土壤：土质、土色、并沙砾之多寡。

八、水利距离江海河湖远近，一切隄岸沟渠规划建设之概要。

九、经营农业之主要事项：种谷或畜牧或种树。

十、开荒经费若干。

十一、预拟建辟隄渠疆里工程及竣垦年限。

第三章　保证金及竣垦年限

第七条　承垦人提出呈请书，经该管官署核准后，须按照承垦地亩每亩纳银一角，作为保证金。

前项保证金得以公债票及国库券缴纳。

第八条　承垦人缴纳保证金后，即由该管官署发给承垦证书。

第九条　承垦证书须记载左列各事项：

一、第六条第一款至第十一款之事项。

二、承垦核准之年月日。

三、保证金额。

第十条　承垦地除建辟隄渠画分疆里工程外，因亩数多寡预先竣垦年限如左：

一、草原地：

一千亩未满者	一年
一千亩以上二千亩未满者	二年
二千亩以上三千亩未满者	三年
三千亩以上四千亩未满者	四年
四千亩以上五千亩未满者	五年
五千亩以上一万亩未满者	六年
一万亩以上者	八年

二、树林地：

一千亩未满者	二年
一千亩以上二千亩未满者	三年
二千亩以上三千亩未满者	四年
三千亩以上四千亩未满者	五年
四千亩以上五千亩未满者	六年
五千亩以上一万亩未满者	七年
一万亩以上者	九年

三、斥卤地：

一千亩未满者	四年
一千亩以上二千亩未满者	五年
二千亩以上三千亩未满者	六年
三千亩以上四千亩未满者	七年
四千亩以上五千亩未满者	八年
五千亩以上一万亩未满者	九年
一万亩以上者	十一年

第十一条　承垦人受领承垦证书后，一个月内须设立界标或开界沟。

第十二条　承垦人受领承垦证书后，每年度之初，一月内须报告其成绩于该管官署。如满一年尚未从事隄渠疆里工程或开垦者，即撤销其承垦权，但因天灾地变及其他不可抗力，曾经申明而得该管官署之许可者，不在此例。

第十三条　已满竣垦年限尚未全垦者，除已垦地外即撤销其承垦权，但因天灾地变及其他不可抗力而致此者，得酌量展期。

第十四条　本于第十二条之规定而撤销其承垦权者，应追缴其承垦证书，其保证金概不返还；本于十三条之规定而撤销其一部承垦权者，当更换其承垦证书，其被撤销部分之保证金亦不返还。

第十五条　承垦人对于前三条之处分有不服者，准其提起行政诉讼。

第十六条　承垦权得继承或转移之，但须呈请该管官署核准。

第四章　评价及所有权

第十七条　承垦地给承垦证书后，即由该管官署勘定地价分别登记。

第十八条　承垦地之地价除认为有特别价值应公开投承外，分为五等，其别如左：

产草丰盛者为第一等	每亩一元五角
产草稀短者为第二等	每亩一元
树林未尽伐除者为第三等	每亩七角
高低干湿不成片段者为第四等	每亩五角
斥卤砂碛未产草之地为第五等	每亩三角

第十九条　地价按每年竣垦亩数缴纳。

第二十条　缴纳地价时，得以所缴纳之保证金抵算。

第二十一条　于竣垦年限内提前竣垦者，得优减其地价，其别如左：

提前一年者	减百分之五
提前二年者	减百分之十
提前三年者	减百分之十五
提前四年者	减百分之二十
提前五年者	减百分之二十五
提前六年者	减百分之三十

第二十二条　承垦者依十九条之规定缴纳地价后，该管官署应按其缴纳之亩数给以所有权证书。

第二十三条　承垦地于竣垦一年后，按竣垦亩数一律照各该地之税则升税。

罚　则

第二十四条　本条例施行后，凡未经该管官署之核准私垦荒地者，除将所垦地收回外，每地一亩处以三元之罚金。

第二十五条　违背第十一条、第十二条报告成绩之规定者，处以五十元以上二百元以下之罚金。

第二十六条　违背第十六条之规定，除将承垦权撤销外，并处以一百元以上二百元以下之罚金。

第二十七条　呈报升科之亩数不实者，每匿报一亩，处以三元之罚金。

附　则

第二十八条　本条例除边荒承垦条例所定区域外，均适用之。

第二十九条　本条例于公布三月后施行。

第三十条　本条例施行前，私垦荒地未经缴价者，须于本条例施行后六个月内补缴地价，前项地价每亩均缴一元五角。

公　电

大元帅令大本营驻增城命令传达所所长胡谦有电

增城命令传达所胡所长鉴：养午电悉。该所长提疲困之兵，当方张之敌，居无险之地，守绝援之城，卒能团结军心，效死无去，苦战旬余，力全危城。城存与存，吾国数千年军人之美德，于今再见。兹阅来电，慨焉兴感，嘉许之怀，有逾恒量。着军政部详查此役出力人员，汇案从优议赏以酬殊勋。尚宜努力戎行，用竟全功，有厚望焉。此令。大元帅有。

第四十号（十二月七日）

目　　录

命　　令

训　　令

指　　令

公　　电

训　　令

大元帅训令第三六九号

令中央直辖滇军总司令杨希闵、湘军总司令谭延闿现届盐引冬销正旺之期，正赖各盐船源源运载以应销场。着北江各军队将所封用各盐船，一律即行交回各盐商收管应用，庶便运销而裕饷源。合亟令仰该总司令即便严饬所属一体遵照，毋任延抗。切切。此令。

中华民国十二年十二月一日

公 电

湘军第六军军长蔡钜猷呈大元帅有电

特别提前，无限火急。广东大元帅钧鉴：湘战迁延半稔，详情迭呈睿查。前此职部肃清资、源〔沅〕两域，进抵湘□河防，湘南友军亦节次克复长沙、攸、醴等处。本可乘势解决湘局，不意中为和议所误，使赵氏得以乘间勾引北兵入湘，助纣为虐，遂致长沙得而复失。职部河防亦被冲破，万不得已，始缩短防线，集中兵力退保资河，徐图反攻。旋因沈逆鸿英由赣返扰郴、桂，鲁军长率部往剿，谭总司令亦退保郴、耒，敌遂以重兵专犯湘西，并乘虚侵入武、宝，分兵三路猛力来攻。职变更战略，诱敌深入溆浦，令所部迎头痛击，四面包围，远伏〔仗〕威福，大获全胜。夺获大炮四门、机枪六尊、步枪二千余枝，俘虏千余名，敌军完全覆没。是役也，敌以贺耀祖一师，王者师、张湘砥各一旅之众长驱入溆，其势汹汹，差幸将士用命，一战歼敌，不仅湘西危而复安，即湘局及西南全体，均一〔不〕无关系，诚非仰托钧帅鸿福不致此。现在资河业已恢复，惟宝庆尚被敌占踞，刻正分饬职部限期克复宝庆，疏通湘南交通线，借便联络，同时大举反攻长沙。但职部子弹久罄，无法补充，万恳拨发大批子弹，迅由湘南运给，以充军实而壮军威，并就近电催谭总司令即日督师反攻，俾获早清敌氛，迅奠湘乱，然后追随节钺，会师武汉，北定中原，扫荡搀枪，统一寰宇，以副帅座殷勤惓念至意。毋任屏营待命之至。职蔡钜猷叩。有。

川军总司令刘成勋等呈大元帅支电

广东孙大元帅钧鉴：本年九月据四川讨贼军第一师师长、川东边防军前敌总指挥汤子模虞电详陈：日清公司宜阳、云阳两轮，装运敌军械弹，驶经戒严区内，不服检查，击毙官兵六名。嗣经各该官兵奋力冒险登宜阳丸，检获手枪数十枝、枪弹百余万发、炮弹三百余发，捕获司机日本人二名，敌军军械处长张运巩一名，云阳丸即乘间鼓轮逃逸等情。查前此检获敌军各电内称：将子弹改装罐头箱样，分搭外国轮船载运入川等语。早经分令成渝交涉员分向各国驻川领事通告，并请切实查办各在案。兹据汤师长电称各节，该日清公司实属故违公约，破坏和平，当经电饬将张运巩管押候办，并将宜阳丸及该轮司机日人妥为扣留，并分令成渝交涉员速向驻川日领事严重抗议，请将该轮船员依例审判从重惩处；立饬日清公司交出脱逃之云阳丸一并惩处，并赔偿此次所受损害；禁止该公司轮船在川江营业等语。分别印发去讫。兹复据石总司令青阳转呈汤师长呈称：该师长向该日商提出抗议，应赔偿我军一百万元之代价，恳请严重交涉并请转呈钧座核示，等情前来。除分令成渝交涉员查照核办外，理合详呈全案情形，电请鉴核示遵。川军总司令刘成勋、四川讨贼军总司令熊克武叩。支。印。

第四十一号（十二月十四日）

目　录

命　令

训　令

指　令

大元帅指令第六九六号——第六九九号、第七〇一号——第七一三号、第七一六号——第七二一号、第七二七号——第七二九号、第七三一号、第七三三号（略）

大元帅指令第七二四号（附大本营财政部《特设广东沙田验领部照处简章》、《广东沙田验领部照章程》）（略）

公　文

大本营财政部长叶恭绰、外交部长伍朝枢致安格伦总税务司公函文

广东公民大会呈大元帅请愿文

公　电

大本营外交部长伍朝枢致上海总商会、银行公会、钱业公会、天津银行公会真电

美洲粗李度埠国民党分部呈大元帅电

联义社呈大元帅电

训　令

大元帅训令第三八三号

令广东省长廖仲恺

为令饬事。据湘军总司令谭延闿呈称：案据湘军总指挥鲁涤平阳电称，连日战斗，各路官长均身先士卒，殊属可嘉，恳传令奖誉。抑克服始兴之奖款一万元，乞饬员星夜送来前方，以全职之信用，感同身受。南雄筹款日仅数百元，困苦之度不堪言状，该县陆续筹助各项给养，曾由职申明准作抵借。恳呈请帅座转令粤省长饬县备案，以十三年田赋作抵，免累于民，至为拜祷等情。据此，理合呈请钧座鉴核，发给克服始兴之奖款一万元，俾便转发，并恳令行粤省长准将南雄筹助湘军之款，以该县十三年田赋作抵，转饬该县长遵照备案，至为感祷等情。据此，除指令照准并予筹发奖款外，合行令仰该省长即行转饬财政厅及南雄县县长遵照。所有该县绅民陆续筹助湘军饷项应

准其照数抵纳该县应完民国十三年田赋，以免贻累而示体恤。切切。此令。

中华民国十二年十二月十三日

大元帅训令第三八八号

令广东省长廖仲恺、广州市市长孙科

为令遵事。查前因兵事未结，军用浩繁，曾令饬该省、市长转饬公安局于捐租两月之外，再向广州市内各房主借用一个月租金，并声明月租不满五元者概行免借，以示体恤在案。兹查得不满五元之铺宅实居多数，若概予免借，不惟军费亏缺过巨，不易另筹，且租额虽有多寡，业主不必即分贫富，而一借一免，办法两歧，转非平均负担之道，仍应一律照借，以昭公允而杜规避。为此，令仰该省、市长即行转饬公安局遵照办理，上紧催收，源源解缴济用。此项月额不满五元之房租，经借用后，仍应一律发给借据，定于满一年后加二归还，并准其于到期后，以借据照加二抵完政府一切税项，用示大信。际此战事将平，军需孔迫之时，想各市民必能本好义之初心，踊跃认借，借纾国难。仰该省、市长善为劝导，以竟全功。除分令外，切切。此令。

中华民国十二年十二月十七日

大元帅训令第三八九号

令广东省长廖仲恺、广州市市长孙科

为令饬事。查广州市沿岸各码头前经捐租两月以助军费，现在逆军虽屡被击败，战事尚未悉平，军用仍属支绌。所有广州市内各房主，无论租额多寡，均已令其于捐租两月之外，再认借一个月租金，以充军饷在案。码头收租与铺房事同一律，而利益之优厚过之，自应一律饬借，以均担负而裕饷源。为此，令仰该省、市长即行转饬公安局遵照办理，上紧催收，源源解缴以济急需。至此项借款，仍应照房租例填发借据，定于满一年后加二归还，并准其于到期后以借据照加二向政府抵完一切税项，用示大信，想该业主等既能慷慨捐助于先，必能踊跃认借于后，各本好义之初心，助成勘乱之大业，本大元帅有厚望焉。除分令外，切切。此令。
中华民国十二年十二月十七日

大元帅训令第三九一号

令广东省长廖仲恺

为令饬事。案查前据杨仕强等条陈田亩租借办法一案，当经发交广东地方善后委员会核议去后，兹据呈称：窃奉帅座交议杨仕强等条陈田亩租借办法一案，案关交议，自应遵照妥议以备执行。经于十二月十三日开特别会议，讨论结果，众以此案关系重要，务须审慎妥议，方副帅座体念民意之旨。即席举定审查员七人，现准审查员何季初等报告开：据杨仕强等条陈拟借田租一案，昨开会讨论通过，委季初等为审查员。此种条陈不过【仿】广州铺屋租借法以筹的款。不知田土与铺屋不同，缘舖屋常有人居住，向其收取自有负责之人，况附属省会早编门牌，警区督收自易。反之，田亩极难稽察。盖自满清以来，所有户口册籍、粮串根据多有失散，有税无田者，有田无税者，甚至沙田新渍，民田销灭，年湮日久变易沧桑。不但难办，乡人亦多怀疑，欲向其筹借，不如立办田土厅实行清丈田亩，按田印契，税价一次过，值百抽四，无契不能管业。倘原有税契者，照民产保证条例办理，庶纲目举而民亦乐于输将。抑田土出产因种植所获不同，租值遂异。例如南海、顺德、三水等县，以桑基、鱼塘为多，香山、东莞以沙田、蔗园、菜果、禾田为多。如照杨君所拟，责其每亩借租二元，势有不能。更有荒地无人种植者，及有天灾、水旱、兵燹、盗贼不能开耕者，虽有田亦即如无田，毫无种植入息者，欲向借租，实在无租可借，种种困难，实非良策也。杨君之条陈，既如此难行，自无举办之必要，然际此政府在在需款，又不得不妥筹以济。查国家正供，以田赋收入为大宗。各县自反正以来，因水旱、天灾、兵燹对于地丁钱粮滞纳者有之，县知事催征不力者亦有之。季初等生长乡间，调查所得，各乡户口积欠钱粮，间有数年，或自反正以来，未有清厘者不知凡几。倘若派委专员，会同该县县长督征清理，九十余县何止千万。同属出自田主，追讨旧粮责无偏私，名正言顺，何乐不为。倘或虞不足，可预征十三年钱粮，一并带缴，用惩前欠。如再滞纳，略加处罚，严限不完，移亲及疏，务令三个月内扫数清完。办竣之后，田土厅立即开办实行清丈田亩，此等善政诚急不容缓之图也。是否有当，请付公决等语。本会准此，即日开会讨论，一致通过，理合具文呈复鉴核施行等情。据此，查杨仕强等条陈按亩借租办法，既系窒碍难行，自应毋庸置议。至该委员会拟请催收旧欠，预征新粮以助军费一节，事属可行。除指令外，仰该省长即行督饬财政厅妥拟详细办法，通令各县克日举行，务须严立限期，明定考成，期于最短时期，收集巨款，借济急需，仍将办理情形具报查核。至实行清丈，尤为整理田赋正本清源之计，并仰该省长按照民生主义，参酌地方情形拟具章程呈候核定施行。切切此令。
中华民国十二年十二月十九日

指　　令

大元帅指令第七一四号

令大本营内政部长徐绍桢

呈悉。准予题颁“热心教育”四字匾额，并给予金色一等褒章，以示奖劝，仰即转给承领可也。此令。
中华民国十二年十二月十一日

附原呈

呈为捐资兴学，请特予褒奖以昭激劝事。案奉大元帅发下吉隆坡运怀学校监理员欧阳雪峰等呈请褒奖陆运怀捐资兴学呈一件，谕令由部办理等因。奉此，查《捐资兴学褒奖条例》第一条第二项：华侨在国外以私财创立学校，或捐入学校培育本国子弟，准由各驻在领事详情褒奖；又本条例第〔筹〕资至二万元以上者，教育总长呈请大总统特定，各等语。兹查华侨陆运怀，秉承父志，捐资兴学，数达八万元以上，洵属热心教育，轻财好义，现由学校监理员呈请褒奖，未经领事核转与条例稍有未符。惟政府现在草创，各埠领事尚未派遣，似宜变通办理，用慰侨民归向之忱。拟恳钧座特颁“热心教育”四字匾额，并给予金色一等褒章，以昭激劝而励将来。所有华侨陆运怀捐资兴学，拟请特予褒奖各缘由，理合具文呈请察核，指令祇遵。谨呈大元帅。

内政部长徐绍桢印

中华民国十二年十二月七日

大元帅指令第七二三号

令湘军总司令谭延闿

呈悉。此次北敌犯我南始，该军奉令协同滇军进攻，数日之间，尽破逆军，恢复名城，追奔直度庾岭，北江遂告肃清，自非将士忠勇奋战，曷克奏此肤功。昨接前方捷报，当经明令嘉奖，并饬筹给赏金在案。兹据呈报该部第一军作战概况前来，披阅之余，弥殷轸念。仰该总司令一俟赏金领得，即行分给各部官兵，并查明尤为出力人员及伤亡将士，分别报部奖恤，用昭激劝而励戎行。切切。此令。

附原呈

呈为呈报事。案据职部第一军代军长方鼎英呈称：呈为呈报事。案查湘滇联军此次围攻始兴，以我第二第三两军及滇军，担任正面左翼两路，攻击当前之敌，我第一军担任右翼包抄之后。方于二十七开始攻击，敌顽强抵抗。正面之敌，我各阵地不易进取，左翼以兵力单薄不易猛攻，右翼地区平坦，阵地不长，数次冲锋均未奏效，血战三日之久。迄二十九晚，由右翼部队选派朱部一梯团李营、黄部周梯团彭营、罗梯团刘营、汪部杨梯团全部，各部队迂回包抄，经始兴河上流，于良坝渡河。三十拂晓进至摇村，猛烈攻击敌之后方，敌始不支，向南雄大道败窜。同时敌亦包抄我右翼，幸彼取道近而先着手进攻，截断其联络，又包抄之敌为数不多，未为所乘，然亦几被扰乱。职向前督战，行经所埋伏之地，险遭不测。是日竭全力肃清右翼，而正面及左翼之敌，仍顽强不屈，死守待援，形势至为险恶。于是再派朱汪两团之各一部复行包抄，于三十日午后十时达到目的地进攻，敌遂尽夜潜逃，完全克复始兴。各部队跟踪追击，敌无驻足之地，纷退南雄。朱旅长耀华及谢军廖团长、鲁军刘团长各率一部尾追不已，于二日晚又克复南雄，追过南雄三十余里始行停足。探闻高逆凤桂阵亡，方逆本仁亲至马子坳督战，堵截不住，始下退却命令，分两路溃退：一退大庾，一退信丰，又一部退虔南。现由韦旅担任梅岭，戴师担任南康，谭师担任信丰，职部担任虔南，按照追防任务分道前进，此本月三日以前作战经过之实在情形也。是役作战之困苦，如给养之缺乏、饷项之奇绌、后方一切配备之不完全，在在足以挫折士气。职虽黾勉从事，不敢告劳，然实惴惴慄慄，深惧弗克负荷，倘非仰伏〔仗〕威福，窃恐未能收效如此之速也。伏查此役侥幸成功，当以有我右翼之包围攻击，不无微劳足录，其在事出力高级长官，于二十八日之总攻击，黄旅长辉祖、罗团长寿颐，督率所部奋力当先，已进至始兴城阙，敌人异常恐慌，弁护卫队均已出巷战，大有一鼓成功之势。惜朱部突进遇伏，黄团长友鹄受伤，营连长之负伤者亦多，朱部退守阵地，黄部遂未奏功，至其勇敢概要不可埋没。二十九日，朱、汪、两黄各部之包围攻击，系由汪旅长磊、杨团长冠陆、罗团长寿颐，率队前进，汪旅长扶病督战，中途遇敌，几为所算。罗团长躬任指挥，杨团长勇敢沉着，尤为难得。当攻破敌人炮兵阵地时，夺获大炮五尊，仅派兵两名防守，即仍前进猛攻。因有无知识之兵士，不顾大局，争夺已获之炮，又值敌之包抄，扰我后方，朱、黄两团相继崩溃。杨团长所部毫未因之牵动，其营长邹务三、杨华杰两员，孤据一山尽力抵御。邹营长见友军之溃退者，不畏问罪，一再督饬前进，将所携驳壳枪子弹十余排全数发射，稳住阵脚，始克奏效。是日右翼攻击之成功，该两营长之关系盖非浅鲜，不然则已胜而复败矣。二十九日，正左之敌死守不退，朱旅长耀华、杨团长冠陆复率一部，再行包抄，始有三十日之大捷。尾追不懈，乃克南雄，则朱旅长、谢军廖团长、鲁军刘团长之功也。至职部伤亡人数及各级出力人员，尚未查明，容当续报。其朱旅长耀华、杨团长冠陆、罗团长寿颐，三员调度有方，勤劳卓著；邹营长务三、杨营长华杰勇敢善战，异常出力，于此役关系尤大，似应恳请钧座分别特嘉奖励，激劝有功。除于终日电呈并训令各部勖勉将士外，所有此役作战概况及各员作战功绩各缘由，理合觎缕呈报，伏乞察核施行。谨呈等情。据此，理合备文呈报钧府，伏乞察核，指令祗遵。谨呈大元帅孙。

湘军总司令谭延闿印

中华民国十二年十二月十四日

公　文

大本营财政部长叶恭绰、外交部长伍朝枢致安格伦总税务司公函文

迳启者：查本政府所辖地域内，凡各财政机关之收入，应归我政府处分，海关税收当然亦在其列。前民国八九年间，护法政府曾经收取关余六次，成案具在。且现时北京政府系属非法，为国人所否认，当然无权处置我政府管辖地内之海关税款。至对外方面，经本外交部长按照约章迭次交涉，以外人对于海关税收，除偿还以关税作抵各外债及赔款外，所余之款谓之关余，其应如何处置，外人无权干预。本年十二月十一日，外交团答复，对于此点已完全承认。是此种关余，外人既不能过问，本政府辖境内之关余又非北京非法政府所能擅取，其应归我政府所有，毫无疑义。本日奉大元帅令，本政府管辖地域内本年各海关一切税收，除对于以关税作抵之外债及赔款，应按比例摊扣清还外，所余之款须妥为保管，候本政府命令支付，嗣后亦须按照以上办法，每月结算一次，以重税收。至于自民国九年三月以后所有积存，本政府应得之关余，着由海关税收项下如数补还，由部转行总税务司遵照等因。特达。此致

总税务司安

大本营外交部长伍朝枢

财政部长叶恭绰

广东公民大会呈大元帅请愿文

为请愿事。窃以民为邦本，故环球各国莫不以民意为依归。我粤患兵祸久矣！综此祸患，无非北庭利用金钱饵军阀以贼吾民，贼民之资，亦即吾民血汗所输之关余款项，是则欲其澄清，粤局当以收回关余为要图。况我政府自与残贼军阀奋斗以来，所资以为军事之用者，亦纯为粤民捐输所得，是吾民之所以亟欲收回关余，无非欲轻负担切肤之痛，众意相同。现经集合全省公民，一致表决誓为政府后盾，请愿帅座即日收回关余，伏乞赐准施行，勿为强权所屈，用慰人群之

望，不胜迫切待命之至。谨呈大元帅孙。

请愿收回关余广东公民大会印

中华民国十二年十二月十六日

公　电

大本营外交部长伍朝枢致上海总商会、银行公会、钱业公会、天津银行公会真电

上海总商会、银行公会、钱业公会、天津银行公会均鉴：奉孙大元帅交下贵会东日快邮代电，备悉一切。庚电备悉。查民国十年北京政府整理国内公债一案，西南政府始终并未承认。一因其为非法政府之行动；二因整理案内之公债，有为南北政府对敌时期内所借之债，其用途直接间接有害于南方，其借款情状高利重扣有类赌博故也。即退一步言，整理公债案原指定担保品三种：一为关余；二为盐余年拨一千四百万；三为烟酒税年拨一千万。在烟酒税未能拨足以前，由交通部收入年拨六百万，照案整理绰绰有余。乃据整理公债处布告：盐务、交通两款共交数月，即未照拨，截至本年八月底，共欠整理公债款三千一百三十万，算至本月当不下三千八百万。若谓盐款无余，则闻北庭最近尚得十月分盐余二百九十万，又汇理银行放还扣款二百一十八万，共得五百零八万，其有余可知。夫西南应得关余之一部，各方面久经承认，民八九年亦曾照办。整理公债，乃北庭自借之款，理应自还。乃凭总税司之力，恃外交团为护符，以西南之关余为还已债之基金；转移盐务、交通等税收入，以贿选总统、用兵西南，事之不平孰逾于此？总税司既以保管基金自任，则不应专取之于关余，而置盐务、交通于不问，况盐款存在外国银行，北庭取用时先得外人之许可。交通收入如京奉铁路亦有存款外国银行，总税司若履行职务，则整理各债还本付息无须愆期，基金何至动摇？为贵会谋，应请总税司秉整理公债案付予之权，向保管盐务、交通各款之机关及银行直接交涉提拨，则西南虽提取关余，于公债基金仍无影响。要知西南对于关余断不能赍盗以款，必据理力争，始终不懈，或更不得已而辟南方港口自由贸易。虽牺牲税收，亦于地方商务大有裨益。所虑破坏基金之

责在北而不在南，在浪费数万盐、交之款，而不在争区区一分之关余。尚望贵会详查真相，熟权利害，毋惑危词，致堕奸人宣传利用之狡计。掬忱奉复，诸希鉴察。伍朝枢真。

美洲粗李度埠国民党分部呈大元帅电

广东支部转孙大总理鉴：收回关余，主权在我，外人威胁，目无西南，请勿畏强权，据理力争，国民誓为后援。美洲粗李度埠国民党分部。

联义社呈大元帅电

广州孙大元帅、上海国民党总部钧鉴：广东关余应归广东，曹贼挠夺，借外力威迫，目无西南，请据理力争，国民誓为后援。联义社叩。

第四十二号（十二月二十一日）

目　录

命　令

训　令

指　令

公　文

公　电

命　令

大元帅令

据报李鸿祥受曹锟、吴佩孚密令，潜来香港，阴遣党羽，希图煽惑军队，实属甘心附乱，罪不容诛。着由地方文武一体严缉，以儆愚顽而申国纪。此令。

中华民国十二年十二月二十七日

训　令

大元帅训令第三九二号

令湘军总司令谭延闿、湘军总司令部总参议张翼鹏

为令行事。照得赣军高凤桂，此次率众来归，实属深明大义，功

在国家，业经改编为中央直辖第一师，归该湘军谭总司令节制指挥在案。该师官兵等输诚效顺，远道驰驱，备历艰辛，宜加奖劳。着派该湘军总司令部总参议张翼鹏为慰劳使，迅即驰往前方，对于该师官佐士兵曲意拊循，优加慰劳以昭激劝。所需犒赏费用，由大本营支发。仍将办理情形，随时呈报。此令。
中华民国十二年十二月二十日

大元帅训令第四〇九号

令滇军总司令杨希闵、第二军军长范石生、第三军军长蒋光亮

为令行事。据报李鸿祥受曹锟、吴佩孚密令，潜来香港，阴遣党羽，希图煽惑军队，实属甘心附乱，业经明令通缉。仰该总司令、军长严密查拿，如所部有通李情实，军官一经发觉，即行以军法从事，决不宽贷。此令。
中华民国十二年十二月二十八日

指　　令

大元帅指令第七五四号

令大本营内政部长徐绍桢

呈悉。准予备案，章程存。此令。
中华民国十二年十二月二十六日

附原呈

呈为呈报事。窃本部于十二年十二月十九日，准大本营秘书处公函开：奉大元帅发下内政部拟呈《侨务局章程》一份，奉批可行。但须筹的款而后举行。此批。等因。相应函达查照。此致。等由。准此，查此次侨务局建立，原系附设本部之内，所有办事人员拟暂派部员兼办，其经费务期撙节，无庸另行筹备，俾节糜费而速进行。兹谨将议定《侨务局章程》十五条并设立各缘由，具文呈请钧核备案。谨呈大元帅。

大本营内政部部长徐绍桢印

附《侨务局章程》一扣

中华民国十二年十二月二十二日

内政部《侨务局章程》

第一条　内政部设侨务局，掌管事务如左：

一、关于保护回国华侨事项。

二、关于华侨子弟回国就学事项。

三、关于保护旅外华侨之内地家属及财产事项。

四、关于提倡奖励华侨回国兴办实业事项。

五、关于导引华侨回国游历内地及其招待事项。

六、关于襄办华侨选举国会议员事项。

七、关于奖励华侨举办慈善公益事项。

八、关于介绍华侨为中外出产贸易事项。

九、关于华侨教育及学校注册事项。

十、关于海外华侨设立商业会所及其他公共团之监督保护事项。

第二条　侨务局关于下列各事得斟酌情形呈由内政部长咨商外交部，令饬交涉员及驻外使领协助办理之：

一、关于调查保护华侨工商业事项。

二、关于劳工海外移殖及应募事项。

三、关于调查华侨生活及工作状况事项。

四、关于调解华侨争执事项。

五、关于华侨户口调查及国籍事项。

第三条　内政部设侨务委员会为评议机关，遴选回国华侨之学识优裕者充任，其组织权限及办事细则另定之。

第四条　内政部设侨务顾问若干人，由部长聘请熟悉侨务、名望素孚者任之。

第五条　侨务局设局长一人，由大元帅简任之。

第六条　侨务局设科长、科员、办事员若干人分科办事。科长由部长荐请大元帅任命之；科员由部长委任之。其员额因事之繁简酌定。

第七条　侨务局设参议若干人为名誉职，由局长就回国及居留海外华侨之热心国事著有劳绩者，呈请部长委任，借备咨询。

第八条　侨务局于必要时得增设驻外侨务官及调查员，呈由部长委任，但其处务规则以不与驻外使领权限抵触者为限。

第九条　凡华侨回国及出外时，须向侨务局注册，以便照章保护。其注册章程另定之。

第十条　经在侨务局注册之华侨，其本人或其家属遇有事故须向政府请求时，得直接呈由侨务局办理。

第十一条　关于华侨举办公益、创办实业、销募公债及赞助政府有功人员，应颁荣典，由内政部另定褒扬条例，呈请大元帅颁布给奖，以资鼓励。

第十二条　侨务局经费由内政部另编预算，向国库请领，如有特别收入及华侨个人或团体捐助之款，应将收支账目交侨务委员会审核，除本局正当开销外，不得移作他用。

第十三条　保护华侨专章及办侨务局办事细则另定之。

第十四条　本章程未尽事宜得增订修改之。

第十五条　本章程自公布日施行。

公　文

省港华人船主司机总工会呈大元帅文

大元帅钧鉴：外舰进泊珠江，列强侵我本省主权，阻遏关余，干涉我内政，来粤监视，侵掠行性，昭然暴露。我敝会同人等，见其态度强横，实则忍无可忍，决定争回国权与其奋斗，拥护我国民政府。仰乞实行收回，以慰群望，为政府后盾，众御外侮而救危亡。谨呈。虔请勋安。

省港华人船主司机总工会谨启

公　电

广东总工会呈大元帅筱电

大元帅钧鉴：外舰集泊珠江欲为示威，阻我政府收回关余，干涉我内政，奇耻大辱无过于斯。关余为我粤应有，以粤款整理粤政，外人实无干涉之权。昨经公民大会请愿帅座，即日实行收回，勿为强权所屈。谨再电请，务乞坚持收回目的，并恳指定收回此关余，为我粤建设实业之用，以慰群望而御外侮，临电迫切。广东总工会叩。筱。

湖南旅粤学会呈大元帅巧电

广州孙大元帅、各部总次长、各军总司令、军长、师长、廖省长、奉天张总司令、天津段芝泉先生、浙江卢总司令、云南唐总司令、四川熊总司令、全国各报馆、各社团、各学校均鉴：西南关余，原系我国国有税收，主权在我，他人岂容过问？况我西南政府为民请命，取而用之，是亦分所宜然。不图各国驻华公使，横加干涉，而美使更信奸言，嗾令该国泊菲舰队六艘驶入广州，借示威胁，助桀为虐，实深发指。敝会为国家主权、西南大局计，不得不誓死力争，以为政府后盾，尚望国人声而援之是幸。湖南旅粤学会叩。巧。

梧州劳工联合研究会呈大元帅有电

孙大元帅睿鉴：关余支配，我国主权，眈眈列强，妄希干预。前因阻隔停止交付，已属不平，今复示威，驻舰内河，尤堪发指。列强此举，亡我有余，迹其用心，赞成军阀，助长内乱，横肆侵略，促我沦亡。生死所关，万难容忍，此事不争，尚争何事？此时不争，争于何时？敝会愤列强之无理，慨国家之将亡，迫切陈词誓死反对。万望我政府严重交涉，保障国权，倘列强再不觉悟，恃蛮干涉，仍望邦人君子一致力争，共图挽救，以为政府后盾。临电发指，无任主臣。梧州劳工联合研究会叩。有。

仁化县自治研究社员刘景辰呈大元帅宥电

广州孙大元帅公鉴：窃维国税问题纯属内政范围，胥归领土主权之支配，此万国通例也。粤海关在广东管辖区域之内，所收关税，除偿还国债赔款外，尚余若干，应交西南政府处分，各友邦绝无干涉之理由，事实昭彰，前经照交有案。我西南政府提取关余，自系循行故事，为国际和平之正轨。乃北京外交团，偏徇非法政府请求，违反西南民意，不惜推翻原案，拒却提取关余，已属反复无常，而驻舰示威，尤睾亲善夙行之美意。须知广东教育、实业、行政需款孔殷，对于关余一项，万难放弃。务望援案据理竭力斡旋，收回应用。如果无效，全省人民誓持杯葛手段，为最后相当之对待，务达目的为止，勿谓吾民可欺也。仁化县自治研究社员刘景辰等叩。宥。印。

中華民國十三年　一月十日　第壹號

陸海軍大元帥大本營公報

大本營秘書處　發行

一九二四年
陆海军大元帅大本营公报选编

第一号（一月十日）

目　　录

法　　规

命　　令

训　　令

指　　令

公　电

法　规

大本营内政部令第十五号

兹制定《侨务局经理华侨注册简章》公布之。此令。

大本营内政部长徐绍桢

中华民国十三年一月十一日

《侨务局经理华侨注册简章》

第一条　本局经理华侨注册，发给证明书，概照保护华侨专章办理。

第二条　凡请领证明书者，本局派员专司其事，以期迅捷。

第三条　本局备有申请发给证明书用纸，以便华侨请领时填写，但如远方寄信，只将姓名、年岁、住所、籍贯、职业依式开列，不必拘定本局印就用纸亦可。

第四条　华侨请领证明书时，除随同缴纳证书费二元外，并无别项费用，惟须备三寸半身相片二张，以一张粘贴证明书上面，一张留局存查。

第五条　华侨关于请领证明书手续，如有不明了之点，可随时来局或函询，本局均当详细答复。

大本营内政部令第十六号

兹制定《侨务局保护侨民专章》公布之。此令。

大本营内政部长徐绍桢

中华民国十三年一月十一日

《内政部侨务局保护侨民专章》

第一条　中华民国人民旅居外国及回国者，统称侨民。

第二条　凡回国侨民均须向侨务局注册领取证明书，以便侨务局照章保护（注册手续本人亲到或委托戚友或迳用信函申请均可）。

第三条　已在侨务局注册之回国侨民，遇受欺凌冤抑情事，得直接呈报侨务局，侨务局当为之保障或申雪。

第四条　已在侨务局注册之回国侨民，有意兴办实业，得申请侨务局指导及扶助。

第五条　已在侨务局注册之旅外侨民回国居住或游历内地，得呈请侨务局知会地方官保护招待。

第六条　凡旅外侨民，均须向侨务局注册领取证明书，以便侨务局一律保护（注册手续与第二条同）。

第七条　已在侨务局注册之旅外侨民，其在内地家属、财产均受侨务局绝对的保护，如有被人欺凌及霸占情事，得直接向侨务局申诉。

第八条　凡旅外侨民之子弟回国就学，得请侨务局给予证明书，并按照程度送入相当学校肄业。

第九条　凡前赴外国之人民，无论工商，如须领取出洋护照时，得请侨务局介绍之。

第十条　凡前赴外国之人民，除注册外，由侨务局加给公函，交由各该侨民于抵埠时，呈递驻在地公使或领事，妥予照料保护。

第十一条　凡旅外侨民有争执等事，当由侨务局转请驻在地领事及商会调解，或派员前往会同办理。

第十二条　凡旅外侨民有被虐、遇灾事故发生，须与该国政府交涉者，当由侨务局商请外交部，或驻在地商会交涉保护拯救之。

第十三条　侨民选举议员事，得呈请侨务局襄助之。

第十四条　凡旅外侨民遇有变故回国者，由侨务局知会各地方官分别护送回籍安置。

第十五条　凡旅外侨民经入他国籍而未脱离中华民国国籍者，回国时均应报明侨务局注册，以便考核。

第十六条　凡侨民系在未与中国立约之国侨居，或该地尚无领事驻在者，其保护事宜当由侨务局委托在该国商会，或派侨务官办理之。

第十七条　凡回国侨民曾经在该国政府领有复准入境证书者，于复往时，亦须报明侨务局注册，以资籍考保护。

第十八条　凡在侨务局注册及领有证明书者，每人应缴注册费二元。

第十九条　本章程如有未尽事宜，得随时增订修改之。

第二十条　本章程自公布日施行。

大本营内政部令第十七号

兹制定《侨务局办事细则》公布之。此令。

内政部长徐绍桢

中华民国十三年一月十一日

《大本营内政部侨务局办事细则》

第一条　侨务局依侨务局章程之规定，附设于内政部内，其职务分配按照本细则办理。

第二条　侨务局设会办一员佐理局务。

第三条　侨务局暂设三科：

一、总务科

二、第一科

三、第二科

第四条　总务科掌事务如左：

一、综核各科文件及校对。

二、撰辑、保存、收发及公布文件。

三、典守印信。

四、编制统计及报告。
五、编订章程条款及翻译。
六、记录职员之进退。
七、管理本局庶务及会计。
八、其他不属于各科之事项。
第五条　第一科掌事务如下：
一、关于保护回国华侨事项。
二、关于保护旅外华侨之内地家属及财产事项。
三、关于导引华侨回国游历内地及其招待事项。
四、关于襄办华侨选举国会议员事项。
五、关于华侨子弟回国就学事项。
六、关于华侨教育及学校注册事项。
七、关于奖励华侨举办慈善公益事项。
第六条　第二科掌事务如下：
一、关于提倡奖励华侨回国兴办实业事项。
二、关于介绍华侨为中外出产品贸易事项。
三、关于海外华侨设立商业会所及其他公共团体事项。
四、关于劳工海外移殖及应募事项。
五、关于调查保护华侨工商业事项。
六、关于调查华侨生活及工作状况事项。
七、关于华侨户口调查及国籍事项。
八、关于华侨争执事项。

第七条　每科置科长一人主管一科事务，科员二人助理本科事务。但事繁时，其科员员额得每科增至四人。

第八条　侨务局因缮写文件及其他特别事务，得酌用雇员。

第九条　侨务一切寻常文件悉用局长名义行之，盖用本局关防。如遇重要之件，应呈局长呈请内政部长核示办理。

第十条　侨务局对外一切护照、单照、证书，按照其他法令之规定。应用部印由部长署名者，由内政部钤盖空白颁发本局填用。

第十一条　每日收到文件，由收发折封后，每件摘出简明事由登列号簿，并分别该件应归何科承办，于该件加盖第某科字样，先呈局长、会办阅后，送科办理。

第十二条 一切文件由科员拟稿，送由主管科长及总务科长复核后，转呈局长、会办核定。若遇重要之件，得由科长拟稿迳呈局长。

第十三条 本局处理事务以迅捷为主。各职员遇有公事，应随到随办，不得积压。除本细则别有规定，或奉局长命令外，关于文件之处置，悉照《内政部办事细则》办理。

第十四条 本局每星期至少召集局务会议一次。凡属本局职员，均得提出议案。如有特别要事时，则临时召集之。

第十五条 局务会议以局长为主席。列席人员以下列为限：

一、局长

二、会办

三、科长

四、特别指定人员

五、提出议案人员

第十六条 凡提出议案如非前条一、二、三各项所列人员，应先期具案，送由局长核阅后，认为有提议之价值，始于开会时提出之。并通知提案者列席。

第十七条 每期局务会议情形，由局长派员记录，随时呈报部长查核。

第十八条 侨务局关于请假、考勤及办公时间，均照《内政部办事细则》及通例办理。

第十九条 本规则如有未尽事宜，由内政部随时修改，以部令公布之。

第二十条 本细则自公布日施行。

命 令

大元帅令

查中央直辖滇军第四师师长王秉钧，有私通北敌情事。王秉钧应免去本兼各职，听候查办。此令。

中华民国十三年一月三日

大元帅令

查中央直辖滇军第三军总参谋长禄国藩、第四师参谋长吴震东，均有私通北敌情事。禄国藩、吴震东均应免去本兼各职，听候查办。此令。

中华民国十三年一月三日

训　令

大元帅训令第一号

令卸任大本营宣传委员会委员长陈独秀

为令饬事。案查前据该委员长造送开办费，及自十二年七月一日起至十二月十日止各计算书及单据粘存簿前来，当经发交大本营审计局审查去后，兹据复称：为呈复事。案奉钧帅前后发到大本营宣传委员会委员长陈独秀呈缴开办费用，及十二年七月至十二月上旬各月份计算书、单据簿等件下局，窃查该委员长所造之计算书，未将款项分列，已与计算书格式不合，且内多缺乏单据者；有单据未贴印花税票者；有领薪收据未盖印章及印花税贴不足数者；有领薪收据无领款人姓名者；有领薪收据金额等与计算书所列金额不符者。业就原计算书逐条签注明白，至该会七、八、九、十四个月房租八百元，既声明交涉未妥暂存各字样，自不能为支出之实额。谨将原呈二件并计算书、单据簿各七本，呈请钧帅令饬委员长按照计算书格式照签各条更造后，再予审核等情。据此，除指令外，合将原计算书及单据粘存簿发还，令仰该委员长即按照签驳各条妥为更造，呈候核办。此令。

计发还计算书、单据簿各七本

中华民国十三年一月二日

大元帅训令第二号

令中央直辖西路讨贼军总司令刘震寰

据广东财政厅长梅光培呈称：窃查职厅办理广东全省经界事务，先经拟具规程呈奉钧座核准照办在案。厅长接任后，当赓续筹画进行，因前局长林直勉辞职，现在附设厅内，改局长为主任，委吴鼎兼充，并次第委任朱卓文为香山县经界分局长，吴欢澜为宝安县经界分局长。其余各县分局正在遴员任用，以期逐次开办。乃昨接中央直辖西路讨贼军第一师【师】长韦冠英来咨，内称：敝部奉令讨贼，分队驻扎东莞、宝安等属地方，原为清除贼匪保卫商民起见，际兹库储支绌，伏莽未清，筹款安民，在在均须兼顾。查筹款裕国之方，莫如清理田土、整顿税收。迩来贵厅经已设立全省经界总局，而全省各属地方辽阔，必须分途进行。查东莞、宝安两县地方，经属敝部防地，军民相处已久，舆论翕然，似应划出此二县设立一东宝经界分局，派委总办经理。惟该两县盗贼充斥，民族强悍，且此项经界事宜极为重要，办理需时，自非熟悉情形及敝部军队长久驻扎协办进行，难期办有起色。兹查有敝部谘议诸德建，生长东莞，所有地方情形极为熟悉，办事实心，并为该两县绅商所爱戴，人地均宜，堪胜该分局总办之任。敝部复派驻扎防军协同劝导，当能事半功倍，不致反抗推延。敝部为因事择人起见，现已先行委任，并经搜集人材，筹足款项，开办在即，相应咨请贵厅查照，迅速加委该员为东莞、宝安经界分局总办，以资慎重，并将所有规程、条例及办事细则及各种簿书、表册程式等项，饬令经界总局检齐发给到部转发，俾有遵循，速行办理，借归划一。将来收有款项，每月除坐支该分局经费外，仍即扫数批解，以裕饷需，务希查照办理等由。当即函约该谘议来厅就商，旋接韦师长复函略称：因财政拮据，此事势在必行，已饬诸某带员前赴东宝实行开办。就商一节，不能如命等语。窃思韦师长之意，以为经界局有税可收，派员自办，便可筹得巨款，以济军食。殊不知经界局并非为立刻筹饷起见，现当开办伊始，着手调查，筹办清丈、查验契据、编造图册，头绪固极纷繁，经费尤需筹垫，公家之收入实非旦夕可期。且此事既属职厅范围，则一切章程，自应由厅核定。今韦师长自定章程，自行试办，事出歧异，人民何所适从？于经界前途恐滋障碍。韦师长之举，似系不无误会也。理合呈请钧座迅赐令行西路讨贼军刘总司令，转令韦师长饬下诸德建停止东、宝两属开办经界事务，至为公便等情。据此，除指令照准外，合行令仰该总司令即便转饬遵照办理。此令。

中华民国十三年一月四日

大元帅训令第四号

令大本营军政部长程潜、广东省长廖仲恺

据国立高等师范学校校长邹鲁呈称：窃职校前奉钧令，指定广东全省田土业佃保证照费一项专为本校经费。仰见大元帅笃念教育栽成学子至意，凡属文武各僚，自应体念斯旨，加以协助，俾观其成。现查该局业经设立省垣，所有各县分局亦已次第遴员委充，分头进行，倘假以时日，责以事功，未尝不可源源报解，借资挹注。校长诚恐开办伊始，农民未必尽晓，地方官绅或视为等闲，不予匡助，驻在防军或以饷糈紧急，就地挪移，斯则专款徒托虚名，教育等于画饼矣。再四思维，惟有吁恳明令军政部及广东省长，通饬各军及行政长官：田土业佃保证照费，已专拨为高师经费，无论何项机关，不得任意就地挪借，凡关于办理此事各县军警及地方官，应随时加以协助，以期迅速而利推行。所有奉令指拨经费，恳请通令不得提借及协助缘由，理合备文呈请鉴核令遵等情。据此，查广东全省田土业佃保证照费收入，前经明令专拨为国立高等师范经费在案，据呈前情应予照准。除指令准予令行军政部、广东省长通饬所属，严禁提借此项收入及认真协助并分令外，合行令仰该部长、省长即便查照，通饬各军各行政长官：此项田土保证照费收入，系指定为国立高师专款，无论何项机关，不得任意提借，并着各县军警随时认真协助，以维教育，而利进行。此令。

中华民国十三年一月四日

大元帅训令第五号

令中央直辖滇军总司令杨希闵、中央直辖滇军第三军军长蒋光亮

为令知事。查中央直辖滇军第四师师长王秉钧、第三军总参谋长禄国藩、第四师参谋长吴震东，均有私通北敌情事。除明令免职，并令饬该总司令严拿务获究办及分令外，合行令仰该总司令、军长即行转饬所部须知。本大元帅兴师讨贼，赏罚严明，务各以王秉钧为戒，力矢忠诚，一意报国，杀贼立勋，同膺懋赏。本大元帅有厚望焉。此令。

中华民国十三年一月五日

大元帅训令第八号

令大本营军政部长程潜

为令行事。据湘军总司令谭延闿呈称：据职部第一军代军长方鼎英呈称：呈为赍具南雄筹措军米出力绅商名单，拟请颁给奖章，用昭激劝，仰祈鉴核事。窃职军此次千里赴援，仓卒应战，一切均未准备，饷糈两付缺如，克复始南，日进百里，后方兵站鸾远，转运维艰，官兵茹粥餐薯，朝不保夕，束手无策，群起恐慌。当经商请南雄绅商曾攀荣等代为维持，每日筹集军米，按队摊发，历时半月之久，派米万石有奇，不特固结动摇之军心，兼以促成中站之战事。该绅商等，急公仗义，为国勤劳，三军感再造之恩，地方受无穷之福。拟请钧部转呈大元帅，论功叙赏，颁给奖章，用昭酬庸，借资勉励。是否有当，理合缮具名单，备文赍请钧部核示祇遵，实为公便等情。据此，查南雄一役，饷糈两缺，势甚危险，该县绅商曾攀荣筹办军米，数逾万石，使我军得以一意应战，用克驱除北敌。其仗义急公之忱，实为末俗所难能，论功行赏，应恳钧帅特颁奖章，以示激劝，而昭殊荣。理合缮具名单，备文呈赍钧府，伏乞核示遵行等情。据此，除指令仰候令行军政部查照陆海军奖章令，拟定应得奖章呈候核准颁给外，合行令仰该部长即便遵照办理。名单抄发。此令。

中华民国十三年一月八日

谨将南雄筹措军米出力绅商姓名开列于后：

计　开

商会会长　曾攀荣　副会长　胡嘉植

会董　朱光成　朱安龄　李迺斌　戚焯勋

城区保卫团团董　胡锡朋

国民党南雄分部党务科长　朱光楷

南雄高团军教训　陈全义

县民　郭学治

商人　敖广生　王名熙

以上共计十二人

大元帅训令第九号

令大本营军政部长程潜

为令饬事。案据管理粤汉铁路事务陈兴汉呈称：现据职路路警处杨华馨呈称：据第三四分巡等先后电称：据沙口站长电告：二十八日下午六点钟，由省开上第四次客货车，路经永利石场地方，突有匪徒百余名，各持枪械强行劫掠，当即由第三四分巡亲率武装长警驰救，又由河头巡长加派路警护卫。讵该匪竟敢开枪轰击，路警奋力抵御，鏖战一点余钟，匪党愈来愈众，锋不可当，卒以寡众悬殊，子弹告罄，致被蜂拥登车，肆行抢掠。所有车上行李货物被抢掠一空，并击毙湘军军官一员，虏去湘军军官一员，并伤路警一名等情。查此次匪徒劫车，事起仓卒，非常凶悍，匪众我寡，又因子弹告竭，致被惨劫，负咎良多。除一面严密防范并严令跟踪追缉，务将本案从速破获外，理合呈报核察等情前来。并据机务处呈报，略同前情。并以此次劫车匪徒多属土人，行劫时多戴面具以图掩饰，并闻有人认识其中有匪首宋广在内，系滙江人，应请严缉，务获究办各等情。据此，查匪徒迭向本路行劫属实，猖獗异常，若不严行查缉，匪风愈炽，地方难安，职路尤受影响。理合呈报帅座察核，伏乞分令各军长官，认真将本案赃贼务获究办，庶靖地方，而维路政等情。据此，除指令外，合行令仰该部长即遵照转行各军，一体严缉，务获究办，以靖匪风，而安行旅。切切。此令。

中华民国十三年一月八日

大元帅训令第十一号

令大本营军政部长程潜

为令饬事。案据新宁铁路总理陈宜禧呈称：窃查宜禧前呈拟整顿军人搭车办法，恳予核饬驻防各军遵照一案，经奉帅座发交军政部办理，并奉军政部第二三五四号指令，准予照办各在案。兹查迩来驻防军队并未遵照呈准整顿办法切实奉行，且有业经解散仍持军票搭车者，或有冒假军籍伪用军票者，甚至一军人搭车，而包揽搭客多人，不受收票员检查者，其他挟持军票，用铅笔任意填写人数、等级，据坐头二等客位，致令搭客买票反无坐位者。种种情形，比前有加无已，非请设法维持，车利日绌，路务将不堪设想。理合具文呈恳帅座迅予重申前令，责成驻防军队遵照办理，切实整顿，以肃军纪而维路政等情。据此，除指令外，合行令仰该部长，即转行驻防军队，重申前令，责令切实奉行，以肃军纪，而维路政。切切。此令。

中华民国十三年一月九日

指　　令

大元帅指令第三号

令东路讨贼军总司令许崇智

呈悉。梁国一已准予明令追赠陆军少将，并令行大本营军政部从优议恤，仰即知照。此令。

中华民国十三年一月二日

附原呈

呈为据情转呈，仰祈鉴核，乞赐援案追赠发给恤金事。窃职据第一路司令吴铁城呈称：为呈请事。职部奉令出发东江，铁城以后方任务羁留，未克前进。特请任命前东路讨贼军第二旅第三团团长梁国一，为东路讨贼军第一路前敌指挥，率队出发。于十一月二日进驻菉兰，五日至马嘶，六日至苏村，七日奉令会剿惠州窜出苏村沿河一带之敌。当将敌匪击散，奉令调回菉兰保护运输。九日，前方博罗失守，各军相继退却。职部在石湾候命，奉大元帅命赴石滩驻扎。随奉钧座命令，调赴增城增援，我军十日到达增城驻守。十一日晨，敌军林虎、陈修爵、谢文炳、谢毅、李易标诸逆，率众万人来犯增城，迭向西北门进攻。梁指挥国一，一面以忠义鼓励将士坚城固守，一面与胡所长各友军计划反攻。十二日，我军由石龙退却，大元帅移师返省，而增城当省垣东北要冲，为敌我所必争。是日敌军逆众又由增城东北方渡河，包围东南门，欲图扑城，袭我后路。梁指挥以逆敌如此猖獗，而增城关系重要，非迎头痛击，挫彼凶锋，则增城终难固守。增城若失，则我军中右两路必受动摇，军事益难收拾。遂与胡所长谦商定出击计划，挑选精锐部队出城沿河邀击，大破逆军。除虏敌多名外，毙敌无算，敌人逃走，狼狈渡河。梁指挥率队猛追，奋勇前进，而敌援大至，弹如雨下。梁指挥振臂大呼左右而言曰：此正我辈军人报国之时也，尔等努力杀贼，退者枪毙。言次亲持机关枪连次冲锋，敌人合围用机枪扫射，梁指挥当场中弹身亡，年仅三十岁，呜呼痛哉！第考该指挥生平事迹，有足为国史之光者。该指挥字翰卿，号高者，隶琼州文昌县。幼从兄朴元受谈［读］《民报》，遂怀革命思想，弱冠入广东陆军小学，及陆军速成学校毕业。辛亥革命、癸丑讨袁，该员身在行间，历著劳绩。迨桂寇乱粤，今大元帅孙命驻闽粤军回师逐莫，时铁城奉令统兵香山，指挥讨贼军全部，即委该员为讨贼军第一支队队长，率队攻取虎门、宝安等处。粤局底定，改编为粤军第一路第二统领第四营营长。嗣后援桂、援赣，屡建奇功。陈逆叛变，总统蒙尘，该员随钧座同师讨贼，无不奋勇争先，尝以数百之兵，击败洪逆大股逆众，由是威名大振。福州一役，该员任先锋，破敌夺械无算，遂升为东路讨贼军第二旅第三团团长。此次在增城遇敌之日，即我军石龙退却之时，该指挥奋不顾身，捐躯为国，卒挫逆锋，保存斯土，牵制敌军，使我中右两路得以从容布置，大获胜利，论其功勋，有足多者。为此，呈请钧座请为据情呈请大元帅，援案照陆军阵亡例，追赠故指挥梁国一陆军少将衔，以慰忠魂，而励来者。至该员久绾兵符，志操纯洁，溘然长逝，身后萧条，老母幼儿，瞻依无所。应请发给恤金，以安遗族。所有呈请转呈追赠阵亡故指挥梁国一官勋，及例给恤金缘由，理合备文呈请钧座察核施行，实为公便等情。据此，查该故指挥梁国一，久历戎行，卓著劳绩，援桂、援赣、援闽迭建奇功。此次增城之役，身先士卒，尤为奋勇可嘉，不幸拒贼阵亡，殊深悼惜。为此，理合据情呈请钧座察核，追赠陆军少将，按照阵亡例优予给恤，以慰忠魂，实力德便。谨呈大元帅孙。

东路讨贼军总司令许崇智印

中华民国十二年十二月二十五日

大元帅指令第九号

令大本营军政部长程潜

据呈已悉。应仍由部饬令广九路，赶将路轨、车辆修理完好，速开客车，则人民之交通既便，该路之收入亦自裕矣。仰即遵照办理。此令。

中华民国十三年一月四日

附原呈

呈为转呈事。据广九铁路军车管理处处长冯启民呈称：为呈请事。窃职处前因军事行动，路轨车辆颇多损坏，恐误运输，当经函致广九铁路洋总工程师蒲素白，赶紧设法修理，以利交通。旋据该蒲总工程师函复，内开：接准来函，关于修理车辆一事，查修理正在进行，惟无款，进行至何度，只能惟力是视。此蒲之实说与贵处长知也。本路因无款，故未能购买铸件，以修复客货等车辆，除是政府将军事运输费或该运输费之一部份汇交本路，否则蒲不知本路如何能将车辆修理完竣也。此复。等由。准此，理合将函复情形，呈请钧座察核，并乞转呈大元帅训令祗遵，实为德便等情。据此，查广九路轨车辆，前因军事行动，颇多损坏，无款修复，自系实情。该洋总工程师蒲素白，请以军事运输费之一部份，拨交该路为修理车辆费，是否可行并如何拨款之处，理合备文转呈帅座察核，指令饬遵。谨呈陆海军大元帅孙。

军政部长程潜印

中华民国十二年十二月二十九日

大元帅指令第十一号

令兼广东全省船民自治联防督办伍学熀

据呈拟将全省水面收入，除支督办公署总分支局董事会经费外，以五成解缴政府，以五成举办学校、医院、巡舰等事，尚属平允可行。仰即赶将各项收费章程拟定呈核，一面将应行举办自治联防事项妥为规划，切实举行，务期事有实效，款不虚靡，是为至要。此令。

中华民国十三年一月四日

附原呈

呈为拟订支配船民自治联防经费办法，呈请鉴核事。窃学熀奉钧座命，兼充广东全省船民自治联防督办。就职以还，夙夜兢兢，惟思勉竭驽骀，力图报称。第念船民愚暗，非自治无以发其蒙；海盗披猖，非联防无以弭其患。兹事体大，头绪纷繁，既无章制可循，亦无前例可考。查民国以来，广东虽曾历办渔团保甲，沿海筹防渔民自治，然大率有名无实，流弊滋多，怨讟繁兴，旋作旋辍。学焜承乏斯役，自当力矫前弊，以植可久可大之基，勉赴事功，冀举利国利民之实现。计筹议举办事项，除总分支局董事外，如渔业学校、水上医院、船民高等小学、水上国民学校、水上巡回宣讲所、水上巡回阅报社、缉捕巡舰、水上巡防队、水上保澳团（十船编为一保，一保编为一澳、十澳编为一团）等，凡所以增进船民程度，保障船民幸福者，靡不分期计划，次第施行。综计以上种种建议，需款浩繁，当此杼轴俱空，复何敢动支国帑，爰本取诸民者用诸民之义，拟定《船民输纳自治联防费章程》、《给发船民自治联防旗灯章程》、《查验船民自治联防枪炮凭证章程》，另文呈请核定，俾得酌量征费，将来汇计全省水面收入，除支督办公署及总局十七分局及各支局与夫自治联防董事会之开办费，及经常费外，其余之款以五成解缴政府，以五成举办上文所例举之自治联防各项，由职署支配汇报，呈请核销，总期事归实济，款不虚糜，船民之幸福可期，公帑之收入有补，以仰副钧座提倡民治之主意。所有拟定支配船民自治联防经费办法缘由，理合具文呈请鉴核，批准施行。谨呈大元帅。

兼广东全省船民自治联防督办伍学焜印

中华民国十二年十二月三十一日

大元帅指令第十六号

令大本营财政部长叶恭绰

呈章均悉。查所拟章程尚属妥协，应准如拟施行，仰即知照。此令。

中华民国十三年一月八日

附原呈

呈为拟具《财政委员会章程》仰祈鉴核公布事。窃自政府成立以来，军需浩繁，财政倍形困难，若非预谋整理之道，恐有难以接济之时。顾粤省战争频年，粤民负担较重，纵未至束手无策，又安忍竭泽而渔。故军事虽以地方为根据，而财政尤宜合全局而统筹。当此北伐军事正拟积极进行，中央财政尤须亟谋整理，且军需实占财政上之大宗，而财政尤为军事上行军之命脉。举动在在需款，彼此息息相关，财政先有充分裕余，斯军乃可预操胜算。本部总管度支，负其责任，但兹事体大，各有关联，端赖群策群力，始克成功，断非一手一足所能有济。欲收开源节流之效，宜有集思广益之方。爰拟由本部集合财政各机关长官，组织财政委员会，俾得各抒所见，相与有成，当将章程草案提出，政务会议议决在案。理合录呈钧座鉴核公布施行。谨呈陆海军大元帅孙。

附呈《财政委员会章程》一件

大本营财政部长叶恭绰印

中华民国十三年一月六日

《财政委员会章程》

第一条　本会以统筹整理财政为宗旨。

第二条　本会会员由大元帅任命左列各员组织之，统称为委员：

（一）财政部部长。

（二）财政部次长。

（三）广东省长兼筹饷局督办。

（四）禁烟督办。

（五）船民自治督办。

（六）两广盐运使。

（七）广州市市长。

（八）广东财政厅长。

（九）公安局局长。

（十）造币厂长。

（十一）广州市财政局长。

（十二）广东沙田清理处处长。

第三条　本会会议，由财政部长、广东省长轮流主席。部长、省长均缺席时，由出席委员公推临时主席。

第四条　本会会议事项，如与其他机关或各法团有关系时，得由本会函邀该机关或法团派员出席会议。

第五条　本会会议事项，如须各委员所管机关之职员出席说明时，得随时由该管机关委员饬令该职员出席说明。

第六条　本会事务员，由各委员调所管机关中相当职员充之。

第七条　本会会议事项以关于中央及地方财政为限。

第八条　本会议案范围如下：

（一）大元帅交议事项。

（二）本会委员提议事项。

（三）人民条陈事项。

第九条　本会会议须有过半数委员出席方能行之。

第十条　本会会议日期分为常会、特别会两项。

（一）常会每星期一次，以每星期一日行之。

（二）特别会由大元帅临时召集或委员四人以上之陈请。

第十一条　本会议决之案，应由各主管委员呈请大元帅核准施行。

前项议决案之呈请，如属中央财政，交财政部；属地方财政，交省长，分别办理。仍应函复本会备案。

第十二条　本会委员及事务员，除有职务之薪俸外，概不另支薪津。

第十三条　本会办事细则另定之。

第十四条　本会章程经政务会议议决，呈请大元帅公布施行。

公　电

川军讨贼军总司令熊克武等呈大元帅支电

广州孙大元帅钧鉴：日本前次地震巨灾，川省早经通电募赈。惟筹募尚需时日，兹由克武、成勋筹垫银五万元助赈。以二万元赈济日本灾民；一万五千元赈济我国侨商及各省留日学生；一万五千【元】赈济川省留日学生。除筹汇交驻日中国公使分摊转发，余数陆续筹汇外，特电奉闻。熊克武、刘成勋叩。支。

第二号（一月二十日）

目　录

大元帅指令第五十九号（附广东全省船民自治联防督办公署调查船民户口暂行章程）（略）

公　　文

大本营审计局致各机关函（略）

公　　电

川军讨贼军总司令熊克武等呈大元帅敬电（略）

公　　布

大本营审计局公布各机关收支简明表（略）

布　　告

大本营内政部布告第十五号

大本营内政部布告第十六号（略）

大本营建设部布告第一号（略）

批　　示

大本营内政部批第八十三号

命　　令

大元帅令

据中央直辖滇军总司令杨希闵呈称：已故团长潘宝寿从戎十载，转战川粤，历克强寇，忠勇逾恒。前次沈逆袭攻广州，该故团长奋勇先驱，弹中要害，逾日殒命。请援例追赠给恤等语。潘宝寿着追赠陆军少将，并着由军政部照少将伤亡例，从优议恤，以慰烈魂。此令。

中华民国十三年一月十五日

大元帅令

大本营军政部长程潜呈：议复已故湘军第三师五旅十团团长陈飞鹏，请予追赠陆军少将，并照恤赏章程给予恤金等语。已故湘军团长陈飞鹏，准予追赠陆军少将，并照少将例给予恤金，以慰英灵，而昭忠荩。此令。
中华民国十三年一月十六日

训　令

大元帅训令第十三号

令广东电政监督何家猷

为令行事。案据湘军总司令谭延闿呈称：近日北方电报迟滞异常，由南雄电达广州，历时须三四日方能递到，关系军情极大。饬据职部电务处长刘竞西查明整顿去后，兹据复称：我军往来各报迟滞原因，一由韶局电生缺乏，一由广州线路年久失修，每遇风雨，即生阻碍。职前为补救计，特派电务员分赴韶州、源潭两局协同助理，以期迅速。查广韶线路四百余里，分为韶、英、源、广四局管辖，每局不过百里内外，即有阻碍，至迟两日以内当可修复。拟请转呈大元帅饬令电政监督，随时稽察整理等情。理合呈请察核施行等情。据此，查北江电政，现值用兵之际，关系极为重要，应由该监督切实整顿。关于电生之勤惰，路线之通塞，尤须认真督察，遇有积压阻隔，应将各电生及工匠从严查究，以维电政，而利戎机，毋涉延顽。仍将办理情形，迅速呈候考核。此令。
中华民国十三年一月十日

大元帅训令第十四号

令广东省长廖仲恺

为令饬事。案据广东地方善后委员会呈称：为议决惩治妄报官产及李文恩等禀陈利弊各案，呈候鉴核，指令祗遵。窃自军兴以来，饷需浩繁，政府不得已而有投变官产之举，乃奸徒希图获奖，乘机妄报，全市骚然。委员等有见及此，故有拟定《民业保证条例》以为民业保障，经奉帅座核准颁行有案。现查保证局虽经成立多日，而举报官产者尚源源而来，若非速图救济，实恐有负我大元帅维持民业之本旨。兹据本会伍委员提议惩治妄报官产案意见书，并条例十条，并准省长公署发交李文恩等禀呈利弊一案到会，当于本月十八日特别会议，再三讨论，一致表决并案，呈请帅座鉴核，通令颁行，庶妄报瞒承者不敢再有尝试而遂其奸，本市商民均可各安其业。所有议决缘由，理合连同伍委员提议条例，并李文恩禀呈利弊案四条，具呈睿察。如蒙采择，伏乞通令各机关遵照执行，仍候训令祇遵等情。据此，当经指令：呈及附件均悉。伍委员平一所拟《惩治妄报瞒承官产条例》是否可行，候将原草案钞交广东省长详加审查，具复核夺。至李文恩所陈变卖官产机关人员与地方蠹民种种串通舞弊情形，殊堪痛恨，并候令广东省长通令各该管机关严行查禁，如果有此种行为，无论高下级人员，均应尽法惩办，以儆官邪，而重业权。市厅所定《民产保证条例》前已由该会议决修改，呈经核准施行在案。中央银行应否设立，及纸币应否发行，应俟保证费收有成效再行酌量办理，仰即分别知照，附件存。此令。等语。除指令印发外，合行照钞原议案，令仰该省长即行按照原指令内指示各节，分别遵办，具复核夺。切切。此令。

中华民国十三年一月十日

大元帅训令第十六号

令北江商运局局长韦荣熙

为令饬事。查北江商运局开办之初，曾经本大元帅面谕：发起之人不得涉及粤汉铁路范围。乃闻该局现向铁路运商每车收费二元，并设分局于各车站，殊与原议办法不符。为此，令仰该局即行停止收费，并将在各车站所设分局撤去，仍将办理情形报查。切切。此令。

中华民国十三年一月十一日

大元帅训令第十七号

令中国银行监理官陈其瑗

为令行事。据两广盐运使稽核所经理宋子文呈称：窃经理日前奉钧令，着将职所存储中国银行税款十一万余元拨交军用等因。奉此，经即遵令签就支票一纸，送交陈局长向该银行提取。旋准陈局长面称：该行设辞推诿，抗不支付。除由经理迳函该行质问，并促其克日如数支付。讵旋据报告：该行行长凌骥由港密派员来省，令同行员邓公寿、谢文兴二人，将所有重要文件、契据挟带逃港。经理当即派出所员温福田，会同公安局侦缉员驰赴火船码头守候，将该行员邓、谢二人截缉，并将所挟带之文件、契据一并解往公安局押候查究。除函致公安局将该邓谢二人及文件、契据妥慎看管审讯。迄今多日，该行行长凌骥久已潜匿在港，对于职所该项存款漠不为意。伏查该行行长胆敢扣留公款，挟带公物潜逃，实属罪无可逭。理合备文呈报钧座鉴核，令行通缉该行长归案究办，并令饬将该行地址、物业查封，交中国银行监理官陈其瑗变卖，以偿公款，而济饷源。是否有当，伏乞指令祇遵，实为公便。等情。据此，除指令照准，并令财政部行文通缉外，合行令仰该监理官即将该行地址、物业查封变卖，以偿公款，毋稍延宕。切切。此令。

中华民国十三年一月十一日

大元帅训令第十九号

令大本营财政部长叶恭绰

为令行事。案据广东财政厅厅长梅光培呈称：为呈请事。窃迩来银根吃紧，无论官商，均觉周转不灵，商民间有以不动产向银行按揭款项，每被拒绝。说者多谓：自政府办理官产、市产后，人民之不动产失其稳固安全。故银行不敢轻于投资，而人民资源既受牵制，则国家财政必益困难。似此情形，实非流通经济之道。政府办理官产、市产，原以库收短绌，将国有、公有产业售诸人民，期得现款，俾应急需，若因而累及人民之安全，决非政府之本意。且民业以契照为据，从前契照概由财政厅颁发，自办理官产、市产后，官厅多有填发执照之事，而各官厅将来或有裁并，日久既无可查考，亦非慎重民业之道。厅长迭晤绅商，群请设法补救。复再三商榷，谨酌拟《确定民业执照条例》十五条，以流通经济、划一契照为宗旨。人民一经领契，即为确定民业之保证，可以自由买卖、典当、抵押，于人民经济固可逐渐流通，而政府酌收照费，于财政亦不无裨益。惟此项条例与现在办理官产、市产等办法不无抵触。盖向来买卖产业契据，于字句间每多疏略，苟非万不得已，断不肯呈验以供挑剔。则政府为救济现在之困难，及维持民业之安全起见，《确定民业执照条例》施行，即将举报官产、市产等案概行停止受理不可。所有酌拟确定民业，划一执照条例缘由，是否有当，理合具呈大元帅察核令遵等情。据此，除指令准如所拟办理外，合行抄录条例，令仰该部即便知照并转饬广东省长知照。此令。

计抄发原条例一份

中华民国十三年一月十二日

《确定民业执照条例》

第一条　本条例以流通经济，画一契照为宗旨。凡属民业均发给执照管业。

第二条　此项执照，由财政厅专办。省外各县，由厅设局派员或委托县公署办理。

第三条　凡领有此项执照，即为确定民业之保证，准予永远管业，买卖不得作为官产、市产办理。

第四条　凡民业不论系人民买卖或向官厅承领，均须请领执照。嗣后买卖、典当、抵押等处分，方能发生效力。

第五条　发给此项执照，自施行日起，以三个月为限，限满截止。

第六条　业户请领执照，应带回原有红契或执照缴验。

第七条　请领执照费，照产价百分之三缴纳，以毫银计算。其附加纸契等杂费，概行免除。

但于施行日起，纳费领照在一个月内者，准照产价百分之一；在两个月内者，准照产价百分之二计算。被举报官产、市产自行领回及向官厅承领执有执照者，并准折半缴纳。

原有契照所载产价，如比时价为低，业主欲提高产价缴纳照费者听。

第八条　业户缴验契照，应连同照费缴纳。除将印契即日验明发还，并出具照费收据给发收执外，所有执照准于一星期内填发，不得延滞。

第九条　此项执照，分为四联。一联存财政厅，一联存该管地方官署，两联分为正副发给业户。嗣后如有因案须调验契照，准由业户将副照呈验。

第十条　本条例施行后之区域，所有举报官产、市产等案，概行停止受理。

第十一条　业户缴验契据，虽有官产、市产嫌疑，但未经举报，由官厅公布有案，而持有红契柄据者，一经纳费领照，即认为确定民业。

第十二条　凡未领有此项执照者，嗣后典卖契据，不予税契。

第十三条　本条例施行日期及区域，由财政厅及各县局公布之。

第十四条　本条例由财政厅呈请大元帅、省长核准施行。

第十五条　本条例有应行更改时，得呈奉大元帅、省长修正之。

指　令

大元帅指令第二十八号

令广东地方善后委员会

呈及附件均悉。伍委员平一所拟《惩治妄报瞒承官产条例》是否可行，候将原草案钞交广东省长详加审查具复核夺。至李文恩所陈变卖官产机关人员与地方蠹民种种串通舞弊情形，殊堪痛恨，并候令广东省长通令各该管机关，严行查禁。如果有此种行为，无论高下级人员，均应尽法惩办，以儆官邪而重业权。市政厅所定《民产保证条例》，前已由该会议决修改，呈经核准施行在案。中央银行应否设立及纸币应否发行，应俟保证费收有成效，再行酌量办理，仰即分别知照。附件呈。此令。

中华民国十三年一月　日

大元帅指令第四十一号

令禁烟督办杨西岩

呈悉。此令。

中华民国十三年一月十二日

附原呈

呈为呈报事。窃查鸦片一物流毒最深，贻害人群莫似〔此〕为甚。督办奉命办理禁烟事务，除禁种、禁运以外，戒烟一事亦属要图。兹拟设立戒烟总所，俾有烟疾者，由该所为之施戒。至制药总所，原拟招商承办，调制戒烟药品，以便有烟疾者随时购服，以除痼疾。惟昨经督办召集会办、帮办会议，佥以未便招商承办，自应派委专员办理，以专责成。该两所对于禁烟前途实关重要，亟应分别酌派所长，俾利进行。兹查有陈鸾谔堪以派充戒烟总所所长，郑文华堪以派充制药总所所长。除由督办先行分给委任外，理合备文呈报察核。伏乞俯赐照准施行，并候指令遵照，实为公便。谨呈陆海军大元帅。

禁烟督办杨西岩

中华民国十三年一月十日

大元帅指令第四十三号

令大本营财政部长叶恭绰

呈及附件均悉。该部以粤省自军兴以来，赋敛已烦，不宜再增苛细捐税，重扰商民。拟发行有利支付券总额三百万元，劝令殷富商民认购，并指定广东全省沙田登记费、民产保证费及印花税等项为还本付息基金，限二十五个月内本息还楚，实属于民无损，于公有济。其余条例规定亦尚妥协，应准如拟施行。仰即上紧劝募，期于最短时期如额募齐，借裕饷源而借讨贼。仍将办理情形随时报查。各件均存。此令。

中华民国十三年一月十二日

附原呈

呈为拟订发行支付券条例并指定该项本息基金，仰祈鉴核令遵事。窃粤省自用兵以来，饷需浩繁，财政倍极困难，各项捐税业经次第举办，各属粮赋亦已分期预征，商民负担已巨。本部仰体钧座维护生民之至意，不忍再增苛细杂税，重扰商民。然救济财政，调剂金融事亦不容或缓。再四筹度，拟发行一种支付券，以借贷方法向殷富商民劝令多数认购。并为普及起见，每张分为十联，俾一般便于分购以资储蓄，务使商民于负担之余，亦有生利之望，并得随意变价，照市流通推行，似无窒碍。在商民出其余资，不啻寄诸府库；在政府负此债务，应各谅其苦衷。实为上足裕国，下不病民之唯一良法。但欲固信用，基金必须预筹。欲资推销，商民尤宜协力。故一方应由政府指定的款，以为还本付息之需，一方应由商会负其责成以当急公好义之任。当由本部提出条例草案十九条，交付财政委员会议决，并由该会公同修正在案。惟该项支付券本息基金共计三百四十六万五千元，按二十四个月平均核计，每月应拨十四万四千三百余元。现拟于全省民产保证费项下，每月拨毫银六万元，全省沙田登记费项下，每月拨毫银八万元，全省印花税项下每月拨毫银一万元。自二月份起，按月照拨，均由各该机关每月迳自拨交该基金委员会分别收存，以备支付本息，无论何项军政要需，不得挪借移用。应请明令颁布，以昭大信。除俟奉令核准，再由部根据条例拟订《基金委员会组织章程》及《支付券发行细则》分别公布，并咨令遵办外，理合将拟订《支付券条例》抄附清折，并指拨基金各缘由，呈请钧座鉴核，公布施行，并指令祗遵，实为公便。谨呈大元帅。

附呈清折一件、表一件

大本营财政部长叶恭绰

中华民国十三年一月九日

《大本营财政部有利支付券条例》

第一条　大本营财政部为救济财政、调剂金融起见，经财政委员会会议议决发行支付券，其发行总额定为毫银三百万元，名曰“大本营财政部有利支付券”。

第二条　此项支付券利率为月息一分。

第三条　此项支付券之利息按月计算，自发行后第二个月起，按月支付利息。

第四条　此项支付券还本办法分为二十个月还清。自发行后第六个月起，每月抽签还本一次，每次抽还二十分之一。

第五条　此项支付券还本抽签日期定于每月十五日，在广州执行。即于下个月五日起，还本付息。

第六条　此项支付券本息之基本金，由政府指定下列各项收入充之：

（一）全省沙田登记费项下每月拨八万元。

（二）全省民产保证费项下每月拨六万元。

（三）全省印花税项下每月拨一万元。

第七条　此项支付券本息之基本金，由政府按照前条规定数目，饬令该征收机关，每迳解基金委员会，分存中外殷实各银行，预备付息还本之用。无论何项机关有何项要需，不得挪借移用。

第八条　支付券基金委员会以广州总商会、广东商会联合会、地方善后委员会、广州总工会、广东工会联合会联合组织，其组织章程另行规定之。

该委员会最大之权责，为维护支付券之信用，保障持券人之利益，及监督支付券之发行。无论何项机关或个人，对于该委员会行使上列权责时，不得加以侵害，并应由地方官厅协助保护。

第九条　此项支付券还本付息，即由基金委员会委托广州总商会及各县商会办理，负其完全责任，亦得由该商会等转托当地各殷实银行、商号代理。

第十条　此项支付券每张票面价额分为两种如下：

（一）五十元。

（二）一十元。

此项支付券分为十联，每联载票面价额十分之一。

第十一条　此项支付券编印号码讫于发行时，应由广州总商会或各县商会加盖戳记。

第十二条　此项支付券按照票面价额十足发售。

第十三条　此项支付券自中签还本日起，除海关税外，得用以向征收各机关缴纳田赋、捐税、厘金及代其他现款之用，不得拒绝收纳。

第十四条　此项支付券概不记名，认券不认人。如有遗失、毁损，不挂失票亦不再补发。

第十五条　此项支付券得随意买卖、抵押，其他公务上交纳保证时，并得作为担保品。

第十六条　此项支付券得为银行之保证准备金。

第十七条　此项支付券如遇有伪造、改造及毁损信用之行为，依律从严惩罚。

第十八条　此项支付券之发行细则另定之。

第十九条　本条例自奉大元帅批准公布日施行。

大元帅指令第五十一号

令管理粤汉铁路事务陈兴汉

呈及拟具《军人乘车章程》均悉。候令行军政部分咨各军转饬遵照可也。此令。

中华民国十三年一月十五日

附原呈

呈为呈请察核事。窃职路前以各军滥开专车，及军人无票乘车，呈请分令限制、禁止一案，业奉帅令第七四〇号内开：呈悉。准予令行军政部通知各军队长官饬属一体遵照矣。仰即知照此令。等因在案。乃查近日各军强令滥开专车仍复不少。查开用专车一次约耗费五百元，当此财政奇绌，似不能无故滥开。至军人无票乘车、包揽客商，借端渔利比前尤滥，以致收入车利日益短绌。现查职路近日收入平均仅得八千元，连附加军费在内，计支出之款先后案奉帅令解缴，统计每日支出约共一万一千余元。即以是日收入全数支付，尚不敷三千余元。此外，积欠煤斤及材料各价，共三十余万元。现在职路员役薪水积欠数月尚未发给，亦应设法陆续清理，方免窒碍，但收入仅得此数，自无余款拨支，且讨帐各商亦纷至沓来，不胜其扰。似此种种实在困难，办理时形棘手，倘长此以往不予维持，不独职路受巨大之损失，即于前奉帅令饬解各款，亦必因而贻误，关系匪轻。兹职路为维持现状，以期收入稍裕，免误要需起见，谨拟具《军人乘车章程》五条，呈请鉴核。如荷准予施行，请即分令各军队、机关转饬所部，一体遵照。至开用专车，仍请准照前呈办理，庶有限制而免虚糜。如有恃强逼开专车及无票乘车、包揽客商渔利情弊，应予严惩，以儆效尤而维路务。所有维持车务以裕收入，免误要需各缘由，理合连同拟具《军人乘车章程》具文呈请帅座察核。是否有当，伏候指令祗遵，实为公便。谨呈大元帅。

计粘呈《军人乘车章程》一纸

管理粤汉铁路事务陈兴汉印

中华民国十三年一月十日

《粤汉铁路暂定军人乘车章程》

一、军人乘车须持有上级长官正式印据，交由站长或车员查验，方准乘车。如无正式印据及只盖各该部闲章者，仍照无票乘车收费。

二、军人乘车以身穿军服及有证章者为限，别人不得假借冒用。

三、发给乘车印据，应由各级长官严加限制，俾各站收受此项印据每日缴交车务处稽核，按月汇报军政部核销，以免冒滥。

四、沿路军队复杂，除将此项《军人乘车章程》标贴各站、各车，俾众周知外，并咨行各军长官及兵工厂，通饬所属遵守。倘有抗违，准由随车监查军官拘送核办。

五、军人乘车须遵守路章。军官坐头、二等，士兵坐三等。如有越等，照章补费，亦不得拦入行李守车内，致碍办公。

大元帅指令第五十八号

令兼广东全省船民自治联防督办伍学熀

呈悉。查所拟《保澳团暂行章程》第十四条内“应即密报分局拘案讯办”一句，应改为“应即密报分局查明，依法究办”。已为核改，登载公报。其余各案大致尚妥，应准如拟施行。仰即知照。章程存。此令。

中华民国十三年一月十六日

附原呈

呈为呈请察核示遵事。窃督办于十二年十二月三十一日呈拟支配船民自治联防经费办法，业经声叙：水上保澳团为职署现日筹办事项之一在案。查水上保澳团虽属创举，但明季保甲之制即其先例。昔王守仁于苏赣地方倡自治而行保甲，其制系以城内治所为中央机关，每保统十甲，置保正、保副。每甲十户，置甲长一人，分东南西北四区，称东一保、东二保、东三保，南西北亦然。其余之保正、保副，悉以城内之保正、保副统辖之，此陆上保甲制也。此外，又在严州滨海之地编渔舟。十艘为甲，十甲为保，互相协助以御盗贼，此海上保甲制也。迄于民国，地方保卫团条例，亦与明季保甲制度小异大同。督办兹参酌古今法制，分别海陆情形，拟订《广东全省船民自治联防保澳团暂行章程》十九条，呈请察核示遵，实为公便。谨呈大元帅。

计呈《广东全省船民自治联防保澳团暂行章程》一扣

兼广东全省船民自治联防督办伍学熀印

中华民国十三年一月十二日

《广东全省船民自治联防保澳团暂行章程》

第一条　凡船民自治联防区内之船，因自治联防之关系，编十船为一保，十保为一澳，十澳为一团。概括言之曰“保澳团”。

第二条　船系于保，保系于澳，澳系于团，团系于区，各以数字别之。如某区第几团，某团第几澳，某澳第几保，某保第几船。

第三条　编保以十船为率。不及十船者，五船亦可编为一附保，但附保只有副保董、副保长。附保应附入前编之保，即以前保之保董、保长为保董、保长。如一澳之内有两附保，两附保亦可合为一保，原有之两副保董、两副保长，应以抽签法改为一保董、一副保董，一保长、一副保长。

前项附保以五船为率，不及五船者，四船以下编入邻保。

第四条　编澳以十五保为率，编团以十澳为率。其余办法，照第三条编保之法编之。

第五条　保设保董一人，副保董一人，保长一人，副保长一人。由该保船民公举，二年一任。澳设澳董一人，副澳董一人，澳长一人，副澳长一人。由该澳保长、副保长、保董、副保董公举，二年一任。团设团董一人，副团董一人，团长一人，副团长一人。由该团澳董、副澳董、澳长、副澳长公举，二年一任。

前项保董、保长、副保董、副保长、澳董、澳长、副奥董、副奥长、团董、团长、副团董、副团长，均由该区分局长呈由总局转请督办加委。

第六条　保董办理该保自治事宜，副保董辅助之。保长办理该保联防事宜，副保长辅助之。澳董、副澳董、澳长、副澳长、团董、副团董、团长、副团长，各分别办理本澳及本团自治及联防事。

第七条　凡船民年满十六岁以上□十岁以下者，均为团丁。以三分之二为后备团丁，以三分之一为常备团丁，专任联防事务。

第八条　水上保澳团长、副长、团丁执行联防事务时，与缉捕、巡舰、水上巡防队有互相协助之义务。

第九条　船民督办对于全省水上保澳团长、副长、团丁，有指挥、监督、调集、遣归、改组之权。

第十条　船民总协理、分支局长，承督办之命，对于所辖之保澳团长、团丁，有指挥、监督、调集、遣归之权。

第十一条　船民团长、副团长，承该区分局长、支局长之命，对于本团保澳各长、各副长及团丁，有指挥、监督、调集、遣归之权。

第十二条　船民澳长、副澳长，有指挥、监督本澳保长、副保长、团丁之权。

第十三条　船民保长、副保长，有权指挥、监督本保团丁之权。

第十四条　各保澳团董、副董及保澳团长、副长，均有保良攻匪之责。如查悉船民有勾通盗贼、窝藏匪类及其他法外行为者，应即密报分局查明，依法究办。如船民有被人诬陷，致无辜受累者，该保澳团各董长及副董长亦应据情报局申理。

第十五条　保澳团董、副董办理船民自治事宜；保澳团长、副长办理船民联防事宜。其著有成绩者，得由监察员会同分局局长呈请督办，酌予褒奖；其有过失者，酌予惩罚。至团丁之联防有功过者，亦酌予赏罚。

第十六条　保澳团董、副董、团长、副长皆名誉职。

第十七条　保澳团经费由船民自筹，呈由总、支、分局转请督办公署核定。

第十八条　保澳团办理文牍，由督办公署刊发木质图记。但非关于自治联防事务，不得以私人名义钤用。

第十九条　本暂行章程自核准之日施行。

大元帅指令第六十二号

令禁烟督办杨西岩

呈及条例均悉。应准如拟施行，仰即知照。条例存。此令。

中华民国十三年一月十六日

附原呈

呈为拟具《禁烟条例》恭呈仰祈睿鉴公布事。窃职署业经成立，一切事务现正规划进行。惟当此厉禁之始，不有专条无以遵守。前据西岩拟具《禁烟条例》草案，提出政务会议审查修正，经已照案通过。理合另折缮录议决《禁烟条例》二十二条，备文呈乞鉴察，准予公布。并乞指令施行，实为公便。谨呈陆海军大元帅。

附呈《禁烟条例》二十二条

禁烟督办杨西岩印

中华民国十三年一月十六日

《禁烟条例》

第一条　本条例以厉行禁烟、湔除烟毒为宗旨。

第二条　本条例施行后，所有一切禁烟事宜，由禁烟督办会同各该地方军民长官办理，并得随时派员分赴各省、各属严密稽查。其地方文武官员有执行不力者，由禁烟督办呈请大元帅，或咨会各省军民长官分别惩处。

第三条　凡吸食、制造、贩运，或存储鸦片烟，或栽种莺〔罂〕粟者，照本条例办理。

第四条　凡有鸦片烟瘾人民，应由各地方官切实限期查明人数、姓名、年龄、籍贯，列表呈报，统由禁烟督办汇案核定减瘾办法，勒限戒断。

第五条　凡烟土不得私自运销、存储。其有在本条例未施行以前购存者，数量无论多寡，均由禁烟督办酌定期限及价格，一律收买。

第六条　凡田地栽种莺粟，自奉本条例施行之日，应由各该县长及驻在之军警长官，督令该种莺粟人铲除净尽。如有聚众抵抗者，即行剿办。铲除后仍敢再种者，照本条例加一等治罪。

第七条　戒烟药品，须经禁烟督办署施行检验，粘贴检验证始准发售。

第八条　制造及贩卖鸦片烟者，处无期徒刑，或科五千元以下之罚金。

第九条　贩卖或自外国贩运鸦片烟者，处三等以下有期徒刑，并科三千元以下之罚金。对于吗啡、高根有同等之行为者，亦同。

意图贩卖而收藏鸦片烟者，照前项减一等治罪。

第十条　税关官员或其佐理人自外国贩运鸦片烟，或串通他人贩运者，处二等以下有期徒刑，并科五千元以下之罚金。对于吗啡、高根有同等之行为者，亦同。

第十一条　制造鸦片烟或栽种罂粟者，处三等以下有期徒刑，并科二千元以下之罚金。

第十二条　凡自有土地或租借土地栽种罂粟者，除依前条治罪外，并将其土地没收之，但业主确不知情者，查明宽免。

第十三条　吸食鸦片烟者，处三等以下有期徒刑，或科三千元以下之罚金。

第十四条　开设馆舍供人吸食鸦片烟者，处二等以下有期徒刑，并科三千元以下之罚金。

第十五条　凡有缉私职务人员，自行查拿或带同长警捕获烟犯者，视其获案多寡、情节，分别奖励。

第十六条　军民长官或警官或其佐理员，当施行职务时，知有犯本条例第八条至第十四条之罪犯，而不即为相当之处分者，亦照各该条例处断。

第十七条　犯本条例第八条、第九条、第十四条之罪，其房屋没收之。但业主确不知情者，查明宽免。

第十八条　凡缴获之烟土、烟膏，估价以三成充公，以四成奖给线人，以三成奖给在事出力人员。

第十九条　本条例未施行以前之各种禁烟章程，及新刑律第二十一章各条，与本条例无抵触者，继续有效。

第二十条　本条例施行之日起，凡犯本条例之罪犯，无论何人拿获，必须连同证物一并解由禁烟督办署或禁烟总分局，移送司法机关适用本条例之规定审讯治罪。

第二十一条　本条例如有未尽事宜，得由禁烟督办署呈请修正。

第二十二条　本条例自公布日施行。

大元帅指令第六十七号

令广东省长廖仲恺

呈悉。应如所拟办理，仰即转行遵照。此令。

中华民国十三年一月十七日

附原呈

呈为呈请事。现据财政厅长梅光培呈称：据香山县县长朱卓文呈称：本年十二月二十一日奉钧厅委兼香山经界分局局长，所有奉委开办日期，除另文呈报外，但关于办理经界阻碍之处，不能不预请钧厅裁夺之。查中国田亩未清理者，为时已久，以故膏腴转成沙坦，泽薮已变为肥田者，不知凡几，更有契典隐诡过割不清，或种无粮之地，或纳无地之粮，不为清理，必致病民。今设局办理经界，仰见钧厅蠲除民累、保证民权之至意。惟经界事务宜从调查测丈入手，经调查测丈之后，方能整理田赋，保证佃业。乃现在职县有田土业佃保证局之设，地方颇疑虑。该局办法虽照佃约征收，而征收悉以契照所载之地亩为根据。如未开办经界地方，政府为保证业佃起见，不妨从权办理，稍资挹注。职县既着手办理经界，则该局已无设立之必要。一俟经界厘定，随即兼办田土业佃保证手续，既省于民，亦觉便利，若分途并进，人民既厌其繁苛，进行亦多所窒碍。管见所及，理合具文呈请钧厅转呈省长，饬将香山田土业佃保证局撤销，以一事权，而免阻碍，实为公便等情到厅。据此，理合转呈察核，指令饬遵等由。查田土保证局之设，原案声明：业主加租，佃户霸耕往往发生争讼，官厅处分讼事，悉以批约为断，因议设局为租赁批约之保证。论其性质固与经界两不相涉，按之事实自与经界不妨并行。且此项收入，业奉帅令专拨国立师范学校。比因学款紧急，经由该局先行筹款借垫，并奉帅府续颁明令：由省长通饬所属，无论何项机关，不得任意提借。各县军警随时认真协助，以维教育，而利进行等因。是大元帅注重教育，正在极力维持。纵如香山朱县长所陈人民颇多疑虑，亦应明晰开导，以释群疑。此事一方面为田土弭租赁之争，一方面为学费收补助之效；设或停顿，则前之借垫无可清偿，后之学费停顿支付，殊违当日统筹兼顾之意。所请撤销，俟经界厘定后，再行兼办田土业保证，碍难照行。理合录案呈明帅座示遵，以便再行通令遵照，免生疑阻，而碍进行，实为公便。谨呈陆海军大元帅。

广东省长廖仲恺印

中华民国十三年一月十四日

布　告

大本营内政部布告第十五号

为布告事。查广州市中西医生请领开业执照，前经展至本年一月十六日截止，业于十二年十二月二十七布告在案。现已届期，自应截止，不再展限。惟查《管理医生规则》第十六条载：本规则颁布后，凡未领部颁医生开业执照，概不准擅自执行医务，违者处二百元以下之罚金等语。限制綦严，诚恐各医生中或有不明部章，未及请领执照者，一旦照章执行，即不能再有宽假，自应事前剀切布告俾众周知。兹特由部制定《检查执照专员简章》共九条另案公布。此项简章，定于二月一日起实行。其第二条载：检查尚未实行以前，继续来部请领执照者，仍准交付审查，暂免处罚等语。是于限满之后，检查实施之前，仍准继续补领，实属格外体恤。自经此次公布之后，如有尚未领照之中西医生，务须在二月一号以前来部请领，否则一经到期，本部惟有照章执行，毋谓言之不预也。切切。此布。

中华民国十三年一月十七日

批　　示

大本营内政部批第八十三号

具呈人顺德中西医学会临时会长刘荣东

呈及简章均悉。该医生等为促进学术起见，联合中西医生共同研究，交换智识，创设中西医学会，宗旨尚为正大。如果确系多数医生赞成设立，自可准予立案。惟本部前据顺德医生公会会长潘宸南来呈曾称：该医生公会系于民国十一年呈由周县长核准立案，宣告成立等语。是顺德一邑之地，而医生团体先后设有两处之多。再查此次具呈人刘荣东、何焞、关玉生、陈献图、周瑞川、陈长裕等六人，又均列名顺德医生公会会员名册之内。究竟彼此组织如何区分，是一是二，是否就原有之医生公会改组，将来能否不因此发生争执，来呈未据声叙明白，无从核办。仰即按照上开各节，自行呈复，再行定夺饬遵可也。此布。

中华民国十三年一月　日

部长徐

第三号（一月三十日）

目　　录

指　　令

大元帅指令第七十四号、第七十六号、第八十二号

大元帅指令第六十九号、第七十一号——第七十三号、第七十五号、第七十八号、第八十一号、第八十四号——第八十八号（略）

布　　告

大本营内政部布告第十七号

训　　令

大元帅训令第二十六号

令滇军总司令兼广州卫戍总司令杨希闵

为令行事。据财政委员会呈称：本会本月十四日第六次常会会议奉帅座交议，据滇军总司令函称：请将市政厅每日拨给宪兵司令部经费二百元，改归警卫团领收，并请每日加拨三百元一案。经众讨论议决，由会呈请大元帅训令广州卫戍总司令部，即将经收娱乐捐（即影戏捐）、火柴捐、横水渡捐等一律取销，仍归主管机关办理，再议另筹办理在案。理合呈请大元帅鉴核施行等情。除指令呈悉，所请将广州卫戍总司令经收娱乐捐、火柴捐、横水渡捐一律取销，仍归主管机关办理，应准照办。仰候令行杨总司令遵照办理可也。印发外，仰该总司令即便遵照，仍将遵情形具复考核。此令。

中华民国十三年一月十八日

大元帅训令第二十九号

令西路讨贼军总司令刘震寰

为令行事。据财政委员会呈称：本会本月十四日第六次常会会议，准广东全省沙田清理处处长许崇灏提出，东莞沙捐兼清佃局前经由处委任谭平前往办理。嗣因莞城被陷，局员暂行退避，旋经我军克复，为西路讨贼军刘总司令震寰所部驻扎，遂由严兆丰师长委员接

管。现在正值本处奉令进行筹款，应请大会咨达刘总司令迅饬严师长，将所委之员撤销，以符统一而明权责一案。经众讨论议决，由本会呈请大元帅训令刘总司令转饬严师长，将所委之员撤销在案。理合呈请大元帅鉴核施行等情。除指令呈悉，所呈系为统一财政起见，应准照办。仰候令行刘总司令转饬该师长遵照可也。此令印发外，仰该总司令迅饬该师长即便遵照。仍将遵办情形具复考核。此令。

中华民国十三年一月十八日

大元帅训令第三十二号

令大本营军政部长程潜

据管理粤汉铁路事务陈兴汉呈称：窃即日有自称中央直辖讨贼第三军第一路游击第三梯团司令部副官梁绍贤，手持该部公函并封条四张，到路声称有军柴多辆已到连江口站，须速封车派赴运省等语。查军人串同奸商，借口军柴包揽渔利，实属扰乱行车秩序，迭经大本营前兵站总监部及滇湘两军总司令部分别惩办制止有案。今该部竟更派条勒封，涉及路政，长此滋扰，殊碍要公。理合备文连同该部原函及封条各一纸，渎呈钧座，敬恳察核，转令查究，以维路务等情，并粘请该团部原函封条前来。据此，查军人封用车辆，经定有限制办法，令行在案。据呈前情，除指令外，合行令仰该部长查明，严令该部长彻究。粘件随发。此令。

中华民国十三年一月十九日

大元帅训令第三十三号

令中央直辖滇军【总司令】杨希闵、湘军总司令谭延闿

查北江为湘赣入粤孔道。货物运输、商旅往还，胥以此为交通。仰该总司令通饬所属将领，严禁驻扎该处，部下军队不得勒索商人，阻留货物，致碍盐斤之销路、各货之流通，是为至要。切切。此令。

中华民国十三年一月十九日

大元帅训令第三十四号

令东路讨贼军总司令许崇智

为令饬事。据广东省长廖仲恺呈称：为呈请事。现据南海县县长李宝祥具呈：奉东路讨贼军总司令部令行奉大元帅令：准将各县所欠旧粮拨归本部经收，以补军食又奉令行奉大元帅令：着财政厅将各县所欠旧粮拨归东路讨贼军总司令部派员直接征收，以补该军伙食。各等因。查前奉省署令行由县每日额解银一千二百元，此款全恃征收钱银项下应解，且迭奉筹解军饷，计垫长银十万余元。此项垫款有向商号息借，有将地方款挪解，专望本年冬征归还，若改拨该军政部经收，对于额解省署之款，势不能不先行停止，即借垫挪解，亦无从筹还。况钱粮为国库收入正款，甲军截收旧粮，乙军又截收新粮，更恐接踵而起，财政因而紊乱，固无统一之日，请核示遵等由。又据番禺县县长卫汝基具呈，奉行同前因，请核示饬遵等由前来。查核李县长等所陈系属实情。钱粮关系正供，若改拨军部经收，则甲军开端，乙军效尤，不特财政无统一可期，即论征收亦大蒙影响。且现在广属各县指定按日派解省署之款，系奉帅座特令，省署每日收入，悉经指定拨充军饷，如将各县统归东路催收，则省署解款可停，即按日拨支各饷均无着落。窃维东路军饷固应维持，而各县催征新旧钱粮，及省署指定派解各款，亦应统筹兼顾。现东路军队多已移驻香山，计香山县各项征收，约计达二十万元左右，拟请将香山一县收入全数划出，拨解东路军部，其余各县仍照前奉帅令派定数目，分饷照解省署核收。其东路派赴各县收粮委员，一律撤销，似此两全，既于东路军糈可资挹注，而于各方办事均不致受其牵动。经将办法提出，政务会议议决，陈明帅座照行。理合录案，呈请察核，照案核准，指令祇遵，并分行东路讨贼军总司令部遵照等情。据此，当经指令呈悉，案经会议议决，自应准如所拟办理。仰即饬令广属各县，仍照前次派定数目，按日解交省署核收，以备拨充军饷。并令饬香山县县长，将该县各项收入，全行拨解东路军部，以期兼顾。仍候令饬东路讨贼军总司令，即将派赴各县收粮委员撤销可也。此令。等语。除指令印发外，合行令仰该总司令即便遵照，将派赴各县收粮委员撤销。此令。

中华民国十三年一月二十日

大元帅训令第三十五号

令两广盐运使赵士觐

为令饬事。查韶关吉昌庄等盐店八间及船户袁兴福等，私买未经缴税领照之盐斤，擅行运销，影响盐税前途甚大。为此，令仰该运使迅即派员前往曲江县，将本案人犯、卷宗提解回省，严行讯办，以昭炯戒而儆效尤。此令。

中华民国十三年一月二十一日

大元帅训令第三十六号

令广州卫戍总司令杨希闵

据广州市市长孙科呈称：窃职厅现据省河全体横水渡埗业公所代表黄元呈称：窃省河横水渡操业微贱，无权无势，只知自食其力，历来无异。近因附加横水渡捐，卫戍司令部则批准联和公司罗有成承办；财政厅则批准联安公司梁浩然承办；市财局则批准同益公司张伯平承办。以一捐务而有三公司，民全体横水渡埗业不知何去何从。故连将收得捐饷代为存贮，以为静候官厅解决。不料迄今数日，仍未见有解决办法，而卫戍司令部批准之联和公司，强健有力，索取急如星火。微弱如民，横水渡各埗业何有抗阻能力？故附加之新捐四文，连同警费一文，昨日皆被尽数收去。不特此也，此项捐务现系开始创办，搭客多有不遵照给，计七日间已短收二百余元，亦要各横水渡埗业赔垫，迫得亦已如数赔垫矣。惨苦情形，真个为人作马牛践踏者不若也。为此，公举代表据实呈明察核等情前来。查省河横水渡捐依照公布条例，应属市政管理范围，早经职厅咨由财政厅饬属移交接管在案。兹据该代表呈称：现在卫戍司令部及财政厅均有招商承办，并分立公司名目征收。似此权限分歧，不惟有妨市库收入，且有碍财权统一。市长为整顿市内捐务以应要需起见，除经另案具呈广东省长公署令饬财政厅撤销承案外，理合备文呈请帅座俯准，令饬卫戍司令部迅将联合公司承案撤销，以清权限，实为公便等情。据此，除指令照准外，合行令仰该总司令查照，即将联和公司承办省河横水渡一案撤销，以符例案。此令。

中华民国十三年一月二十四日

指　　令

大元帅指令第七十四号

令两广盐运使赵士觐

呈悉。据称民国十二年份运库收入，不及十一年份之半，盐务敝坏达于极点。该使拟仿邹任成法，于署内设立盐政会议，借收集思广益之效。具见留心咨访，锐意革新，殊堪嘉尚。所拟章程亦尚妥协，应准如拟施行，仰即克日组织成立，将应行整顿各事悉心讨议，务期积弊湔除，税收丰旺，借裕饷源，本大元帅有厚望焉。简章存。此令。

中华民国十三年一月十九日

附原呈

呈为两广盐运敝坏已极，拟特设盐政会议实施整顿，谨订章程十二条，呈请鉴核令遵事。窃士觐恭承简命承乏两广盐运使，于十三年一月二日接任，经将交接日期呈报在案，今视事仅经旬日，略观表状，觉其弊坏之低度，已非始料所及。如引地之分割，机关之窃据，轮船之骑夺，水陆之梗塞，包私之猖獗，凡受政局所贻累者姑弗深论。此外，各程船之留港，河兑之垄断，验缉之废弛，疏销之放任，征收之低折，枰［秤］配之弊混，此皆运使本身之职责，为现实权限所可及，而与税收有密切之关系者，乃检视旧案，亦未尝议及整理。驯至省配销数之短，运库岁入之少，为历来所未有。查民国十一年西北江亦军事绵亘，水陆亦时被梗阻，惟全国配省盐数仍一百三十八万余包，岁收饷数尚六百九十余万大洋，乃十二年全年统计，省配盐数仅七十二万余包，岁收饷数仅三百六十余万大洋，且多系预饷，扯计八五折运库，实在岁入仅得三百零六万大洋。就省配比较，竟不及十一年之半数，其敝坏一至于此。若不及时整顿，恐此全省岁入近千万之大财源，从此不可收拾矣。卷查职署成案，民国以来成绩最优者，首推邹鲁一任。邹任为民国九年至十年，时值援桂，西江亦有数月军事，而通省全年税收数逾千万。我国盐法系采收税主义，税率无增减，当然以税收多少为优绌之差也。士觐受兹残局，谨当择善而从，自顾铨才，惟有旁求良佐，故于接收之后，即访择邹任员司之最为得力者，罗致署内任以要职。复查邹继刘任亦承敝坏之余，其所以有此成绩者，固由助理得人，亦由署内组设一盐务研究会，以为兴革之总汇，故能动必中肯。现在情形视邹任时正复相类，亟应仿其遗法组织会议，以立整顿之中枢。兹拟访择富于盐务经验而未能委任署职者，由运使酌予名义请其就职。署内组职（织）会议，名之曰“两广盐政会议”。会议时，并令本署秘书、科长及省河上下河富有经验之盐商，一同出席，仍以运使为主席，会议所得不关系于法规者，由运使经令公厅执行；如关系于法规者，仍呈奉大元帅核准行之。其大略如此。谨本此意，订成简章共十二条缮呈钧核。俟奉核准，当即遵照组织，定期开议，务将应行整理各事，分别标本缓急，次第提议，一经议决办法，士觐即督饬员司如法实行。将来能否追踪于邹任虽不可知，然此时黾勉思齐，不敢辜负知遇之心，固可盟幽独而质衾影也。除俟议决整顿时当再分案呈报外，所有议拟两广盐政会议各缘由，理合将所订简章十二条列折附呈。是否有当，伏候指令祗遵。谨呈陆海军大元帅。

附呈《两广盐运会议简章》一折（略）

两广盐运使赵士觐印

中华民国十三年一月十六日

大元帅指令第七十六号

令广东省长廖仲恺

呈悉。准如所拟办理。此令。

中华民国十三年一月十九日

附原呈

呈为呈报事。案奉帅座第三九一号训令：据善后委员会拟请催收旧粮，预征新粮及请清丈亩一案，饬即督饬财政厅详拟办法，克日通令各县举行。其对于清丈田亩一事，饬按照民生主义参酌地方情形，拟具章程呈候核定施行等因。奉此，经即令行财政厅查案复核议呈，以凭转呈核办。现据该厅呈复后开：查催征旧粮，先经由厅增订章程，责成县委按限催征，截至十二年旧历年底为止，此后永不减收，呈奉钧署通行遵办。兹复由厅分路特派专员驻县，会同县委对于未完粮欠切实督催，对于征存新旧粮银照数提解，责限二十日内办结。现在各委员陆续出发，职厅仍当督促进行，务于最短时期，收集巨款以济饷需。至预征新粮，原为急筹军费，但预借必须酌减成数，始获鼓励输将。惟旧历年关转瞬即届，民间习惯多以旧历收租之后清完钱粮，值此旺征时期，若将来年新粮减收预借，则业户贪图利便，移纳预借之粮，不缴本年之赋，彼盈此绌无裨库收，即对于减征旧欠，亦蒙莫大影响。职厅悉心筹议，斯时预借新粮妨碍滋多，拟俟来春青黄不接之时，再行察查情形，妥订办法呈请核定，现在未便同时举办。其清丈田亩一事，业经督令经界局，拟具实施规则，积极筹备赶速进行。奉令前因，理合将核议缘由呈复察核，俯赐转呈帅座，实为公便等由。查核所呈应准照办，除令复外，理合呈报大元帅鉴核令遵。谨呈陆海军大元帅。

广东省长廖仲恺

中华民国十三年一月十六日

大元帅指令第八十二号

令两广盐运使赵士觐

呈悉。所有前令将盐斤每包增抽军饷一元一案，应准予取销，仰即遵照办理。此令。

中华民国十三年一月二十四日

附原呈

呈为盐斤增抽军饷碍难遵行，谨据实呈明，恳将前令批销事。窃职使卷查伍前使汝康任内，准稽核所咨称，十一月十四日奉大元帅手令内开：着两广盐务稽核所经理，限三日后将盐斤每包增抽军饷一元此令等因。随由伍前使函达稽核所，以盐斤每包加抽军费一元一案，于供应饷糈诚有裨补，惟仓率〔卒〕执行，一时尚多未便，须俟体察情形，再行照案办理等由。查此案伍前使既以未便尚未奉行，职使体察情形，省配盐斤向以运销北柜为大宗，近年粤盐本重价昂，售价常比淮盐尤贵。衡永一带食户多有贪图平价，改食淮盐，以致粤盐短销已不逮从前之常额，若再增抽一元，则本愈重而价愈昂，销数必因之愈短，此对于淮盐而有不能增抽之理由者一。至中柜行销，向患洋私冲赚，缘港澳盐价低贱，较之引盐售价常平至一倍有奇，私枭偷运内地，防不胜防，缉不胜缉。从前埠商时代，多有用减价敌私之法以维持引地额销，故中柜各埠尚能岁销三十余万包之引额。民国以后，采用自由制度，运商既无包额之责任，恒视有利可图，然后配运，缉务稍不得力，则私冲遍地，运商以税重价贵不能敌私，相率裹足不前。故自民国以来，中柜岁销竟不及从前之半数，其原因实基于此。现当地方多故，各巡舰多为军队借用，未能认真截缉，洋私更形猖獗，引销益觉困难，若再增抽一元，中柜配销势必愈行短绌，此对于洋私而有不能增抽之理由者二。至于西柜，从前临、全、封、富引地，其运销湘西者，固须与淮盐竞争，其行销桂境者，则又为洋私冲赚。缘港梧轮船，每日偷运港私至梧冲销，梧河、抚河一带为数不少。若夫大江引地，常有枭贩偷运，平南之场私从郁、博、横县各路北灌柳、庆、贵、浔诸境。盖场盐税率，较省配仅得其半，本轻价贱，故省配引地多被冲销。若再增抽一元，恐西柜配销势必锐减，此对于场私而有不能增抽之理由者三。综观上项情形，确有不能再加之事实。况查去年税收多系预订，借饷折成核给准单，其征收现税十足缴纳者，实居少数，所以必须折【成】缴纳者，实缘税重价昂，碍难销售，必借此以减轻成本，乃可贬价推销，是原定税额尚须减折征收，若于额外增抽，何如规复原额？如果一面折减，一面增抽，狐掘狐埋，恐成笑柄。职使自奉委任，即经具呈手折第七条内开：准接任后，取销伍任加抽之特别军费每包一元，如蒙批准备案。惟际此军用浩繁，库储窘迫之日，仍欲于接任后考察省配情形，倘或增抽尚无窒碍，仍当勉其为难，以济要需而纾廑虑。旬日以来，详查中西北三柜配销状况，与各运商切实研究，备陈上述各项理由，职使再四筹维，去年征税多系折成减收，而全年河兑之数只得七十万余包，省配之短，为前清民国以来所未有，虽亦由地方多故，配运维艰，而各柜销路之困难已可概见。折成减收，尚且短销如此之巨，若再增抽于额外，深恐现状亦难保存。综上所陈，委系碍难遵行，无裨税收之实益，敢恳批销前令，用释运商之怀疑，则引销尚复旧观，饷源渐得充裕。卷查前因，所有盐斤增抽军饷一元一案，碍难遵行缘由，理合具实备文呈请鉴核。伏乞明令取销，实为公便。谨呈陆海军大元帅。

两广盐运使赵士觐印

中华民国十三年一月十八日

布　告

大本营内政部布告第十七号

为布告事。照得本部公布《管理医生规则》施行以来，所有广州市中西医生，业均先后遵章注册，发给开业执照在案。至于产科师一项，尚未定有专章，本不在核准发照之列。惟查近来援例以此为请者，颇不乏人。在该产科师等学成问世，具有专长，操术济人，为业亦属正当，自宜同受国家法令保护，未便独令向隅。然为慎重人民生命，杜绝滥竽起见，关于一切规章亦不能不参酌中外良规详加考订，方期适合国情，确符葆育人民之义。现在本部《管理产科师规则》尚未颁布，昨据医生资格审查委员会决议，呈请暂准援用广州市卫生局前颁《产科师注册章程》，俾得有所遵守等语。除该章程第八、第九两条所载照费及罚则等项应另规定外，察核尚属可行，应予照办，合行布告，仰广州市各产科师一体知悉。如有来部请领产科师执照者，无论曾否在广州市卫生局注册，兹经核定一律暂收执照费十元、印花费二元，限以一个月为期，自阳历一月二十五日起，至二十四日截止。须知本部此举，系为保护产科师权利起见，已属格外变通，慎勿迟延自误，是为至要。切切。此布。

部长徐绍桢

中华民国十三年一月二十五日

第四号（二月十日）

目　　录

命　　令

训　　令

指　　令

批　　示

命　令

大元帅令

据大本营财政部部长叶恭绰、广东省长廖仲恺呈称：据广州地方善后委员会、广州总商会、广东善团总所、九善堂院函称：经各界大集会议议决，由广州地方善后委员会、广州总商会、广东善堂〔团〕总所、九善堂院，联合发行善后短期手票五十万元，以各善堂院价值一百余万元产业为保证。其契照交由广州总商会存储，将广州市民产保证局交法定社团，公推委员办理，规定广州市民产保证局概不收受现金，专收此项手票，以偿足五十万元为止等情。呈请核准施行，明令办理前来。当此旧历年关紧迫，军饷急需，该善堂院等慨然提出巨产保证手票，该委员会、总商局、善团总所等，相与联合发行，借以应支军饷，鼓励士气，地方赖以乂安，商民同资利便，本大元帅至为嘉慰。关于民产保证局既交由各法定社团办理，应即妥定便利办法，以期敏捷而资保障，责成广州市长督饬妥速进行，勿滋扰累。至一切官产、市产，一律停止举报；其未办结各案，应即速行结办，以苏民困。仰财政部长、广东省长分别转饬遵照。此令。

中华民国十三年二月三日

大元帅令

着将国立高等师范、广东法科大学、广东农业专门学校合并，改为国立广东大学。此令。

中华民国十三年二月四日

大元帅令

前因中央直辖滇军第四师师长王汝为横行畿辅，俶扰纲纪，业经明令免职查办在案。兹据蒋军长光亮呈称：王汝为已率部投敌，实属甘心附逆，罪无可逭。着前敌各军长官及地方官吏一体严缉，务获惩办，以伸国法，而儆效尤。此令。

中华民国十三年二月六日

训　令

大元帅训令第四十号

令广东省长廖仲恺

据湘军总司令谭延闿呈称：据职军第五军司令部主任参谋余择鋑，由仁化元代电称：（衔略）顷据第十五旅旅长陈寅报告：一、据二十九团团附叶良报称：昨十一日职团奉令派第二营开赴百顺、扶溪一带截阻逃兵，特先派副官一员，持函赴扶溪通知以免误会。讵该地团防竟将团兵调齐，于距扶溪六七里之地登山实行抗拒，并将该副官等及第二营之前站兵数名一律扣留，声称该地不准驻兵，若强欲前来，即行开火，并即将该副官等斩首等语。嗣经该副官等再三解说，始肯放归。适第二营全部到达，与该团防前哨相遇，该团兵等竟亦高呼如前。曾营长因恐一时冲突，不分皂白，故仍一律开回长江，静待后命。二、据土人报称：该地团防局长李飞龙，曾在陈炯明部下充当营长云云。三、昨南雄方面逃兵经过该村时，被缴枪五十余枝，故该团防势力膨胀，更为刁抗。四、扶溪地为长江、仁化、南雄等处之要道交叉之点，极为重要。由长江至仁化及由仁化至南雄，皆所必经。当此军事期内，军队调动往来不时，该地人民如此野蛮，动行阻抗，为害匪轻，一旦有事，雷团既处进退维谷之势，定有妨碍。尤恐该团防局长李飞龙既系陈逆旧人，暗与陈逆勾结，我军即应谋解决之法各等情。据此，查扶溪人民野蛮久成习性，犹或可原，今竟无端阻拒官军，难保其无越轨行动，应如何办理之处，伏祈钧裁施行等由前来。伏查职所部各军，均驻防粤湘、粤赣两方交界之处，仁化为通南雄达曲江交通孔道，军队往来移动自系恒情。且闻迩来唐生智派遣奸徒多名，潜入我军防地，勾引鼓惑，以致职部各军日来间有持械潜逃情事发生。百顺、扶溪地方为南始经仁化入湘必由之地，故迭电该军派队驻扎百顺、扶溪一带，堵截在逃士兵。乃该地方人民不察内容，任意阻抗，影响所及，遗害匪轻。且据称李飞龙系陈逆旧部，有无他项危害阴谋，殊难思揣。理合缕叙各情由，呈恳钧座俯赐察核，令饬该县转令该地士绅，不得拒绝防军驻扎及通过。不胜惶悚待命之至等情。

据此，除指令外，合行令仰该省长迅饬该县长，严令该地士绅团防不得阻抗防军，致碍戎机。此令。

中华民国十三年一月二十六日

大元帅训令第四十一号

令中央直辖滇军总司令兼广州卫戍总司令杨希闵、湘军总司令谭延闿、桂军总司令刘震寰、豫军总司令樊钟秀、粤军总司令许崇智、广东省长廖仲恺、中央直辖第一军军长朱培德、中央直辖第二〔三〕军军长黄明堂、中央直辖第二军军长卢师谛、中央直辖第七军军长刘玉山

为令饬事。据中央直辖滇军第二军军长范石生呈称：窃职部自入粤而后，即委任杨少甫充江防司令部军需，旋兼第三师部军需处长，所有一切收入，皆由该员经管，统计先后存储收入公款一百余万元。昨年十一月间，军事吃紧之际，该员尽将存储公款席卷而逃，致杨前师长廷培愧对袍泽，投河毕命；又第六旅旅长朱泽民临阵畏缩，复潜回省垣，将该旅七、八两月薪饷及九、十两月伙食共十余万元，航政局、烟酒公卖局收入七万余元，统计二十余万元席卷潜逃；又第十团团长季树萱于出发石龙时，临阵借病潜回省垣，私开杂赌，得规约二十余万元，复敢蛊惑队伍，图谋捣乱。查该逃员杨少甫监守自盗，朱泽民、季树萱临阵退缩，均属罪无可逭，应亟严缉归案究办，以维纲纪。理合具该逃犯杨少甫等年貌，备文呈请钧府察核，俯赐通令严缉，务获归案究办，实为公便等情前来。据此，除指令呈悉，候令行各军长官严缉究办可也。此令即发外，合行令仰该总司令、省长、军长即转饬所属，一体严拿务获究办，以重公款，而儆官邪为要。切切。此令。

中华民国十三年一月二十六日

大元帅训令第四十四号

令东路讨贼军总司令许崇智

为令饬事。据两广盐运使赵士觐呈称：案据新委香安局局长陆志云呈称：奉到委任，遵即前赴该局接事，讵该卸局长梅放洲，挟带关

防离职，匿不交代等情。当经令饬将原日所用关防注销，由职署另刊关防发交该局长前往接办启用，并布告在案。旋复据该局长呈称：卸局长梅放洲抗不交代，尚潜匿香安境内，继续私发渔票等情。据此，查该卸局长梅放洲奉令销差，胆敢挟带关防离职，匿不交代，以致新任局长陆志云无从接事。关于公款公物等项不能收存保管，且现值冬销畅旺之际，局务遽尔停顿，于缉私疏销一切事务，贻误良多，况复潜匿香安境内继续私发渔票，舞弊图利，置国家法律于不顾，似此不法行为，若非严拿究办，不足以儆官邪而重公币。用特具情呈明钧座，恳请令行粤军总司令迅饬驻香行营，就地查缉，务将卸香安局长梅放洲拿获，归案讯办，以儆官邪而维鹾政。除令该局长陆志云，将梅放洲请领渔票按号取销外，所有卸局长抗不交代、私发渔票，恳请令饬拿办各缘由，理合备文呈请鉴核，伏候指令祗遵，实深公便。等情前来。据此，查盐务行政最重统一，该卸香安局长梅放洲抗不交代，并私发渔票侵蚀正税，殊属藐法，仰该总司令即严饬所部，密为缉拿，务获归案究办，以儆官邪而维鹾政为要。切切。此令。

中华民国十三年一月二十八日

大元帅训令第四十五号

令大本营第七路游击司令赖天球

据中央直辖滇军总司令杨希闵呈称：案据职军第一师【师】长赵成梁呈称：案据职师第二旅【旅】长韦杵呈称：窃据南始联防游击总局长卢焜呈称：案奉钧部第二五〇号训令开：为令饬查办事。案据南雄和安约团董叶允藏等呈称：除原文有案邀免冗叙外，后开：除批示外，合行令仰该局长迅速查办，以安闾阎。切切此令。计钞匪首邓跳山历次劫掳案，及匪姓名一纸等因。奉此，自应遵照办理。惟邓跳山即林杨，现经大本营第七路游击司令、赖天球收编，所有匪徒均编入营伍，其迭次焚杀劫掳，实属罪不容诛。但其挂大本营招牌，欲行查办，似非职局职权势力所能及，自应呈请转呈大元帅严令制止。所有呈请将叶允藏呈称各节，转呈大元帅严令赖司令查办，并请示祗遵缘由，理合具文呈请察核施行，实为公便等情。据此，旅长复查属实，除令该局知照外，理合备文呈请钧部衡核，俯赐转请严令制止，实为公便等情。据此，师长复查该匪首邓跳山，迭次焚杀劫掳，实属不法已极，惟据称该匪现经大本营第七路游击司令赖天球收编，亟应转请严令制止，以安黎庶。理合将转请严令制止各缘由，备文呈请钧座衡核，俯赐转请施行等情。据此，查匪首邓跳山，经该师长查明，现归大本营第七路游击司令赖天球收编，应否饬令该司令查办，将该邓部立予解散，或严加约束之处，理合据情转呈前情。据此，除指令外，合行令仰该司令，即将该部严行淘汰，认真约束，如再有不法行为，当严办不贷，仰即遵照。此令。

中华民国十三年一月二十九日

大元帅训令第四十七号

令各军总司令及司令、军长、师长

现据财政部长叶恭绰、广东省长廖仲恺呈称：年关逼近，军饷及〔急〕需，拟发行短期手票五十万元以资救济等情。据此，除指令照准发行外，合亟令仰该总司令、司令、军长、师长即便遵照，严饬所属部队不得借此骚扰，以利推行，是为至要。此令。

中华民国十三年二月三日

指　　令

大元帅指令第八十九号

令兼广东全省船民自治联防督办伍学熀

呈悉。所有该督办拟呈之《船民输纳自治联防经费暂行章程》九条；《查验枪炮照暂行章程》十一条；又《发给旗灯暂行章程》八条，既据遵照前次指令，逐一修正改缮，呈核前来，应准如拟施行。仰仍由该督办将条文及收费数目，明白布告各船民一体周知。章程及附件均存。此令。

中华民国十三年一月二十六日

附原呈

呈为遵令修正条文、改缮章程，请饬核准事。案奉钧座第五十号指令，为职署呈拟各项收费章程，请予核准由。令开：呈悉。查所拟《船民输纳自治联防经费章程》第八条及《查验枪炮照章程》第四、第八、第九、第十等条，《发给旗灯暂行章程》第七条，均应稍加修改，其余各条大致尚妥。兹将修正条文连同原章三份，随令抄发，仰即查照改缮，另文送呈以凭核准；一面将未尽事宜另定施行细则颁布，以期完密。此令。等因。附抄发修正条文一纸，原章程三份到署。奉此，理合遵令修正各条文，改缮章程三扣，呈请俯赐核准施行，细则俟拟具后另文呈核。伏乞指令祗遵，实为公便。谨呈大元帅。

附呈修正《船民输纳自治联防经费暂行章程》一扣，《船民领用旗灯暂行章程》一扣，《查验船民枪炮照暂行章程》一扣。

兼广东全省船民自治联防督办伍学熀印

中华民国十三年一月十八日

广东全省船民自治联防督办公署规定《船民输纳自治联防经费暂行章程》

第一条　本公署举办船民自治联防，系为扶植船民使得与陆上人民享同等权利，并维持水上自安起见，各船民应担负相当义务，缴纳自治联防经费。

第二条　自治联防经费定为岁费，每年缴纳一次，由船民遵照本公署规定之船民输纳自治联防经费表，赴局缴纳。经费表另定之。

第三条　前项经费表之编制，依下列方法而定其费率：

一、分类　分别船之形式及名称，编为若干类。

二、分等　就每类中分别船之长短，编为若干等。

第四条　依前条办法某项某等船只，每年应缴自治联防经费若干，载明表内。各局于收费时，悉依经费表执行，毋得丝毫变更。

前项经费定率，在五十元以下者，每年一次过缴足；如定额在五十元以上者，准其分两次匀缴。

第五条　船民输纳自治联防经费，准用毫银缴交，毋庸另补元水。

第六条　各船民遵章缴费，应赴该船所属区内之分局或支局，先取缴费单，填明某区、某团所属之某澳、某保船户及船牌号数、船主姓名，依某类某等定额，遵缴经费若干，将所交毫银交该局核收，候局员掣回收费凭据，以清手续。

第七条　各分局、支局，对于船民输纳上项经费，毋得勒索额外费用，如发现此等不法行为，准船民迳赴本署呈控以凭究办。

第八条　各船民如不将本章程规定应缴经费依限缴清者，得由各分、支局依下列罚则分别处罚：

一、逾限十日者，依原定费额加二罚缴。

二、逾限一月者，依原定费额加五罚缴。

三、逾限两月者，依原定费额加倍罚缴。

各船民被处罚金后，如仍延不缴纳，得由各分、支局将其船只扣留，俟缴清时放行。

第九条　本暂行章程自核准之日施行。

广东全省船民自治联防督办公署《发给旗灯暂行章程》

第一条　本公署制定之船民自治联防旗灯，系经呈大元帅核准施行，凡船户均应赴本公署所辖之分局或支局备价领用，以为自治联防之标志。

第二条　船民领用自治联防旗灯，具下列之功用：

一、旗之功用

（甲）以表示该船经编列船民户籍，实行自治联防。各船户应于平时将该旗悬挂船面，凡昼间行驶时，必须悬挂，但停泊时得听自便。

（乙）为水面报警。而该船户如被盗劫掠或其他遇险情事，应将该旗扯至桅杆极端，以为报警呼援之符号。

二、灯之功用

凡船户夜间遇有盗警或发生其他意外变故，即将该灯燃亮，高悬桅杆顶上。同时，邻船亦一律悬挂此项警灯，号召团众，以期迅赴援救。但非遇警时，勿得悬挂，以免混淆视线。

第三条　船民自治联防旗式定为扁方形，红地白字，旗面书“广东船民自治联防”字样，依式制成大号、中号、小号三项，以便船民分别领用。

第四条　船户领旗应遵照下列办法：

一、凡船身长度在五丈以外者，应领大号旗，该领旗费二元五毫。

二、凡船身长度在五丈至二丈者，应领中号旗，该领旗费一元五毫。

三、凡船身长度未满二丈者，应领小号旗，该领旗费八毫。

第五条　船民自治联防灯式，系以白铁制成。该灯罩仍用白色玻璃镶嵌，中腰横贯红线一度。灯分大小两种，以便船户分别领用。

第六条　船户领灯办法如下：

一、该船户系领用大号或中号旗者，应领大号灯，该领灯费二元。

二、该船系领用小号旗者，应领小号灯，该领灯费五毫。

第七条　船民如不遵章领用自治联防旗灯者，应由各分支局实力催促。如该船民确属顽抗，得由局将其船［只］酌予扣留，俟遵领后放行。

第八条　本暂行章程自奉核准之日施行。

广东全省船民自治联防督办公署
《查验枪炮照暂行章程》

第一条　本公署为督率船民办理自治联防起见，故将船户所有自卫枪炮照，清查检验，加粘证明，以重防务。

第二条　凡船户所有自卫枪炮已领照者，应将照送本公署所辖之分局、支局（以后称局）查验。未领照者，应请本公署所辖各局代领，但代领之照，除领照人遵照发照官厅章程缴纳领照费外，仍照本章程第三条缴纳验照费。

第三条　本公署查验枪炮照收费之定率，按照原发枪炮照官署征收之定率折半征收。

第四条　船民枪炮照经局查验给证后，每月或每季由督办公署派员会局复查一次，不另征费。如查得枪数有余，应即送交法庭以私藏军械论罪。枪数不足，则应究明其原因。

第五条　船户枪照经局查验给证后，如将原有枪枝转卖，应携原照引同买受人向局申请，由局呈报本公署代向原发照之官署换领新照除照章缴纳换照费外，仍依本章程第三条缴纳验照费。

第六条　船户枪照，经局查验给证后，如或遗失枪炮照，应即向局申请，由局呈报本公署代向原发照官署补领新照。除照章缴纳照费外，仍依本章程第三条缴纳验照费。

第七条　船户枪炮照经局查验给证后，如或将所存枪炮遗失，应即携同原照赴局申报，由局呈明本公署转咨原发凭照之官署，将原照注销。

第八条　船户如有私将所藏枪炮接济盗匪情事，一经查实，应即送交法庭，按律治罪。

第九条　船户有私藏枪炮者，准同区或别区之船民举报，以凭送交法庭按律惩办，以罚金之半奖给举报人。但有意诬陷者，应治以诬告之罪。

第十条　本公署办理查验枪炮照事宜，凡隶属某区某局之船户，自该局成立报告查验日期后，应即赴局报验。如逾期仍未报验者，即以私藏军械论罪。

第十一条　本章程自核准之日施行。

大元帅指令第九十七号

令大理院长兼管司法行政事务赵士北

呈及清册均悉。准如所拟办理。清册十七本存。此令。

中华民国十三年一月二十九日

附原呈

呈为呈请事。民国十二年四月六日，奉大元帅第六十二号训令开：案查十年十月五日，曾经明令清理庶狱，以普惠泽。旋值粤乱发生，此令迄未实行，甚非本大元帅慎重庶狱之意，亟应重申前令，切实办理。应即由大理院督率广东高等审检两厅，及所属厅庭各派专员清查。现在监狱中执行刑罚之罪犯，择其情有可原者呈请减刑，其刑事被告人证据不充分，或系应处五等有期徒刑以下之刑者，及业经上告，卷宗于上年变乱损失，一时难结者，均应取保释出候审。仍督所属以后务遵刑事审限，并依法厉行缓刑、假释、责付保释。此外，军事犯及受行政处分被押或因犯废止之治安警察法被惩治者，应由各军事长官及广东省长遵照前令分别办理，统限三个月内办理完竣具报，勿稍延玩。此令。等因。奉此，当经拟具办法呈请核示，奉指令第三三六号内开：据呈所拟由该院转行各级法院造具囚犯名册，逐一记明情罪轻重，执行久暂及应减免之刑期，呈请明令宣布等情，自系正当办法，仰即转饬分别遵照造册，报由该院转呈，听候核示可也。等因，业经通行遵照。嗣据广东高等检查厅及茂名、顺德等三十厅庭造具已决刑事人犯名册呈报到院，先经转呈奉令照准减刑释放各在案。现又据广东琼山地方检察厅及罗定、钦县等十七厅庭开列刑事已决羁押人犯名册，先后呈报前来，职院复加查核，其情有可原应予减刑者，计琼山监狱十三名口，罗定监狱八名口，三水监狱五名口，新丰监狱三名，陆丰监狱三名，阳春监狱五名口，连平监狱十二名，五华监狱四十名口，广宁监狱一名，钦县监狱九名口，阳山监狱七名，郁南监狱一名，徐闻监狱一名，海丰监狱二十六名口，兴宁监狱十名，海康监狱一名口，德庆监狱十四名口，共一百五十九名口。赓续依奉核定减刑办法，逐一列册签注，拟请明令宣布减刑释放，俾免向隅，以副大元帅哀矜庶狱普及惠泽之至意。其曲江、清远、宝安、封川、四会、恩平、揭阳、普宁、饶平、丰顺、陵水、乳源、连县、乐昌、高明等十五县厅，已据具报，现无已决羁押人犯，毋庸置议外，其余各县尚有因地方军事影响或因道途鸾远，迭经饬催，仍未造送，若待汇同办理，未免有稽时日，自应先行呈报以期迅捷。所有拟请将琼山、罗定等十七厅庭已决人犯减刑缘由，理合备文并开列清册，呈请鉴核指令遵行，实为德便。谨呈大元帅孙。

附清册十七本

大理院长兼管司法行政事务赵士北印

中华民国十三年一月二十三日

大元帅指令第一〇一号

令大本营第七路游击司令赖天球

呈悉。着先将所部前日滥行收编者，严加淘汰，再行呈夺。此令。

中华民国十三年一月二十九日

附原呈

呈为呈请事。窃天球所部，前因子弹告罄，已由三南退驻赣边，复因无衣无食，迭将困难情形，吁请我帅座颁给伙食以及军用物品，以资救济。天球自成军以来，既无指定防地，又无拨定的款，天球勉力支持，于今半载，罗掘皆尽，挪垫俱穷。现自停战后，除江西虔南边界各部队均自行就地设法不计外，今驻守于南始边荒者，尚有已编队伍三团。地方苦寒，人烟稀少，不惟银钱分文不得，即米谷亦颗粒俱无，全部士卒号寒啼饥。天球忝膺斯职，论情固不忍坐视，论势亦不能坐视。现在前方催款函电急如星火，实有儳然不可终日之势，倘再不接济，万一饥驱寒迫，设想所及，慄慄危惧。天球纵不足惜，其如地方何？为此，再将困迫缘由，具文恳仰我帅座迅赐先将伙食一项给发四千元，俾便驰往转发，以救目前；仍请一面指拨的款，以为职部长期伙食，军装、子弹亦乞按照前呈颁给，以裕军实。不胜迫切待命之至。

大本营第七路游击司令赖天球印

中华民国十三年一月二十日

大元帅指令第一〇四号

令大本营财政部长叶恭绰、广东省长廖仲恺

呈悉。此项短期手票五十万元，应准发行，并已如呈分令各军队，不得借此骚扰矣。仰即知照。此令。

中华民国十三年二月三日

附原呈

为会同呈请事。查年关迫近，军饷急需，节经部长等与各善堂院商定，由各善堂院提出产业价值一百余万元，按揭毫银五十万元以应急需，并经与银业公会、忠信堂、广州总商会筹商按揭办法。佥以匆遽之间，难期速效。嗣于二月一日，在广州总商会开各界大会议，讨论办法，当经公决，发行善后短期手票五十万元，由广东善后委员会、广州总商会、广东善团总所、九善堂院联合发行，即以各善堂院价值百余万元产业契照作按。此项契照交总商会存储，而以民产保证局交由各法定社团推举人员妥为办理，所有民产保证收入，专收此项短期手票，不收现金，以偿足五十万元为止，无论何项机关，虽万分紧急，不能提用。民产保证局对于此种手票，随收随截角，存候验明汇毁。订于民国十三年二月三日先发行三十万元，余由阳历二月八日起，按日分发二万元，俾行之以渐，免生窒碍，并准市面一律通用。所有议决办法，节经刊载手票以资信守，准广东善后委员会、广州总商会、九善堂院、广东善团总所，函请照办前来。查当此旧历年关，军糈孔急，为巩固军心计，为地方安全计，舍此别无良法，但求办理得当，使军人不至骚扰，商民不生怀疑，自可通行无碍。所有印发短期手票缘由，理合备文呈请鉴核，令准施行，并分别令行各军一体遵照，毋得借此骚扰，以利进行。谨呈大元帅。

附呈短期手票办法、手票样式各一纸

大本营财政部长叶恭绰印

广东省长廖仲恺印

中华民国十三年　月　日

短期手票办法

一、此票由广州地方善后委员会、广州总商会、广东善团总所、九善堂院，联合发行借贷于政府维持军费。

二、此票以五十万元为限。

三、此票由各善堂院以价值一百余万元产业为保证金，其契照交由广州总商会存储。

四、广州市民产保证局专收用此票，概不收纳现金，以偿足五十万额为止。

五、此票市面一律通用，不得拒绝收受。

六、此票自民国十三年二月三日发行。

大元帅指令第一〇六号

令中央直辖滇军第三军军长蒋光亮

呈悉。王汝为已明令通缉矣。仰即知照。此令。

中华民国十三年二月六日

附 原 呈

呈为据情转报事。顷据第五师师长兼本军前敌总指挥胡思舜报告：据前敌曾旅长日唯电称：刻下王汝为率十六团、十五团第三营已离驻地，不知去向，想必投敌，现我联合追缉部队尚未归回，特闻。旋据该旅长并杨旅长青圃来电，亦以王汝为确有率队投敌之意，并其对所部宣言韶关已失，某夜敌人一定来攻，我旅应移他方等语，报请核示前来。查王汝为前因率队叛变，举动乖张，军长以其关系大局，呈报帅座奉令免职。兹该师长野心如故，率部投敌，足见前通北敌，无可讳言，自非严行追缉，尽法惩办，不足以张国法而儆效尤。除通令所属各师，并电各友军转饬所属部队上紧协缉，及咨公安局侦缉王秉钧、王汝为党羽，以防捣乱而维治安外，理合报请帅座通令追缉，务获究办，以维大局，并祈指令示遵。谨呈大元帅孙。

中央直辖滇军第三军军长蒋光亮印

大元帅指令第一〇八号

令大本营军政部长程潜

呈悉。查石井兵工厂每日造成枪械无多，严师长备价购领一节，碍难照准。仰即转饬知照。此令。

中华民国十三年二月六日

附 原 呈

呈为呈请事。据西路讨贼军第二师严师长兆丰巧电称：石井兵工厂所制新七九步枪，敝师拟备价购一千杆，新式水机关拟购四尊，恳部座代呈帅座转令该厂总办，如数准备照给。至应先缴价几何及每日能领若干杆，由何月何日起流，恳电示祇遵等情。据此，除电复听候呈请帅座核示外，理合备文呈请钧座核示祇遵，实为公便。谨呈大元帅。

军政部长程潜印

中华民国十三年二月一日

大元帅指令第一一三号

令中央直辖滇军总司令杨希闵、湘军总司令谭延闿、中央直辖第一军军长朱培德

呈及组织大纲均悉。盐税加减全属盐务行政范围，百货征税非可轻易附加。际此民力艰难，兵灾连年，尤宜体恤下情，以维持人民生计。所请设局抽收盐斤及百货临时附加捐，着毋庸议。此令。

中华民国十三年二月七日

附原呈

呈为需饷孔急，拟请设局抽收盐斤、百货临时附捐，以资应用事。窃延闿、希闵、培德等所部军队，饷需缺乏，士兵给养竭蹶时虞。现在逆氛未靖，战事方殷，庚癸之呼，急于星火，自应筹谋救济，以系军心。延闿、希闵、培德等照伍前盐运使函请滇湘各军，派全权代表会商统一办法成案。拟设盐务局于广州负廓黄沙地方，凡盐商贩运盐斤行销大小北江，均须报由该局查验，并规定每盐一包于正税外，加抽护运附捐一元。又于韶关东西北税厂内附设百货税局，英德县属含洸地方设百货税分局，凡各商贩运载货物，往来大小北江，均须报由各该局查验，并规定将各种货物于正厘外，估价抽收护运附捐百分之二分五，暂定抽至军事收束为止。并于黄沙盐务局内设立临时附加协饷总局，总理护运及各局一切事宜。此项附捐虽直接抽之商贩，实间接抽之用户，对于资本营业绝无丝毫亏损。且近来匪徒猖獗，劫夺成风，商旅裹足，延闿、希闵、培德等既经征收此项附捐，对于黄沙地段以及大小北江一带，自应同负保护维持之责，从此商货辐辏，来往安全，无虞攘敓，是于筹饷养兵之中，仍寓保民恤局之意。所有设局征收事宜，由延闿、希闵、培德等会委专员经理，以专责成，收获之款即由延闿、希闵、培德均匀分配，借资弥补，一举两

利，自易推行。除分别咨令布告，准于本年一月二十三日先行设局试办外，理合备文连同拟订临时附加协饷总局合组大纲呈请鉴核，准予备案，实为公便。谨呈陆海军大元帅。

附呈临时附加协饷总局合组大纲一纸

批　　示

大本营内政部批第九十一号

具呈人广州市医生黎季衮

呈及粘件均悉。该生有志服务救护事业，自是热心公益。所陈组织救护团及征取药料各办法是否妥协，仰候汇案讨论核夺，再予分别饬遵也。此批。粘件存。

中华民国十三年二月一日

第五号（二月二十日）

目　　录

命　　令

训　　令

指　令

大元帅指令第一一六号、第一三三号、第一三九号、第一四〇号、第一四六号、第一五一号

大元帅指令第一一五号、第一一八号——第一二〇号、第一二二号——第一二九号、第一三一号、第一三二号、第一三四号、第一三五号、第一三七号、第一四三号——第一四五号、第一四七号——第一四九号（略）

大元帅指令第一三八号（附《水陆侦缉联合队章程》）（略）

公　电

两广盐运使赵士觐呈大元帅宥电

公　布

大本营审计局公布粤海关监督署十二年九月至十二月收支拨解数目表（略）

命　令

大元帅令

查前在广州遇害之华侨义勇团团长兼飞行队队长夏重民，又在济南遇害之第一师第三团团长王贯忱，为国为党，尽厥忠贞，遇难身亡，良堪悼惋。夏重民着追赠陆军少将并加中将衔，王贯忱着追赠陆军少将。均由军政部照章议邮，以彰忠烈，而慰英灵。此令。

中华民国十三年二月十六日

训　令

大元帅训令第四十八号

令广东省长廖仲恺

为令遵事。据中央直辖滇军总司令兼广州卫戍总司令杨希闵呈

称：案据职部警卫第二团团长刘廷珍于二月四日午后八时呈称：为呈报事。窃职团于本日请领薪饷，领获短期手票八百元，深虑此项纸票初次发行，市面尚未周知，骤然发给士兵行使，难免不无冲突，乃先派一排长李忍持票试用，能否通行。既据该排长归报：初至小市街口英美烟公司分销处购物，该铺始则拒绝，嗣经该处商团开导，晓以此票系经财政委员会、商会及各善堂议决，政府核准，市面一律通用。言明后，该铺既已收受。职团又再三审慎，仍恐发给士兵致生他虑，令各士兵将欲购物品报请本属长官代为出外购取，防患未然，不为不周。乃以二连三排长蔡海清、三班长张升平两人，于本日午后六时徒手持票至双门底品南茶店三元钱铺兑换银钱，以资采买各物。讵该店主坚持不收，声称此系滇军伪造，彼此互相口角，该店主遂鸣笛召团，是时商团巡街者络绎不绝，一闻笛声蜂拥而来，不问是非，不明皂白，遽然开枪孱〔羼〕射，竟将该排长蔡海清、班长张升平登时当场击毙。时也，一排长李忍亦徒手出街购物，道经该处，该商团丁见其身着军服，又率尔开枪乱射，该排长回首便跑，以至头部仅受重伤。职团闻警，当即派员前往调查，但见该排长及军士死尸横陈，血肉狼藉，惨不忍言。随检该尸，袋中尚有血渍原票二张，于是全团官兵睹此现象，愤不欲生。佥谓我等军人为国战死，死固其宜，今以行使政府颁发纸币之故，遂被该团丁击毙，自斯以往，团丁益横行，吾辈其危矣。兔死狐悲，物伤其类，愿得一拚死命，以报手足冤仇等语。职团见其愤激如此，极力制止，喻以凡事自有长官作主，静待解决，万勿躁动。职团自蒙委任，其于军纪、风纪罔不极力讲求，乃不意祸从天降，竟至于此。惟有叩恳钧长向彼商团严重交涉，非将该凶犯归案抵罪，万不足以得其平，而安将士，理合呈请衡核施行。计附呈血渍原票二张等情。据此，同时又据职部副官长报称：职处闻警时，即派上尉差遣伍继曾速往调查，该差遣还称：职至永汉马路，岗警引职到警察第五区署面会鲍区员询其详情。据云：午后六时，有徒手军人二名，未有表示属于何军，持纸票在品南饼铺购物，声称除应给购价外，下余之数应找还现金。该铺不允，彼此口角，该铺遂鸣笛召团丁。一时枪声四起，竟击毙军人二名，又击伤路上行人二名。职又亲至发生地点调查，亦同前由等语。又据卫生队军士郑光宗报称：

本晚过年，长官派职到维新路高地街十三号购买火炮，该铺商人先不允卖，继以生银示之，乃答以卖，而要钱十二元。职遂以毫银十二元与之，又不给火炮，暗地使人唤团警。乃不多时，竟有商团百余人蜂拥聚集，情势汹汹，将欲动武。经职等婉为说明，不卖火炮须还钱来，该商乃退还毫洋七元六角，其余四元四角卒以商团过多，不准分辩遂至损失，且几吃亏。又谍查报告：本晚西关及城市各处商团与湘、滇、粤、桂各军滋闹事件，实有七八起之多等语。职处复查无异，理合据情报请钧核等情。据此，职部查商团巡街，维持市面，固属天职，然若非真有聚众抢劫或持械拒捕与不法滋事者，万不可轻率开枪，致酿人命，况该排长蔡海清、班长张升平执政府颁发手票出街购物，属于正当行为，既系徒手，自然无能为力；又值查街，警团往来如林，万目所视，该排长等虽欲违法捣乱，势必不敢。即使该排长等果有违法举动，而手无武器，该商团亦易会警捕交职部办理，乃计不出此，竟尔孟浮若是。反复推察，若非寻私报仇，必系受敌运动，故意捣乱，诚如近来各方谍查侦探所报告，陈逆炯明极力运动商团，意图在省捣乱，不然桑梓地方何致草菅人命，任意妄为，不顾治安，有如此者？当此战事未息，正尔用兵，万一激生变故，影响大局，此种责任其谁负之？职部奉命兼卫戍斯土，原有保护军民维持地方之责，对于此等事件，亟宜公平处理，严密防范，以镇军心而安闾阎，大局前途关系匪浅。除严令该商团速将犯法团丁解送职部讯办，并令严密约束防范，勿为逆敌所愚外，理合具情呈请鉴核，饬命有司严密防范，以杜奸谋，实为公便等情。据此，除指令呈悉，已令行广东省长认真查究矣。仰即知照此令外，合亟令仰该省长即便遵照办理。切切。此令。
中华民国十三年二月八日

大元帅训令第四十九号

令广东电政监督何家猷

为令遵事。据湘军总司令谭延闿呈称：查广韶电线损坏已久，曾经呈请钧座令行广州电政监督修理。旋奉第二十四号指令开：仰候令行电政监督，认真整顿可也。此令。等因在案。兹据职部驻韶陶副官制安艳电称：广韶电局月余未通，致我军电报积压至七十余件之多，消息梗阻，遗误戎机，诚非浅鲜，恳饬赶紧修理为祷等情。据此，合再备文，呈请钧座恳予严令该电政监督，从速修理，以利戎机，实为公便等情。据此，除指令照准外，合行令仰该监督，即便从速修理，毋稍贻误。切切。此令。

中华民国十三年二月八日

大元帅训令第五十一号

令大本营军政部长程潜

据广西讨贼军第一军总司令黄绍雄支电称：窃查桂省连年兵燹迭生，变乱无定，溃军土匪，啸聚山林，焚杀劫虏，民不堪命。数月以来，职军分路进剿，每因各支〔友〕军借收编散军为名，入境收抚，致令势穷力竭之土匪，借为护符，相率受骗。卒之匪情难驯，变本加厉，外恃军队之名，肆行劫掠之实，较之未收编之匪，为害尤烈，以之御敌，闻风先溃，虚糜国帑，重害人民。兹为整顿地方起见，伏恳察核，通令现驻粤桂两省各军长官，勿再派员入梧、郁、浔各属境收编匪伙，俾职部得以剿办匪盗，安辑善良，从此伏莽全消，民登衽席，悉出我大元帅生成之德也。临电屏营，伏乞电示等情。据此，应予照准。仰该部长即便转知各军长官，一体遵照可也。此令。

中华民国十三年二月八日

大元帅训令第五十二号

令广东省长廖仲恺

为令饬事。照得国立高等师范、广东法科大学、广东农业专门学校，三校业明令合并，改为国立广东大学，并派邹鲁为国立广东大学筹备主任在案。除训令该筹备主任即日将各该校接管，从速筹办成立外，仰该省长即分别转饬各该校遵照。嗣后所有用人、行政，悉由该筹备处主管办理，以归划一，而促进行。此令。

中华民国十三年二月九日

大元帅训令第五十四号

令大本营军政部长程潜

为训令事。案据中央直辖滇军总司令兼广州卫戍总司令杨希闵呈以商团因行使手票，击毙所部排长蔡海清等情形，乞令有司严密防范等情。又据豫军讨贼军总司令樊钟秀，呈以商团因干涉行使手票，扯烂纸票，绑殴部属，乞迅设法维持各等情前来，除分别指令及饬主管机关查究维持外，合亟抄发原呈，令仰该部长即便遵照办理，并会同各主管机关妥筹办法，是为至要。此令。

计抄发原呈二件

中华民国十三年二月九日

大元帅训令第六十四号

令广东省长廖仲恺

为训令事。案据粤省商团正团长陈廉伯、副团长李颂韶、区克明等呈称：为呈请事。前准广州卫戍总司令函开：以查验枪枝给折征费，经呈奉大元帅核准通行在案。商团枪枝，照案应由敝部给证查验，如款项充裕，即请照章缴纳。等由。当经本团召集全体同人开会会议，佥谓本团为自卫机关，为全省商人所组织，均系力守自卫范围，向无流弊，既属地方维持公安之机关，不能以私有论，自应照章免予查验缴费。经于二月一日，将本团万难领折缘由，呈请钧座察核在案。惟未奉批示，用再渎陈清听，伏乞准照前呈所请，迅赐明令广州卫戍总司令，即将商团枪枝领折一案取销，并乞批示祗遵。等情。据此，当经令饬广州卫戍总司令免予查验收费，以顺商情，并谕饬该正副团长等将所有枪枝种类、号码、枝数及子弹数目造册，呈由广州市公安局呈案给照，并随时受公安局检查以防流弊。除迳令公安局遵办外，合行令仰该省长即便知照。此令。

中华民国十三年二月十九日

大元帅训令第六十七号

令大本营军政部长程潜、广东省长廖仲恺

为令行事。据林森、邓泽如、邹鲁、汪兆铭、林直勉呈称：窃辛亥三月二十九日广州之役失败，党人死事者其数不可稽，得尸骸葬之黄花冈者七十有二，是为黄花冈七十二坟墓。民国元年胡展堂先生督粤时，曾经省议会议决，咨请省政府筹备十万元为营造坟场经费，只因国变屡作，迄今未及进行。去年间，有地利公司向市政厅承领烈士墓道区内之地建筑民房，该地有百年古树，殊关坟场风景，建屋与坟场杂居，亦属有亵庄严。当经函请孙市长收回该地，专供种植林木，以为永远坟林之用。兹拟照坟场形势，将该冈一带地方东至二望冈，西至广州模范监狱及永泰村，南至东沙马路，北至墓后田塘，划为七十二烈士坟园，广植树木以资荫蔽。而中外人士来坟瞻仰者，亦得有休息容与之地。且于每年三月二十九日公祭之时，各界赴祭者不下数万人，赤日当空，每苦炎曝。一经遍植坟林，则广壤之中，林下花间随处可坐可立，尤足以慰景仰之诚，此应规设之必要也。至黄花冈之地，系因先烈而起名，自应专为先烈纪念之所，惟国人因倾仰先烈之心，并艳羡黄花之地，遇有前敌阵亡将士，其袍泽俦侣追念战功，辄欲赴葬该地。查有功将士，国家本有褒扬之典，原不必借附葬该地以为荣光，该地既为先烈纪念之所，推凡崇敬之心，皆有珍护之责，即军界同人苟加细思，当亦不忍因爱死友之故，与先烈争此片土，况既划为坟园，属于烈士专有，尤未便任听附葬，使庄严之地沦为丛冢之场，应由军民长官会同出示禁止。嗣后无论何项有功之人，其遗骨概不得附葬烈士坟园界内，其在于界内之民间旧坟，亦限定三个月内另行择地迁葬，以壮观瞻而表敬礼。所有拟将黄花冈一带地方划为坟园，并请禁止附葬各缘由，理合备文连同绘图祗请察核，伏乞训令祗遵。等情。据此，除指令照准外，合行令仰该部长、省长遵照办理，出示禁止附葬，以崇先烈，并分行各军各机关一体知照为要。此令。

中华民国十三年二月二十日

大元帅训令第七十号

令广东省长廖仲恺、大本营财政部部长叶恭绰、大本营军政部部长程潜

为令知事。前据统一财政委员会呈请设立筹饷总局，并呈核所拟章程，业经核准令行在案。查年来抽收广东全省防务经费，原为不得已之举，现在大军云集，需饷更巨，不有切实整理，平均分配，无以

裕饷源而济时艰。除明令范石生为广东筹饷总局督办，并令行该督办即便遵照，克日设局办理抽收广东全省防务经费事宜，务须切实规划，力剔弊窦，增多正饷，以期毋负委任。除训令该督办及分行外，合行令仰该省长、财政部长即便知照；军政部部长特行各军一体知照。此令。

中华民国十三年二月二十一日

大元帅训令第七十二号

令代理广东海防司令冯肇铭

为令遵事。据广东全省警务处长吴铁城呈称：近来迭接报称莲花山、狮子洋一带河面，常有股匪出没，截劫外国商轮。国家体面关系至巨，当以李军长熟悉该处情形，已专函请其速派大队福军前往剿捕。理合呈请下令海防司令，克日恢复该处段舰，并加派巡舰梭巡河面，以护航行而维国体等情前来。据此，查莲花山、狮子洋等处，系航线往来要道，自宜切实分段梭巡，以资保护。仰该司令即便遵照，将该处段舰克日恢复，并加派巡舰常川梭巡，以护航行，而利交通。切切。此令。

中华民国十三年二月二十二日

指　令

大元帅指令第一一六号

令豫军讨贼军总司令樊钟秀

呈悉。已饬主管机关设法维持矣。仰即知照。此令。

中华民国十三年二月八日

附原呈

呈为呈请维持行使票币，仰乞鉴核事。窃查职部饷糈窘迫，早在钧座洞鉴之中，当于夏历十二月晦日，在军政部领到广州市善后短期手票二万元，内注明市内一律通用，不得拒绝字样。遵即分发所属，领用去后，旋据职部值日官报称：今午后三点钟，总部伙夫在油栏门街采买肉食，与合栈利肉店口角，经团兵帮同该店绑殴扣留等语。职即派员往查属实，随将该店伙陈阳送交公安局讯究。又据一旅二团二营报告：第八连士兵薛中奎，于今午在沙面地方买食品，因不使用票币分争，团兵即时扯碎票纸，并将士兵薛中奎绑送第九区，现已要回各等情。据此，伏查职部所领票币，原系维持伙食，不但市面不能使用，商团反生欺诬；且近日竟有因使手票枪伤联军官兵情事，若不从速解决，恐生他虞。除制止外，理合据情备文，呈请钧座迅予设法维持，免生意外，实为公便。谨呈大元帅。

豫军讨贼军总司令樊钟秀印

中华民国十三年二月六日

大元帅指令第一三三号

令大本营建设部长林森

呈悉。整顿路政，是该部长应有权责。仰悉心筹划，随时整理，勿任令该路办理腐败，致营业、交通两受妨碍可也。此令。

中华民国十三年二月十一日

附原呈

呈为广三路局被毁，职部派员调查及滇军蒋军长具报各情形，呈恳鉴核事。窃查广三铁路管理局，前因军事风潮被毁，职部以职权所在，当即遴委科长陈润棠、科员俞鸿基前往该局切实调查。随据该委等呈复称：职等遵于本月十七日前往该局认真调查，当时该局局长李志伟，因公他出，未得面询究竟，只由总务科长代为接见，据说该局被焚及各情节颇为详悉。谓本月六日，驻扎石围塘军队，不知何故，加派步哨异常戒严，直至入黑卒无事故发生，当即解严。惟时风声鹤唳，路员多怀恐慌，然仍镇静办公。乃八日有某部军队由九江回兵返省，意欲渡河进驻石围塘，该处原驻军队为防及误会起见，复下令戒严。乃九日早，某师参谋处电知西壕口站停止售票，故是日列车竟全行停止。迨至十日，沿途列车再复开行，即日午间又加紧戒备，再停止行车。至十二晚十一时许，某部与某部互相哄击，当时铁路局员、机工人等，骤闻枪声，知有变故，各自逃命。该处军队双方剧战约点余钟，驻守石围塘军队纷纷退却，某部遂入驻路局。斯局楼分两层，楼上向系第三军军部办公之所，楼下系路局职员办事之处。是夜枪声甚密，时约两点多钟，不审缘由突然起火，烧至天明，始自熄灭，路局一座全行被毁，幸附近厂处不致波及。惟路局所有历年卷宗、图籍，尽付一炬。此次损失计当不赀，但现在诸事尚未部署妥当，一时难以核算损失实数。至路局被焚原因，当时在职人员均因战事躲避他方，是以失火缘故始终莫白。惟事后推测，想必当时异常纷乱，散兵意图劫掠，四处搜罗，遗下火种致兆回禄。因在瓦砾场中检得各铁保险柜，多半破烂，似系人力捶毁者，更兼代缴军部毫银二千余元，镍币多少全行遗失。有此情形，故人多谓乱兵纵火。但皆忖测之词，未敢尽以为实。至十三四五日风潮已行停息，秩序亦渐恢复。本路为省佛交通要冲，来往频繁，值兹夏历岁暮，商旅来往尤众，更未便停车过久，以致阻滞交通，碍及行旅，故积极筹备规复行车。月之十六日，省佛交通遂回原状，迩时局内各部分迁入附近空余房所暂行办公，诸事业已照常矣。惟路局重建在所必需，第经此巨劫，库款空虚，殊难谈到，仍俟妥筹善策，备款办理。现在呈报焚毁情形、损失概数、如何善后各等情。呈文正办理间，容日自当呈报鉴核云云。职等仍以片面之词，为不足信，旋到各课处查询一切，仍系异口同词，无稍分别。按据以上所称被焚原因各节，尚属近理，回复交通原状若是迅速，还算办事有方，但延迟未先具报，则甚不明事体矣。该路惨经此变，元气甚伤，路务前途非认真设法，使善其后，选择老于路务而富有经验者主持之，破产堪虞。综上各情，均系十七日在路局调查所得。至十九日，职等复由西濠口站沿线直上抵三水站止，调查各站对于此次事变有无损失，兼考查路务之良恶。当即查得五眼桥车站稍受波及，幸损失甚微，其余各站均无丝毫影响。近自通车日起，亦已如常办公矣。查该路路线长不过九十里，平日进款亦有三千元之谱，各种设备尚属周全，足见创办者之惨淡经营，苦心毅力。遽遭此变，遂使一旦将十有余年办有成绩精华丧失，良堪浩叹。计此路暂归军队之后，路款多尽提移作军饷，而主持路务者，尸位素餐，罔顾路务，以致路政殊形腐败。如石围塘轮船码头，势将倾跌，仍不稍加修葺；沿途枕木日久朽坏，亦不更换；各站行车号志殊不显明，亦不复油饰；各站张挂各种章程以及行车时刻车费名表，甚不明了。如此种种腐败情形，虽罄竹难书。至此次损失虽甚伤元气，幸连日客运甚为畅旺，进款尚觉有增无减，亡羊补牢是未为晚。嗣后认真设法以善其后，更旧以维新，复图展筑路线，将来前途正未可限也。设仍旧观不思发展，将更有重于此变而沦于不可收拾，前途更不可设想矣。谨就调查所得，备文呈请鉴核等情。据此，正核办间，又据中央直辖滇军军长蒋光亮咨呈称：案据广三铁路管理局监督刘定祥、管理李志伟等联函呈称：窃查广三铁路于民国二年湘鄂股收归国有后，翌年建设管理局，盖造上下两层，所有正副局长办公室及总务、会计、车务、工务、机务五课，以及工程司室咸萃聚其间。总务课庋存关防卷宗，会计课存贮帐目、契约、银钱，车务课庋存新旧车票、统计表册，工务课庋存地亩图籍、批约等件，工程司室庋存沿途轨道、房屋等项图则，惟机务课所辖机木两厂，均在局外，故无甚要件贮放。上年粤省政变以后，路务暂归钧部管辖，设司令部于路局上层，将各科室并归楼下，历安无异。不料本年一月十二日，滇军第四师师长王汝为所部，突由东江防次开回，是夜由芳村潜渡石围塘由钧部攻击。其时虽有五、六师驻防，然兵力单薄，不能抵拒。管理方奉命留局住宿，督率随时开驶军车。夜半十二时，叛军猝至，局后枪声四起，左右乏援。当即驰赴码头，号令水陆游击队长邝敬川、黎国汉督兵抵御。逾时，来军人数千余，势力凶猛，邝、黎所部众寡悬殊，终至战斗力乏绝，枪械被缴。管理势尽援绝，只得偕同谭参谋长离岸登舟，以避锋镝。管理离局时，弹已射及，幸未中伤。该叛军旋入局搜掠，刮取既毕，约三点钟时，向本路货仓、工厂等处搜取水火汽油，将局纵火焚毁，上下两层延烧净尽。当时尚有路警遥立眼见，后据报告周悉其详。本路历遭兵燹多次，虽损失不免，然未有变生仓卒，无可预防，全局贮藏一旦付诸一炬如此之惨毒者也。溯查本路自光绪季年开办以来，迄今二十余载，历年案牍、帐目、表册，箧笥累累，只图则一项，闻向合兴公司赎路时，作价至十余万元。惟全路地亩、契据，则民国元年源昌街旧局被火时业已焚毁，不在此次劫灰之内。至于银钱一项，本路自军兴以后，奉提军饷迫促，逐日收入，除开支紧急路用外，余即扫解，向无留存，有十二月底以前造呈收支对照表，及一月上旬内解款数目可查。故是夜被掠，只有镍币、次银及零星毫仙，并无大宗现款。昨阅报载，第四师长王汝为报告，诿为第五、六师军士退却时纵焚，以掩其军队焚掠之恶，并谓前局长欲借此消灭侵吞款项证据。其实叛军进局后数小时之久，始见火起。翌晨花地、芳村一带，即发现该叛兵将掠得局内时钟、风扇、电话机、椅桌等件兜售。若果先已燎原，该叛军何能进掠？此皆饰非嫁祸之词，殊非事实也。现在该叛军已蒙暂退，石围塘一带安谧如常，轨道车辆经饬赶速修理。目前善后之法，亟宜复开客货车，借便商民交通，维持车利收入，庶可徐图恢复。职等经督同全体路员，即日遄回石围塘，就原有材料所、木工厂等处，分别腾出地点各课室办公之所；一面赶紧筹备，定于本月十六日照旧通车。所有全部案卷、帐目、表册、契据等件虽已无存，然各部分皆有服务多年员司办理，尚不至束手。各项图则，亦可陆续测量绘补。惟此次损失，房屋、器物、一切数目档帐被焚，无可勾稽，实难确算列报，只得俟通车以后，将全路财产及现存材料等项，从新清查一次，列册分别呈报备查，以资稽核。至于重建总局，需款甚巨，目下财力万难办到，只可俟路款稍裕时再行提议。此次灾生无妄，殊非意想所及。惟职责所在，职等在任一日，不敢不勉竭智能，维系交通，功罪听诸他人，毁誉悉付度外，只有尽其在我而已。所有路局悉被叛军焚毁及办理善后大略情形，理合呈乞鉴核备案训示并分别咨报备案各等情前来。据此，查此次滇军第四师王部，突由东江开回，黉夜攻击石围塘，将路局全座焚毁净尽。现经解释撤退回防。当时该局管理等经督兵拒战，奈兵力过单，不能抵敌。兹据报该局案卷、帐目、表册、契约等件悉遭销毁，及筹办善后大略情形，除檄饬赶速清查整理并分咨报外，理合据情咨呈，伏祈察照备案施行等情前来。查该局此次被焚，所有案卷、帐目、表册、契约等件一概无存，现在交通虽已恢复，而善后一切事宜尚须妥为筹划；且据该委等列陈该路办理腐败情形，若非力加整顿，于营业前途亦有妨碍。兹据前情，理合据情呈请鉴核令遵。谨呈大元帅。

大本营建设部部长林森印

中华民国十三年一月三十一日

大元帅指令第一三九号

令大本营建设部部长林森

呈悉。划一权度以杜侵欺，洵属国家要政，而广州市乃政府所在地，尤为中外观瞻所系，应准如所请，将《权度法》、《权度营业特许法》、《权度法施行细则》及《官用权度器具颁发条例》均定自民国十三年六月一日于广州市区内施行，并将《权度法施行细则》第五十二条权度器具之暂准行用期限，定为于广州市区内得缩短为一年，以期首善之区积习先革，次第推行，渐及各省。仰即由部录令布告广州市市民一体周知，并将应行筹备各事上紧筹备，以便届期实行。附件存。此令。

中华民国十三年二月十四日

附原呈

呈为呈请事。窃查权度划一，所以便民利用。《虞书》美舜政绩曰：同律度量衡。《周礼》：质人一职，同其度量，一其淳制。而《管子》亦曰：权度平正，不可以欺轻重，差以短长。近观欧美各国，亦莫不以划一权度视为国家要政。我国法治不修，典章废弛，而权度不独省自成风，抑更县自为制，参差不一，欺诈日生。往者，民国四年有鉴于此，曾经善后公布权度各法规以期廓清积弊，乃迄未推行尽利，固由积重难返，更始维艰，而百政丛脞亦可概见。我帅座建造邦国，革故鼎新，凡所设施，中外属望。广州市为护法政府所在地，尤宜法治昌明为全国模范。兹据关于权度法令，先由广州市区施行，次第及于各省。惟查《权度法》、《权度营业特许法》、《权度法施行细则》及《官用权度器具颁发条例》各法令施行日期，均规定以教令定之。理合拟订《权度法》及其附属法令在广州市区内施行日期，缮具令文恭呈，仰祈鉴核公布施行，实为公便。谨呈大元帅。

附呈《权度法》及其附属法令在广州市区内施行日期令文一纸

大本营建设部部长林森印

中华民国十三年一月十日

拟订《权度法》及其附属法令在广州市区内施行日期令

第一条　《权度法》、《权度营业特许法》、《权度法施行细则》及《官用权度器具颁发条例》，自民国十三年六月一日于广州市区内施行。

第二条　《权度法施行细则》第五十二条，权度器具之暂准行用期限，于广州市区内得缩短为一年。

大元帅指令第一四〇号

令大本营建设部部长林森

呈悉。所拟《商标法》四十条，及施行细则三十二条均悉。均尚妥协。惟此项法规，既未经议会议决，自应改称条例以符名实。仰即遵照将标题及条文内所用“法”字一律修改，缮写二份另文呈送，以凭核准施行。附件存。此令。

中华民国十三年二月十四日

附原呈

呈为拟定《商标法》及《商标法施行细则》恭折仰祈钧鉴事。窃职部掌理工商，默察国内工商大势，统筹应兴应革事宜，当以编订法规为入手办法。前经呈奉帅座核准施行《暂行工艺品奖励章程》，以资激励。查商标专用，所以表彰工商品物；商标注册，所以保障商人私权。文明国家莫不定有专例，其通商各国方且缔结互相保护商标之条约。民国建造十有三年，关于《商标法》则尚未见诸实行，殊不足以振兴实业，保障私权。兹拟采仿商标专用主义，规定注册，严禁冒假。至外国人民呈请商标专用时，其有条约规定者，依现行条约办理，以昭公允而便推行。所有呈请公布施行《商标法》及其施行细则各缘由，理合将拟订《商标法》四十条，《商标法施行细则》三十二条恭缮清折，随文呈请鉴核。是否有当，伏候明令祗遵。谨呈大元帅。

大本营建设部部长林森印

中华民国十三年一月二十九日

大元帅指令第一四六号

令西江善后督办李济深

呈悉。该督办深明大义，业于一月十五日将所辖财政，完全交回广东财政厅派员接管，殊堪嘉尚。候令行广东省长，转饬广东财政厅，将接管情形具报查核可也。此令。

中华民国十三年二月十六日

附原呈

呈为呈复事。案奉二月一日帅令内开：整军、理财首在统一，甘苦与共是在群贤。本省以丰富之区，养十万之众，众擎易举，经营大计事本非难，统一财政正所以纳各军于正轨而维系之也。迭据杨总司令希闵、范军长石生、蒋军长光亮并周总参谋自得、赵廖两师长代表等函电，呈请统一财政，尊重政令，情词恳挚，殊堪嘉尚。本大元帅为国育贤，为民除害，本爱护军人之旨，亟应及时实行，用整庶政，所有各军驻在管区，其因一时权宜管理之各项财政收入机关，着限于二月六日一律由政府主管各机关分别接管妥办。至各该军靖共贤劳，前途倚畀且重，应需饷项自可由政府核定指发，以慰有功也。除分令外，特此令遵，仍将遵办情形具报查考。此令。等因。奉此，窃查职署所辖西江财政，已于一月十五日完全交还广东财政厅派员接管，并经呈报在案，奉令前因，理合将遵办情形具报察核。谨呈大元帅。

西江善后督办李济深印

中华民国十三年二月十二日

大元帅指令第一五一号

令湖北讨贼军总司令孔庚

呈悉。现在川战方急，寇焰滋张，该总司令报国情殷，同仇敌忾，务即淬励部属，会合川军，早定川局，进规武汉，尽军人之天职，期革命之成功。本大元帅有厚望焉。此令。

中华民国十三年二月十九日

附原呈

呈为呈报就职日期，仰祈睿鉴事。案于中华民国十三年一月六日，准四川讨贼军总司令熊、川军总司令刘会衔咨开：为咨请查照事。案准大本营杨秘书长庶堪鱼电，本月二日奉大元帅令开：特任孔庚为湖北讨贼军总司令等因。特电达并会转咨为荷。任状、印信随发等由。相应咨请贵总司令烦为查照。准此，窃庚学识卑陋，资望短浅，去年钧座在大总统任内，受命为讨贼军中央直辖鄂军军长，寸长未展，尸位贻羞，兹复重膺特任，谬总司千，荣赉有加，抚躬滋疚。然国家兴亡，匹夫有责，努力杀贼，义不容辞。遵于十三年一月七日，在成都行营敬谨就职，克日躬率所部加入战线，共张挞伐，务期会师武汉，直捣幽燕之约得以实践，仰答钧座知遇之恩，借抒藐躬应尽之责。并准由四川讨贼军总司令熊、川军总司令刘铸就铜质印信一颗，文曰："湖北讨贼军总司令印"，暂行启用，借资信守，俟奉到帅府颁发印信后，再将川铸原印销毁。合并呈明，所有启用印信遵令就职原由，理合具文呈请鉴核，训示祇遵。谨呈大元帅钧座。

湖北讨贼军总司令孔庚印

中华民国十三年一月十三日

公　电

两广盐运使赵士觐呈大元帅宥电

大元帅钧鉴：现据盐业运商济安公堂研究公会有代电呈称：现据各运馆投称，昨日各买客买下之盐纷纷退回，因黄沙设立临时附加协饷总局，每盐一包加抽一元，成本过重，迫得停办，请迅维持等语。查盐饷关系甚巨，况年关在即，各盐馆全赖买客配盐，以资周转。乞迅转咨克日取销，以裕饷源，而维商业等情。据此，查滇湘军设局加抽护运附捐每包一元一案，紊乱盐纲，影响税收，当经呈请钧座令饬取销在案。兹据电前情，如果配运一停，饷源立竭，每日负担之钜额军费，无从筹拨，影响及于全局，竭蹶即在目前，仍恳钧座迅予维持，令饬取销以顾饷源，而维鹾政。除电饬公堂会劝导各商仍当照常标配，勿遽停业外，理合电呈鉴察。两广盐运使赵士觐谨呈。宥。印。

第六号（二月二十九日）

目　　录

命　　令

训　　令

指　　令

公　　布

布　告

大本营建设部布告（略）

命　令

大元帅令

据大本营军政部长程潜呈议复中央直辖滇军总司令杨希闵呈称：故团长杜龄昌于去春进剿沈逆之役，力战捐躯，死事甚烈，拟请追赠陆军少将，照陆军战时恤赏章程阵亡例，给予少将恤金等情。杜龄昌着追赠陆军少将，亦照少将阵亡例给予恤金，以彰忠烈。此令。

中华民国十三年二月二十七日

大元帅令

已故前广州铁路局长简让之，二十年革命百折不挠，赞襄共和不遗余力，讨袁、护法两役既毁家纾难，再造邦家，复身历行间执戈杀贼，公尔忘私，国尔忘家。嗣以陈逆叛国，负隅东江，忧愤致疾，遂以不起，言念畴昔，嗟悼实深。简让之着追赠陆军少将，并给治丧费一千元，以奖义烈，而示来兹。此令。

中华民国十三年二月二十九日

训　令

大元帅训令第七十八号

令东路讨贼军总司令许崇智

为令饬事。查前因前兵站总监罗翼群，供给军需受人指摘，曾经明令该总司令查办。嗣后罗前总监造送所属各部、局、站、所、院、队各月分报销，均经发交该总司令查算各在案。兹复据呈缴所属交通局十二年九月分，第三支部第三分站第一派出所十二年九、十两月分，第三支部第三分站十二年九月二十二日至十一月五日，第三支部第三分站第一运输站十二年十月分报销表册及单据等件，请予核销前来。除指令外，令合行抄录原呈并检同原件，令仰该总司令并案彻底查算明确，有无浮冒，据实呈复核夺，勿稍徇隐。切切。此令。

计发抄呈四件。交通局十二年九月分收支款项报销总册二本，单据粘存簿二本；第三支部第三分站第一派出所十二年九月支出计算书二份，收发粮食表二本，单据粘存簿二本，十月分支出计算书二份，收发粮食军品表二本，单据粘存簿二本；第三支部第三分站十二年九月二十二至十一月五日支出计算书二份，单据粘存簿三本，领款收据一本，输卒饷册一本；第三支部第三分站第一派出所十二年十月分支出计算书二份，单据粘存簿一本，领款收据一本。

中华民国十三年二月二十九日

指　　令

大元帅指令第一五五号

令大清银行清理处委员陈其瑗等

呈悉。应照准。此令。

中华民国十三年二月十九日

附原呈

呈为呈请察核事。窃奉钧令：派其瑗、子文为大清银行清理处委员。此令。等因。奉此，遵将成立日期及办公地点前呈报在案。查前大清银行典入、自置不动产业，坐落四处，为数不少。现当奉令清理投变，亟应重行勘测以昭缜密。惟职处创办伊始，尚未置有测绘专员。再该行产业投变之后，应行发予管业给照，惟发照非由地方永久官厅发给，不足以昭信用。故关于测绘及发照一切手续，呈请准予委托广州市财政局代办测绘及发照事宜，理合呈请察核，伏乞指令祗遵。谨呈大元帅孙。

委员陈其瑗、宋子文印

中华民国十三年二月十五日

大元帅指令第一五六号

令禁烟督办杨西岩

呈悉。准如所拟办理。此令。

中华民国十三年二月十九日

附原呈

呈为酌提罚款，分别支配，以资鼓励，恭呈仰祈睿鉴事。窃查本署原订禁烟条例二十四条，对于私运私种，私卖私制，私吸鸦片烟膏、烟土及吗啡、高根者，经分别明定处罚专条，呈奉钧座核准公布在案。惟严防流弊首重缉私，而缉捕侦查端赖各线人及办事人员协同出力，是宜酌定奖赏，方足以资鼓舞，而励勤劳。第查禁烟条例第十八条内载，缉获之烟土、烟膏估价后，分别充赏，业经规定，而于罚金提赏尚无明文规定。兹拟凡缉获违犯烟禁人犯所科罚金，除提六成充公外，以二成赏给线人，以二成奖励在事出力人员。似此明定奖章，侦缉者自当益加奋勉，于禁烟实效裨益良多。理合将支配罚款缘由，备文呈请察核。是否有当，伏候指令遵照。谨呈陆海军大元帅。

禁烟督办杨西岩印

中华民国十三年二月十五日

大元帅指令第一六一号

令广东省长廖仲恺

呈悉。所有关于广东各属强盗案犯，准于暂行援用十二年四月二日五十九号训令，依军法办理，以戢匪风。余如所请办理。仰即遵照。此令。

中华民国十三年二月二十日

附原呈

呈为盗匪滋炽，拟请变通办法，并准通饬各绥靖处及各县援令办理，呈请核示事。本年四月二日奉大元帅第五十九号训令内开：查广州市内竟有白昼抢劫情事，甚至日有数起，惊扰闾阎，妨害治安，殊堪痛恨。着由该省长督饬所属，一体严防密查，遇有抢劫案犯，一经拿获讯明，即依军法从事，以儆效尤而清匪患。除训令卫戍总司令遵照外，合行令仰该省长即便遵照办理等因。当经令行广州市公安局及南、番两县遵照在案。现查省外各属地方清剿盗匪文告，及商民上控被劫呈词，其盗风之猖獗，实与广州市情形无异。为目前治标计，此后凡有关于各属强盗案犯，拟请准予通饬各绥靖处及各县一体援照前令办理，以清匪患。惟强盗案犯就获后，必须讯取供证，录案呈报职署核准，方得执行，期无错误，而重人命。一俟大局平定，匪风稍戢，再行呈候核示遵办。所有职署拟请援用军令变通办理缘由，是否有当，抑应如何办理之处，理合具文呈请鉴核，统候指令祗遵。谨呈大元帅。

广东省长廖仲恺印

中华民国十二年六月一日

大元帅指令第一六三号

令滇粤桂联军前敌总指挥杨希闵

呈悉。此令。

中华民国十三年二月二十日

附原呈

呈为呈复事。顷奉帅座命令开：据外交部长伍朝枢面呈称：美国教会人员到部报到，该会在石龙车站附近所设学校，日前忽被土匪掳去数人，请予令饬查起拿办等语。石龙为交通孔道，军队林立，竟有匪徒恣行不法，殊属不成事体。责成该总指挥立饬驻在部队，迅即派兵购线，踩缉匪踪，分别起掳拿办，以申法纪而保治安，仍将遵办情形具报等因。奉此，遵即通令所属各部队，并分咨各友军派兵购线，踩缉匪踪，分别起掳拿办，以申法纪。所有遵办情形，理合备文呈复，请祈睿鉴。谨呈陆海军大元帅孙。

滇粤桂联军前敌总指挥杨希闵印

中华民国十三年二月十七日

大元帅指令第一六七号

令两广盐运使赵士觐

呈悉。准予备案。此令。

中华民国十三年二月二十三日

附原呈

呈为遵谕雇轮，派员巡缉，以杜私运，而裕税收，仰恳察核备案事。窃维整顿盐务固应注重产销，欲求税收丰盈，自非认真缉私不可。查运署原有缉私巡舰一十四艘，除江澄舰早经拨归运副调遣外，靖海舰于前年六月由陈炯明令饬拨归兵站部运兵，沉没于莲花山附近，迭经招商承绞无人过问。绥南舰因往香港修理，致被稽核分所电请香港政府扣留。裕民舰先被香安督缉局长王国任骑（?）去，旋被西路讨贼军刘总司令截留差遣，在汲水门地方沉没，尚未绞起。利琛舰因船身机件损坏不能行驶，被前海军总司令温树德借往修理，以之差遣，现闻停泊香港已将机件撤卸。平南舰被滇军第三军蒋军长借往差遣。定海、江平、福海三舰，先后驶离省河，为西江善后李督办收留。所有各舰迭经邓伍两前运使呈恳帅座令饬滇粤各军克日交还，并经士觐派员前往接收，迄今尚未交回。其归运署管辖者，现虽有安北、隼捷、江顺、横海、掺江五艘，但隼捷、江顺两舰前在北街、澳门等处先后被风击沉，后绞起掩回，损失甚巨，召匠投修，一时尚难完竣。安北一舰亦因船身破坏，不能出海巡缉。其稍为完善可以行驶内河者，仅有掺江、横海两艘，而两舰船身太小，不能前往沿海巡缉。当此旺销时期，私盐充斥，运使为杜绝私运，增加正税起见，拟暂雇商轮借炮安设，加配炮兵、盐警，选派得力人员，督同驶往沿海，认真巡缉，以期畅销正引，而裕税收。经奉钧座面谕照准办理在前。兹有澄清商轮一艘，船身尚属坚固，大与一等巡舰相埒，当与该船主磋商租赁巡缉，每日租银港币九十五元，月共需银二千八百五十元，其数并不为多，而于缉私裕收前途大有裨益。一俟职署将隼捷、江顺各舰修复，及各军将所借各舰交还，即将此轮取销。业经与该船东梁志文租定，订明本年二月五日交船起租，此项租价拟在盐税收入下拨支。至于该轮官兵薪饷，则请在缉私经费项下支给。所有租赁商轮巡缉及支拨该轮经费及租项各缘由，理合具文呈请察核备案，伏候指令祗遵。谨呈陆海军大元帅。

两广盐运使赵士觐印

中华民国二月九日

大元帅指令第一七二号

令兼代广东财政厅厅长郑洪年

呈悉。东路讨贼军开赴香山之时，既经指定专以该县田赋充饷，自不得动及其他税款，况现当统一财政之际，各属税捐尤不能任听驻军擅行截留。仰候令饬东路讨贼军总司令，迅即转饬香山筹饷局，将香山全属酒税交还有兴公司商人梁萱办理，不得另招新商承办可也。折存。此令。

中华民国十三年二月二十六日

附原呈

呈为呈请事。窃照香山县属酒税，前据有兴公司商人梁萱呈请承办，每年认饷额大洋八万五千元，两年为期，并先缴按饷一月。业经前厅长批准承办，发给示谕，定于本年一月一日开办。嗣据该商呈报，一月十八日有利益公司刊登告示，称向东路讨贼军香山筹饷局承办香山全属酒税，设局开收，呈请维持等情。前厅长当查东路讨贼军前赴香山之时，曾奉订明只将钱粮拨充军饷，其余正杂各税，概归职厅经收。呈请钧座训令现驻香山之东路讨贼军部，迅将香山全属酒税交还有兴公司商人梁萱办理在案。兹复据该商呈称：香山筹饷局不允交回，将伊斥退，呈请察夺等情前来，理合将该商原呈抄缮清折，再呈钧座察核，伏乞训令该军部转饬香山筹饷局，迅将香山酒税交还原商梁萱办理，以符原案，实为公便。谨呈陆海军大元帅孙。

计抄呈清折一扣

兼代广东财政厅厅长郑洪年印

中华民国十三年二月十九日

大元帅指令第一七五号

令钦廉高雷招抚使张启荣

呈及简章均悉。该使专责在招致钦、廉、高、雷各属敌军，使各该属军民闻风感化，毋抗义师。应择各该属相当地点，分派人员就近办理，毋须设立机关鹜虚声而遗实际，尤不得在省会设置行署，致涉招谣。所呈组织简章，拟设参谋、军务各处，实属过于扩大，碍难核准。至在省会已设机关，应即一并撤销，仰即懔遵勿违。简章发还。此令。

中华民国十三年二月二十六日

第七号（三月十日）

目　录

大元帅指令第二〇三号（附《统一财政委员会办事细则》）（略）
大元帅指令第二一三号（附《禁烟制药广东总所章程》）（略）
大元帅指令第二二一号（附《商标注册所暂行章程》）（略）

命　　令

大元帅令

军兴以来，需饷浩繁。政府为讨除国贼计，不得不借支民力，端赖稽核有方，庶免诛求无艺。刻正力谋财政统一，以后各军长官不得擅行征收各种杂捐，紊乱纲纪。自此次通令之后，有敢犯者，军官免职治罪；奸商承办者，除没收产业外，应一体严行治罪，以儆贪顽，而肃法纪。言出法随，决不姑贷。此令。

中华民国十三年三月五日

大元帅令

前因逆军构乱，倡扰西江，肇庆、梧州等处胥沦于敌，克复之始满目疮痍，善后事宜百端待举。特派广东讨贼军第一师师长李济深，兼任西江善后督办。委政权于驻军，期办事之敏捷，原为战后权宜办法。刻下地方渐就谧平，财政方谋统一，西江善后督办一职应即裁撤，所有民政、财政概由广东省长督饬所属分别办理，以明系统，而一事权。此令。

中华民国十三年三月五日

训　　令

大元帅训令第八十二号

令财政委员会、广东省长

为令遵事。查财政委员会议决省河筵席捐变更办理，指定全数拨充省市教育经费一案，经指令照准在案。兹据国立大学筹备主任兼管理广州中上七校经费委员会主席邹鲁呈称：此项筵席捐款，前经广东省长核准，全数拨定为广州中上七校经费，并由广州中上七校经费委员会直接管理在案。现奉令变更，划由市政厅招商承办，并拨该款三分之一收入为市教育经费，其余三分之二收入应请明令准照成案拨为七校经费，由七校经费委员会收管，以符原案，并请令行财政委员会、省长公署定明：以后所有省河筵席捐项下收入，不论承捐多少，收数若干，均照拨三分之二为中上七校经费，拨三分之一为市教育经费，作为定案，永远不计变更，以维教育等情前来，系为确定教育基金起见，应予照准。除分令外，该委员会、省长即便遵照办理。此令。

中华民国十三年三月六日

大元帅训令第八十三号

令北江商运局长韦荣熙

为令饬事。案据广州市柴行同福堂代表区毅呈以本市各柴店到行报称：本市泮塘口内及黄沙河面，除小北江护商事务所依旧勒抽柴艇费用外，更多一北江商运局，同在此两处河面重抽，恳请严行禁止等情。据此，查柴薪为民生日用所必需，岂容苛取病民？据呈前情，除饬财政部转令小北江护商事务所停抽外，合行令仰该局长即行遵照停抽，勿稍违玩。仍将遵办情报查。此令。

中华民国十三年三月六日

大元帅训令第八十五号

令大本营军政部长程潜

为令饬事。据广东筹饷总局督办范石生呈称：为呈请事。本月二十二日奉钧令开：任命范石生为广东筹饷总局督办等因。奉此，遵经议具组织大纲、概算经费，备文呈请鉴核训示，并另文呈报就职视事、该局开办日期各在案。伏念凡事贵重之于始，乃可观厥程功。查禁烟督办署开办历时，成绩尚未大见，而军队到署索饷者纷至沓来，几有应接不暇之势，对于进行发展诸多窒碍。石生备员该署，深悉源委，实由设署之始，即采取合议制度，以致议【论】厅〔庞〕杂，动多牵掣；又未经明定拨付用途，以致予取予求，是与整理初意大相背驰。兹为慎重将事，预防流弊起见，唯有仰恳帅座特派专员，或常川驻局，或随时莅局稽核，以示大公，此应声请者一也。至局中收入，除遵照历次会议结果，保全固有应得者照旧拨付以免纷更外，其新增收入，应扫数解缴钧座支配，各军不得直接向职局索取，庶能切实整顿增加收入，此应声请者二也。理合备文呈请鉴核，俯赐通令各军知照等情。据此，除指令照准并派专员随时到局稽核外，合行令仰该部长转行各军一体遵照。此令。

中华民国十三年三月七日

指　令

大元帅指令第一九五号

令两广盐运使赵士觐

呈悉。准如所拟办理。此令。

中华民国十三年三月四日

附原呈

呈为局董包庇，抗领渔票，拿获处罚，以儆效尤仰乞鉴核事。窃查广东沿海各埠渔船，自前清至今并无注册编号，仅分为六等，每年按等缴纳渔票饷一次，各依饷额领发渔票，即可随时随地照票内盐额配盐，向不限制次数，以致借票购私，冲销民食，弊病百出。另有买鱼腌制或将盐卖与渔船，转购咸鱼，载回发卖者，谓之“料船”，均照渔船办法办理，惟须按票缴纳双饷，所领票据即名为“料票”。民国十一年四月，邹前运使鲁任内，以前广东盐政处订立《渔料票章程》九条过于简略，未能一律遵行，另召集职员会议，拟订征收渔盐税及《渔船照费章程》二十一条，由本署责成经办场局或遴派专员遵章办理。呈奉前财政部核准，尚未实行，遽遭六月十五日政变，张前运使慎藩继任，以其手续繁难，恐难办理，将案停顿。嗣后各渔船请领渔票，亦不遵照向章办理，以致每年十余万收入，几致化归乌有。运使到任，即将渔料票认真整顿，迄今尚无起色。本月四日，访闻有渔船百数十艘，在东莞万顷沙一带，当饬广东盐警指挥官司徒非迅派得力长官，率带盐警，随同渔票委员方云裳，乘坐本署租用之福海舰，驶往万顷沙一带验发渔票。随据该指挥官呈称：遵派连长王超率领所部，随同委员前往万顷沙各处验发渔票。不料到万顷沙海口，见有渔船、料船三百余艘在涌内湾泊，连长王超即会同委员通知该沙自卫局及商团，知照声明奉令来沙办理验发渔票、料票。讵意该沙豪绅张仲慈、陈兆兰、刘锦泉、陈友、王兆平、刘浩然、郭容、梁二根等，竟敢勾通渔船，开枪抗拒，轰我巡舰，并谓虽有运使、盐警队，亦不许登陆验票等语。词甚强硬，不可理喻，显有包庇情事，恳请行县会营拿办，以维饷项而儆凶顽等情。据此，正在核办间，随据该指挥官设法购线，将农商维持会会董陈兆兰一名拿解前来。讯据该会董陈兆兰供认：抗拒之时，系由局董张仲慈等所为。伊为会董，未能从旁制止，亦属咎不容辞，情愿代缴罚款毫银一万元，又另认销渔票银四千元，请将伊先行释放，并将指控张仲慈等之案注销，免其拿解，予以自新等供。据此，查其所供，尚知悔悟，能顾税收，应准从宽办理，免予深究。现据将罚毫银一万元如数呈缴前来，除提扣船租费用外，照章以一半充赏。查此项充公罚款，无关盐税收入，毋庸归入盐帐，应由本署另款存储，听候拨用。现在本署所设盐政会议经费无着，拟请即将此款拨用，以资挹注。除归入本署另款决算报销外，所有本案处罚情形及将款项支销各缘由是否有当，理合具文呈请帅座鉴核，指令祇遵，实为公便，谨呈陆海军大元帅。

两广盐运使赵士觐

中华民国十三年三月一日

大元帅指令第一九七号

令禁烟督办杨西岩

呈悉。审判烟犯，仍应由司法机关办理，以重法权。督办署章程第五条第二款，应遵前项指令删去。至所请修正禁烟条例第二十条之处，应毋庸议。仰即分别遵照。此令。

中华民国十三年三月四日

附原呈

呈为呈请修改禁烟条例及督办署章程，恭折具陈仰祈睿鉴事。现奉大元帅指令第一〇二号，职署呈请修正督办章程由内开：呈及章程均悉。查所拟修正督办署章程第五条规定督察处之职掌，其第二款为关于缉获烟犯及处罚判决事项，核与禁烟条例第二十条，移送司法机关审讯治罪之规定不符，应即将此款删削，并将同条三、四两款改为二、三，以符顺序。其余均准如拟施行。仰即知照。章程存。此令。等因。奉此，伏查职署之设，原为湔除痼疾起见，自非严厉执行，何以绝毒卉而蠲宿疾。故当组织之初，拟订组织职署章程，业经帅座核准在案。一月十七日，复奉帅令批准禁烟条例，严为处罚，俾迅肃清。惟条例第二十条规定：凡本条例之罪犯，无论何人拿获，必须连同证物一并解由禁烟督办署或禁烟总分局，移送司法机关，适用本条例之规定审讯治罪。窃查职署系奉帅令办理禁烟，特颁条例处罚犯人，已有遵守。如缉获人犯无审讯处罚之权，系须特设机关主管之。若由司法机关审讯治罪，刑律已有鸦片烟治罪之规定，如指定须适用禁烟条例，似有以命令变更治律之嫌。查司法机关系适用普通法，如海陆军人犯罪，另有特别法规定。今既特颁禁烟条例，亦系特别法之一。况已设专署，似宜援例办理，既无侵越司法独立之权，又无命令变更法律之病。处理烟犯若由职署审判，则收效较为迅速，因司法制度系采四级三审故也。恳将条例第二十条“移送司法机关”六字删去，则职署组织章程第五条，督察处之职掌第二款之规定，与禁烟条例第二十条并无抵触，请免去删削。所有拟请修改禁烟条例及免删削督办署章程各缘由，是否有当，理合恭折具陈，伏乞指令祇遵。谨呈陆海军大元帅。

禁烟督办杨西岩印

中华民国十三年二月二十八日

大元帅指令第二〇〇号

令东路讨贼军第三军军长李福林

呈悉。粤省自陈逆变叛，兵祸连年，筹饷讨贼，义应负责。该军长望重桑梓，实深倚畀，所收回广东筹饷总局会办成命，着毋庸议。此令。

中华民国十三年三月五日

附原呈

为呈请事。现奉帅座派状开：派福林为广东筹饷总局会办。此状。等因。奉此，窃维福林自前清末季追随帅座，奔走革命，起自田间，非有颇牧之能，谬膺军旅之寄。治兵已惭无状，理财更恐未能。愧无持盈握算之才，敢负协理分劳之责？自知汲深绠短，亟应逊贤让能。为此，具呈帅座，恳请收回委派福林为广东筹饷总局会办成命，俾得专心本职，图报国家，实为公便。谨呈大元帅钧鉴。

东路讨贼军第三军军长李福林印

中华民国十三年三月三日

大元帅指令第二〇五号

令大本营财政部长叶恭绰

呈悉。柴薪为民生日用所必需，岂容苛取病民？除令饬北江商运局停收柴艇费用外，仰即由部转令小北江护商所一律停抽。仍谕知原具人并告商民周知可也。拟稿存销。此令。

中华民国十三年三月六日

附原呈

为呈请事。案奉发下广州市柴行同福堂代表区毅呈一件到部。奉此，查该商呈请迅颁明令严行禁止北江商运局、小北江护商事务所越界苛抽柴税等情，系为体恤商民起见，自应照准。理合代拟明令，呈请察核施行。谨呈大元帅。

大本营财政部长叶恭绰印

中华民国十三年　月　日

大元帅指令第二二〇号

令大本营建设部长林森

呈悉。既据查明何监督家猷任用之人确非逆党，撤〔裁〕撤各员又属咎有应得，自应免予置议。仰即转饬该监督，以后对于电务固当认真整顿，然亦不宜失之操切，用人尤应一秉大公，诚信既孚则怨谤自息矣。附件存。此令。

中华民国十三年三月日

附原呈

呈为呈复事。窃广州电政风潮发生伊始，职部先后接到广东电政监督兼广州电报局局长何家猷及中国国民党电政同志会呈电各一件。正核办间，又准大本营秘书处奉转钧帅交下文同广东电政监督兼广州电报局局长何家猷原呈之查复令，当即派职部交通局科长刘百泉前去调查。兹据呈复称：奉命后，遵即往晤广东电政监督兼广州电报局局长何家猷，询问中国国民党电政同志会控告案件之原委。据答与呈部之文约略相同，可免复赘。嗣又数四将现充广局报房总管黄胜祥、广局检查杜仲明、韶州局长谢贞耀、乐昌局长何畏、工头倪炳、佛山局长梁荣东、三水等丁伍燊德等事迹，隔别细访广州局各职员，究竟是否逆党。佥谓黄胜祥自光绪二十八年出身充广局报生、梧局领班、英德局长、广局报房总管，去年始行请假，其间又奉林监督直勉调赴汕局，因逆氛未靖中止，范监督其务委充韶局，因经费无着未到差。何监督就职后，由外交部伍学濂保荐，乃令仍回原职（林监督复函另附作凭）。杜仲明在广局服务十余年，民国六年即充翻译。此次由报房总管保举，始升主任。谢贞耀在广局充报生十余年，此次因江门局长撤差，乃升调。何畏系滇军少校参谋，由卓司令仁机推荐。倪炳系广局老工头，在差二十余年，去岁辞差。此次因广州至佛线绞多天，原有工头不能察出地点之所在，材料所员梁心畲面呈：非补回该工无人整理，何监督乃录用。到差后，即查出线绞在佛山第一、第三杆，嗣又察觉石龙之线绞，足见该工为有用之才。梁荣东由粤海关监督傅秉常推荐，伍燊德由外交部长伍朝枢取保。履历如此，是否逆党，实在不敢妄指。科长又追问黄胜祥等既无逆党嫌疑，何以电政同志会控词如许之激烈？据称：此次之电控，表面如电政同志会，实则是麦炎生、麦萼楼等少数失职败类，假借电政同志会名义，妄架引用逆党题目，冀能蛊惑观听，摇动何监督地位，借图报复耳。缘何监督受事于军书旁午，局中及所属各局经济十分危困之际，欲仰副大元帅为国为民之旨意，不得不淬厉精神，将电政事宜大加整顿，而整顿手续尤莫要于开源节流。因之严核收支也；裁汰冗员也；为地择人也，百废毕举而怨讟亦于是乎生。麦萼楼，桂逆马济之电信队员也。本无线电界中人事，缘原于去岁利用罢工风潮，欺蒙李前监督章达，得混入广州有线电报局充报房总管。然既无学识，又不谙西文，专恃宠取巧，私勒商家电资（此事确有，惟商家不愿质对），不时鼓吹罢工风潮以谋个人利益，劣迹昭彰，何监督乃将其送回无线电局（上项劣迹经无线电局长冯伟、沙面电报局长李锡祥在大元帅前证明）。麦炎生之任佛山局长也，不但诸务废弛，且屡次破坏广佛电线，而于收支报销更属糊涂，何监督乃将其撤换（有广佛两局往返质问电稿及租户禀呈文凭，另有抄白）。涂廉舫以一身而兼广州局翻译、检查、收报三职，何监督恐其顾此失彼，贻误要公，仅将其翻译主任职开去，彼竟愤然辞去检查兼职，专任收报。每逢值班，肆意妄为，或拒收远报，或勒资私肥，是其有意破坏电政名誉。调查得实，乃开除其职。沙面局领班关鼎，迹近逆党之奸细也。由李局长锡祥揭发，方予以撤差处分（有李局长之呈可凭）。他如沙面局报生杨少河、江门洋关电报局长邝玉屏、江门局长马瑞璋等，或久不到差，或通款逆军（有报生冯豪华呈文可凭），始为开差。若辈不加省别，听凭麦萼楼、麦炎生弟兄妄言，引类结党，鼓浪生风，尚祈钧部主持正义云云。按用人、行政，本长官职权之所在。广东电政监督何家猷，本其职权整顿电政，所有用人及所办各节，以科长询访所得，概系秉公，毫无私意。其间调换手续，或者不免过急。然值此纲纪凌夷，秩序紊乱之秋，不有毅力，令安能行？麦炎生等果为国民党之同志者，正当懔大元帅以党造国之义，内疚愆尤另图奋斗，不当借党造谣，淆乱政府耳目，鼓动罢工，致贻国家损失。此次事件虽幸何监督应付有方，风潮未至于扩大，而此端不戢，恐害马终难免于乱群，似宜稍事惩戒以维纪律。奉令前因，理合将调查情形并管见所及，缮具呈复，伏乞鉴核。等情。据此，查广东电政监督兼广州电报局局长何家猷，接办未久，纷纷更动人员，不无近于操切，致招谤议。惟所任用之人，或系久于电界，或系当局保荐，皆有确实凭证，尚无引用逆党之事。麦炎生等奉公不力，咎有应得，不自悛悔，反行捏造事实，希图耸听，居心实属险恶，若不严令惩处，殊未足以遏嚣风。奉令前因，理合将调查情形缮具呈复，是否有当，伏祈鉴核示遵。谨呈大元帅孙。

大本营建设部长林森印

第八号（三月二十日）

目　录

大元帅指令第二五八号（附《坟山特别登记章程》）（略）
大本营秘书处指令第二号（略）

命　　令

大元帅令

据大本营军政部部长程潜呈称：已故大本营高级参谋、陆军中将林震，为国宣劳，迭著勋绩，积劳逝世，良堪悼惜。拟照中将积劳病故例给恤等语。林震准照陆军中将积劳病故例给恤，以彰忠勤。此令。

中华民国十三年三月十一日

大元帅令

禁烟督办杨西岩，办理不善，流弊滋多，着即免职听候查办。此令。

中华民国十三年三月十七日

训　　令

大元帅训令第九十四号

令中央直辖滇军总司令杨希闵

为令饬事。案据财政会呈称：为呈请事。本会二月二十八日第十九次特别会议市政厅提议，现接滇军第一师赵师长来咨称：由该部批准鸿源公司抽收广州市粪溺出口捐，请厅备案保护等由。未经财政委员会议决，佥以为此项田料所关，未可加征，由会呈请大元帅明令撤销案由。本会呈大元帅令行滇军总司令部，转饬将此项捐务撤销，以维统一等因。理合录案，呈请钧座鉴核施行等情。据此，查现在正谋财政统一，昨经明令不许各军长官擅行征收各项杂捐，致紊纲纪在案。据呈前情，除指令外，合行令仰该总司令即行转饬赵师长遵照，将批准鸿源公司承抽广州粪溺出口捐之案撤销，仍将遵办情形报查。此令。

中华民国十三年三月十二日

大元帅训令第九十六号

令广东省长杨庶堪、中央直辖滇军总司令杨希闵、湘军总司令谭延闿、豫军讨贼军总司令樊钟秀、桂军总司令刘震寰、东路讨贼军总司令许崇智、中央直辖广东讨贼军第四军军长梁鸿楷、中央直辖第一军军长朱培德、中央直辖第二军军长黄明堂、中央直辖第七军军长刘玉山、中央直辖第三军军长卢师谛、代理海防司令冯肇铭、中央直辖赣军司令李明扬、北伐讨贼军第一军军长陈光逵、北伐讨贼军第二军军长柏文蔚、北伐讨贼军第三军军长胡谦、山陕讨贼军司令路孝忱

为训令事。据国立广东大学筹备主任邹鲁呈称：窃维教育为神圣事业，人才为立国大本。故国家设立大学，实振兴教育之总键，陶冶人才之巨炉。东西各国莫不注重大学，其在该本国无论已，即将来在吾国设立者，几无不接踵而起，所以不惜竞投巨资，莫非为国家奠定基础。我大元帅有鉴及此，将本省高师、法大、农专三校合并，改为国立广东大学，现当筹备期内，首须顾及经费为第一入手办法。大学为最高学府，经费尤应充裕，原来之费既少，新拨之费无多，盼厥成功，相差尚远。查省城筵席捐开办已有成绩，并专拨为七校经费，省外各属筵席捐自可援案办理，并请省外各属开办之筵席捐，以三分之二拨为国立广东大学经费，以三分之一拨为各该地教育经费。抽收消费之税，以作教育基金，省河既已开办于前，各属自可推行于后。业由处函请省署查照，转行财政厅遵照办理，并由国立广东大学遴选妥员，荐请财政厅委任，随时分赴各属监提在案。现准省署公函开：迳复者，除原文照前邀免冗叙外，后开：查国立广东大学为最高学府，自应及时筹备经费，以利进行。现拟开办省外各属筵席捐，并将该捐项以三分之二拨为国立广东大学经费，以三分之一拨为各该地教育经费，并由大学荐人由财政厅委任，随时分赴各属监提，自可照办。准函前由，除行财政厅遵照办理并函财政委员会查照外，相应函复查照等由。准此，特行呈报并请大元帅察核，将此项省外各县筵席捐三分

之二拨为国立广东大学经费，三分之一拨为各该地教育经费，作为定案，永久不得变更，并通令广东省长及各军长官转饬所属，此项筵席捐拨作教育经费，无论各机关、各军队如何困难，不准截留，以符钧座振兴教育之宏图，不胜急切待命之至。仍候指令祗遵等情。据此，除指令照准并分令外，合行令仰该军长、总司令、省长、司令知照，即便转饬所属一体遵照，对于此项筵席捐永远不得截留挪用，以重学款，而维教育。此令。

中华民国十三年三月十二日

大元帅训令第九十七号

令滇军总司令杨希闵

据广州市市长孙科呈称：窃市长现据卫生局呈称：承办提抽全市粪溺埠租穗义公所呈称：窃奉中央直辖滇军第一师【师】长赵成梁布告，略谓：现据鸿源公司陈华具呈，请承办省河粪溺出口捐以助军饷，并附公函、章程等件交来。据此，当即召集全行会议。据各埠商陈述，自滇军布告发生，各乡农民哗然，业经定下粪溺者，纷纷函来停止交易。正拟具呈钧局设法维持，乃不旋踵，纷纷来报四面河道截留艇只。窃思粪溺生意其业至贱，其利至微，尤与农工相依为命。查此项出口捐买客负担，粪东垫缴云云，名为农民负担，实则埠商受害。近年兵燹侵寻，盗贼蹂躏，江河梗阻，商农交窘，十室十空。查其章程内载：如有埠商违令抗捐及牵动风潮情事，定即严拿罚办等词。此等剧烈手段，实予人以难堪，彼农民岂无别项田料膏？耕植者而必昂其值以强为销受，人虽至愚，亦断不出此。况粪溺生意，赊出者十居七八，已成习惯，今风声一播，将来停止交易，则艇只不能接续运输。运输滞窒，势必至清倒停工，而全市之住户粪桶满溢堪虞，将秽气薰蒸，发而为疠。埠商固牺牲血本，对于提款无着，其事尤小，而卫生前途障害实巨。尔时求全责备，埠商宁愿别谋生计交不甘负责矣。筹商再四，实可寒心，迫得据情呈恳钧局迅予设法维持，以清隐患。现已设船在东西濠口及握［扼］河要道开始勒捐，经扣留粪溺艇数十艘，不准放行。即恳转详广州市市政厅、广东省长，迅将该船解散，立令捐案撤销，以安民心，则洁净、经费、商农、生业胥利赖矣。并附抄中央直辖滇军第一师原函一纸，鸿源公司传单一纸。复据承抽全市厕租保安公所呈称：现奉中央直辖滇军第一师司令部布告，据称：现准鸿源公司陈华，拟具章程抽收粪溺出口捐，以助军饷等因；又据鸿源公司派人持传单到商等各店称说，务须遵章缴纳军饷，方得出口等情。查其抽捐办法，大致粪船每载重二万斤以下抽三元，猪粪、水粪、便溺各有等差，派员常川分踞省河东西南三处水面要道，拦截抽收。所谓瞒捐走漏，且有连船充公外并拿究罚办之条，手段严辣，群情惶恐。伏思田料一门，种类甚多，尤以粪溺一项关系各方面为最大。在省市方面而言，向由钧局督饬各店，将所有市内粪溺随时趁潮清运离省，方为得当。无如近来水道梗阻，凡有货船往来，遇时为土匪打单及勒收行水等事，间或全船掳去，以致阻碍接替，无从清运，上干严处。乃今欲运离城市，亦反加以出口抽捐，殊背钧局向来督饬清洁以重卫生之旨。在用途方面言之，凡购买此项货物者，均属四方安分农人，近年里闬不靖，水陆梗塞，凡业耕种者无不迭受摧残，到处田土荒芜，挺而走险，民不得安其业，间有饮苦经营，操耒耜以从役于畎亩之中者，无不筋穷力竭，始克购取各种肥料以粪除田土，此在稍明事理者亦知安集奖翼之不暇，若更加重其负担，而窒其生息之机，以妨碍其事业之发达，似亦于保卫民生之旨，不无相左。在营业方面而言之，商等虽系经营商事，然究竟负有多少清洁义务，与别种生意不同。考此类货物日有来源，不能存贮，即存贮亦变坏无用。故平时不问销路旺淡，总以立即脱货，以便回环接替而利清洁为必要。既无机可乘，又弗能候价而沽，虽营商业，兼顾公益，倘遇滞市，则上受钧局干涉，而下无销路，迫得运去市外投之浊流，牺牲血本，勉尽清洁义务。近年固屡试不鲜，此则自计未遑，今又强以间接负担纳捐之责，在平时固难邀买客之加给，遇滞市又何能问诸水滨？况揆之转嫁法中，亦大违捐纳正义之旨。且一有加捐，买客避重就轻，可以别购肥料，则敝行生意实在直蒙其损害。况省城司令部林立，筹措军饷责有专司，若相率效尤，借口军费各别抽捐，不明统系无所秉承。此风一开，粤省商场何堪应命？总之，此项抽捐有损无益，不成体统，妨碍农业，阻害卫生，贻害公益，损害商务，违反税法，徒滋骚扰而已。更查前裕农公司认饷承办田料捐，业蒙大元帅批准取销在案，现在事同一律，恳请迅予上详市长察核，并转详省长立颁明令取销，并勒令将省河东西南水面分局刻即解散，以便运输而免骚扰。并粘呈鸿源公司传单一纸，各等情到局。据此，查核所称各节，尚属实情，事关妨碍公共卫生，应如何酌予维持以弭隐患之处，理合检同抄单据情转请察核，指令饬遵，等情前来。据此，查此事前准赵师长来咨，当经咨复请将此项承捐案撤销，并经呈报帅座令饬撤销在案。现据前情，该公司业已开抽，积极进行，理合备文再呈帅座鉴核，迅赐令滇军总司令转饬赵师长，立将批准鸿源公司承捐案撤销，以免酿出风潮，致碍全市卫生，仍候指令祇遵，实为公便，等情前来。据此，查此案前据该市长以赵师长成梁批准鸿源公司承抽粪溺出口捐，以助军饷，有碍市政等情，呈请令行撤销，经交军政部核办在案。兹复据呈前情，应予照准。除指令外，合行令仰该总司令即便转饬赵师长成梁，迅将批准鸿源公司承捐案克日撤销，以维市政。此令。

中华民国十三年三月十三日

大元帅训令第九十九号

令中央直辖滇军总司令兼广州卫戍总司令杨希闵、中央直辖滇军第二军军长范石生、中央直辖滇军第三军军长蒋光亮、湘军总司令谭延闿、桂军总司令刘震寰、豫军总司令樊钟秀、粤军总司令许崇智、中央直辖第一军军长朱培德、中央直辖第三军军长卢师谛、中央直辖第四军军长梁鸿楷、中央直辖第七军军长刘玉山、东路讨贼军第三军军长李福林、东路讨贼军第四军军长张国桢、山陕讨贼军司令路孝忱、赣军司令李明扬、大本营军政部长程潜、大本营财政部长叶恭绰、广东省长杨庶堪、广州市公安局长吴铁城、虎门要塞司令廖湘芸

为令饬事。近闻各军人员有假托长官命令，在河面到处设立机关，征收往来船只各种捐费，巧立名目，借端苛索，非法扰民，莫此为甚。着各军总司令及各统兵官长严行禁止，并着公安局长饬水上警察严密查办，自接到命令三日后，所有省河及各属河面，除船民自治督办所属机关外，一律勒令取销，如敢违犯，军法从事。仰该省长、总司令、部长、司令、军长、局长迅饬所部，一体遵办。仍将办理情

形呈复查考，并由省长署录令出示晓谕，俾众周知。其余省城内外各独立军队由军政部通行遵照。此令。

中华民国十三年三月十四日

大元帅训令第一〇二号

令广东省长杨庶堪、海防司令林若时、广东地方善后委员会

广东全省船民自治联防事宜开办以来，尚无成效。所定办法有无流弊，应由广东省长、海防司令会同广东地方善后委员会详细调查呈复，以资整顿。除分令外，合行令仰遵照。此令。

中华民国十三年三月十七日

大元帅训令第一〇三号

令禁烟督办邓泽如

前以广东烟禁废弛，流弊日多，特设禁烟督办，原期寓禁于征，以图整理。乃数月以来，办理毫无成绩，外间啧有烦言，亟应大加改革。着该督办即日前往视事，认真考查，剔除弊端，切实办理。所有章程未尽妥善之处，并着分别修正，呈候核夺。此令。

中华民国十三年三月十七日

大元帅训令第一〇六号

令广东省长杨庶堪

为令饬事，现据广东高等检查厅检查长林云陔呈称：为呈请事。窃查广东公立警监专门学校，原由广东公立监狱学校改组。案关于监狱教育事项，民国二年，经司法部令饬归高等检查厅办理在案，是以该校向归职厅直接管辖，该校校长亦由职厅任免。去年五月，大理院兼管司法行政事务处，始改委潘元谅为该校长。查潘元谅任事以来，办理不善，啧有烦言。培植人才苟非得当，警狱两政安望改良？职厅职责所在，缄默既所难安，权限攸关，处理亦有未便，倘长此迁延，于粤警狱前途实大阻碍。拟请准予查照成例，该校校长仍由职厅任免，以清权责而利进行。所有广东公立警监专门学校校长仍归职厅任免缘由，理合备文呈请察核，是否有当，伏乞指令祗遵等情。据此，

查此案昨据总检察厅呈请，将广东公立警监专门学校拨归该厅直接管理，当将原呈发交该省长核办去讫。兹复据呈前情，除指令外，合行令仰该省长即行并案核议，具复酌夺。此令。

中华民国十三年三月十七日

大元帅训令第一〇七号

令大本营军政部长程潜

为令饬事。据两广盐运使赵士觐呈称：现据北江车运盐业同和堂陈致诚等禀称：窃船户等，向业盐船运驳各江饷盐，转运车卡，或由省运至各江，向不装载别货及受别行雇用，或充当官差，原系指定专为运驳饷盐之用。故每报秤之后，亦不能片刻留难，若一旦乏船运驳，不特有碍标配，即因而损害饷源。现盐业日定，筹饷军需所关，刻不容缓，若无船运驳，饷无所出。月来每有借军骑封盐船，或借词开差，或无地驻扎强将驳船封用，不知凡几，以致一经报秤，无船标配，已屡见不鲜。省河军队众多，名目庞杂，或借军骑封故意留难，或冒军强封希图讹索，是军是匪辨别无从。若长此相率效尤，不独损害盐业，复害饷源。况查省河前运盐驳船共有四百余艘，近月来或因被封扣留，或因改图别业，现在省河共计专运饷盐驳船仅百艘有奇，以致秤多不敷输运，若再从而效尤，各船户等一旦相率奔避，以致无船接运，其害底于无穷，势必至有停秤之患。船户等心所谓危，故特联同吁恳钧使俯赐维持，给照保护，并乞转呈大元帅咨会各军总司令部，饬属一体保护，免予封用，以维盐业而固饷源，实为公德两便。等情。据此，查该船户等现请给照保护，流弊滋多，未便照准，惟所称军队封用盐船，妨饷碍运，自属实情，亟应据情转请通饬，免予封用，以示维持。除批示外，理合具文呈请钧座鉴核，俯赐通令各军转饬所属一体保护，免予封用，以维盐业而固饷源，仍乞指令祇遵，实为公便等情前来。据此，除指示呈悉，候令行军政部分令各军遵照办理可也。此令印发外，合行令仰该部长迅即遵照办理。此令。

中华民国十三年三月十八日

大元帅训令第一〇九号

令东路讨贼军第三军军长李福林

查由新塘至大缆尾一带，近竟有军队私立机关勒收保护费，实属胆大妄为。仰东路讨贼军第三军军长迅即解散该项机关，并严办首要，以儆不法。此令。

中华民国十三年三月十九日

指　令

大元帅指令第二四六号

令中央直辖滇军总司令杨希闵

呈悉。查此案昨据赵师长迳呈前来，业经明令将北江商运局裁撤矣。仰即知照。此令。

中华民国十三年三月十五日

附原呈

呈为转请核示事。据职军第一师【师】长赵成梁呈称：据韶始杉行商人林先南、誉丰恒、夏祥丰、张汝康、胡岱青、永兴祥、曾生合、陈发和、华普安、瑞昌隆、夏铸廷、永合号等，为迭剥重抽万难担负，联恳据情转请撤销，以维商业事。窃韶州居北江之上游，入湘赣之孔道，交通利便，商务纷繁。近年以来，迭被战事蹂躏，商场困难已达极点，此皆师长所深悉者也。讵昨阅北江商运局布告，令饬商等木排遵缴护费。商等阅之，不胜骇异。查北江向设有护商统领部，商等遵缴护费，数年以来，相安无异，既设有护商统领部于前，现复巧立名目，添设商运局于后，商等木排迭剥重抽，值此商业凋零之际，实属万难负担。如谓匪氛不靖，河道梗阻，自有驻防军队及护商统领部设法疏通，似无庸设立商运局之必要。商等经营商业，血本攸关，迭剥重抽，势难缄默，迫得联恳师长，伏乞体恤商艰，据情转详，迅将北江商运局撤销，以免苛抽而维商业等情。据此，师长复查该木商等迭遭战事，所受影响不少，近复河水暴涨，冲散损失，亏损尤巨。若言保护，职师已设护商统领，专任其责，各商等所称商运局无设置之必要，亦系实情。矧迭剥重抽万难负担，乞为转恳大元帅俯恤商艰，饬令将北江商运局撤销，以一事权而恤商困。是否可行，理合据情呈请钧核等情。据此，查所呈各节，系为体恤商艰起见，至应否将北江商运局撤销之处，仍乞睿裁示遵。谨呈大元帅孙。

中央直辖滇军总司令杨希闵印

中华民国十三年三月十二日

第九号（三月三十日）

目　录

二九九号（略）
大元帅指令第二九〇号（附《大本营建设部权度检定所暂行章程》）（略）

公　布

大本营审计局公布各机关收支简明表（略）

命　令

大元帅令

前禁烟督办杨西岩，被控办理不善，流弊滋多，业经免职查办在案。兹据财政委员会查明，尚无实据，应予撤销，毋庸置议。此令。

中华民国十三年三月三十一日

训　令

大元帅训令第一一二号

令广东省长杨庶堪

为令饬事。现在各军云集，需款孔殷，着广东省长迅令广州市政厅长于四月一日起，在该市续征租捐一月，听候指拨用途，仰即遵照办理。此令。

中华民国十三年三月二十一日

大元帅训令第一一三号

令广东省长杨庶堪

为令饬事。案据广东全省警务处处长吴铁城呈称：呈为呈请将警监学校拨归职处管辖，改办高等警察学校，以养成警务人材事。窃查警察行政原属内务行政之最重要部分，所有维持地方公安，保护人民生命财产，关系至巨。而办理是否妥善，胥视警务人材之多寡以为衡。光绪末年，专为养成警务人材，经设高等警务学堂一所，向归巡警道管辖。民国成立，由警察厅照旧接管。十年以来，熟悉警务人员，半由该校出身，足见具有成绩。惟自龙济光寇粤，事事摧残，遽令停办，只因当时仍有多数学生未毕业，遂移归高等检察厅接收，改办监狱学校。但监狱一科用途甚狭，每次招生均难足额，因复易名为警监学校。自大理院成立，又移归大理院直接管理。查该校因陋就简，毫无精神，一切经费全恃征收学费支持，因循至今，迄无起色。日前奉令规复全省警务处，仰见我大元帅注重警政之深意。铁城铨材，忝膺重任。日久筹画，计非推广警察区域，不足以策全省治安。且大元帅以党治国，现值改组伊始，尤非使警政人员晓然于吾党三民主义，五权宪法之精神，不足以发扬民治，一有缓急，并收指臂之功。铁城为整顿警政，发扬党义起见，需用有主义的警务人材较前尤亟，而细察警监学校现时办理情形，断难应时势之要求，故特拟请大元帅令将警监学校拨归职处管辖，改办广东高等警察学校，规复警务教育，养成有主义的警务人材，于警政前途、于党务前途均不无微补，并拟由职处派委筹备主任一员，规画一切，以便从速改组。所有拟请改办高等警察学校缘由，理合呈请训令祇遵等情。据此，查此案前据总检察厅、广东高等检察厅呈请，将警监学校拨归管辖，均经令行该省长议复在案。兹复据呈前情，除指令外，合行令仰该省长遵办，并案核议具复酌夺。此令。
中华民国十三年三月二十一日

大元帅训令第一一九号

令粤军总司令许崇智、广东省长杨庶堪、广东省警卫军司令吴铁城

为令行事。现在东路第一路司令所部，业经改编为广东省警卫军，归广东省长节制调遣，以资统驭。除分令外，仰即遵照。此令。
中华民国十三年三月二十六日

大元帅训令第一二二号

令财政委员会

为令饬事。查禁烟督办署现在应行改组，所有原设之水陆侦缉联

合队，应由该委员会将其即日解散，其原由各军选送士兵，一律送还各该本军归队。为此，令仰即遵照妥办，仍将遵办情形报查。此令。
中华民国十三年三月二十八日

大元帅训令第一二六号

令大本营军政部长程潜、广东省长杨庶堪

为令行事。据广东地方善后委员会当值委员黎泽闿等呈：为沿途勒索，阻绝交通，吁请严令各军长官所获暴徒不得强行保释事。窃维治安之要首在交通，勒索取财显干法纪，近查假冒军队勒收行水之案，到处皆是，以至百货停滞，商旅戒途。前经广州市公安局严行查办，并拿获暴徒多人，讵各军长官受人欺蒙，任意保释。似此长奸纵恶，殊足妨碍治安。委员等既有所闻，不敢缄默，经于三月二十日第三十五次常会提出讨论，众议呈请帅座令行地方官吏，将此等横行匪类尽法惩治，并严令各军队不得受人蒙蔽，强行保释，庶使交通恢复而治绩可期，实为德便等情。据此，除指令照准并分令外，合行令仰该部长、省长即便通令各军，饬所属遵照办理。此令。
中华民国十三年三月三十一日

指　令

大元帅指令第二六八号

令大本营财政部长叶恭绰

呈悉。此令。
中华民国十三年三月二十日

附原呈

呈为呈报事。案准整理广东省银行纸币委员会函陈：以发行整理奖券第二期较第一期销数尤少，若仍继续办理，恐每况愈下，结果不良。当于一月五日常会席上提出讨论，议决将第三期奖券及副券一并暂行停止；对于维持纸币一事，另筹妥善方法。各委员仍于每星期六日会议，以策进行。至于职员，暂行解职，由部派员兼管本会事务，以节縻费。众意佥同，一致表决，理合陈报。请即遴派部员一人、书记二人来会，接管各项事件，以重公务等情到部。查该会发行整理纸币券第二期较第一期销数尤少，实因同类竞争日多，而各属交通又未完全恢复，以现在情形观察，此项奖券似难畅销，既经该会议决将奖券暂行停办，并请由部派员兼管该会事务，自系为节省縻费起见，事属可行。除函复该会外，当由职部遴派部员前往兼管该会各项事件，先行结束，此后整理纸币，应另筹办法。惟每星期仍由该会各委员开会一次，以备本部谘询。兹据职部所派部员呈报接收兼管前来，理合将整理纸币奖券结束情形，及由部派员兼管该会事务各缘由，呈报睿鉴。谨呈大元帅。

大本营财政部长叶恭绰印

中华民国十三年三月十七日

大元帅指令第二七三号

令大本营财政部长叶恭绰

呈悉。准如所请办理。此令。

中华民国十三年三月二十日

附原呈

为呈请示遵事。窃查广东造币分厂由联商公司等联合中外商股合办前经签订合约，并照约委派梅光培为该厂总办，区濂为会办，分别呈请钧座核准在案。现据该总办梅光培呈称：接事后，当派员赴港，将趸存生银数目及市面价格分别调查。据报港存生银仅得百余万元，并以英京银市受印市牵制，以致供不敷求，价格飞涨，前后四月来源缺乏，迅无变更，不得不将厂务仍旧停顿，免受束缚。惟念奉委日久，迄难进行，与其名位虚悬，不若徐图缘会，陈请准予辞去总办一职，以符名实而慎事权。又据该会办区濂呈称：奉委任令后，遵即筹划开收商股，以便兴工，奈生银价格日渐高涨，商股无利可营，相率观望怀疑。且现查港币之补水日高，生银之价格益涨，计生银百两较前加价十七八两有奇。体察市情，一时尚难鼓铸。与其虚名徒拥，究于实际无裨，自应呈请解职以免贻误各等情到部。查铸币系政府特权，于国家财政、商市、金融关系綦重，本应积极筹备进行，以裕财源而增收入，乃该总会办接事后，适值生银价格飞涨，来源缺乏，因此未能开工，自系实情。惟银市应有转移，时机当有可待，但使政府自筹大宗的款，为该厂铸本从事鼓铸，似尚不无盈余可望。现正由职部另行设法筹备，所有联商公司合约，拟即由部通告暂行停止履行。兹据该总会办等一再呈请辞职前来，情词恳切，拟即一并照准。该厂职务重要，拟俟职部筹款有着，再行另派委员接办，届时当另文呈请核示。现拟仍由部派委保管委员先行妥为保管，除技工外，并将原派员司一律解散，其差役等亦汰弱留强，酌予裁减以昭慎重，而节糜费。所有停止履行联商公司合约，及准予该总会办辞职，由部派员先行保管，并裁节经费各缘由，是否有当，理合呈请钧座睿鉴，俯赐训示，指令祇遵，实为公便。谨呈大元帅。

大本营财政部长叶恭绰印

中华民国十三年三月十五日

大元帅指令第二八二号

令番东顺三邑临时剿匪司令李福林

呈悉。该司令奉令剿匪，督队进攻，获犯起掳多名，并夺获枪械甚夥，实属奋勇得力，深堪嘉许。所请将所获枪弹留部备用之处，应予照准，仰即知照。此令。

中华民国十三年三月二十四日

附原呈

呈为遵令剿匪，谨将获犯起掳情形报请察核事。案奉杨主任令开：仰该司令及林司令若时，于本日将所部开赴黄埔集中后，即按照预定计划，于明二十日拂晓会攻匪巢，具报。此令。等因。奉此，遵即于本月十九日下午七时，亲率徐司令树荣、王旅长若周、营长李扶、潘枝、李成就等部，及广贞、新安、普安等巡舰，及职部原有德全、霞飞、报胜、柏林、巴黎等小轮，拖带蛮船十二艘，星夜出发，即于二十日拂晓，分三路向麻涌、均城、大盛等乡附近匪巢四面包围，次第进剿。匪徒居然开枪抵抗，约一小时，匪遂不支，纷纷向蕉林散去。该处附近一带涌滘纷歧，蕉林深密，职司令指挥各官长率领士兵竭力分投搜索。在蕉林内捕获嫌疑犯人黄庆灯、雷九跻、谭就等四十一名，起出被掳人邓灿堂、陈文甫、张应阶、张王氏、肖义等二十三人，执获长短枪二十一枝、炸弹十三具、子弹百余颗。同时在大盛乡附近河边，发见篷厂四座，中有匪徒多人，乘我军交锋时，胆敢开枪向我军射击。我军分兵扑攻，当堂拿获郭世机、陈九、陈添、何兴等四名，搜获伪旗一面，委任状数张。查该委任状机关名目不一，其为冒名作弊无疑。又查该处篷厂，系劫匪冒称军队在此屯扎，勒收往来渡船行水，行旅久已切齿。职司令当即饬士兵将篷厂毁拆，以断后患。当围捕时，有英舰一艘泊在附近河面参观，迨围捕完竣，我军整队回船，该舰舰长率领士兵站列舰上，表示欢迎。业经派员通报围捕各情，该舰长甚为满意。职司令窃思匪徒虽然就获，而余孽尚未肃清，为清除隐患起见，特令王旅长若周所部一团，留驻大盛乡，令徐司令树荣酌派部队分驻莲花山一带，随时购线跟缉余匪，并令广贞舰巡缉莲花山至大产关河面，新安舰巡缉三山至韦涌河面，普安舰巡缉蓬花山至猎德河面，以期水陆互相策应。此当日围捕及一切布置之情形也。其起获被掳人等，业经即日传属领还回家安业，仅留肖义一名，因亲属离城太远，尚待查传。至执获匪枪弹，恳请准予留部备用。除将捕获各犯分别研讯并分呈外，理合具文呈报帅座察核，指令祇遵，实为公便。谨呈大元帅。

番东顺三邑临时剿匪司令李福林印

中华民国十三年三月二十一日

大元帅指令第二八七号

令广州公安局局长吴铁城

呈悉。查《抽收广东省船民自治联防经费章程》，虽经呈奉核准，但前因其开办已久，尚无成效，恐所定办法不免滋弊，业经令行广东省长、海防司令、广东地方善后委员会详细调查，呈复在案。兹据呈称：省河各舰艇向已在该局及市公用局缴纳警费及牌照费，若再令负担自治联防经费，办理自多滞碍。究竟此情形是否仅限于省河为然，及应否免收之处，仍候令行广东省长会同海防司令、广东地方善后委员会并案确查妥议，呈复核夺可也。此令。
中华民国十三年三月二十七日

大元帅指令第二九八号

令广东地方善后委员会

呈悉。应照准。候令行军民长官通饬办理可也。此令。
中华民国十三年三月三十一日

附原呈

呈为沿途勒索，阻绝交通，吁请严令各军长官，所获暴徒不得强行保释事。窃维治安之要首在交通，勒索取财，显干法纪。近查假冒军队勒收行水之案到处皆是，以至百货停滞，商旅戒途。前经广州市公安局严行查办，并拿获暴徒多人。讵各军长官受人欺蒙，任意保释。似此长奸纵恶，殊足妨碍治安。委员等既有所闻，不敢缄默，经于三月二十日第三十五次常会提出讨论，众议呈请帅座令行地方官吏，将此等横行匪类尽法惩治，并严令各军队不得受人蒙蔽，强行保释，庶使交通恢复，而治绩可期，实为德便。谨呈陆海军大元帅孙。

广东地方善后委员会当值委员黎泽闿、陈森、陆杏村印
中华民国十三年三月二十七日

第十号（四月十日）

目　录

法　规

命　令

训　令

大元帅训令第一二九号、第一三二号、第一三三号、第一三九号、第一四一号、第一四二号

大元帅训令第一三四号、第一三六号、第一三八号、第一四〇号（略）

指　令

大元帅指令第三〇六号、第三一〇号、第三二七号、第三三〇号

大元帅指令第三〇四号、第三〇五号、第三一二号、第三一四号、第三一五号、第三一七号、第三一八号、第三二一号——第三二六号、第三二八号、第三二九号、第三三一号（略）

大元帅指令第三一三号（附《各县民团备价请领枪弹暂行细则》）（略）

大元帅指令第三二〇号（附《财政部取缔广东全省“奥可加”暂行章程》）（略）

公　布

大本营审计局公布各机关收支简明表（略）

布　告

禁烟督办署布告（略）

命　令

大元帅令

广东全省船民自治联防督办一职，着即裁撤。此令。

中华民国十三年四月四日

训　令

大元帅训令第一二九号

令大本营财政部长叶恭绰

为令饬事。案据广东地方善后委员会呈称：呈为奸商藐法，财政纠纷，吁请严令查拿，以重职权而资统一事。窃自军【兴】以来，财政枯竭已达极点，幸赖我大元帅力谋统一，各军将领一致赞同，凡我人民同深盼祷。惟是统一本旨，贵求实效，不慕虚名。查近日各项税捐，仍有奸商混向别机关瞒请承办，紊乱财政莫此为甚。委员等耳目所及，不敢壅于上闻，经于三月二十日第三十五次会期提出讨论，众议所有捐项属于中央者，应由财政部主持；属于全省者应由财政厅主持；属于广州市者，应由市政厅主持。倘有混向别机关瞒承者，我全粤人民决不公认。拟请帅座明令颁布，如有上项情事，即将该奸商尽法惩办，以符统一财政之本旨，全粤幸甚，大局幸甚等情。据此，当经指令呈悉。查军队擅抽杂捐，早经明令禁止，并声明奸商承办者，应一体从重治罪在案，至原有各项税捐，自应由各主管机关主持，有奸商敢向别机关瞒承者，事与向军队承办杂捐无异，自应一律严惩，以免紊乱财政。候即令行财政部长布告禁止，并通行军政各机关遵照可也。此令。等语。除指令印发外，合行令仰该部即便遵照布告严禁，并由部分别咨令军政各机关一体遵照，仍将遵办情形报查。切切。此令。

中华民国十三年四月一日

大元帅训令第一三二号

令广东省长杨庶堪

为令行事。据广东兵工厂长马超俊呈称：窃厂长日前拟具扩充职厂计划，及民团军队备价请领枪弹一案，经呈奉钧座令字第四十九号内开：呈及清折均悉。所陈整顿扩充厂务办法，尚属妥协，应予核准。仰即继续妥筹办理，随时分别呈报查核。此令。清折呈。等因。奉此，厂长遵即依照扩充计划，次第筹办，以期仰副钧座注重军实之至意。惟是厂长对于民团，尚有无穷之希望，兹谨为钧座略陈之：今者，地方警察尚未遍设，而军队又为国防之用，训练民团最为重要。各县县长职司守土，负有专责，每月自应派委熟悉军事人员分赴各乡，施以适当之军事教育。并因势利导，实行宣传吾党三民主义，期粗知军学及自身应尽之职责，咸使晓然吾党之精神，成为无数有主义之民团。直接可以保护地方，间接可以捍卫国家，即将来出师北伐，亦无后顾之忧。至于枪弹，乃事关军实，各县民团来厂请领，亦须有一定之程序，方足以资遵守，以杜流弊。谨拟具《民团备价请领枪弹暂行细则》及照录《民团备价请领枪弹章程》，恳请钧座令饬广东省长转令所属一体遵照。除将筹办情形随时呈报外，理合具文连同暂行细则及章程共三份，呈请鉴核，伏乞俯赐分别存转，实为公便等情。据此，除指令照准外，合行抄发原细则及章程，仰该省长即便转饬所属一体遵照办理。此令。

计抄发原细则章程各一份

中华民国十三年四月三日

大元帅训令第一三三号

令中央直辖滇军总司令杨希闵、湘军总司令谭延闿、豫军讨贼军总司令樊钟秀、桂军总司令刘震寰、东路讨贼军总司令许崇智、中央直辖广东讨贼军第四军军长梁鸿楷、中央直辖第一军军长朱培德、中央直辖第二军军长黄明堂、中央直辖第七军军长刘玉山、中央直辖第三军军长卢师谛、中央直辖赣军司令李明扬、北伐讨贼军第二军军长柏文蔚、北伐讨贼军第三军军长胡谦、山陕讨贼军司令路孝忱

为令行事。据大本营建设部长林森呈称：现据广东电政监督兼广州电报局局长何家猷、现据沙面电报局局长李锡祥邮代电称：职局办理洋账各行交存按柜，近日纷到提取。虽因广港线阻过久，寄报转港太迟，以致外人啧有烦言，惟日来港中喧传西人议设省港水线，及以彼国兵舰无线电传递省港电报。事未实施之前，原不敢谓必有其事，但证之各行，既非停止营业，忽有提回按柜之举，不为无因。如果成为事实，不独伤害国体，且与粤省电政前途绝大打击。而职局以亏累之余，又经各行提回按柜，如再纷至沓来，应付不易，势必连累水线，款项亦难汇拨，牵动更巨。锡祥伏查值兹修线通报之际，岂能任令外人创此提议影响报务？应请将西人议设省港水线及以彼国兵舰无线电传递省港电报一事，呈报大元帅饬令外交部预为交涉制止；一面并请通令各军对于电报线路认真维持，及不得挂搭电话用线，以期报务通畅，兼资随时修理，俾免外人借端侵害国权，电政幸甚等情。据

此，查广港直达线路在深圳段内，前因军事阻断，所有港电均系交邮递转，外人啧有烦言。家猷因广港直达一时未易恢复，是以竭力经营，改由江香前山各局线路接转港报，由前山局送交澳门洋公司，转由水线寄港，已定期于本月敬日通报，并经电陈钧鉴在案。讵我方竭力设法维持电报交通，而外人适有筹设省港水线，及以彼国兵舰无线电传递省港之提议。现虽得之传闻，未敢据为事实，但各行商既有向沙面电局提回按柜之举，此事恐非无因，若不预为交涉防范，则影响电政前途，关系实大。理合据情呈报钧部察核，俯赐转呈大元帅饬令外交部善为设法词预，向英领事官交涉，防患未然，以重国体，而维电政。并请大元帅通令各军，嗣后对于电报线路，不得挂搭电话用线，俾电报传达得以灵通，庶免外人有所借口，实为公便等情到部。除迳咨外交部向英领事官询问阻止外，惟出师讨贼以来，各军为利便起见，随意挂搭电话等线，久成习惯，于电报传达殊有阻碍，该电政监督兼局长所请电报线路禁止挂搭电话，以期报务通畅，尚属必要情形，理合据情呈请钧帅下令制止，借资整顿。是否有当，伏乞训示祗遵等情前来。除指令呈悉，候分别令行外交部及各军长官遵照办理可也。此令印发外，合行令仰该总司令、军长、司令即便遵照转饬所属，嗣后各处电报线路禁止挂搭电话，以维电政而利交通。切切。此令。

中华民国十三年四月三日

大元帅训令第一三九号

令大本营军政部长程潜

为令遵事。前据广州各商埠柴行、竹行代电呈称：军队、土匪设卡抽费，民不堪命，乞令取销等情。经交财政委员会查酌拟办，兹据呈复：案经本会三月二十七日第二十四次特别会议决录案，呈请明令禁止等因前来。应予照准，合行令仰该部长查照，通令各军一律禁止，以苏民团。此令。

中华民国十三年四月四日

大元帅训令第一四一号

令禁烟督办鲁涤平、大理院长兼管司法行政事务赵士北为令饬事。案据广东高等检察厅检查长林云陔呈称：呈为呈请事。窃查鸦片烟罪原属刑事范围，向来各机关对于此项犯罪人，一律均送由法院办理。自禁烟督办署成立后，既以厉行烟禁，湔除烟毒为宗旨，则发现此项犯罪人，当亦日见其多，若非陆续送由法院科断，究恐不足以收禁烟之实效。职厅有见于此，理合具文呈请大元帅察核，伏乞饬令禁烟督办署，嗣后对于犯鸦片烟罪人，务须随时照奉送由法院办理，以重法权而明统系等情。据此，当经指令呈悉。禁烟督办之设，原为厉行烟禁起见，所有缉获烟犯，自应送交法院依法审判，以重法权，仰候令饬该督办遵照办理。其原颁禁烟条例中，有与现行刑律抵触者，并候饬由该督办查明，呈请修正可也。仍候令大理院长兼司法行政事务转行各级法院，一体知照。此令。除指令印发并分令外，合行令仰

该督办即行遵照办理
院长即便转行各级法院一体知照。切切。此令。

中华民国十三年四月八日

大元帅训令第一四二号

令西路讨贼军第五师师长黄绍雄、梧州关监督戴恩赛

为令遵事。据大本营军政部长程潜呈报，现准法国领事函开：关于志利洋行罗封轮船，海关注册第二千一百五十六号一事，经本领事曾屡次照会贵部长在案。顷据确实报告，该轮为军队强劫骑去后，改名为飞鲸，又名飞捷，现决意将该轮在梧州发卖等语。本领事闻悉之下，不胜骇异。盖此等行为与强盗无异，因害及本国商人，故特函声明：如三日内不能将该轮发还，则贵政府应完全负责，不特需赔偿该轮之价值，且本领事另提出要求该轮无理受封后之损失。恳请贵部长即日通电，严令地方负责之官员，将行为如强盗之军队，处以惩戒为荷。等由。理合具文呈请帅座令饬广西讨贼军第一军黄总指挥及梧州海关监督一体知照，如遇上列名号之轮船行驶，即予扣留以便发还具领，免酿交涉等情。据此，除指令照准并分令外，合行令仰该师长、监督即便遵照。此令。

中华民国十三年四月　日

指　　令

大元帅指令第三〇六号

令广东地方善后委员会

呈悉。查军队擅抽杂捐早经明令禁止，并声明奸商承办者应一体从重治罪在案。至原有各项税捐，自应由各主管机关主持，有奸商敢向别机关瞒承者，事与向军队承办杂捐无异，自应一律严惩，以免紊乱财政。候即令行财政部长布告禁止，并通行军政各机关遵照可也。此令。

中华民国十三年四月一日

大元帅指令第三一〇号

令大本营军政部长程潜

呈悉。应照准。此令。

中华民国十三年四月二日

附原呈

呈为呈请事。案查去年十月准广东省长廖支日代电节开：现接驻广州法总领事官函开：据法商志利洋行呈称：伊行有自置麻奢轮船，海关注册第二千零二十三号，忽被大本营兵站部封用，恳请追还等情。本领事据此，查大本营亦自行封用外国船只，实为违背条约，应请转知封用此船之长官，务须即速将其交还原主志利洋行为要。且本国商船屡被军官任意封用，实属不合，更可证明该军官等欲与本国旅粤商民为难之恶意，殊非敦睦邦交之道也等由到署。除复法领外，应请贵部长咨行兵站部查明核酌发还等由。当经职部函请罗总监翼群查明发还去后，旋于十一月十七日复准广东省长廖咨开：现接驻广州法领事函开：据法商志利洋行自置麻奢轮船，前被兵站部封用尚未发还，忽于本月五日一点钟时候，在附近石龙之龙叫地方被火焚毁等情。据此，查麻奢轮船被强力封用，迭经本署函致贵署反对矣，惟并无切实办法答复，仍为军人据用而至被毁，在贵政府竟准军队任意封用外商轮船，至遭损失，自应负担赔偿之责。兹据志利洋行具报，谓该轮船价值二万元，合请转饬将此款赔偿为荷等由到署。除复法领外，相应咨请贵部长转咨查明酌办等由到部。当经据情函请兵站罗总监翼群，详细查明见复，以凭核办去后，准罗总监复函节开：据交通局复称，当即派员前往详细调查，麻奢轮船确于十月五日在石龙附近之龙叫地方被火焚毁。惟此船当日由职局封雇后，即移交滇军杨总司令部差用，该轮悬有法国旗号，所称法商物业该系实情，今因公被毁，似应给予赔偿等情。敝部复核无异，相应函复贵部长希为查照核酌办理等由。迨本年本月复准广东省长杨巧日代电开：现接驻广州法领事官函开：前以法商志利洋行之麻奢轮船，被大本营兵站部封用一案，本领事曾于去年九月二十五日函请廖前省长设法交还，旋接函复：谓已请军政部咨行查明酌办等由在案。迨后，复查得该轮船确系由兵站部直接封用，本领事业经函致请其发还。惟该部长于九月二十八日答复：谓麻奢船系暂时租借，租项按照定章发给，昨已调赴前方差遣，容俟战事稍平，即将该轮驶回发还等语。又当时法商志琏亲赴兵站部请发还该轮船，亦遭辱待。至十一月五日，该麻奢轮船即被军人在石龙附近之龙叫地方焚毁。节经本领事于十一月八日函达廖省长，请饬赔船价二万元与法商志利洋行矣。此款仅就船价而言，并未要求赔偿损失，因当日该洋行在本署注册之麻奢轮船买价确系二万元也。现计至今尚未准贵署答复照办。又读贵署十一月十七日复函，所言咨请大本营军政部转咨查明核办，俟准咨复到署，另行函达等由，亦属延宕之词。本领事对于此不满意之答复，殊深诧异。用再为函达，务请于一星期内，将此案妥为办结，否则本领事即行呈请本国政府设法办理，以期取得满意之解决。等由到署，即祈贵部长迅予酌核。等由到部，同时复接法领事函同前情催促办理，并称如欲查知其详情，可派员来本署查阅各项凭据及合用牌照等件，足以证明麻奢轮船之真实价值，及封用该轮之负责人等语。当经职部派员前往查阅，据复称：麻奢轮业主系法商志利洋行，于西历一九二二年十一月二十八日在法国领事署注册，注明值价二万元，海关注册号数第二千零二十三号，身长六十二英尺，宽十四尺一寸。又抄得罗前总监翼群复法领事函一件，内开：麻奢轮船，敝部暂时租借，按照敝部定章发给租金等语各在案。查此案迭准法领事函催部办理，数月未得结束，例以保护外侨生命财产之义，实未免歉仄私衷，职部对于法领事赔偿船价二万元之要求，认为理由充足，应予允准赔偿船价洋二万元。申明须俟政府财政充裕时，方许履行。惟损失一项事太散漫，未便允许。拟如此办理以结此案，借表政府所辖军事机关封用外轮，且致失慎焚毁之歉仄。目前，外商因船舶交涉虽多，而确与前例相符者尚属仅见，则他人借口援例之事亦不足虑。理合备文呈请钧座核准，迅予指令下部，以便答复法领事，实为公便。谨呈陆海军大元帅孙。

军政部长程潜印

中华民国十三年三月二十九日

大元帅指令第三二七号

令东路讨贼军第三军军长李福林

呈悉。该军长此次奉命解散新塘至大缆尾一带私立勒收保护费机关，未及旬日即行办理完竣。具见办事认真，殊堪嘉尚。仰仍督饬所部随时留心稽查，毋任故态复萌，贻害商旅，是为至要。此令。

中华民国十三年四月八日

附原呈

呈为呈复事。案奉帅座令饬解散新塘至大缆尾一带私立勒收保护费机关等因。奉此，遵即转令职属第十旅陈旅长又山迅速办理去后，兹据复称：遵于三月二十七日督率罗团长家驭，及长兵乘驾霞飞兵轮，将沿河新塘以上之南江，新塘下之东洲、米场、西洲、南洲、南冈口等处勒收保护费机关，一律解散。当到各处机关时，所有勒收保护费党羽纷纷先逃，无从弋获。惟于南洲拾得旗帜二面，系书“中央直辖第三军第一路第一独立支队第六统领秦”及同衔“第一营营长吴”等字样。现自大缆尾溯江而上至南江一带，所有勒收保护费机关悉经解散无遗。除随时侦查俾免再萌故态外，理合将遵办情形及所获旗帜二面，随文呈报钧核等情。查该旅长所称解散各机关情形尚无贻误，理合具文呈复察核。谨呈大元帅孙。

东路讨贼军第三军军长李福林印

中华民国十三年四月三日

大元帅指令第三三〇号

令大本营外交部长伍朝枢

呈悉。已电新会县长查照，将该轮解省矣。此令。

中华民国十三年四月九日

附原呈

呈为呈复事。现奉帅座发下据新会古兜善后事务所所长梁少琦、赵卓臣卅电称：驻扎岩门、古兜善后保卫团中队长梁国勋，于俭日亲率兵船四艘游弋海道。讵巡至台属海晏海面，瞥见贼轮一艘意欲截留轮渡。该队长登即枪击，互战移时，始将该轮（名沙碧近）截获，并拿获匪徒二名，起获被虏人十名。除将匪徒及被虏人等就近解送新会县署分别释究外，只余该轮留泊岩门听候请示办法。惟查该轮系德国洋行之船，前被匪骑去，经省宪通令查起有案。现既截获，应如何办理，伏乞示遵，呈后详等情到部。伏查此案前据特派广东交涉员傅秉常呈以德国驻华人民，应与无约各国一律待遇。今德商显利士洋行之沙碧近等轮船，为军队收用，似宜一视同仁，妥为保护，并经呈请大元帅鉴核，饬查发还等语，报部有案。现据前电称，沙碧近轮船经已截获，似应将船给还原主，以昭体恤。理合备文呈恳帅座核明，电饬梁事务所长，将该沙碧近小轮一艘解省，交回德领转给德商管业，以示怀柔。是否有当，伏乞睿夺施行，指令祗遵。谨呈大元帅。

大本营外交部长伍朝枢印

中华民国十三年四月三日

第十一号（四月二十日）

目　录

法　规

命　　令

中华民国十三年四月十一日大元帅令

中华民国十三年四月五日、八日、十一日、十二日、十五日、十八日大元帅令（见附表）

训　　令

大元帅训令第一四三号、第一四四号、第一四六号、第一四七号、第一五〇号、第一五四号、第一五七号、第一六七号、第一六八号

大元帅训令第一四九号、第一五二号、第一五五号、第一五九号、第一六三号、第一六六号、第一六九号（略）

指　　令

大元帅指令第三七〇号

大元帅指令第三三二号——第三四一号、第三四三号——第三四五号、第三四七号、第三四九号——第三五四号、第三五六号、第三五七号、第三六一号、第三六六号——第三六九号、第三七一号、第三七二号、第三七四号、第三七五号（略）

大元帅指令第三四八号（附《广州市权度检查执行规则》）（略）

大元帅指令第三六二号（附新增诉讼状纸数目一览表）（略）

公　　电

湘军总指挥宋鹤庚呈大元帅铣电

公　　布

大本营审查局公布各机关收支简明表（略）

广州市市政厅拨付大本营军费表（略）

命　　令

大元帅令

故江苏招讨使、讨贼军总司令韩恢，江苏陆军第六师师长兼参谋

长伏龙，生立功勋，死极惨烈，经交由大本营军政部议复，请予赠恤。韩恢着追赠上将，伏龙着追赠陆军中将，均照阵亡例给恤，以昭忠烈。此令。
中华民国十三年四月十一日

训　令

大元帅训令第一四三号

令广州市公安局长吴铁城

现查有大本营任命之各招抚使等，往往有在省招兵情事，此种军队多属莠民，麇集省城，屡滋事端，殊堪痛恨。仰该局长即日查明，派出军队前往，分别解散，以维治安。除分别令行各该招抚使等遵照解散，嗣后不得仍在省城招兵，致干撤究外，仰即遵照。此令。
中华民国十三年四月十一日

大元帅训令第一四四号

令豫鲁招抚使赵杰、粤闽湘军招抚使刘毅、抚河招抚使马晓军

现查有大本营任命之各省招抚使，往往有在省招兵情事，此种军队多属莠民，麇集省城，屡滋事端，殊堪痛恨。除令行广州市公安局长吴铁城即日查明，派出军队前往，分别解散以维治安外，仰该招抚使即遵照解散，嗣后不得仍在省城招兵，致干撤究。此令。
中华民国十三年四月十一日

大元帅训令第一四六号

令中央直辖滇军第三军军长蒋光亮、大本营财政部长叶恭绰

为令饬事。案据广东地方善后委员会呈称：呈为案经议决据情转达，乞请严令撤销小北江入口货【捐】以恤民艰事。窃委员等现据连阳小北江一带公民全体代表陈必正、杨汝威等呈称：窃公民等小北江一带地方土瘠民贫，出产物少，向来觅食维难。近年以盗匪充斥，兵燹频加，种种生机不绝如缕。其幸而苟延残喘者，只赖本地柴麦等物以有易无，博升斗以赡家室。不料此次军兴，各队之云集连江口站

者，语其名堂之不一，几于辨别之无从，一遇小北江货到，无论出口、入口勒收费用，纷至沓来，甚有同一部份而暗派多人分途抽收者，有公然勒抽至再至三者。明目张胆，商民敢怒不敢言，稍与理论，非受痛击即被将货抢夺。他不具论，即就出口柴根，已受种种损失，似此重重苛抽，商民裹足不前，百货已腾贵不堪矣。乃有中央直辖滇军第一独立旅旅部士兵，近竟借口军用紧急，复在连江口车站张贴布告，设厂委员，硬将小北江出入口货每值百元勒抽军费五元。商民以其例外苛抽，变本加厉，纷纷集众议决停办、停载，冀其稍念民艰，顿生觉悟。不谓迄今多日，停罢者自停罢，抽收者自抽收，呼吁无闻，商艰罔恤。各埠商畏威惧祸，哑忍自甘，惟相戒店不办货，运馆不运，渡船不载行，此因噎废食之策而已。独我小北江贫民生斯、长斯、聚斯，受此莫大打击，欲耕无具，欲劳无工，欲用无物，势不至欲炊无米，欲死无所不止。呜呼，谁实为之，为之何哉，有此例外苛抽害民病商？势迫沥情，联呈贵会，俯念商民艰困已达极点，立赐据情转呈大元帅及杨省长、蒋军长，准予分令独立旅长何克夫将抽收小北江出入口贷捐厂撤销，以苏民困等情。据此，当经指令呈悉，军队擅抽杂捐及沿途勒征货税，迭经严令禁止。据称何旅长克夫近在连江口车站设厂，对于小北江出入口货，按值百抽五勒收军费，殊属不合。仰候令蒋军长转饬立即撤销，并候行财政部转咨广东省长知照。此令。等语。除指令印发并分行外，合行令仰该军长立即转饬遵照撤销，仍将停收日期及遵办形报查

部长即便转咨广东省长知照。此令

中华民国十三年四月十一日

大元帅训令第一四七号

令大本营军政部长程潜

为令行事。据东路讨贼军第三军军长李福林呈称：窃军长于本月八日遵奉帅令，派队凭线前赴长洲围捕，拿获著匪彭彦、简标、简锡（混名大针板）、简成（混名大旧成）、简普文（混名猪仔）、陈奀仔等六名，另嫌疑犯人屈为曾、纪成等一十六名。经将匪徒拒捕，伤亡职部兵士五名各情，据情呈报在案。提讯各匪，据供：是日兵匪交战

之时，梁驹督率拒捕，当场伤毙并烧毙匪徒彭苏、屈仲二名等语。复据彭彦供称：前于民国十年充当职部排长，开驻韶关，因不愿北伐，唆摆兵士挟械同逃后，伙同简标、简锡、简普文、简成、彭昌、彭五、彭鸿、彭海、彭苏、彭体等，纠党骑劫江门大利轮船一次，截劫东圃鱼珠车渡二次，其余在水面行劫多次不能记忆。陈奀仔一犯供认：伙同彭昌、简标等匪骑劫东莞稍潭拖渡一次。此次大利轮船案内，劫匪彭昌、彭五、彭鸿、彭海、彭苏、彭体、彭志、彭同等多名，均由彭彦一人介绍前往长洲当差，暂时躲避，后因马司令停发伙食已十余天，彭昌等匪已逃往他方等语。查各匪供词确凿，直认不辞。复因获犯简锡受伤已重，未便久延。除将各嫌疑犯人复提研讯外，谨于本月九日提出讯实匪犯彭彦、简标、简锡、简成、简普文、陈奀仔等六名，验明正身，押赴河南宝冈地方宣布罪状，依法枪决，以昭炯戒。理合将决犯日期备文呈报钧座察核，伏乞交发军政部备案，实为公便等情。据此，除指令外，合行令仰该部长即便查照备案。此令。

中华民国十三年四月十二日

大元帅训令第一五〇号

令中央直辖滇军总司令杨希闵、湘军总司令谭延闿、豫军讨贼军总司令樊钟秀、桂军总司令刘震寰、东路讨贼军总司令许崇智、中央直辖广东讨贼军第四军军长梁鸿楷、中央直辖第一军军长朱培德、中央直辖第二军军长黄明堂、中央直辖第七军军长刘玉山、中央直辖第三军军长卢师谛、北伐讨贼军第二军军长柏文蔚、北伐讨贼军第三军军长胡谦

现查有大本营任命之各招抚使、各军长，往往有在省招兵情事，此种军队多属莠民，麇集省城屡滋事端，殊堪痛恨。除令行广州市公安局长吴铁城即日查明派出军队前往，将各该招抚使在省所招之军队分别解散以维治安外，仰该总司令、军长即便转饬所属一体遵照，嗣后不得在省城招兵，致干查究。切切。此令。

中华民国十三年四月十二日

大元帅训令第一五四号

令广东省长杨庶堪

为令饬事。案据广东善后委员会呈：为案经议决据情代达，乞迅下明令，撤销沿河护商强收保费各机关，以利交通而维商业事。窃委员等现据广州各商埠柴杉竹行代表何德等呈称：窃商等向在省城及附近商埠开设柴杉竹行生理，前赴西北两江采办货物，尤以西江支流之广宁、四会为多，计由四会开排，经马房河口西南紫洞一带，沿最近河流分埋附近各埠。近年以来，盗贼猖獗，河道梗塞，所有放运排张迭被掳勒打单，政府无力保护，商民饱受痛苦，曾经组织商团沿河自卫。军兴以来秩序大乱，商团被强暴军队缴械解散，即以沿河防地为利薮，纷纷设立护商机关，扣留货物，勒收行水，而匪势猖獗未闻剿办。去年春间，商等大帮货物行至紫洞，被匪抢劫，排伕凫水逃命，排张沿河流散，损失十余万元。夏间，商等大帮货物行至西南，因该处新设护商机关，缴费不及，即被放枪扣留。适遇西潦澎涨，水紧锚松、沿河漂没，损失二十余万元。商人望洋兴叹，致有雇船捞运携资取赎，及与收买赃物之败类在佛山警署及广州地方审判厅发生讼案。本年初春，商等大帮货物行至河口西南奇石街等处，先后被匪掳去排伕五十七名，轰毙排伕一名，损失货物十余万元。护商队袖手旁观，不独不为援手，反在西南将商等流失之货扣留取赎，美其名曰“煤银”，既将货物扣留取赎矣。又被匪徒盗卖与西南杉街惯营收买赃物之黄某。迨商等贩运第二次货物沿河下行，所有各处护商费用均已如额缴纳，则又勒收更费，致与护排福军发生冲突，事后扣留货物勒补子弹费三百元。凡此经过事实，均彰彰在人耳目。月来驻防军队变本加厉，同一防地分设护商机关数处，聚敛搜刮，罔恤商艰。计由四会开排，有粤军第一师护商队一处，第三师护商队四处，滇军第五师护商队四处，滇军第六师护商队十三处，福军护商队一处，狮山保卫团麦珍一处。其挂滇军旗号而由各姓收取护商费用者，上滘村则有梁姓、李姓、黎姓三处，下滘村则有黎姓二处，尚有沿河匪帮堂口十二处。兵匪合计共有四十处。每处最高定价，来排一张收保护费一百二十元，最低议价则收十元，或二三十元。民力有限，聚敛无穷。当经本月二十二日通电陈明，请予援照省城先例，撤销沿河保护费用以苏民困，并请大元帅明令清乡，以除匪患。现在沿河贼匪均向各军长官领旗缴费，包收保护费用，军队借土匪以推广保护费，土匪借军队为护身符。每领一旗，即分设保护卡口七八处，收保护费者在此，议被掳人价目者在此，赎被留柴杉竹排者在此，说行水者在此。商等财穷力尽，不得不集行停业以待解决。惟念柴薪为民生日用之品，停业过久即闹柴荒。今照上开四十处缴纳保护费，每元卖柴四十斤尚须缺本，若再迁延不理，古人薪桂之喻即在目前。伏乞钧会体念民瘼，迅下明令，撤销沿河护商机关，挽已去之人心，救将绝之民命，不胜屏营待命之至。除通呈外，谨呈等情。据此，窃思军兴而后，河道梗塞，商旅戒途。究厥原因，无非各军队受人欺蒙遍设机关，假护商之美名，行剥民之暴行。据呈各节多属实情，当于四月三日第三十九次常会提出讨论，经众议决，据情代达。理合备文呈请帅座迅下明令，将沿河护商强收保费各机关刻日撤销，以利交通而维商业等情。据此，当经指令呈悉。仰候令行广东省长查明何处护商机关系何项军队所设，传喻各该军官遵照迭次命令，即日一律裁撤。如敢违抗，即商请该管上级官或呈由本大元帅派队前往勒令撤销，并将违令之军官拿办，以肃军纪。其匪徒勒收行水，应如何剿办以利交通，并候饬由省长督饬地方团警协力妥办可也。此令。等语。除指令印发外，合行令仰该省长即便遵照妥办，仍将办理情形报查。切切。此令。

中华民国十三年四月十四日

大元帅训令第一五七号

令中央直辖滇军总司令杨希闵、湘军总司令谭延闿、豫军讨贼军总司令樊钟秀、桂军总司令刘震寰、东路讨贼军总司令许崇智、中央直辖广东讨贼军第四军军长梁鸿楷、中央直辖第二军军长黄明堂、中央直辖第七军军长刘玉山、中央直辖第三军军长卢师谛、北伐讨贼军第二军军长柏文蔚、北伐讨贼军第三军军长胡谦

为令行事。据中央直辖滇军第五师师长胡思舜代电称：前奉钧令，所有各护商机关着一律撤销等因。师长当将三水防区内无论何军所设征收护费卡所，概行勒令解散，地方稍为安谧。乃现据芦包厘厂总办谈继昌，河口厘厂总办曾省三等呈称：近日西北江一带，每有悬挂军队旗帜之小轮，强拖货船勒收旗费，经过沿河厘卡，并敢恃强直驶，绝不遵章纳税。似此包揽把持，实属有碍饷源，应请设法维持。

等情前来。师长复查属实，除派拨部队随时严予禁止外，理合据情转呈钧座察核，恳乞俯赐通令各军严饬所部勿再包揽货船、抗纳厘税，以维饷源，而重军誉等情。据此，应予照准，合行令仰该总司令、军长，即便转饬所属一体遵照，嗣后无得再有包揽货船、抗纳厘税情事，致碍饷源而干查究。切切。此令。
中华民国十三年四月十六日

大元帅训令第一六七号

令广东省长杨庶堪

为令饬事。案据广东地方善后委员会呈称：呈为案经议决据情转达，伏乞严令各军长官将各重收机关限日撤销，以苏民困事。窃委员等现据连县商会代理会长莫灿庭、阳山商会会董梁鹤龄、菁莲埠商会会董陈月藜、大湾商会分所长黄连士、含洸商会会长李建勋等联同呈称：窃查护商护运各费种种病商害民，迭奉大元帅及省长军政部分令各军禁止、解散各在案。乃敝各商会复据沿江各埠商民纷到诉称：近来各种苛捐，禁止者虽三令五申，抽者愈明目张胆。他非所论，即就我连阳小北江一带而论，计自连县以达连江口站，其中经过小江、阳山、菁莲、大湾、含洸、连江车站，除正式完纳关税，缴交护费不计外，无论大小出入口货船、空船，每到一埠必有数十次之多，勒收更钱每埠每次船多则六七十元，少亦三四十元，商民处此，应付几于无法矣。不谓近自令行禁止后，而菁莲、含洸、连江口站各部队，纷纷设卡重抽，有所谓商运、护运、放行、护商、特别军费、附加、保商、检查种种，更有自称商军司令部者，名堂复杂，征敛烦苛。统计出入口货，每值本银百元，必要加多七八十元之抽费。商民以血本攸关，稍与理论即被痛击，甚或将货掠去，群情愤激至此已极。叩乞据情转达撤销，以救民命等情到会。当经敝各商会派员四出沿江各埠，调查属实。似此显违命令，重征害民，商民莫奈，若竟罢工、罢市，非类要挟亦类自杀，但至忍无可忍，恐不免由停办、停运、停载而联合罢工、罢市，以实行其因噎废食之下策者。素仰贵会体念民艰，无微不至，理合粘呈各重抽厂卡名堂，据情联恳转呈，严令各部队重征机关一律限日撤销，以申功令而救民命，实叨公便等情，并粘呈各重抽机关名堂一纸前来。据此，当于本月八日发交第三十九次常会会议，佥以勒护运机关迭经帅座严令解散有案。兹据呈开，竟以小北江一隅之地而勒抽重征者，至十数处之多，害商病民伊于胡底？委员等忝为人民代表，自应据情上达，借伸民隐。经一致议决代予转达，理合具呈钧察，伏乞严令该处防军，立将重抽机关即日撤销，以恤商困而维民生等情。据此，当经指令呈悉。查军队沿河设卡，借名护商勒收费用，迭经严行禁止，北江商运局亦经明令裁撤。乃据称小北江一带自连县以达连江口，此种苛敛机关犹有十余处之多，困商病民孰甚于此？仰候抄单令行广东省长，迅即调查明确，何处机关系何项军队所设，传谕各该军官遵照迭次命令，即日一律裁撤。如敢违抗，即商该管上级官或呈由本大元帅派队前往勒令撤销，并将违令之军官严行拿办，以肃军纪而恤商艰。其各埠勒收更钱系出何人所为？并候饬由省长查明禁止可也。单存。此令。等语。除指令印发外，合行照抄原单，令仰该省长即便遵照妥办，仍将办理情形报查。切切。此令。

中华民国十三年四月　日

大元帅训令第一六八号

令大本营军政部长程潜

为训令事。据东路讨贼军第三军军长李福林呈称：呈为呈请严办著匪事。案查去年十二月二十五日，有匪首黄国在省河地面纠党骑劫法商安澜泰轮船，驶至泥塘海面，经职部军队截回，当场格毙黄国、黄明二名，拿获匪党何海山、周访、罗忠、马式四名，均经职部讯明惩办呈报军政部长在案。查本案同日由法国领事函解获匪何瑶、吕利达、黄沛、周球等四名，经由军政部军法处再三提讯，惟因各匪供词刁狡，以至日久稽诛。福林生长是乡，见闻最悉。何瑶即何堪改名，系石溪乡著匪，去年曾在南石头地方伙劫省河补抽厘厂职员住宅有案。此次伙同吕利达、黄沛、周球等匪，因骑劫法商轮船，获解在军政部军法处。慎重刑狱自当不厌详求，惟在省河内地骑劫轮船，此等强盗行为情形昭著，无可掩饰。况自此案发生以后，石溪乡附近一带顿形安靖，乡人额手称庆，方幸股匪多数就拿。福林目睹情形，惟有呈请帅座，令行军政部军法处立将劫匪何瑶（即何堪）及吕利达、黄沛、周球等四名尽法惩办，以重邦谊而靖地方，实为公便等情。据此，除指令已饬军政部按法惩办外，仰该部长即便遵照办理。此令。

中华民国十三年四月十八日

指　　令

大元帅指令第三七〇号

令大本营外交部长伍朝枢

呈悉。候电令前方各军长官遵照放行可也。此令。

中华民国十三年四月十八日

附原呈

为呈请事。据驻广州英领事函称：英商亚细亚火油公司有代表一人名符鲁士特（Frost），现在惠州，伊于日前业［乘］该公司广西号电船行抵该处。两日前伊拟由河道离开该处，被军队枪击，不得已折回，拟请设法准其经过护法军队辖境，循河而下，伊如升挂英商旗帜缓缓而行，甚易辨别也等语。部长伏查现在用兵于惠州，该洋人困在惠州，似应准其出境。拟请帅座核照，俯赐电令前方军官即予放行。是否有当，伏乞察夺施行，指令祇遵。谨呈陆海军大元帅。

大本营外交部长伍朝枢

中华民国十三年四月十六日

公　　电

湘军总指挥宋鹤庚呈大元帅铣电

大元帅睿鉴：顷于平安途次，接鲁军长，方、张两师长报告：（一）河源已于寒晚克复。（二）敌陈修爵部沿江绕道向古竹坳溃退。李易标、黄业兴之一部沿东江向石公神墟退；又一部尚盘踞河源龙江北岸一带高地，仍有节节抵抗之势。（三）我第一军已经双下牛坑，拟肃清回龙渡河，驱逐盘踞该河北岸高山之敌；第三军拟即由双头渡河，截击石公神及东江东岸之敌；第四师现已进驻柏塘、杨村。余续呈。宋鹤庚叩。铣午。

第十二号（四月三十日）

目　　录

法　　规

大本营内政部令第二十号

兹制定《检查药品规则》公布之。此令。

内政部长徐绍桢

中华民国十三年四月二十六日

《检查药品规则》

第一条　依《管理药品营业规则》第三条所规定之药品，曾经内政部核准注册者，该制药商应于药品制成发售时，贴用内政部药品检查证，俾资识别而辨真伪。

第二条　药品检查证由内政部制就颁发，分为左列五种：

甲、每种药品定价在五元以上，十元未满者，二角。蓝色。

乙、每种药品定价在一元以上，五元未满者，一角。紫色。

丙、每种药品定价在五角以上，一元未满者，二分。红色。

丁、每种药品定价在二角以上，五角未满者，一分。绿色。

戊、每种药品定价在未满二角者，半分。赭色。

前项定价就每种制定药品发售之单位计之。

第三条　制药商应按照制成药品定价购领药品检查证，在于药品容量器或包纸之上照额贴足，并加盖该商图记。其药品装置之法，务须严密封固，使令非将检查证撕破不能将药取出。

第四条　药品检查证由内政部或其隶属之地方主管官署发行，不交商店代售，以防流弊。

凡制药商购领时，须将所领药品注册证书、号数一并报明。倘有疑义，并得由部派员实地检查以昭核实。

第五条　卖药商不得售卖左列药品：

一、未贴药品检查证者；

二、检查证未照药品定额贴足者；

三、药品检查证之上未经加盖制药商图记者。

第六条　凡贴用商品检查证之药品，如日后将药品定价加增售卖时，其检查证亦须比照加贴，但加价未超过原价之一半时，得免除之。

第七条　药品检查证贴用后，如因日久药性改变，或有别种原因不能销售，意欲变换装置，得将旧贴检查证之药品呈核，掉换新证，但有左列情形之一者，不在此限：

一、所贴检查证合计不满五元者；

二、药品装置不合法者；

三、旧贴检查证未照定价贴足者；

四、旧贴检查证已经损伤污坏者。

第八条　凡将旧贴检查证换领新检查证者，应详开左列事项，连同药品呈缴内政部或其隶属之地方主管官署。

一、旧贴检查证之药品名称、数量及定价；

二、旧贴检查证合计总数；

三、请领新检查证之种类若干枚。

第九条　内政部或其隶属之地方主管官署接到前条之请求时，如果查验无误，应即涂毁旧证，当场将新证换给发还。其旧证与新证换领之比例额，应准作八成计算。

第十条　伪造或改造药品检查证者，照印花税法第二十一条处罚。

第十一条　制药商违反本规则第一条之规定者，得处以二十元以上，二百元以下之罚金；违反第三条之规定者，得处以五元以上，五十元以下之罚金。

如一次查出漏贴药品检查证达于五十元以上之金额者，照漏贴金额之十倍比例科断。依本条之规定，除处罚外，应令该制药商照数补贴药品检查证。

第十二条　卖药商违反本规则第五条一项之规定者，得处以十元以上，一百元以下之罚金；违反第五条二项、三项规定之一者，得处以一元以上，二十元以下之罚金。

依本条之规定，除处罚外，应令该卖药商分别补贴药品检查证，或加盖商号图记。

第十三条　关于本规则第十一条、第十二条之规定处以罚金时，对于该营业者应先发通告书，并于其遵纳罚金时给予罚金收据。

第十四条　凡抗纳罚金者，内政部得酌量情节之轻重勒令停止营业，或没收其药品。

第十五条　本规则之施行期以部令定之。

训　令

大元帅训令第一七七号

令财政委员会

为令饬事。案据大本营军政部部长程潜呈称：呈为呈请事。窃部长鉴于历次革命迄无圆满成功之事实，尝推求其故，虽其中直接间接之原因不一，而真正服膺革命之军事干部人材过于缺乏，以致不能组成纯粹革命军之干部军队，实为至大原因。部长为补救前项缺点起见，曾呈请组设中央陆军教导团，以为培养军事干部人材，备他日效命国家之用。业奉钧令准予照办，并经部长遵照招选合格员生于上年十月间开办，并经呈报各在案。嗣因本党创办陆军军官学校，奉令填出黄埔陆军学校地址。因此感于种种困难，遂改计缩小范围，将陆军教导团名义取销，改为陆军讲武学校，就原招之学生中挑选优等生约二百余名，及由滇、粤、桂、湘各军挑送考取者约百余名（在教导团时期内各军请送收录者甚多，因额限未收）合组一校，即就原中央陆军医院为校址。其教职各员，大半由东西洋留学之本国军官学校毕业，就中之优秀者，于帅座之三民主义、五权宪法尤能绝对服从，充分了解。部长并拟将该校课程于军事上应有学科外，兼授以较浅之政治、经济、社会诸学科，以期能得充分之常识，又于每星期日请各名人讲演本党主义。此讲演虽不拘题，而于现代思潮、本国情势及钧座提倡革命之原理与夫三民、五权之主张，尤当特别注重。此部长前后办理教导团及陆军讲武学校之经过情形及其主张之大概也。惟查自奉令准办理教导团以来，一切招募、设备、枪枝、伙食等等开办费用，皆苦无着，除由部长设法借垫外，仅就邹前财政厅长内拨归职部之土丝炮台经费项下，每月平均约九千元左右一款稍资挹注（此款原系拨充军政部经费），实在不敷甚巨。现在战事未息，国储奇绌，筹款自属不易，拟恳钧座暂将上项土丝炮台经费，俯赐明令指定作为该校常费。其不足者，仍由部长另行筹补。似此办理于政府收入所关甚微，而培养人材之效益不可计量。部长实已筹之再三，非敢冒昧渎听也。除造具预算另文赍呈外，所有职部前后办理陆军教导团及陆军讲武学校，并恳指定土丝炮台经费月计九千元为校经费各缘由，理合呈请钧座俯赐察核，指令祗遵，不胜惶恐待命之至等情。据此，当经指令：呈悉。该校经费准予由广东土丝炮台经费项下每月拨九千元，至该校归并军官学校之日为止。候即令行财政委员会，转行广东财政厅遵照办理可也。此令。等语。除指令印发外，合行令仰该委员会即便转行广东财政厅遵照办理。此令。

中华民国十三年四月二十四日

大元帅训令第一八六号

令大本营军政部长程潜

为令饬事。案据财政委员会呈称：为呈请事。本会本月十五日第二十九次常会会议，赵运使士觐提议维持盐税办法，请会公决。案议决由本会呈请大元帅明令维持等因在案。理合录案呈请钧座鉴核施行等情。据此，当经指令：呈悉。仰候令军政部转令中央直辖第一军朱军长所部王师，立将在北江一带所设抽收盐斤费用之机关悉数撤销，并通行各军不得加抽盐斤附捐及保护、查验等费，以恤商艰而维正税可也。附件存。此令。等语。除指令印发外，合行抄录原议案，令仰该部即便转令朱军长所部王师，并通行各军一体遵照可也。此令。

中华民国十三年四月二十六日

附原议案

查盐税收入之多寡，恒视运销之畅滞而定。自军兴以来，地方多故，河道梗塞，运销既感困难，收税自然短绌。前此驻防各地军队，加抽盐斤附捐及保护、查验等费，益令商人成本增重，销售维艰，迭经分别呈报帅座及咨行各军取销在案。现在梧州运商因刘、李各军冲突影响，暂行停运；连阳商运则因朱军长所部王师沿途抽收盐斤费用，凡十三处，以致商人筹缴无从；坪石各处现正酝酿停运，将成事实。若不即予设法维持，西北两江饷盐绝迹，固属有碍民食，际此东江战事重开，筹缴饷糈必因此亦更无把握，影响大局诚不浅也。究竟如何设法维持之处，谨提出议案，敬请公决。

两广盐运使赵士觐

指　令

大元帅指令第三九一号

令财政委员会

呈悉。省河水陆筵席捐，既经指定全数拨充省市教育经费，而芳村、花地等处均在永春公司原定承抽区域之内，自不能另由滇军招商搀收，致妨教育。仰候令行蒋军长，将核准福利公司承收之三五眼桥、花地、上下芳村、崇文二十四乡等处筵席捐之案，即日撤销可也。附件存。此令。

中华民国十三年四月二十五日

附原呈

为呈请事。本会本月十日第二十八次特别会议，准市政厅公函，据永春公司呈报：滇军第三军军需筹备处将芳村、花地、三五眼桥二十四乡筵席捐招商承办，强制搀收，谨将该处布告抄请察核等情，函请查照，迅赐转呈大元帅令行蒋军长转饬该处停止争收。案议决录案呈请大元帅令行蒋军长，转饬该处停止抽收等因在案。理合照案录呈钧座察核施行。谨呈大元帅。

附录呈原函一件、布告一纸

财政委员会主席委员 叶恭绰 杨庶堪 印

中华民国十三年四月十七日

大元帅指令第四〇一号

令东路讨贼军第三军军长李福林

呈悉。匪犯冯标、黎咸二名，胆敢伙党行劫并敢拒捕，实属不法，自应按照军法处以枪决，以昭炯戒。仰即遵照执行可也。此令。
中华民国十三年四月二十六日

附原呈

呈为呈报拿获打单匪徒事。案职部第九旅旅长余定中呈解匪犯冯标、黎咸二名到部，词称：本月十三日，据增城沙贝乡农民黄炳有来部奔报，有本乡著匪伍良豪纠党冯标、黎咸等四五人，手持枪枝，同到民家勒索伙食银一百元。民适往田工作，民妻伍氏到来报知，迫得逃避。查伍良豪一匪，于去年五月、本年二月两次共勒过民银三十元，现又冒称湘军，投入土匪陈以文部下，凶焰更张，叩乞派兵剿捕等语。当即令饬连长陈廷光带同事主前往，按址搜捕。讵该匪伍良豪等，先在屋内放枪抗捕，我军还枪攻击，当场枪伤匪党冯标一名，拿获黎咸一名，余匪由瓦面逃去。理合将获犯冯标、黎咸二名，事主黄炳有、黄伍氏二名口，解请讯办等情。据此，提讯该犯均认在陈以文所部当差，惟不认有随同伍良豪打单勒索情事。当即提问事主黄伍氏等当堂对质，委系入屋勒索之匪，该犯冯标等亦俯首无词。随由事主黄炳有等出具坐诬切结，恳请严办。理合将该匪冯标、黎咸等借名投军，纠党勒索情形备文呈报钧座察核，应否将该匪等发还犯事地方就地枪决，以儆效尤。伏乞指令祗遵。谨呈大元帅。

东路讨贼军第三军军长李福林印

中华民国十三年四月二十一日

大元帅指令第四〇九号

令大本营内政部长徐绍桢

呈悉。国籍法既系六年以前所公布，自属有效。施行细则准如所拟修改，仰即由部咨复广东省长转饬警务处遵照可也。折存。此令。
中华民国十三年四月三十日

附原呈

呈为呈请事。窃准广东省长公署咨开：现据广东全省警务处处长吴铁城呈称：窃查广东为我国南部中枢，交通最早，华洋杂处，交涉繁兴。然使各遵守条约，办理尚非棘手，乃有故意托名外籍，遇事招摇，平时则享中华民国国民之权利，倘被告发，即以外籍为名不受处理。其工于趋避，狡诈四出，莫此为甚。而外国之驻粤领事，莫明内蕴，反为若辈利用，交涉时起纠纷，于是行政上、诉讼上均受莫大之影响。查我国关于国籍法一种，早于民国元年经已颁布。其中，国籍之取得，丧失与国籍之回复及该法之施行细则等，均有规定。但该法订自民国初年，至今应否适用？其对于未依法定手续而取得，丧失国籍之人，应如何取缔？自应确定办法，方易应付。职处有见及此，理合备文呈请察核，伏乞转咨内政部核示祗遵。计抄呈国籍法并施行细则各一件等情。据此，相应据情转咨贵部烦为查核办理，以便饬遵等由，并附抄国籍法并施行细则各一件到部。准此，部长查自西南护法政府成立以来，凡在民国六年国会解散以前所公布之法律，于国体无抵触及非明令废止者，均认为有效，历经援用有案。此项国籍法，系民国元年十一月公布，民国三年十二月曾经修正。施行细则系民国二年十一月公布，四年二月曾经修正。核其年月，均在六年国会解散以前。查译条文系参照各国国籍法折衷审订，尚属完密，自可认为有效。惟查施行细则第十条载：修正国籍法施行前，中国人已入外国国籍，并未依前国籍法及其施行规则禀明者，限于修正国籍法施行之日起，六个月内遵照第八条规定办理等语。该细则既系四年修正，所定六个月之时效，早已经过。现拟改定为：自此次大元帅批准之日起，六个月内，遵照第八条规定办理。至条文中“内务部”字样，与现行官制名义不合，应改为“内政部”。其余各节，查核尚可适用。如蒙俯准，拟再由部录令，咨复广东省长转行警务处遵照办理。所有请准援用国籍法及拟修改施行细则各缘由，是否有当，理合具文并将国籍法及施行细则各原文另缮清折，呈候钧核指令祗遵。谨呈大元帅。

内政部部长徐绍桢印

中华民国十三年四月十七日

公　电

湘军总指挥呈大元帅删电

大元帅睿鉴：我军于蒸日克复响水后，即整军急进，所有石坝、冷水坑之敌，亦先后被我军击退。有约五千人之敌复盘踞铺前墟及南陂西端山之阵地，顽强抵抗。复经我军一再痛击，始向河源退却。河源系李易标、陈修爵所部，合计不下七八千人，仍复临山凭河恃险抵抗，且以一部据石公神墟以为犄角，大有背城借一之势。经我军以一部出双头，断其河惠水道之交通，毁其电线以阻塞其通信；复以该段河流甚深，不能徒涉，以一部绕攻其左侧背，以分其势。其余各部，即从正面猛力攻击，敌死伤颇重，势始不支，遂于寒日乘夜退却，我军遂于是晚克复河源。陈修爵及李易标，黄业兴之一部，均沿江而下，向古坳及石公神墟溃窜，他一部尚盘踞河源盘江北岸一带高地，仍有节节抵抗之意。现我第一军已经双下牛坑前进，拟肃清回龙镇后，即渡河驱逐该河北岸高地之敌；第二军搜索河左侧附近一带高山后，即渡河驱逐东岸残余之敌；第四军暂驻柏塘、杨村之间，以警戒派尾方向，并为我左路第五军由龙门进攻平陵墟一带敌人之声援，兼防敌由我后方窜入惠阳之路。按此次溃退之敌，分途退却，而大部仍缘江岸而下，揣其意图，不外会合惠敌抄袭我军后方，阻我前进，或节节抵抗以图向紫金收合余烬，或利用东江河流阻我军渡河之种种计画。惟冀我第一联军从速攻下惠阳，直趋海陆丰以收夹攻之效，则老隆、紫金之敌，当亦不难歼灭矣。知关廑注，谨电奉闻。宋鹤庚、鲁涤平、谢国光、吴剑学、陈嘉祐、方鼎英、张辉瓒、谭道源、戴岳、王得庆、吴家铨同叩。删午。

附　录

（一）一九二三年大本营各级人员任免情形一览表

姓　名	职　　务	委派日期	附　　注
沈鸿英	桂军总司令	1923.2.24	因率众叛变，4月16日令分途兜剿
姚雨平	工兵局筹饷委员	2.26	
罗翼群	〃	〃	
周之贞	〃	〃	
吴铁城	〃	〃	
朱卓文	〃	〃	4月19日免职另用
黄芸苏	〃	〃	
林树巍	高雷讨贼军总司令兼高雷绥靖处处长	〃	10月18日撤高雷讨贼军总司令
李章达	代理广东电政监督兼广州电报局局长	2.27	3月10日免兼职
胡汉民	办理和平统一事宜全权代表	2.28	
孙洪伊	〃	〃	
汪精卫	〃	〃	
徐　谦	〃	〃	
傅秉常	粤海关监督兼特派广东交涉员	〃	
黄昌谷	大本营宣传委员	〃	
张振武	大本营直辖陆军第四旅旅长	〃	
李禄超	大本营秘书	3.1	
连声海	〃	〃	
周仲良	〃	〃	
萧　萱	〃	〃	

续表

姓名	职务	委派日期	附注
姚观顺	大本营参军	1923.3.1	7月5日免职另用
路孝忱	〃	〃	12月18日呈准免职
张九维	〃	〃	
朱培德	大本营参军长	〃	10月28日免职，专任中央直辖第一军军长
	大本营巩卫军司令	〃	(同上)
黄隆生	广东财政厅纸币发行监督	〃	
杨庶堪	大本营秘书长	3.2	
程潜	大本营军政部长	〃	
谭延闿	大本营内政部长	〃	5月7日免职另用
廖仲恺	大本营财政部长（未到任前由建设部长兼）	〃	
邓泽如	大本营建设部长	〃	5月7日免职另用
黄建勋	琼海关监督兼海口北海交涉员	〃	7月19日免职另用
古应芬	大本营法制局局长	〃	
林云陔	大本营金库长（未到任前由审计局长兼）	〃	
刘纪文	大本营审计局局长	〃	9月27日请辞获准
杨熙绩	大本营秘书	3.3	4月28日请辞获准
陈融	广东高等审判厅厅长	3.5	
陆嗣曾	广东地方审判厅厅长	〃	
程天斗	中央银行筹办员、省立广东银行清理员	3.6	8月23日令交大本营军法裁判。9月21日指令特赦
徐绍桢	广东省省长	1923.2.15	5月7日免职另用
冯伟	广东无线电报局局长	〃	
谢良牧	广东政务厅厅长	1923.3.3	
戴永萃	大本营参军	3.7	
廖湘芸	〃	〃	12月21日请辞获准

续表

姓　名	职　　　务	委派日期	附　　　注
董鸿勋	大本营参军	1923. 3. 8	因无故称兵，扰害地方，8 月 11 日令解职查办
林警魂	兵工局筹备委员	〃	
区玉书	广州地方检查厅检查长	3. 9	
黄镇磐	广东高等检查厅检查长	〃	7 月 12 日免职
冯祝万	大本营军政部军务局长	3. 10	12 月 3 日请辞获准
胡兆鹏	大本营军政部军衔局长	〃	
周贯虹	大本营军政部军需局长	〃	
黄伯淑	代理广州电报局局长	〃	
梅光培	代理大本营金库长	〃	3 月 17 日大本营金库撤销
盛延祺	肇和军舰舰长	3. 12	
欧阳琳	永丰军舰舰长	〃	
潘文治	楚豫军舰舰长	〃	
宋复九	肇平军舰舰长	〃	
周之武	海军总机轮长	〃	
伍　岳	代理广东高等审判厅厅长	〃	7 月 7 日免职
寸性奇	大本营参军	〃	
陈兴汉	大本营庶务司司长	〃	4 月 23 日机构撤销，事务并入会计司
王　棠	大本营会计司司长	〃	
陈　策	广东海防司令	3. 14	
杨廷培	广东江防司令	〃	
陈树人	广东财务厅厅长	3. 12	5 月 21 日免职另用
陈天太	代理中央直辖桂军第一军军长	3. 14	
苏从山	长州要塞司令	〃	
谢铁良	鱼雷局局长	〃	
谢良牧	大本营内政部第一局局长	3. 12	

续表

姓　名	职　　务	委派日期	附　　注
刘泳闿	大本营内政部第二局局长	1923. 3. 12	12 月 7 日免职另用
姚观顺	大本营参军兼大本营卫士队队长	3. 15	
黄惠龙	大本营副官兼大本营卫士队副队长	〃	
马　湘	大本营副官兼大本营卫士队副队长	〃	
戴德抚	潮海关监督兼汕头交涉员	〃	
李朗如	大本营参军	〃	
宾镇远	大本营参军处副官	3. 17	
丁象益	〃	〃	
黄惠龙	〃	〃	
马　湘	〃	〃	
陈　煊	大本营参军处副官	〃	12 月 1 日免职另用
黄梦熊	〃	〃	
黎工佽	〃	〃	
曾　鲁	〃	〃	
李烈钧	闽赣边防督办	〃	10 月 28 日机构撤销，免职另用
蒋中正	大本营参谋长	〃	4 月 10 日请辞获准
朱一民	大本营参谋	〃	
杨子毅	大本营财政部第一局局长	〃	
林达存	大本营财政部第二局局长	〃	
林去陔	大本营财政部第三局局长	〃	4 月 21 日请辞获准
古应芬	八邑筹饷督办	3. 19	
黄　垣	大本营技师	〃	

续表

姓　名	职　　务	委派日期	附　　注
熊秉坤	大本营参军	1923.3.19	
周公谋	工兵局筹备委员	〃	
周之贞	四邑两阳香顺八属绥靖处处长	3.20	5月5日机构撤销
徐树荣	东江缉匪司令	〃	
马超俊	工兵局筹备委员	〃	4月10日免职另用
李纪堂	〃	〃	
赵士北	大理院长	3.22	
罗翼群	大本营军法处长	3.21	3月28日请辞获准
王　均	大本营巩卫军第一混成旅旅长	3.23	
赵德恒	大本营巩卫军参谋长	〃	
姚禔昌	大本营秘书	〃	11月29日请辞获准
李伯恺	大本营秘书	〃	
陈　漳	大本营秘书处科员	〃	
彭　晟	大本营秘书处科员	〃	
吴醒亚	〃	〃	
张四维	〃	〃	
汪啸涯	〃	〃	
霍　恒	大本营卫士队教官	〃	
杨华馨	工兵局筹备委员	3.27	
陈友仁	大本营秘书	3.29	
韦　玉	〃	〃	
黄民生	大本营参军处少校副官	〃	12月1日免职另用
杨希闵	中央直辖滇军总司令	〃	7月6日免职
杨池生	中央直辖滇军第一师师长	〃	7月16日免职
杨如轩	中央直辖滇军第二师师长	〃	
范石生	中央直辖滇军第三师师长	〃	

续表

姓　名	职　　　务	委派日期	附　　　注
蒋光亮	中央直辖滇军第四师师长	1923.3.30	
刘震寰	中央直辖西路讨贼军总司令	3.31	
韦冠英	中央直辖西路讨贼军第一师师长	〃	
严兆丰	中央直辖西路讨贼军第二师师长	〃	
梁鼎鉴	中央直辖西路讨贼军第三师师长	〃	
伍毓瑞	中央直辖西路讨贼军第四师师长	〃	
冯　伟	广东无线电报总局局长	〃	
古应芬	大本营驻江办事处全权主任节制江门水陆各军	4.2	
宋辑先	大本营秘书	〃	
李卓峰	大本营建设部工商局局长	〃	
赵志戎	工兵局筹备委员	〃	
古日光	〃	4.4	因从逆，4月26日下令严拿
林云陔	大本营秘书	〃	5月29日免职另用
梁鸿楷	中央直辖广东讨贼军第四军军长	〃	4月18日免职另用
杨　蓁	大本营高级参谋	〃	因暗降吴佩孚，7月16日免职通缉
金汉鼎	大本营高级参谋	〃	4月19日免职另用
朱和中	〃	〃	
金华林	大本营高级参谋	〃	
李济深	中央直辖广东讨贼军第一师师长	〃	
郑润琦	中央直辖广东讨贼军第三师师长	〃	

续表

姓　名	职　　　　务	委派日期	附　　　　注
吴文龙	大本营参军处上校副官	1923. 4. 9	
张国森	〃	〃	
张开儒	大本营参谋长	4. 10	10 月 28 日免职另用
陈仲甫	宣传委员会委员	〃	
谭平山	〃	〃	
马超俊	宣传委员会委员	4. 10	
梅光培	广东全省官产清理处处长	4. 11	
廖仲恺	劳军使	4. 12	
刘玉山	中央直辖第七军军长兼中央直辖第二师师长	〃	
陈天太	中央直辖第三师师长	〃	
杨　虎	大本营海军特派员	4. 14	6 月 25 日免职另用
孙祥夫	〃	〃	
李　元	大本营海军特派员	〃	
赵德恒	大本营高级参谋	4. 16	
李绮庵	工兵局筹备委员	〃	
廖湘芸	虎门要塞司令	4. 17	
陈兴汉	管理粤汉铁路事务	〃	
杨　蓁	大本营秘书	4. 18	
胡　谦	大本营高级参谋	〃	
吴　嶍	大本营参军处上校副官	〃	
朱和中	广东兵工厂厂长	4. 19	12 月请辞获准
喻毓西	大本营高级参谋	4. 20	
罗翼群	大本营兵站总监	〃	
赵士觐	管理俘虏主任委员	〃	
黄馥生	管理俘虏委员	〃	
关汉光	〃	〃	
陈可钰	广东宪兵司令	4. 23	
宋子文	中央银行筹备员	4. 24	

续表

姓　名	职　　务	委派日期	附　　注
蒋隆棻	大本营高级参谋	1923. 4. 24	
王国璇	广东造币厂总办	4. 26	
邝次昆	广东造币厂会办	〃	
王　棠	〃	〃	5月1日请辞获准
黄　骚	广东造币厂监督兼工程师	〃	
周演明	大本营总监部交通局局长	〃	
徐　伟	经理局局长	〃	
李奉藻	卫生局局长	〃	
陈兴汉	铁路输送局局长	〃	
依鼎和	大本营参谋处上校参谋	〃	
王吉壬	大本营参军处少校副官	4. 27	
杨　泰	〃	〃	
高中禹	〃	〃	
张鉴藻	大本营兵站第一支部长	4. 28	
林直勉	大本营秘书	〃	4月5日请辞获准
万黄裳	潮桥运副	4. 29	
田士捷	大本营参军	〃	
李亦梅	中央财政委员会委员	4. 28	
李煜堂	〃	〃	
吴东启	〃	〃	
林　护	〃	〃	
徐仪峻	〃	〃	
余斌臣	〃	〃	
雷荫荪	〃	〃	
黎海山	〃	〃	
吴业创	〃	〃	
林泽生	〃	〃	
马永灿	〃	〃	

续表

姓　名	职　　务	委派日期	附　　注
蔡　昌	中央财政委员会委员	1923. 4. 28	
王国璇	〃	〃	
郭　泉	〃	〃	
林晖庭	〃	〃	
李星衢	〃	〃	
郑香题	〃	〃	
伍于簪	〃	〃	
卢光原	总检察厅检察长	4. 29	
戴　任	大本营参军	4. 30	
罗伟疆	中央直辖东路警备军第一路司令	〃	
容景芳	大本营参军处上校副官	〃	7 月 30 日请辞获准
余育之	中央财政委员会委员	5. 1	
江彦平	大本营审计局主任审计官	〃	
陈天太	中央直辖第七军第三师师长	5. 2	
李民雨	大本营兵站第二支部长	〃	
黄子聪	大本营秘书	5. 4	
周之贞	中央直辖广东讨贼军第二师师长	5. 5	
盛荣超	大本营参军		
徐绍桢	大本营内政部长	5. 7	
叶恭绰	大本营财政部长兼广东财政厅长	〃	5 月 17 日准辞兼职
谭延闿	大本营建设部部长	〃	7 月 27 日免职另用
邓泰中	大本营军政部次长	〃	
杨西岩	大本营内政部次长	〃	
郑鸿年	大本营财政部次长	〃	
伍学熀	大本营建设部次长	〃	

续表

姓名	职务	委派日期	附注
廖仲恺	广东省省长	1923.5.7	
邓泽如	两广盐运使	〃	10月27日请辞获准，令专办党务
邓慕韩	大本营广东宣传委员	〃	
曾　拔	大本营参军处中校副官	5.12	
魏邦平	西江讨贼军总司令	5.14	8月9日请辞获准
黄　白	大本营特务委员	〃	5月22日免职另用
马伯麟	〃	〃	
罗桂芳	大本营兵站第三支部长	〃	
尹　骥	中央直辖陆军第一第二师指挥	〃	
周震麟	大本营劳军使兼督率中央直辖第一、二师事宜	〃	
夏醉雄	大本营咨议	〃	
王隆中	〃	5.16	
谢心准	大本营特务委员	〃	
姜汇清	大本营咨议	5.17	
邹　鲁	广东财政厅长	5.18	
陈树人	大本营内政部总务厅长	5.21	
古应芬	广东政务厅长	〃	
谢百城	大本营咨议	〃	
许征怿	〃	〃	
唐支厦	〃	〃	
刘成禺	大本营宣传委员	〃	
宋镇华	大本营咨议	〃	
陈　群	大本营宣传委员	〃	
黄　白	大本营参军处上校副官	5.22	11月7日免职
袁良骅	江固舰舰长	〃	
卢启泰	大本营咨议	〃	
陶　炯	〃	〃	

续表

姓　名	职　　　务	委派日期	附　　　注
涂震亚	大本营咨议	1923. 5. 23	
周家琳	〃	5. 26	
王栢龄	大本营高级参谋	5. 29	
林云陔	中央银行行长	〃	6 月 17 日请辞获准
宋子文	中央银行副行长	〃	
周尧坤	大本营参谋处秘书	〃	
周鳌山	〃	〃	
陈雄洲	大本营参谋处上校参谋	〃	
陈　焯	大本营参谋处中校参谋	〃	
卢　汉	大本营参谋处上校副官	〃	
谷春芳	大本营参谋处中校副官	〃	
黄伯度	〃	〃	
苏峻伍	大本营参谋处少校副官	〃	
徐方济	大本营出勤委员	〃	
丁士杰	〃	〃	
朱霁青	大本营咨议	5. 30	
黄　实	大本营参军	6. 1	
张国元	大本营建设部秘书	6. 2	7 月 31 日请辞获准
伍大光	〃	〃	
熊克武	川军讨贼军总司令	6. 4	
刘成勋	四川省长兼川军总司令	〃	
赖心辉	川军讨贼军总指挥	〃	
古应芬	督办西江筹饷事宜	〃	
夏天演	大本营秘书处书记官	〃	
林　震	大本营高级参谋	6. 7	
陈庆森	大本营内政部科长	〃	
黄仕强	〃	〃	6 月 26 日请辞获准
吴衍慈	〃	〃	
陈新燮	〃	〃	
刘瀚如	大本营出勤委员	6. 9	

续表

姓　名	职　　务	委派日期	附　　注
徐文镜	大本营出勤委员	1923. 6. 11	
谢荫民	大本营宣传委员	〃	
胡思清	大本营参军	6. 12	12 月 18 日请辞获准
蔡懿恭	大本营出勤委员	〃	
徐希元	大本营内政部秘书	6. 13	
胡汉民	大本营总参议	6. 15	
伍朝枢	大本营外交部长	〃	
蒋中正	大元帅行营参谋长	6. 17	
赵全季	大本营咨议	6. 20	
李思唐	〃	〃	
温　良	大本营秘书处科员	〃	
朱　艮	大本营出勤委员	〃	
李　滙	大本营建设部科长	6. 21	
陈润棠	〃	〃	
刘百泉	〃	〃	
卫　鼐	〃	〃	
林子峰	大本营外交部第一局局长	6. 22	
陆敬科	大本营外交部第二局局长	〃	
胡思舜	中央直辖滇军第五师师长	6. 24	
杨　虎	大本营参军	6. 25	
姚雨平	特派惠州安抚使	6. 26	
郑洪铸	大本营内政部科长	〃	
叶佩瑜	〃	〃	
刘铁城	大本营财政部第二局局长	〃	
黄仕强	大本营财政部第三局局长	〃	
黄建勋	西江船舶检查所所长	6. 28	

续表

姓　名	职　　　务	委派日期	附　　　注
魏邦平	西江戒严司令	1923. 6. 29	8月9日请辞获准
程　壮	大本营出勤委员	6. 30	
王祺	大本营军政部秘书	〃	
李隆建	〃	〃	
邹建庭	〃	〃	
姚大慈	大本营军政部纂译官	〃	
马　骧	大本营军政部高级副官	〃	
云瀛桥	大本营军政部科长	〃	
冯宝森	〃	〃	
黄培燮	〃	〃	
李济汶	〃	〃	
沈重熙	〃	〃	
宁　坤	〃	〃	
李明灏	〃	〃	
姚大愿	〃	〃	
沈培敏	〃	〃	
梁祖荫	大本营军政部军法处委员长	〃	
梁桂山	大本营内政部科长	〃	
陈长乐	大本营外交部秘书	〃	
伍大光	〃	〃	
陈　灏	大本营兵站第二支部长	〃	
张识尘	大本营咨议	〃	
陈其瑗	大本营财政部总务厅长	〃	
卢谔生	大本营财政部秘书	〃	9月17日免职另用
汪宗准	〃	〃	7月24日免职另用
杨志章	〃	〃	
黄乐诚	大本营财政部科长	〃	
李景纲	〃	〃	
邬庆时	〃	〃	
廖朗如	〃	〃	

续表

姓　名	职　　　务	委派日期	附　　　注
张　沛	大本营财政部科长	1923.6.30	
梅放洲	〃	〃	
沈欣吾	〃	〃	
徐承燠	〃	〃	
梁廷槐	〃	〃	8月8日免职另用
鲍　鍱	〃	〃	
朱景丰	〃	〃	
梁儆咨	〃	〃	9月3日免职另用
安　健	大本营咨议	7.5	
孙镜亚	〃	〃	
刘民畏	大本营秘书处科员	〃	
卢振柳	大本营参军兼卫士队队长	〃	
方孝纯	大本营参军处少校副官	7.6	
林云陔	代理广东高等审判厅厅长	7.7	11月27日请辞获准
王文翰	大本营参军处上校副官	〃	
朱全德	〃	7.10	
周鳌山	大本营咨议	7.12	
赵　宇	〃	〃	
吴贞禨	〃	〃	
车显承	代理广东高等检查厅检查长	〃	八月二十二日请辞获准
范其务	广东电政监督兼广州电报局局长	7.13	十一月三十日请辞获准
杨希闵	统一广东财政委员	7.14	
叶恭绰	〃	〃	
程　潜	〃	〃	
杨庶堪	〃	〃	
廖仲恺	〃	〃	

续表

姓　名	职　　务	委派日期	附　　注
邹　鲁	统一广东财政委员	1923. 7. 14	
朱润德	大本营咨议	〃	
陈季博	大本营宣传委员	〃	
梁明致	〃	〃	
陈正纯	〃	〃	
罗玉田	随营宣传委员	〃	
杨希闵	兼中央直辖滇军第一军军长	7. 16	
范石生	兼中央直辖滇军第二军军长	〃	
蒋光亮	兼中央直辖滇军第三军军长	〃	
赵成梁	中央直辖滇军第一师师长	〃	
廖行超	中央直辖滇军第二师师长	〃	
杨廷培	中央直辖滇军第三师师长	〃	
王秉钧	中央直辖滇军第四师师长	〃	
朱培德	中央直辖第一军军长	〃	
王　均	中央直辖第一军第一师师长	〃	
方觉慧	大本营宣传委员	〃	
蒲名元	〃	〃	
邱仲川	大本营出勤委员	〃	
张　熙	〃	〃	
陈季博	〃	〃	
梁明致	大本营宣传委员	〃	
刘　崛	大本营咨议	7. 17	

续表

姓 名	职 务	委派日期	附 注
赵士觐	大本营粮食管理处督办	1923. 7. 17	11月27日免职另用
谢适群	大本营内政部第一局局长	〃	
陈其瑗	中国银行监理官	〃	
周 诰	广东省银行监理官	〃	
黄昌谷	大元帅行营金库长	7. 18	
李济深	兼西江善后督办	7. 19	
黄建勋	梧州关监督兼外交部特派广西交涉员	〃	10月28日免职候用
韦一新	大本营秘书	〃	
邢森洲	华侨宣慰员	7. 20	
赵宝贤	大本营高级参谋	1923. 7. 21	
邓彦华	大本营参军处上校副官	〃	
谭延闿	湖南省长兼湘军总司令	7. 16	
蔡钜猷	湖南讨贼军湘西第一军军长	〃	
陈渠珍	湖南讨贼军湘西第二军军长	〃	
谢国光	湖南讨贼军湘中第一军军长	〃	
吴剑学	湖南讨贼军湘中第二军军长	〃	
宋鹤庚	湖南讨贼军湘南第一军军长	〃	
鲁涤平	湖南讨贼军湘南第二军军长	〃	
林丽生	大本营咨议	7. 22	
黄芸苏	大本营秘书	7. 24	
陈敬汉	财政部秘书	〃	

续表

姓　名	职　　务	委派日期	附　　注
林　森	大本营建设部部长	1923. 7. 24	
王任化	大本营建设科科长	7. 25	11 月 1 日请辞获准
范石生	统一广东财政委员	7. 26	
蒋光亮	〃	〃	
路孝忱	中央直辖山陕讨贼军司令	7. 27	
王　恒	大本营宣传委员	7. 31	
张国元	〃	8. 2	
宋渊源	闽南宣慰使	8. 4	12 月 2 日免职另用
王应潮	大本营参军处少校副官	〃	
陈嘉祐	湖南讨贼军湘东第一军军长	8. 8	
黄隆生	大元帅行营军用票监督	8. 9	
魏邦平	琼崖实业督办	〃	
李承翼	大本营财政部科长	〃	
范　望	大本营参谋处上校参谋	〃	
安宝恕	大本营咨议	〃	
程　潜	西江善后委员	8. 11	
廖仲恺	〃	〃	
古应芬	〃	〃	
李济深	〃	〃	
邹　鲁	〃	〃	
古应芬	大元帅行营秘书长	〃	
李植生	惠阳安抚委员	〃	
郑校之	大元帅行营庶务科长	8. 15	
陆华显	大本营庶务科长	〃	
文明清	大元帅行营委员	〃	
蔡达三	〃	〃	
黄绍雄	中央直辖西路讨贼军第五师师长	8. 16	

续表

姓　名	职　　务	委派日期	附　　注
梁鸿楷	兼两阳三罗等处安抚使	1923. 8. 17	
邱鸿钧	大本营参军	〃	
杨子嘉	大本营技师	〃	
吴东启	大本营参议	8. 18	
赵锄非	大本营咨议	〃	
宋大章	〃	〃	
陈丕显	〃	〃	
于若愚	〃	〃	
胡镜波	大本营出勤委员	〃	
吴　靖	大本营参军处上校副官	〃	
姚雨平	兼中央直辖警备军司令	8. 20	
冯镇东	大元帅行营秘书	8. 21	
何　蔚	代理广东高等检查厅检查长	8. 22	12月18日免职
黄　骚	广东造币分厂监督	〃	
陈楚楠	大本营咨议	8. 23	
胡汉民	大本营军法裁判官	〃	
程　潜	〃	〃	
罗翼群	〃	〃	
赵士养	大元帅行营金库统计科主任	8. 25	
陈登庸	大元帅行营金库保管科主任	〃	
刘殿臣	大本营参军处上校副官	〃	
罗磊生	大元帅行营金库支出科主任	〃	
吴宗民	广东陆军测量局局长兼测量学校校长	9. 1	
任傅伯	大本营财政部科长	9. 3	
徐效师	大本营出勤委员	〃	

续表

姓　名	职　　务	委派日期	附　　注
梁楚三	大本营咨议	1923. 9. 5	
蒋道日	〃	〃	
李　蟠	大元帅行营秘书	9. 6	
孙祥夫	海军陆战队司令	9. 10	
赵锡昌	大本营咨议	9. 11	
郑文轩	大本营财政部秘书	9. 14	
卢谔生	大本营财政部第二局局长	9. 17	12月1日免职另用
何克夫	连阳绥靖处处长	〃	
寸性奇	中央直辖滇军宪兵司令	9. 18	
王　棠	东江商运局局长	〃	
黄隆生	大本营会计司司长	〃	
欧阳格	大本营参军	〃	
李宗黄	大本营参议	〃	
马伯麟	长洲要塞司令	9. 26	
马晓军	大本营参军	〃	
林　翔	大本营审计局局长	9. 27	
甘　藩	大本营咨议	9. 28	
蔡　慎	大本营兵站第三支部长	〃	
陈友仁	航空局局长	9. 30	
郭泰祺	大本营外交部次长	〃	
张国威	大元帅行营参谋	10. 2	
余壮鸣	大本营参军处上校副官	〃	因旷职，12月3日令免职
胡家弼	〃	〃	（同上）
黄明堂	钦廉绥靖处处长	10. 8	
刘　钺	大本营参军处中校副官	〃	
陈尧廷	大本营秘书处科员	〃	
方寿龄	大元帅行营中校参谋	10. 11	
田钟谷	大本营高级参谋	10. 13	
陈中孚	大本营参议	〃	

续表

姓　名	职　　　　务	委派日期	附　　　　注
周道万	大本营咨议	1923. 10. 13	
徐中苏	大本营宣传委员	〃	
宋　韬	大本营参军处少校副官	〃	
石汝霖	大本营参军处少校副官	〃	
狄　侃	大本营秘书	10. 14	
邝公耀	大本营咨议	10. 14	
王　度	〃	〃	
吴公干	大本营宣传员	〃	
刘冠群	大本营咨议	10. 18	
胡名扬	大本营参军处少校副官	10. 22	
万咸一	大本营咨议	10. 24	
万世勋	〃	〃	
梁鸿楷	兼高雷钦廉各军总指挥	〃	
马晓军	抚河招抚使	10. 25	
刘　通	大本营建设部秘书	〃	
伍汝康	两广盐运使	10. 27	12 月 28 日免职另用
宋子文	两广盐务稽核所经理	〃	
廖仲恺	大本营筹饷总局总办	〃	
邹　鲁	大本营筹饷总局会办	〃	
张开儒	大本营参军长	10. 28	
李烈钧	大本营参谋长		
戴恩赛	梧州关监督兼外交部特派广西交涉员	〃	
李宗黄	大本营高级参谋	10. 30	12 月 3 日调任参议
谭长年	大本营总务科科长	〃	
谭　平	大本营公卖科科长	〃	
陈　煊	大本营运输科科长	〃	
邓泽如	大本营参议	11. 1	
王国辅	大本营咨议	〃	
余维谦	虎门要塞临时正指挥	11. 2	

续表

姓　名	职　　　　务	委派日期	附　　　　注
陈学顺	虎门要塞临时副指挥	1923. 11. 2	
苏世安	长洲要塞临时正指挥	〃	
朱兆熊	长洲要塞临时副指挥	〃	
杨　虎	办理海军事务	11. 3	
刘殿臣	永丰舰枪炮教练官	〃	
江屏藩	大本营建设部交通局局长	〃	
罗翼群	兼大本营参议	〃	
黄梦麟	大本营咨议	〃	
廖百芳	〃	〃	
曾稚南	〃	〃	
李建中	〃	〃	
依鼎和	大本营参军处上校副官	11. 5	
黄伯度	大本营参军处中校副官	〃	
苏俊五	大本营参军处少校副官	〃	
常荣熙	北江商运局局长	11. 6	
石青阳	兼理中央银行四川分行行长	11. 7	
杨廷培	代理广州卫戍总司令	11. 9	
章　烈	大本营参军处中校副官	11. 10	
杨希闵	兼滇粤桂联军前敌总指挥	11. 14	
罗为雄	大本营中校参谋	〃	
寸性奇	代理广东江防司令	〃	11 月 19 日令免
伍学熀	兼广东全省船民自治联防督办	11. 20	
谷春芳	大本营参军处中校副官	〃	
许崇智	粤军总司令	11. 21	
刘震寰	桂军总司令	〃	
鲁涤平	湘军总指挥	〃	12 月 25 日请辞获准

续表

姓　名	职　　　务	委派日期	附　　　注
宋鹤庚	湘军第一军军长	1923.11.21	
鲁涤平	湘军第二军军长	〃	
谢国光	湘军第三军军长	〃	
吴剑学	湘军第四军军长	〃	
蔡钜猷	湘军第五军军长	〃	
陈嘉祐	湘军第六军军长	〃	
方鼎英	代理湘军第一军军长	〃	
蒋尊簋	大本营参谋处主任	11.23	
吴介璋	大本营高级参谋	〃	
彭程万	〃	〃	
俞应麓	〃	〃	
耿　毅	〃	〃	
葛光庭	〃	〃	
辛丕斋	〃	〃	
曾勇甫	大本营参谋处秘书	〃	
蔡公时	〃	〃	
李有枢	大本营参谋处上校参谋	〃	
徐卫璜	大本营参谋处上校副官	〃	
吴应镗	大本营参谋处中校副官	〃	
童天铎	〃	〃	
许崇智	兼滇粤桂联军前敌副指挥	11.24	
李怀霜	大本营参谋处军事参议	〃	
杨赓笙	〃	〃	
熊群青	〃	〃	
周东屏	大本营参谋处军事参议	〃	
井上谦吉	大本营参谋处军事顾问	〃	
朱润德	〃	〃	
吕　超	四川讨贼军第一军总司令	11.25	

续表

姓　名	职　　　　务	委派日期	附　　　　注
石青阳	四川讨贼军第三军总司令	1923.11.25	
汤子模	四川讨贼军第一师师长	〃	
郑启和	四川讨贼军第二师师长	〃	
周西成	四川讨贼军第三师师长	〃	
李昌权	四川讨贼军补充第一旅旅长	〃	
朱华经	四川讨贼军补充第二旅旅长	〃	
邹畏之	四川讨贼军补充第三旅旅长	〃	
王　纲	四川讨贼军补充第四旅旅长	〃	
贺　龙	四川讨贼军第一混成旅旅长	〃	
王　度	大本营参军	11.26	
马超俊	广东兵工厂总务处长	〃	
韦增复	广东兵工厂工务处长	〃	12月27日请辞获准
刘东骍	广东兵工厂审验处长	〃	
雷大同	广东兵工厂审计处长	〃	
田　桐	大本营参议	11.27	
方　震	大本营咨议	〃	
邹　鲁	兼国立高等师范学校校长	〃	
程鸿轩	大本营咨议	〃	
陈树人	代理广东政务厅厅长	11.29	
刘景新	大本营内政部科长	〃	
谭鸿任	〃	〃	
刘宏道	〃	〃	
张九维	大本营高级参谋	11.30	

续表

姓　名	职　　务	委派日期	附　　注
梅光培	广东财政厅厅长	11. 30	
姚禔昌	大本营宣传委员	12. 1	
何家猷	广东电政监督兼广州电报局局长	〃	
冯自由	广东宣传局局长	〃	
李承翼	大本营财政部第二局局长	〃	
王仁熙	大本营出勤委员	〃	
马超俊	广东兵工厂厂长	〃	
罗继善	大本营财政部科长	〃	
张　麟	〃	〃	
孔　庚	湖北讨贼军总司令	12. 2	
刘鸿逵	湖北讨贼军第一路司令	〃	
李化民	大本营咨议	〃	
杨子毅	大本营财政部总务厅长	〃	
李景纲	大本营财政部第一局局长	〃	
李炳垣	大本营财政部科长	1923. 12. 3	
吕芯筹	大本营秘书	〃	
李宗唐	大本营特务委员	12. 5	
喻世钧	〃	〃	
汪福魁	〃	〃	
王宝贤	〃	〃	
杨西岩	禁烟督办	12. 7	
范熙绩	大本营高级参谋	〃	
刘泳闿	大本营秘书	〃	
宋以梅	钦廉安抚委员	〃	
徐希元	大本营内政部第二局局长	12. 8	
陈新燮	大本营内政部秘书	12. 10	

续表

姓　名	职　　务	委派日期	附　　注
刘　毅	大本营高级参谋	1923. 12. 11	
梅光培	兼大本营筹饷总局会办	12. 13	
高风桂	中央直辖第一师师长	12. 15	
陈　煊	广东兵工厂总务处处长	12. 18	
朱之安	广东兵工厂审计处处长	〃	
江天柱	广东兵工厂副官	〃	
杜璞珍	广东兵工厂科械处处长	〃	
林云陔	广东高等检察厅检察长	〃	
葛崑山	大本营参军处少校副官	〃	
席楚霖	〃	〃	
赵　杰	豫鲁招抚使	12. 19	
黄昌谷	代理大本营会计司司长	12. 6	
崔炽黄	大本营参军处三等军医	12. 20	
赵士养	大本营会计司统计课主任	12. 21	
罗磊生	大本营会计司出纳课主任	〃	
孙佛山	大本营出勤委员	12. 22	
徐方济	大本营参军	〃	
陈可钰	大本营参军	〃	
萧　湘	大本营咨议	〃	
黄明堂	中央直辖第二军军长	12. 24	
陈树人	兼大本营内政部侨务局局长	〃	
宋鹤庚	兼湘军总指挥	12. 25	
汤　熙	广东兵工厂工务处长	12. 27	
赵士觐	两广盐运使	12. 28	
张士仁	大本营咨议	〃	
陶礼桑	〃	〃	
田　桓	〃	〃	

续表

姓　名	职　　　务	委派日期	附　　　注
李　衡	大本营咨议	1923. 12. 29	
伍炎南	广东全省船民自治联防督办署坐办	〃	
陈润棠	广东全省船民自治联防督办署第一科科长	〃	
郑国华	广东全省船民自治联防督办署第二科科长	〃	
陈中孚	广东造币监督	〃	
叶恭绰	财政委员会委员	12. 31	
郑洪年	〃	〃	
廖仲恺	〃	〃	
杨西岩	〃	〃	
伍学熀	〃	〃	
赵士觐	〃	〃	
孙　科	〃	〃	
梅光培	〃	〃	
吴铁城	〃	〃	

（二）一九二四年一至四月份大本营各级人员任免情形一览表

姓　名	职　　务	委派日期	附　　注
林风游	大本营参谋处军事参议	1924. 1. 3	
高家祺	〃	〃	
胡盈川	〃	〃	
郑文轩	大本营财政部秘书		1924 年 1 月 3 日令免
钟明阶	桂军第四军军长	1. 3	
王秉钧	中央直辖滇军第四师师长		因私通北敌，于 1924 年 1 月 3 日免职，听候查办
禄国潘	中央直辖滇军第三军总参谋长		〃
吴震东	中央直辖滇军第四师参谋长		〃
王汝为	中央直辖滇军第四师师长	1. 3	因率部投敌，于 1924 年 2 月 6 日令严缉惩办
汤廷光	广东治河督办		1 月 5 日免职另用
姚雨平	广东治河督办	1. 5	
陈其瑗	财政委员会委员	〃	
高培臣	中央直辖第一师第一旅旅长	1. 7	
廖　刚	中央直辖第一师第二旅旅长	〃	
薛履新	中央直辖第一师第一旅第一团团长	〃	
赵士杰	中央直辖第一师第一旅第二团团长	〃	
王竹山	中央直辖第一师第一旅第三团团长	〃	

续表

姓 名	职 务	委派日期	附 注
张忠义	中央直辖第一师第一旅第四团团长	1924. 1. 7	
曲同丰	北洋招讨使	1. 8	
柏文蔚	北伐讨贼军第二军军长	〃	
范石生	禁烟会办	〃	
朱培德	〃	〃	
李福林	〃	〃	
张国桢	〃	〃	
廖行超	禁烟帮办	〃	
夏 声	〃	〃	
王 南	〃	〃	
周鳌山	〃	〃	
罗桂芳	〃	〃	2月26日免职另用
宾镇远	大本营参军处上校副官		1月9日令免
吴文龙	〃	〃	〃
曾 鲁	〃	〃	〃
刘 沛	大本营参军处少校副官		〃
吴 靖	大本营上校副官		〃
吴 嵋	〃		〃
刘殿臣	〃		〃
张国森	大本营少校副官		1月9日令免
高中禹	〃		〃
王应潮	〃		〃
石汝霖	〃		〃
钱 铖	〃		〃
胡名扬	〃		〃
王吉壬	〃		〃
宋 韬	〃		〃
廖朗如	财政委员会秘书长	1. 10	
黄仕强	兼禁烟督办署总务厅厅长	1. 13	

续表

姓　名	职　　　　务	委派日期	附　　　　注
郑述龄	禁烟督办署查验处处长	1924.1.13	4月1日请辞获准
高燕如	禁烟督办署督察处处长	〃	
杨宜生	禁烟督办署科长	〃	
俞智龛	〃	〃	
吴季祐	〃	〃	
刘薇卿	〃	〃	
余浩延	〃	〃	
张世昌	〃	〃	
郑以濂	〃	〃	
高少琴	〃	〃	
温竞生	〃	〃	
郑廷选	禁烟督办署秘书	〃	
梁桂邻	〃	〃	
郑鸿铸	〃	〃	
谢盛之	〃	〃	
马武颂	〃	〃	
张伯雨	〃	〃	
郑德铭	大本营内政部科长	1.15	
陈　策	广东海防司令		1月16日令免
冯肇铭	代理广东海防司令	1.16	
洪　慈	大本营咨议	〃	
许崇灏	财政委员会委员	〃	
张福堂	禁烟帮办	〃	
朱世贵	中央直辖滇军第四师师长	1.8	
覃　超	大本营咨议	〃	
曾　彦	〃	〃	
徐经训	大本营参军处上校副官	〃	
陈兴汉	兼理广三铁路管理局局长	1.9	
杨述凝	大本营参谋处秘书	1.21	

续表

姓　名	职　　务	委派日期	附　　注
陈兴汉	财政委员会委员	1924. 1. 24	
卢师谛	禁烟会办	〃	
黄范一	禁烟帮办	〃	
阎凤冈	〃	〃	
王心畊	〃	〃	
陈伯任	禁烟督办署秘书	〃	
刘　毅	粤闽湘军招抚使	〃	
潘鸿图	禁烟帮办	〃	
李维衍	〃	〃	
杨庶堪	大本营秘书长		1月29日免职另用
廖仲恺	广东省长		〃
杨庶堪	广东省长		〃
廖仲恺	大本营秘书长	1. 29	
刘光烈	大本营咨议	2. 1	
周炯伯	大本营咨议	〃	
吴景英	〃	〃	
费行简	〃	〃	
吴景熙	〃	〃	
曾　道	〃	〃	
丁觳音	〃	〃	
梅光培	广东财政厅厅长兼大本营筹饷总局会办		2月3日请辞获准
郑洪年	代理广东财政厅厅长兼大本营筹饷总局会办	2. 3	〃
张启营	钦廉高雷招抚使	〃	
雷洪基	大本营出勤委员	〃	
朱公彦	〃	〃	
邹　鲁	国立广东大学筹备主任	2. 4	
周亚南	大本营咨议	2. 6	
刘伯英	〃	〃	

续表

姓　名	职　　　　务	委派日期	附　　　　注
温德章	广九铁路局长		1924年2月6日免职听候查办
陈兴汉	兼代广九铁路局长	1924.2.6	
黄玉田	大本营参议	2.11	
蒋　群	大本营参军	〃	
陈应麟	禁烟帮办	〃	
钟震岳	大本营参谋处秘书	〃	
楼守光	〃	〃	
何应钦	大本营参谋处军事参议	〃	
黄建勋	大本营财政部秘书	2.14	
蒋尊簋	中央军需总监	2.16	
李雄伟	中央直辖广东讨贼军第三师第五旅旅长		2月16日因病请辞获准
巫　琦	〃	2.16	
杨言昌	中央军需处参事	2.19	
平宝善	中央军需处科长	〃	
卓恺耕	〃	〃	
余质民	中央军需处科长	〃	
范石生	特派广东筹饷总局督办	2.20	
胡　谦	北伐讨贼军第三军军长	〃	
李文炳	大本营咨议	〃	
李纪堂	财政委员会委员	〃	
廖仲恺	兼大本营筹饷总局总办		2月20日着免兼职
郑洪年	兼大本营筹饷总局会办		〃
曾省三	大本营秘书处科员	2.21	
乌勒吉	大本营咨议兼蒙文翻译官	〃	
谢远涵	大本营参议	2.22	
林镜台	大本营咨议	〃	
陈　似	大本营秘书处科员	2.23	
李福林	广东筹饷总局会办	2.25	

续表

姓　名	职　　　　务	委派日期	附　　　　注
刘觉任	禁烟帮办	1924. 2. 26	
张　继	大本营参议	2. 28	
谢　持	〃	〃	
居　正	〃	〃	
丁惟芬	〃	〃	
茅祖权	〃	〃	
王法勤	〃	〃	
张知本	〃	〃	
杨庶堪	财政委员会委员	3. 1	
张翼鹏	大本营高级参谋	〃	
陈树人	广东政务厅厅长	3. 7	
萧　萱	广东省长公署秘书长	3. 10	
杨　虎	北伐讨贼军第二军第一师师长	〃	
陈鸾谓	戒烟总所所长	〃	
郑文华	制药总所所长	〃	
覃　振	大本营参议	3. 12	
宋鹤庚	兼讨贼军第二路联军军政执法长	〃	
林若时	广东海防司令	3. 13	
杨西岩	禁烟督办		因办理不善，于 1924 年 3 月 17 日免职，听候查办
邓泽如	〃	3. 17	
谢　晋	大本营咨议	〃	
刘　况	〃	〃	
萧崇道	〃	〃	
欧阳豪	〃	3. 18	
张翼鹏	湘边宣慰使	〃	
韦冠英	广东筹饷总局会办	〃	
杨　虎	办理海军事务		3 月 18 日请辞获准

续表

姓　名	职　　务	委派日期	附　　注
文任儒	大本营会计司收入科主任	1924. 3. 18	
张　沛	广东省立银行监理官	〃	
杨子毅	财政部总务厅厅长		3月18日令免职
李景纲	财政部总务厅第一局局长		3月18日令免职
张　沛	财政部总务厅第二局局长		〃
李炳垣	大本营财政部科长		〃
李载德	〃		〃
陈其瑗	大本营财政部总务厅厅长		〃
杨子毅	财政部总务厅第一局局长		〃
李承翼	财政部总务厅第二局局长		〃
黄仕强	财政部总务厅第三局局长		〃
黄建勋	大本营财政部秘书		〃
李景纲	大本营财政部科长		〃
张　沛	〃		〃
徐承燠	〃		〃
黄乐诚	〃		〃
张　麟	〃		〃
邬庆时	〃		〃
罗继善	〃		〃
朱景丰	〃		〃
沈欣吾	〃		〃
鲍　荣	〃		〃
廖朗如	〃		〃

续表

姓　名	职　　务	委派日期	附　　注
梅放洲	大本营财政部科长		3 月 18 日令免职
王用宾	大本营参议	1924. 3. 19	
惟　洋	大本营参议	〃	
李国恺	大本营出勤委员	〃	
蒋中正	陆军军官学校入学试验委员长	3. 20	
周自得	中央直辖滇军总司令部中将参谋长	〃	
王柏龄	陆军军官学校入学试验委员	〃	
胡树森	〃	〃	
邓演达	〃	〃	
钱大钧	〃	〃	
彭素民	〃	〃	
宋荣昌	〃	〃	
简作桢	陆军军官学校入学试验委员	〃	
杨子毅	大本营财政部参事	〃	
黄建勋	〃	〃	
李景纲	财政部赋税局局长	〃	
李承翼	财政部泉币局局长	〃	
沈欣如	财政部秘书	〃	
徐承燠	财政部佥事	〃	
李炳垣	〃	〃	
张　麟	〃	〃	
梅放洲	〃	〃	
邬庆时	〃	〃	
罗继善	〃	〃	
黄乐诚	〃	〃	
廖朗如	〃	〃	

续表

姓　名	职　　　务	委派日期	附　　　注
鲍　铼	财政部佥事	1924. 3. 20	
朱景丰	〃	〃	
范石生	财政委员会委员	3. 21	
张启荣	钦廉高雷招抚使		3 月 22 日令免
郑里铎	琼岩招抚使		3 月 22 日请辞获准
吴铁城	广东省警卫军司令	3. 24	
邓泽如	禁烟督办		3 月 26 日请辞获准
鲁涤平	〃	3. 26	
周鳌山	禁烟帮办		3 月 27 日请辞获准
黄仕强	禁烟督办署总务厅长		3 月 31 日请辞获准
马武颂	禁烟督办署秘书		〃
张伯南	〃		〃
陈伯任	〃		〃
杨宜生	禁烟督办署科长		〃
俞智盦	〃		〃
杨西岩	前禁烟督办		被控因查无实据。3 月 31 日令指控应予撤销。
赵士北	大理院长兼司法行政事务		1924 年 4 月 1 日令免
吕志伊	大理院长兼司法行政事务	4. 1	
余浩廷	禁烟督办署科长		4 月 1 日请辞获准
郑以濂	〃		〃
张世英	〃		〃
吴季祐	〃		〃
温竞生	〃		〃
高少琴	〃		〃
刘薇卿	禁烟督办署科长		4 月 1 日请辞获准
郑文华	禁烟督办署所长		〃
鲁涤平	财政委员会委员	4. 1	

续表

姓　名	职　务	委派日期	附　注
宋子文	财政委员会委员	1924.4.1	
黄家齐	大本营参军处中校副官	4.3	
伍学熀	兼广东全省船民自治联防督办		4月4日准免兼职
雷　飚	禁烟督办署总务厅厅长	4.4	
缪笠仁	禁烟督办署督察处处长	〃	
方孝纯	大本营参军处少校副官	〃	4月7日病辞获准
方鼎英	湘军第一军第一师师长	4.5	
张辉瓒	湘军第一军第九师师长	〃	
戴　岳	湘军第二军第二师师长	〃	
谭道源	湘军第三军第三师师长	〃	
王得庆	湘军第三军第六师师长	〃	
吴家铨	湘军第四军第四师师长	〃	
朱和中	大本营秘书	4.8	
陈荣贵	广东兵工厂审验处处长	〃	
古应芬	法制委员会委员	4.11	
戴传贤	〃	〃	
曹受坤	〃	〃	
杨宗炯	〃	〃	
陈国榘	〃	〃	
何启沣	〃	〃	
陆钜恩	〃	〃	
叶恭绰	兼盐务督办	4.12	
郑洪年	兼盐务署署长	〃	
伍学熀	财政委员会委员		4月20日请辞获准
张　汉	大本营海军委员	4.12	
曾　镰	中央军需处运输处处长	4.15	
赵士觐	两广盐运使		4月18日免职另用
邓泽如	〃	4.18	
郑洪年	兼广东财政厅厅长	4.21	

续表

姓　名	职　　　务	委派日期	附　　　注
邓泽如	财政委员会委员	1924. 4. 21	
廖仲恺	法制委员会委员	〃	
吕志伊	〃	〃	
陈　融	〃	〃	
林云陔	〃	〃	
李翊东	大本营技师	〃	
郑校之	〃	〃	
陈敬汉	兼盐务署秘书	4. 23	
杨志章	〃	〃	
吴家麟	禁烟督办署科长	〃	
张　彀	〃	〃	
彭　耕	〃	〃	
彭国钧	〃	〃	
龙廷杰	〃	〃	
朱谦良	〃	〃	
钟　忠	〃	〃	
谭柄鉴	禁烟督办署秘书	〃	
朱创凡	〃	〃	
郑鸿铸	〃	〃	
鲁　岱	〃	〃	
刘汲之	禁烟督办署秘书	〃	
郑继周	大本营参军处少校副官	〃	
赵士觐	财政委员会委员		4 月 24 日请辞获准
李　铎	大本营军政部参事	4. 25	
杨友棠	〃	〃	
王　恒	大本营军政部审计局局长	〃	
张民达	兼理盐务缉私主凡［任］	〃	
周自得	广九铁路护路司令	4. 26	
戴季陶	大本营参议	4. 28	

续表

姓　名	职　　务	委派日期	附　　注
邹若衡	大本营咨议	1924. 4. 28	
廖朗如	大本营财政部参事	〃	
陆仲履	大本营财政部佥事	〃	
梁海秋	盐务署秘书	4. 30	
邓泽如	大本营参议		4 月 30 日请辞获准

近代史資料专刊

鸦片战争时期思想史资料选辑
太平天国资料
太平天国文献史料集
太平军北伐资料选编
山东义和团案卷（上、下）
义和团史料（上、下）
筹笔偶存
庚子记事
杨儒庚辛存稿
辛亥革命先著记
鄂州血史
云南杂志选辑
云南贵州辛亥革命资料
辛亥革命资料类编
华侨与辛亥革命
徐树铮电稿
一九一九年南北议和资料
秘笈录存
五四爱国运动（上、下）
五四运动回忆录
陆海军大元帅大本营公报选编
陕甘宁边区参议会文献汇辑

近代史資料专刊（22 种 25 册）由知识产权出版社 全国百佳图书出版单位 结集出版。